lonely planet

Norwegen

Gemma Graham, Hugh Francis Anderson, Anthony Ham, Annika Hipple

INHALT

Reiseplanung

Reiseziele

Mit dem Rad durch Norwegen (S. 36)

Nationalpark Hardangervidda (S. 133)

Smørbrød mit Räucherlachs (S. 35)

OBEN RECHTS: MARTIN RUEGNER/GETTY IMAGES; UNTEN LINKS: UNCLEDMYTRO/GETTY IMAGES ©

Nordlichter, Tromsø (S. 278)

Praktisches

Storybook

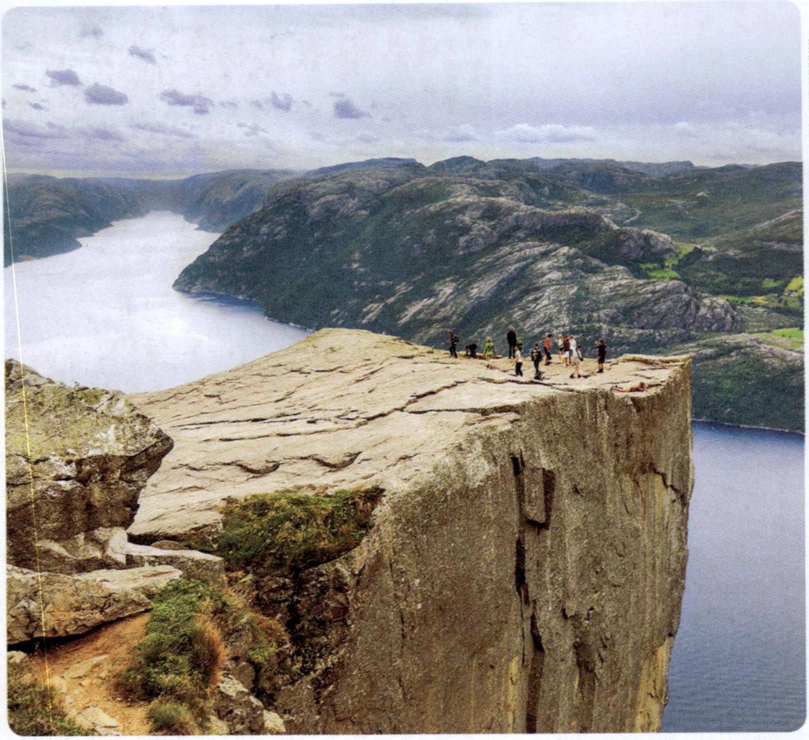

TATIANA POPOVA/SHUTTERSTOCK ©

Preikestolen, Lysefjord (S. 179)

WILLKOMMEN IN NORWEGEN

Wie so viele Besucher, die Norwegens überaus spektakuläre Fjorde und die Wälder des Landes erleben durften, habe auch ich lange von einer Rückkehr geträumt. Als Schottin spüre ich ja ohnehin eine Nähe zu faszinierend kargen, von Gletschern geformten Landschaften. Und dennoch empfand ich meinen ersten Blick hinunter vom Preikestolen auf den Lysefjord als geradezu überwältigend – so etwas hatte ich nie zuvor gesehen.

Gemma Graham

@gemmakgraham

Gemma ist Autorin und Redakteurin; sie interessiert sich sehr für Skandinavien. Bisher hat sie unter anderem für Lonely Planet und für den britischen National Trust gearbeitet.

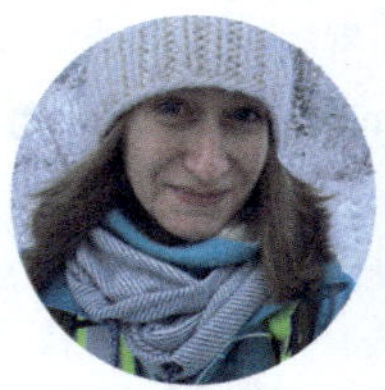

Mein Lieblingserlebnis ist eine Fahrt im Hundeschlitten durch Spitzbergen. Schon wenn die Hunde das Geschirr angelegt bekommen, spürt man, dass ein großes Abenteuer bevorsteht.

LIEBLINGSPLÄTZE

Hier schlägt für unsere Autoren und Expertinnen das Herz Norwegens.

T. SCHNEIDER/SHUTTERSTOCK ©

Die Westküste von **Andøya** (S. 259) am Atlantik ist ein Pendant zu den nahe gelegenen (und bekannteren) Lofoten. Hinzu kommen hier allerdings noch lange, menschenleere Straßen, stille Dörfer und köstliche Gerichte: Damit wird Nordlands Küste zu einem ganz besonderen Geheimtipp.

Anthony Ham

anthonyham.com

Für Anthony ist Norwegen eine zweite Heimat; immer wieder hat er das Land bis in den hohen Norden für Lonely Planet bereist.

KOTELNYK/GETTY IMAGES ©

Der **Senja på Langs** (S. 284) ist ein atemberaubender Mehrtageswanderweg, der Norwegens zweitgrößte Insel von Nord nach Süd durchschneidet. Er gilt als ein „Norwegen im Kleinen" – und wie sehr das zutrifft, wird klar, wenn man alte Wälder durchquert und schneebedeckte Gipfel oder Plateaus besteigt. Hier fühle ich mich immer wieder wohl!

Hugh Francis Anderson

@hughfrancisanderson

Hugh hat sich als Reiseautor auf Abenteuer in der Natur spezialisiert.

ROLF E. STAERK/SHUTTERSTOCK ©

Kein Ort an der malerischen Küste des Landes gleicht **Runde** (S. 214). Wenn ich über schmale Straßen zu dieser wilden, nahezu baumlosen Insel fahre, fühlt es sich an, als verließe ich die Zivilisation und gelangte in eine ganz elementare Welt aus Fels und Stein.

Annika Hipple

@annikahipple

Annika ist eine schwedisch-amerikanische Reisejournalistin, Fotografin und Reiseleiterin mit norwegischen Wurzeln.

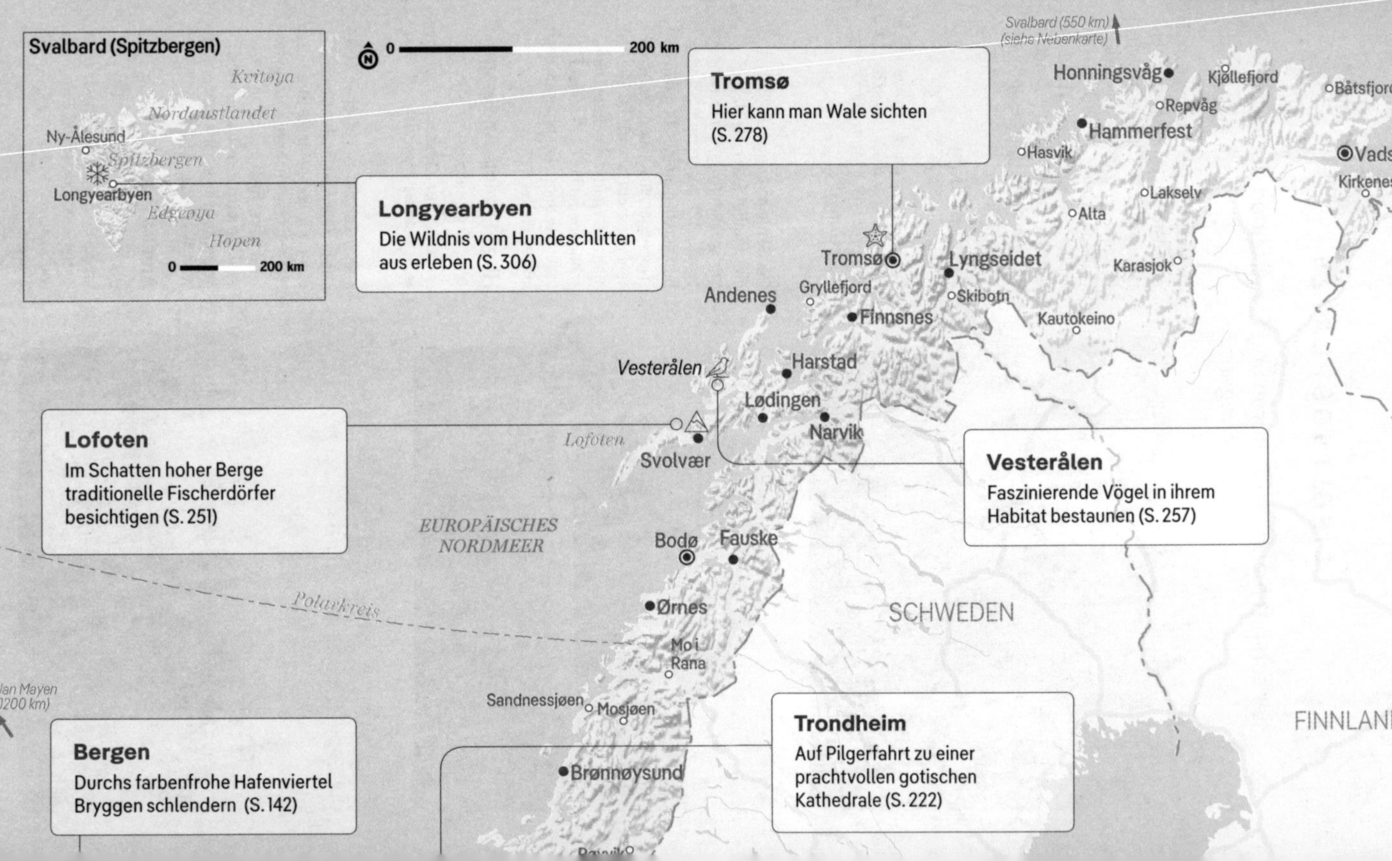
Svalbard (Spitzbergen)
Kvitøya
Nordaustlandet
Ny-Ålesund
Spitzbergen
Longyearbyen
Edgeøya
Hopen
0 200 km
0 200 km
Svalbard (550 km) (siehe Nebenkarte)
Tromsø
Hier kann man Wale sichten (S. 278)
Longyearbyen
Die Wildnis vom Hundeschlitten aus erleben (S. 306)
Lofoten
Im Schatten hoher Berge traditionelle Fischerdörfer besichtigen (S. 251)
Vesterålen
Faszinierende Vögel in ihrem Habitat bestaunen (S. 257)
Trondheim
Auf Pilgerfahrt zu einer prachtvollen gotischen Kathedrale (S. 222)
Bergen
Durchs farbenfrohe Hafenviertel Bryggen schlendern (S. 142)
Honningsvåg
Kjøllefjord
Båtsfjord
Repvåg
Hammerfest
Hasvik
Vadsø
Kirkenes
Lakselv
Alta
Karasjok
Tromsø
Lyngseidet
Skibotn
Kautokeino
Andenes
Gryllefjord
Finnsnes
Harstad
Vesterålen
Lødingen
Narvik
Lofoten
Svolvær
EUROPÄISCHES NORDMEER
Bodø
Fauske
Ørnes
Polarkreis
SCHWEDEN
Mo i Rana
Sandnessjøen
Mosjøen
Brønnøysund
Jan Mayen (1200 km)
FINNLAND

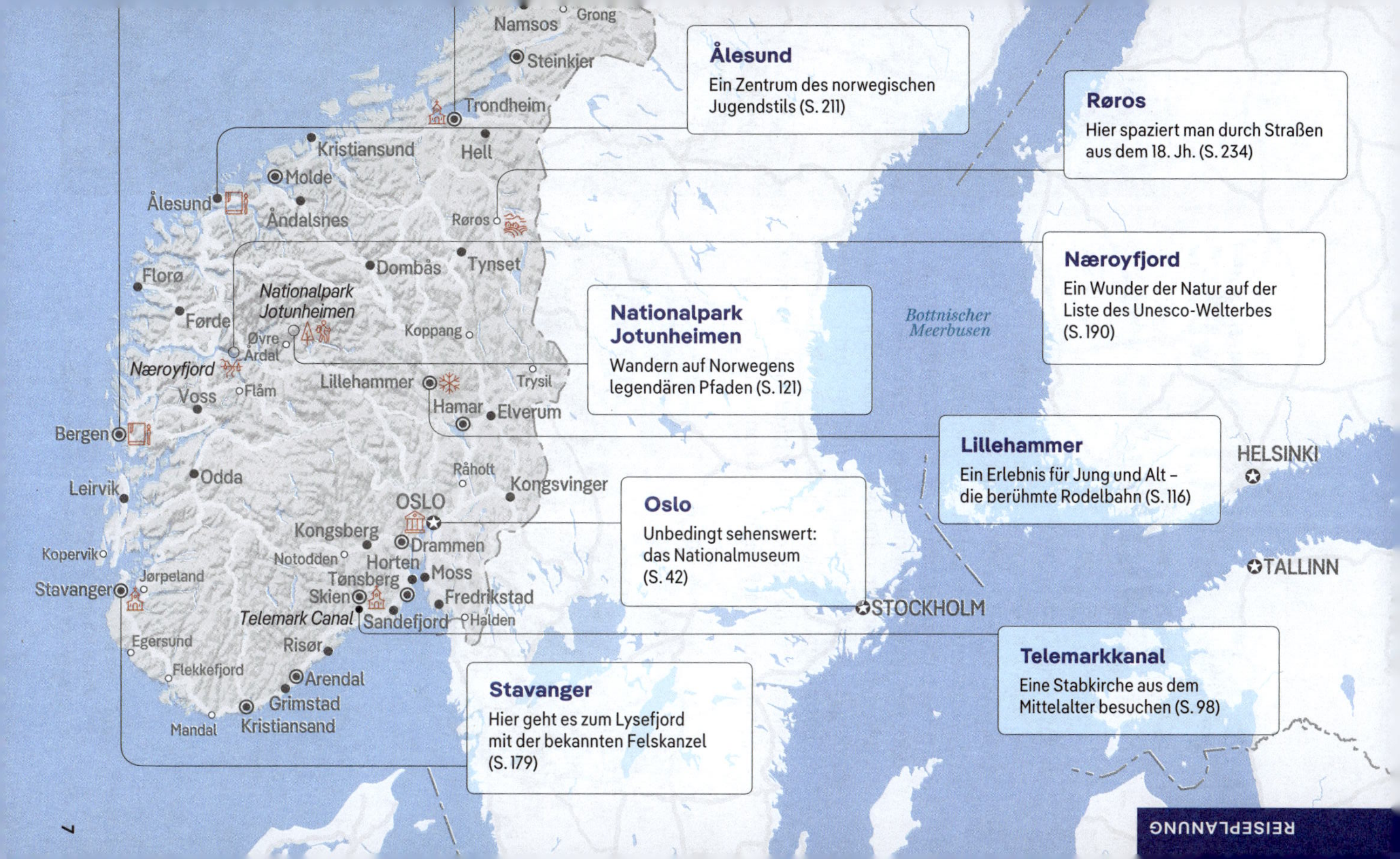
Ålesund
Ein Zentrum des norwegischen Jugendstils (S. 211)
Røros
Hier spaziert man durch Straßen aus dem 18. Jh. (S. 234)
Nærøyfjord
Ein Wunder der Natur auf der Liste des Unesco-Welterbes (S. 190)
Nationalpark Jotunheimen
Wandern auf Norwegens legendären Pfaden (S. 121)
Lillehammer
Ein Erlebnis für Jung und Alt – die berühmte Rodelbahn (S. 116)
Oslo
Unbedingt sehenswert: das Nationalmuseum (S. 42)
Telemarkkanal
Eine Stabkirche aus dem Mittelalter besuchen (S. 98)
Stavanger
Hier geht es zum Lysefjord mit der bekannten Felskanzel (S. 179)
Bottnischer Meerbusen
HELSINKI
TALLINN
STOCKHOLM
Namsos
Grong
Steinkjer
Trondheim
Hell
Kristiansund
Molde
Ålesund
Åndalsnes
Røros
Tynset
Dombås
Florø
Førde
Nationalpark Jotunheimen
Øvre Årdal
Koppang
Nærøyfjord
Flåm
Voss
Lillehammer
Trysil
Hamar
Elverum
Bergen
Odda
Leirvik
Råholt
Kongsvinger
OSLO
Kongsberg
Drammen
Kopervik
Notodden
Horten
Moss
Jørpeland
Tønsberg
Stavanger
Skien
Fredrikstad
Telemark Canal
Sandefjord
Halden
Egersund
Risør
Flekkefjord
Arendal
Grimstad
Mandal
Kristiansand

FANTASTISCHE FJORDE

Norwegens Küste wird beherrscht von monumentalen Fjorden. Diese vom Meer überfluteten Kanäle, von den Eiszeit-Kräften zerschnitten, haben steile Berghänge, mit Wasserfällen, Farmland und malerischen Dörfern, zu erreichen über Serpentinenstraßen oder per Boot. Die berühmtesten Fjorde befinden sich in den westlichen und südwestlichen Fjord-Gegenden, die Millionen anziehen, um ihre Erhabenheit zu bestaunen. Aber jenseits der Unrdco-gelisteten Spitzenreiter findet man auch ruhigere Alternativen, wenn man dem Rummel entkommen möchte.

Gletscher

Fjorde entstehen, wenn Gletscher ein bestehendes Tal langsam ausschmirgeln und dabei einen tiefen Kanal formen mit den charakteristischen steilen Bergen rechts und links.

Norwegens Spitzenreiter

Sognefjord in den westlichen Fjorden ist mit 205 km Länge und 1308 m Tiefe Norwegens längster und tiefster Fjord und nach Grönlands Scoresby Sund der zweitlängste der Welt.

Menschenmassen

Die berühmtesten Fjorde können im Hochsommer sehr überlaufen sein. Wer weniger Gedränge mag, sollte den späten Mai oder frühen September anvisieren.

SCHÖNE FJORD-ERLEBNISSE

Bekomme die Sicht eines Predigers über den ❶ **Lysefjord** (S. 179) mit einer Wanderung zur weltberühmten Felskanzel Preikestolen.

Per Boot kann man den ❷ **Nærøyfjord** (Schmaler Fjord) mit spektakulären Wasserfällen bewundern (S. 190).

Eine Fahrt tief in den ❸ **Hardangerfjord** (S. 158) Richtung Ulvik und die Obstfarmen in das Herz des „Obstgartens von Norwegen".

Der ❹ **Hjørundfjorden** (S. 202) bietet eine gemütliche Tour, mit malerischen Ausblicken auf steile Berghänge und ländliche Idylle, aber mit weniger Besuchern als im benachbarten Geirangerfjord.

Insel-Hopping per Elektro-Fähre im ❺ **Oslofjord** (S. 85), zum Entdecken von Stränden, Wanderwegen und Kulturdenkmälern.

WILDE BEGEGNUNGEN

Was die wilde Tierwelt betrifft, hat Norwegen wenig Konkurrenz. Über einige Arten stolpert man regelrecht, wie Eisbären, Walrosse (in Svalbard), Polarfüchse, eurasische Luchse, Vielfraße, oder Rentiere. Darüber hinaus sieht man auf Safaris ins Landesinnere den surreal wirkenden Moschusochsen, sowie den relativ freundlichen Elch. Auch Norwegens Vogelwelt ist reichhaltig, und Wal-Beobachtung gehört zu den Kern-Attraktionen an der Küste.

VON LINKS NACH RECHTS: ALESSANDRO DE MADDALENA/SHUTTERSTOCK ©, STUEDAL/SHUTTERSTOCK ©, KRASULA/SHUTTERSTOCK ©

Folge dem Fisch

Zwischen Ende Oktober und Mitte Januar erreichen Orcas, Buckelwale und Finnwale Nord-Norwegen, besonders um Tromsø und Vesterålen herum, angelockt von der Aussicht auf reiche Wanderherings-Beute.

Spitze der Nahrungskette

Etwa 3000 Eisbären leben auf Spitzbergen. Besucher können sie mit etwas Glück von Weitem sehen. Aber zum Schutz der Tiere sind Safaris verboten, die aktiv auf Bärensuche gehen.

Verantwortungsvolle Walbeobachtung

Für Walbeobachtung in Norwegen gibt es nationale Vorschriften (norwhale.org). Einige Veranstalter wie z.B. Brim Explorer benutzen leisere Hybrid-Boote, um die Störungen der Tiere zu minimieren.

EINDRUCKSVOLLE WILDTIER-ERLEBNISSE

Walrosse, dösend oder auf Mollusken-Jagd in den Flachgewässern des bekannten Beute-Platzes ❶ **Borebukta** (S. 312) auf Spitzbergen.

Folge zotteligen Moschusochsen auf einer Safari durch den ❷ **Nationalpark Dovrefjell-Sunndalsfjella** (S. 131) von Oppdal oder Dombås.

Auf ❸ **Runde** (S. 214), nahe Ålesund, kann man 230 Seevogel-Arten beobachten, die die Insel besuchen oder ganzjährig hier leben.

Auf einem Vogelbeobachtungs-Ausflug von Andenes nach ❹ **Bleiksøya** (S. 258) sollte man Ausschau halten nach den putzigen Papageitauchern.

Von November bis Januar schwelgen in den Gewässern vor ❺ **Tromsø** (S. 278) Buckelwale, Orcas und Zwergwale im Wanderherings-Festmahl.

Schneemobil (S. 312) und Nordlichter

SPASS IN DER KÄLTE

Norwegen bietet eine große Auswahl an Aktivitäten im langen dunklen Winter. Viele finden im arktischen Norden statt: Am populärsten ist Skilaufen, aber Hundeschlitten- und Schneemobil-Fahren sind ebenso spannende Möglichkeiten; sie erfordern wenig Erfahrung – die Grundlagen bekommt man gezeigt, bevor man loslegt mit dem Winter-Abenteuer.

Uralter Zeitvertreib

Das Wort Ski, von Alt-Norwegisch *skið*, bedeutet „gespaltenes Holzstück". In Alta wurden steinzeitliche Petroglyphen gefunden, die Menschen auf Skiern darstellen.

Führerschein

Für das Schneemobil-Fahren in der Arktis benötigt man seinen Führerschein, der in Norwegen registriert werden muss.

WINTERSPORT-ERLEBNISSE

Extra warme Kleidung ist nötig auf einem Schneemobil-Trip von ❶ **Longyearbyen** aus durch die Wildnis von Spitzbergen (S. 312).

Schirre dein eigenes Husky-Team an und lerne „mushen" von einem ❷ **Hundeschlittenführer** nahe **Alta** (S. 288).

In einem „Taxibob" kann man die Olympia-Bobbahn von ❸ **Lillehammer** (S. 119) mit 120km/h hinunter rasen. Etwas sanfter ist die Option mit 100 km/h in einem Bobraft.

Pflüge die Pisten hinunter: in Norwegens größtem ❹ **alpinen Ski-Resort Trysil** (S. 119), mit 69 Abfahrten und 500 km Langlauf-Loipen.

Ski-Touren durch die ❺ **Lyngen Alpen** (S. 282), bieten Experten die Chance, Gletscher zu durchqueren und steile Abfahrten zu bewältigen.

Nachgebautes Wikingerschiff

WIKINGER-ABENTEUER

Die Buchten an der südlichen und südwestlichen Küste Norwegens sind die Orte, wo die Wikinger ihre Langschiffe zu Wasser ließen, um auf Eroberungsfahrt zu gehen und mit ihrer Beute zurückzukehren. Aber auch im Rest des Landes wurden Spuren der Wikinger gefunden, von Grabhügeln und Langhäusern bis hin zu wertvollen Artefakten und Schiffen.

Herkunft

Das Wort „Wiking" leitet sich vermutlich ab von Alt-Norwegisch *vik*, mit der Bedeutung Bucht oder Schlupfwinkel – ein Hinweis auf die Wohnstätten der Wikinger.

Schnellboote

Wikinger-Langboote waren schnell und wendig. Sie konnten länger sein als 30 m, und manche von ihnen konnten unter guten Bedingungen bis zu 15 Knoten (28km/h) erreichen.

WIKINGERN BEGEGNEN

2027 wird das ❶ **Wikingerschiffsmuseum (Vikingskipshuset)** (S. 67) wieder geöffnet: Zu sehen sind die drei am besten erhaltenen Wikingerschiffe der Welt.

Das ❷ **Lofotr Viking Museum** (S. 254) auf den Lofoten, mit dem 83 m langen Häuptlingshaus, das 1981 in Borg entdeckt wurde.

In ❸ **Tønsberg** (S. 101) kann man das „vierte Wikingerschiff" sehen und beobachten, wie Bootsbauer die Wikingerschiffe rekonstruieren.

Das tägliche Leben der Wikinger wird im Wikingerdorf in ❹ **Avaldsnes** (S. 169) gezeigt, wo im Juni auch das jährliche Wikinger-Festival steigt.

Erkunde die Geschichte des 10. Jh mit der Technologie des 21. Jh: im ❺ **Viking Planet** (S. 53) in Oslo, wo ein Virtual Reality-Erlebnis gezeigt wird.

WUNDER DER NATUR

Die mystische Aurora Borealis; das Zusammentreffen von Polarlicht und Mitternachtssonne; marmorierte Gletscher und rauschende Wasserfälle: Norwegens Natur, ob physisch oder metaphysisch, fesselt und erzeugt Ehrfurcht. Ständige Dunkelheit kann irritieren, aber die Möglichkeit, die Aurora Borealis (Nordlichter) zu sehen, ist Grund genug, Nord-Norwegen im Winter zu besuchen. Die physischen Merkmale des Landes verändern sich ständig: Wasserfälle sprühen nach Regen vor Energie, und uralte Gletscher schnitzen unmerklich eine neue Landschaft.

Magnetische Anziehung

Die Aurora entsteht, wenn geladene Teilchen des Sonnenwindes auf die Magnetpole der Erde treffen und mit Stickstoff- und Sauerstoff-Atomen in der Atmosphäre interagieren.

Bessere Chancen

Die besten Chancen, Nordlichter zu sehen, bestehen in klaren, dunklen Nächten zwischen Oktober und März, abseits von der Lichtverschmutzung durch Siedlungen.

Norwegens Gefrierschrank

Jostedalsbreen ist der größte Eisschild Kontinentaleuropas, der einige von Norwegens größten Gletschern speist, darunter Nigardsbreen und Briksdalsbreen. Der Nationalpark Jotunheimen versorgt 60 Gletscher.

Strudel im Saltstraumen (S. 249)

NATURPHÄNOMENE

Der ❶ **Saltstraumen** (S. 249) gehört zu den stärksten Strudeln der Welt und vermittelt die Kraft der Gezeitenströme.

Bestaune die weiß-schäumende Gischt der ❷ **Hardangerfjord-Wasserfälle** (S. 158), mit dem berühmten 182 m-hohen Sturzbach Vøringsfossen.

Eine geführte Wanderung über das blau-marmorierte Eis des ❸ **Hardangerjøkulen-Gletschers** (S. 135) beschert tiefere Eindrücke von der Hardangervidda-Hochebene.

Die ferne Halbinsel ❹ **Ekkerøy** (S. 298) in der Finnmark: gemütliche Wanderungen, Vogel-Beobachtung und Strände im Licht der Mitternachtssonne.

Sieh nach oben: Die Natur bietet eine unübertroffene Lightshow, wenn die Nordlichter über ❺ **Tromsø** (S. 278) flackern und tanzen.

Ishavskatedralen (S. 279)

ZEUGEN DER MODERNE

Norwegens zeitgenössische Architektur-Szene gehört zu den spannendsten Europas; sie verbindet die klaren Linien skandinavischen Designs mit Formen, die von der natürlichen Umgebung inspiriert sind: von rustikalen Torfdach-Häusern über sakrale Architektur bis hin zu kreativen Adaptionen von Sami-Symbolen und arktischen Landschaftsformen.

Made in Norway

Das in Oslo ansässige Architektur-Büro Snøhetta (nach dem höchsten Gipfel des Nationalpark Dovrefjell-Sunndalsfjella) war das Gestaltungs-Team der Osloer Oper, des Kunstmuseums von Lillehammer und der Blockhütten am Lysefjord.

Architektonische Besonderheiten

Die norwegischen öffentlichen Toiletten sind richtig schön und mittlerweile eine eigenständige Touristen-Attraktion, so wie die an eine Welle erinnernde am Ureddplassen-Rastplatz an der Helgeland-Küste.

ZEITGENÖSSISCHE ARCHITEKTUR

Das Design des neuen ❶ **Nationalmuseums** (S. 61) in Oslo ist zeitlos. Zu beachten: die Fossilien im Muschelkalkboden des Foyers.

Über die Tromsø-Brücke geht es zur 35 m-hohen dreieckigen Front der ❷ **Ishavskatedralen** (Arktische Kathedrale; S. 279), deren 11 weiße Aluminium-verkleidete Beton-Segmente Gletscherspalten andeuten.

Entdecke Sámediggi, das ❸ **Sami Parlament** (S. 291) in Karasjok, das an einen traditionellen Samen-Versammlungsort erinnern soll.

Eisschnelllauf in der ❹ **Vikingskipet** (S. 118) in Hamar, der Olympia-Eisbahn, die an ein umgedrehtes Wikinger-Langschiff erinnert.

Im ❺ **Aussichtspunkt Snøhetta** (S. 130) sitzt man auf wellenförmigen Holzkonstruktionen und hat durch die Glaswand Ausblick über den Nationalpark Dovrefjell-Sunndalsfjella.

LOUIELEA/SHUTTERSTOCK ©

Ålesund (S. 211)

TRADITIONELLE BAUKUNST

Entdecke in ❶ **Røros** (S. 234), wie die Reichtümer des Kupfer-Abbau-Booms im 17. und 18. Jahrhundert in die hübschen Holzhäuser investiert wurden.

Die berühmten Gassen von ❷ **Bryggen** (S. 142), dem Hanseviertel von Bergen: Die farbenfrohen Kontor- und Lagerhäuser waren ein Zentrum des internationalen Handels.

An der himmelstürmenden Westfront des gotischen ❸ **Nidarosdomen** (Nidaros Kathedrale; S222), wimmelt es von Figuren, die von Meisterbildhauern gefertigt wurden.

Bei einer Fahrt entlang der ❹ **Lofoten** (S. 251) mit tollen Aussichten findet man Dörfer mit *rorbuer* (traditionellen Fischerhütten).

Art nouveau blüht in ❺ **Ålesund** (S. 211): eine Stadt, die nach einem verheerenden Brand (1904), im Jugendstil wiederaufgebaut wurde.

HÜTTEN, WERFTEN UND KATHEDRALEN

Holz und Stein sind die Säulen der traditionellen norwegischen Architektur, und trotz der Weltkriegs-Zerstörungen im Norden sind im Rest von Norwegen viele der unverwechselbaren Stadtsilhouetten erhalten geblieben. Für Fans norwegischer Architektur lohnt es sich, Abstecher in eins der ausgezeichneten Heimatmuseen zu machen, die es überall im Land gibt, wie Maihaugen in Lillehammer.

High-tech-Holz

Durch die wasser-angetriebenen Sägen ab dem 16. Jh konnten Holzhäuser mit feineren Verkleidungen versehen werden, die trotz der europäischen Einflüsse ihren norwegischen Charakter behielten.

Heilige & Fratzen

Der Nidarosdom in Trondheim, die nördlichste gotische Kirche der Welt, ist bevölkert von mehr als 5000 dekorativen Skulpturen von Heiligen, wichtigen historischen Figuren und mythischen Wesen.

MEISTERWERKE DES MITTELALTERS

Norwegens Stabkirchen lassen eine mittelalterliche Vergangenheit auferstehen, mit geteerten Holzwänden, die sich zu Türmen verjüngen. Es gab einmal mehr als 1300 dieser märchenhaften Bauten; heute sind nur noch 28 in Süd- und Zentral-Norwegen übrig. Sie wurden im 19. Jh von jener Organisation gerettet, die heute Fortidsminneforeningen (Nationalstiftung) heißt. Eine zentrale Persönlichkeit war der berühmte norwegische Künstler Johan Christian Dahl, der die Rettung der Kirchen initiierte.

VON LINKS: DMITRY NAUMOV/SHUTTERSTOCK ©, ROBERT KIMLE/SHUTTERSTOCK ©, KOVOP/SHUTTERSTOCK ©

Ältester Standort

Das Holz der Urnes-Stabkirche – sie gilt als Norwegens älteste – wurde zwischen 1129 und 1131 geschlagen, aber einige Dekorationen sind sogar noch älter.

Norwegen trifft Polen

Die Stabkirche Vang steht heute in Karpacz, Polen: Dahl hatte sie erworben und sie dann an Friedrich Wilhelm IV. von Preußen weiterverkauft.

Black-Metal-Brand

Die Stabkirche Fantoft in Bergen wurde nach einem Brandanschlag 1992 wieder rekonstruiert. Varg Vikernes von der Black Metal Band Mayhem wurde beschuldigt, aber nicht überführt.

DIE SCHÖNSTEN STABKIRCHEN

Norwegens größte Stabkirche ❶ **Heddal** (S. 98) aus dem 13. Jh, in Notodden, , ist innen mit Rosen-Ornamenten aus dem 17. Jh dekoriert.

Besuche Norwegens älteste Gebetsstätte, ein Unesco-Welterbe, die ❷ **Stabkirche Urnes** (S. 193) aus dem 12. Jh, am Lustrafjord.

Die ❸ **Stabkirche Lom** (S. 123), an der Kreuzung zweier Täler, hat ein ungewöhnliches Kirchenschiffspaar und wird nachts stimmungsvoll beleuchtet.

Man beachte die geschnitzten Drachenköpfe der Teer-schwarzen, hervorragend erhaltenen ❹ **Stabkirche Borgund** (S. 193). Im Besucherzentrum erfährt man mehr über Stabkirchen.

Die ❺ **Stabkirche Ringebu** (S. 129), in freundlichem Rot-Orange, mit perfekten Proportionen, liegt malerisch an einem Wiesenhang.

STÄDTE & REGIONEN

Entdecke dein Sehnsuchtsziel.

Svalbard
(Spitzbergen)
S. 302

Der hohe Norden
S. 275

Der hohe Norden

EINE MAJESTÄTISCHE WELT

Die nördlichste Region des Festlands ist dünn besiedelt, aber reich an Zeugnissen der Samen-Kultur. An den weiten Himmeln kann man nachts Ausschau nach Nordlichtern halten. Zentrale Stadt ist Tromsø, Ausgangspunkt für Wanderer und Langläufer; für Fahrten mit Schlittenhunden sind Städte wie Alta und Kirkenes bestens geeignet.

S. 275

Trøndelag

SPANNENDE GESCHICHTE

Diese Region ist eng mit der Geschichte des Landes verwoben. Der Nidarosdom lockt Pilger seit dem Tod des legendären Königs St. Olav in der Schlacht von Stiklestad im Jahr 1030 ins schöne Trondheim. In Inderøy genießt man die Erzeugnisse der fruchtbaren Region, und entlang der Küste wie auf den Inseln findet man Zeugnisse der Wikinger in einer geologisch faszinierenden Umwelt.

Nordland

NORWEGENS ECHTE HIGHLIGHTS

Durch Nordland verläuft der nördliche Polarkreis: Bauernhöfe weichen dort Bergen und Eisflächen, und auf der Küstenstraße Kystriksveien genießt man fantastische Blicke aufs Meer. Von der Kulturhauptstadt Bodø aus ist es nicht mehr weit bis zu den Gipfeln und Fischerdörfern der Lofoten. Sehenswert sind auch die Buckelwale oder die Papageitaucher bei Vesterålen.

S. 244

Spitzbergen (Svalbard)

EISIGES LAND UND RELIKTE DES BERGBAUS

Die mit Schnee und Eis bedeckten Höhen von Spitzbergen erheben sich neben eisigen Fjorden; hier kann man zu Fuß, mit Skiern oder Hundeschlitten die arktische Wildnis entdecken. Longyearbyen, die wichtigste Stadt des Archipels mit rauem Charme, besitzt sogar einige gute Museen, während das Forschungszentrum Ny-Ålesund gerne auf seinen Anteil am Wettlauf zum Nordpol verweist.

S. 302

Die westlichen Fjorde

NORWEGENS LAND DER FJORDE

Das raue, von Gletschern zerschnittene Land mit einer Küste, deren Orte durch zahlreiche Fährlinien miteinander verknüpft sind, ist eine ausgiebige Erkundung wert. Mit der Flåmsbana fährt man ins winzige Flåm an der Spitze des Aurlandsfjords; der Geirangerfjord zählt sogar zum Unesco-Welterbe. Unter den kleinen Städten sticht Ålesund mit seiner Jugendstilarchitektur hervor.

S. 183

Bergen & die südwestlichen Fjorde

STÄDTE IN HERRLICHER NATUR

In Bergen ist die hanseatische Tradition noch gut spürbar, insbesondere im Hafenviertel Bryggen; und in Stavanger kontrastiert die gut erhaltene Altstadt mit der auf Öl gegründeten Moderne. Der Sognefjord ist der längste des Landes, und am Lysefjord ragt der berühmte Preikestolen auf, eine Felskanzel. Wer Extremsport liebt, findet seinen Adrenalinkick in Voss.

S. 136

Zentralnorwegen

BERGE & OUTDOOR-ERLEBNISSE

Das Zentrum von Norwegen besitzt herausragende Nationalparks, darunter Jotunheimen, Rondane und Hardangervidda. Das Land ist durchzogen von Wanderwegen inmitten prächtiger Natur; hier begegnet man Rentieren und Moschusochsen. Das kleine Lom entzückt mit kulinarischen Attraktionen, und Lillehammer ist stolz auf sein olympisches Wintersport-Erbe.

S. 113

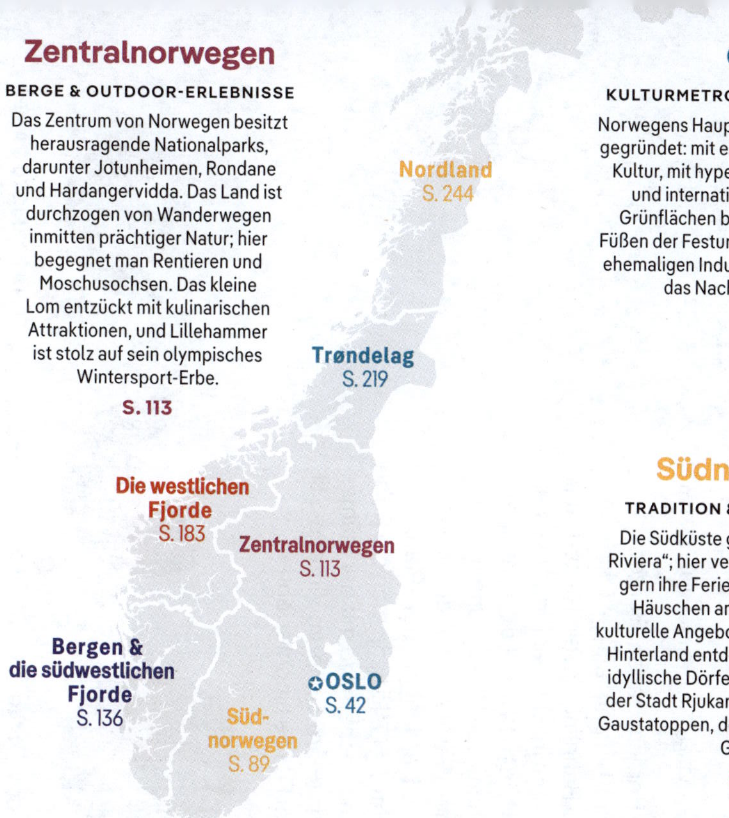

Oslo

KULTURMETROPOLE DES NORDENS

Norwegens Hauptstadt hat sich quasi neu gegründet: mit einem Hafenviertel für die Kultur, mit hypermoderner Architektur und internationalen Top-Museen. Grünflächen bereichern die Stadt zu Füßen der Festung Akershus, während im ehemaligen Industriebezirk Grünerløkka das Nachtleben pulsiert.

S. 42

Südnorwegen

TRADITION & KÜSTENCHARME

Die Südküste gilt als „Norwegische Riviera“; hier verbringen Einheimische gern ihre Ferien in weiß getünchten Häuschen am blauen Meer; fürs kulturelle Angebot sorgt Kristiansand. Im Hinterland entdeckt man Stabkirchen, idyllische Dörfer und Obstgärten. Von der Stadt Rjukan aus gelangt man zum Gaustatoppen, dem höchsten Gipfel der Gegend.

S. 89

REISEROUTEN

Von Bergen nach Oslo

Dauer: 5 Tage **Entfernung:** 533 km

Die Bergensbanen (Bergen-Bahn), bekannt als die Oslo–Bergen-Bahnlinie, ist ein Natur-Erlebnis, egal in welcher Richtung man fährt. Man bewegt sich entlang rauschender Flüsse und mystischer Wälder und über das einsame Hardangervidda-Plateau. Richtung Oslo kann man die Reise unterbrechen und mit der Flåmsbana (Flåm-Bahn) im Vintage-Stil zwei Fjorde hinunterfahren.

1

BERGEN ⏱ 1 TAG

Start in **Bergen** (S. 142) mit einem Bummel durch die Gassen zwischen den Lagerhäusern im Unesco-gelisteten Stadtteil Bryggen (Foto). Bei einem Spaziergang durch das Hafenviertel kann man im Fischmarkt Meeresfrüchte genießen. Danach mit der Fløibanen-Seilbahn den Fløyen-Berg hinunter mit toller Aussicht. Auf dem Rückweg Weltklasse-Kunst in den KODE Museen bestaunen und Abendessen im Gourmet-Restaurant Lysverket.

2

VOSS ⏱ 1 TAG

Voss (S. 154) ist Norwegens Extremsport-Zentrum, das im Juni das weltgrößte Festival abhält. Dann kann man den Profis zusehen beim BASE-Jumping, Longboarding und anderem. Aber man kann zu jeder Jahreszeit auch seinen eigenen Thrill ausleben, von Mountainbiking bis Wildwasser-Rafting. Oder man wandert um den idyllischen Vangsvatnet-See und genießt in der Voss Bryggeri ein hausgebrautes Bier.

3

NÆRØYFJORD & AURLANDSFJORD ⏱ ½ TAG

Von Gudvangen nimm die Fähre und erlebt die Großartigkeit zweier Seitenarme vom Sognefjord: **Nærøyfjord** (Foto; S. 190) und **Aurlandsfjord** (S. 188). Die Fahrt geht durch den engen Nærøyfjord mit steilen Seiten, und dann gleitet man in den malerischen Aurlandsfjord – beide haben tosende Wasserfälle und tief-grün bewaldete Ufer. Ausstieg ist in Flåm.

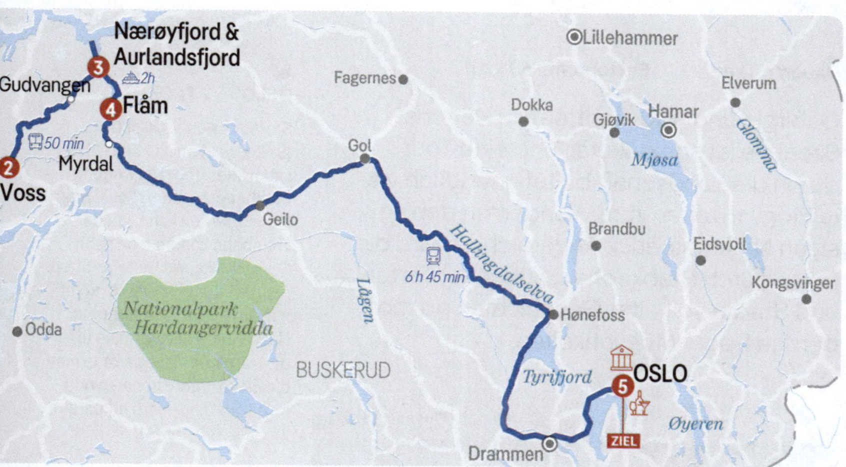

4

FLÅM ⏱ **½ TAG**

Wenn man im winzigen, von Bergen umringten **Flåm** (S. 192) ankommt, sollte man in der Ægir Bryggeri ein deftiges Mahl genießen. Als Vorbereitung einer Fahrt mit der Flåmsbana (Foto) nach Myrdal lohnt es, das Eisenbahn-Museum zu besuchen. Die malerische Fahrt führt gemächlich durch Bergtunnel, vorbei an steilen Abhängen und stürzenden Wasserfällen, bevor man am Ziel den Zug in die Hauptstadt nimmt.

5

OSLO ⏱ **2 TAGE**

Pflicht in der Hauptstadt **Oslo** (S. 42) sind die prächtigen Sehenswürdigkeiten, wie der Königliche Palast oder die Festung Akershus, und die Kunst-, Design- und Architektur-Schätze im Nationalmuseum. Bei einem Spaziergang auf dem Dach der Oper (Foto) geht der Blick über den Fjord. Und schließlich hat man die Qual der Wahl unter den vielen Restaurants und Bars im Aker- Brygge-Viertel am Hafen.

REISEROUTEN

Highlights in Zentral-norwegen

Dauer: 6 Tage **Entfernung:** 686 km

Gebirgig und wild, Zentral-Norwegens Szenerie ist spektakulär, und eine Tour durch die Landschaft bietet unendlich viele Möglichkeiten zum Wandern in den riesigen Nationalparks. Angereichert wird die Reise durch Stabkirchen, hübsche Dörfer und Städte voll alter Geschichte und modernen Sport-Möglichkeiten.

Munch- Museum (S. 57)

1

OSLO 2 TAGE

Start des Ausflugs ist **Oslo** (S. 42), wo man im Munch-Museum alles über Norwegens berühmtesten Künstler, Edvard Munch, lernen kann. Mit der Trambahn kommt man nach Grünerløkka, wo Vintage-Shopping auf dem Programm steht, und am Abend Bar-Hopping. Nach einem Spaziergang über die Hafenpromenade kann man die Elektrofähre nehmen und Inseln im Oslo-Fjord erkunden.

2

LILLEHAMMER 1 TAG

Weiter nach **Lillehammer** (S. 116), berühmt durch die Olympischen Winterspiele 1994. Man lernt mehr über die Spiele im Norges Olympiske Museum (Foto) und erlebt von der Spitze der Lysgårdsbakkene Ski-Sprungschanze eine schwindelerregende Aussicht über die Stadt, den Mjøsa-See und weiter.

Abstecher: *In Nordrichtung, die E6 verlassen, um die* ***Ringebu-Stabkirche*** *aus dem 13. Jh. zu sehen. (S. 129).*

3

NATIONALPARK RONDANE 1 TAG

Weiter in die unberührte Wildnis zum **Nationalpark Rondane** (S. 127). Voll klarer Wasserläufe und felsiger Berggipfel, bietet der Park Wanderwege für Gelegenheits-Wanderer und erfahrene Trekker. Wenn man die Landschaft nur von Weitem sehen möchte, bietet die Route RV27, die um den Park herumführt, gute Ausblicke.

4

RØROS 1 TAG

Nach **Røros** (S. 234), eine Unesco-geschützte ehemalige Kupferminen-Stadt mit erhaltenen Straßen und Holzhäusern aus der industriellen Blütezeit im 18. Jh. Start im Rørosmuseet Smelthytta – eine zum Museum umgewandelte Schmelzhütte – zum Erkunden der Stadtgeschichte. Ein Bummel durch die Straßen mit Kunstgalerien und skurrilen Läden.

5

TRONDHEIM 1 TAG

Abschluss der Tour in **Trondheim** (Foto; S. 222), Pilger-Ziel seit St. Olav hier 1030 zur Ruhe gelegt wurde. Besuch des Nidaros-Doms, der gotischen Kathedrale, die dort stehen soll, wo Olav beerdigt wurde. Von einer Kajak-Tour den mäandernden Nidelva-Fluss hinunter hat man einen anderen Blick auf die Stadt. Schließlich kann man in der Bar des Britannia Hotels einen fachkundig gemixten Cocktail genießen.

REISEROUTEN

Gletscher & Inseln

Dauer: 6 Tage **Entfernung:** 723 km

Entlang der zerklüfteten Nordland-Küste führt der Weg zu den Lofoten-Inseln, wobei man den nördlichen Polarkreis überquert. Die Kystriksveien Küstenstraße schlängelt sich durch Fischerdörfer bis zum Hotspot der arktischen Kultur, Bodø. Weiter zu den Archipelen der Lofoten und Vesterålen.

Vesterålen-Archipel (S. 257)

T. SCHNEIDER/SHUTTERSTOCK ©

1

NATIONALPARK SALTFJELLET-SVARTISEN ⏱ 1 TAG

Start in Mo i Rana zum **Nationalpark Salt-fjellet-Svartisen** (S. 264), mit Europas tiefstgelegenen Gletschern (Foto). Man kann die strahlend-weißen Eisfelder von der Straße aus sehen, aber im Juli und August werden geführte Touren angeboten, auf denen man ganz nah an diese riesigen geologischen Wunder herankommt, die seit tausenden Jahren die Landschaft formen.

2

BODØ ⏱ 1 TAG

In Nordrichtung auf der Küstenstraße Kystriksveien nach **Bodø** (S. 248), europäische Kulturhauptstadt 2024. Ein RIB-Trip führt zum Saltstraumen Mahlstrom; wo man die schäumenden Strudel bestaunen kann, die von Millionen Litern Wasser verursacht werden, die sich durch einen Kanal zwischen zwei Fjorden pressen.Nicht versäumen: das Jektefartsmuseet, das die 400-jährige Geschichte des einst lukrativen Stockfisch-Handels erzählt.

PUZURIN MIHAIL/SHUTTERSTOCK ©

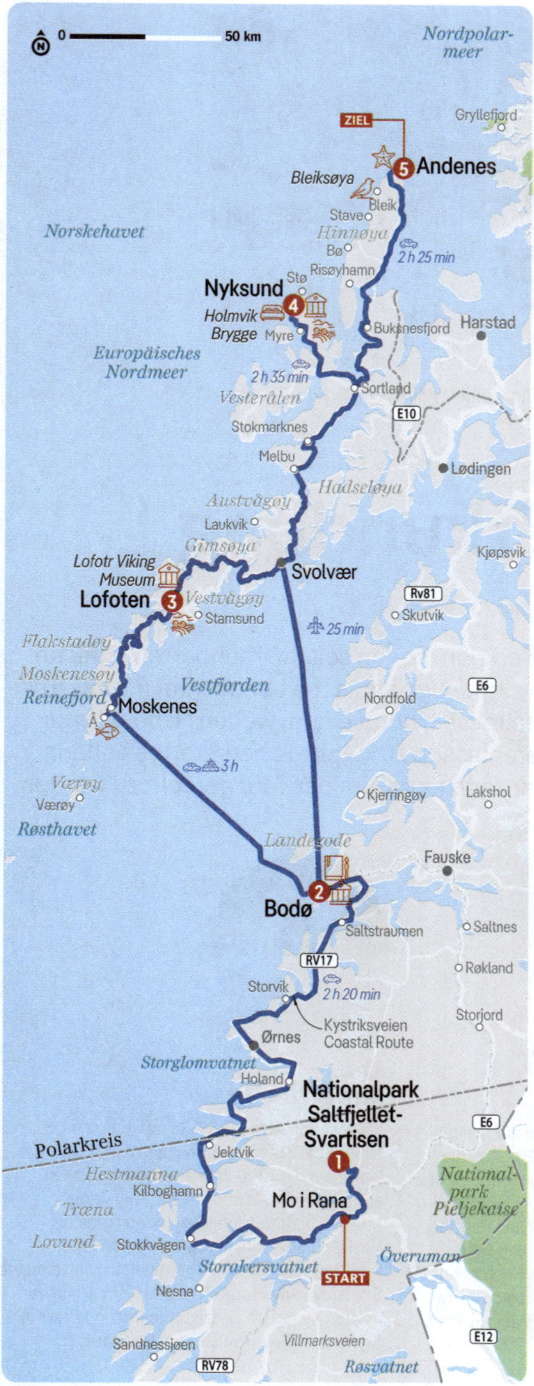

0 50 km
Nordpolarmeer
ZIEL
Gryllefjord
Andenes
Bleiksøya
Bleik
Stave
Hinnøya
Norskehavet
Bø
2 h 25 min
Risøyhamn
Stø
Nyksund
Holmvik Brygge
Myre
Buksnesfjord
Harstad
Europäisches Nordmeer
2 h 35 min
Sortland
Vesterålen
E10
Stokmarknes
Melbu
Lødingen
Hadseløya
Austvågøy
Laukvik
Gimsøya
Kjøpsvik
Lofotr Viking Museum
Svolvær
Lofoten
Vestvågøy
Rv81
Stamsund
Skutvik
25 min
Flakstadøy
Moskenesøy
Vestfjorden
E6
Reinefjord
Moskenes
Nordfold
Å
3 h
Værøy
Værøy
Røsthavet
Kjerringøy
Lakshol
Landegode
Fauske
Bodø
Saltstraumen
Saltnes
RV17
Røkland
Storvik
2 h 20 min
Storjord
Kystriksveien Coastal Route
Ørnes
Storglomvatnet
Holand
Nationalpark Saltfjellet-Svartisen
E6
Polarkreis
Jektvik
Hestmanna
Nationalpark Pieljekaise
Kilboghamn
Træna
Mo i Rana
Lovund
Stokkvågen
Överuman
Storakersvatnet
START
Nesna
E12
Sandnessjøen
Villmarksveien
RV78
Røsvatnet

3

LOFOTEN ⏱ 2 TAGE

Als Nächstes nimmt man einen Flug nach Svolvær oder die Autofähre nach Moskenes und bestaunt die zerklüfteten Berggipfel und hübschen Fischerdörfer der **Lofoten-Inseln** (S. 251). Stop bei Künstler-Werkstätten und Cafés; man entdeckt die Wikinger-Geschichte im Lofotr Viking-Museum auf der ca. 130-km-Fahrt zwischen Å i Lofoten und Svolvær.

4

NYKSUND ⏱ 1 TAG

Weiterreise nach Norden zum Vesterålen-Archipel und dem liebevoll restaurierten Küstenhafen **Nyksund** (S. 260), einst ein Fischerdorf, dann Geisterdorf, und jetzt eine blühende und kreative Gemeinde. Das Museum bietet Informationen über die Geschichte der Siedlung. Den restlichen Tag in Galerien, Läden und Cafés vertrödeln, um dann die Nacht im rustikalen Gästehaus Holmvik Brygge zu verbringen.

5

ANDENES ⏱ 1 TAG

Abschluss der Route in **Andenes** (S. 257), mit der wilden Tierwelt vor den Küsten von Vesterålen. Highlights: eine Wal-Beobachtungs-Tour (Foto) mit der Chance, Orcas, Buckelwale und Finnwale zu sehen. Oder, am anderen Ende der Größen-Tabelle, bietet sich in Bleiksøya eine Papageitaucher-Safari an, wo man die Seevögel in all ihrer drolligen Pracht beobachten kann.

KJETIL TAKSDAL/SHUTTERSTOCK ©

Kabinenbahn Fjellheisen (S. 278), Tromsø

REISEROUTEN

Arktis-Erkundung

Dauer: 7 Tage **Entfernung:** 736 km

Norwegens eisiger Norden zieht schon seit Jahrhunderten Forscher und Entdecker an. Die weiträumige arktische Landschaft mit ihren riesigen Entfernungen entfaltet sich unter einem weiten Himmel, und entfernte Siedlungen veranlassen zu kulturreichen Stopps entlang des Wegs. Ruhig ein paar Tage extra, um der Tour gerecht zu werden.

1

TROMSØ ⏱ 2 TAGE

Start einer arktischen Auto-Tour ist die „Hauptstadt des Nordens", **Tromsø** (S. 278). Über die Tromsøbrua kommt man zur Eismeer-Kathedrale: ein weißes Prisma vor einem Berg-Hintergrund. Aus der Fjellheisen-Seilbahn hat man Blick über die schneebedeckte Landschaft – und sieht vielleicht sogar Nordlichter (Foto). Auch das berühmte Nachtleben der Stadt bietet sich an, mit schicken Cocktail-Bars, lässigen Brauerei-Pubs und Live-Musik-Treffpunkten.

2

ALTA ⏱ 1 TAG

Weiter nach **Alta** (S. 287) fahren oder fliegen, eine kleine Stadt mit arktischen Attraktionen. Man kann die 7000 Jahr alten Petroglyphen entlang der Trails des Unesco-gelisteten Alta-Freilichtmuseums bestaunen oder ein Huskie-Team für einen spannenden Hundeschlitten-Trip buchen. Übernachten kann man im Sorrisniva Iglu-Hotel (Foto), das jedes Jahr von lokalen Künstlern und Skulpteuren mit Eis vom Sierravann-See frisch hergestellt wird.

VON LINKS: V. BELOV/SHUTTERSTOCK ©, MCDONALDKAR/GETTY IMAGES ©

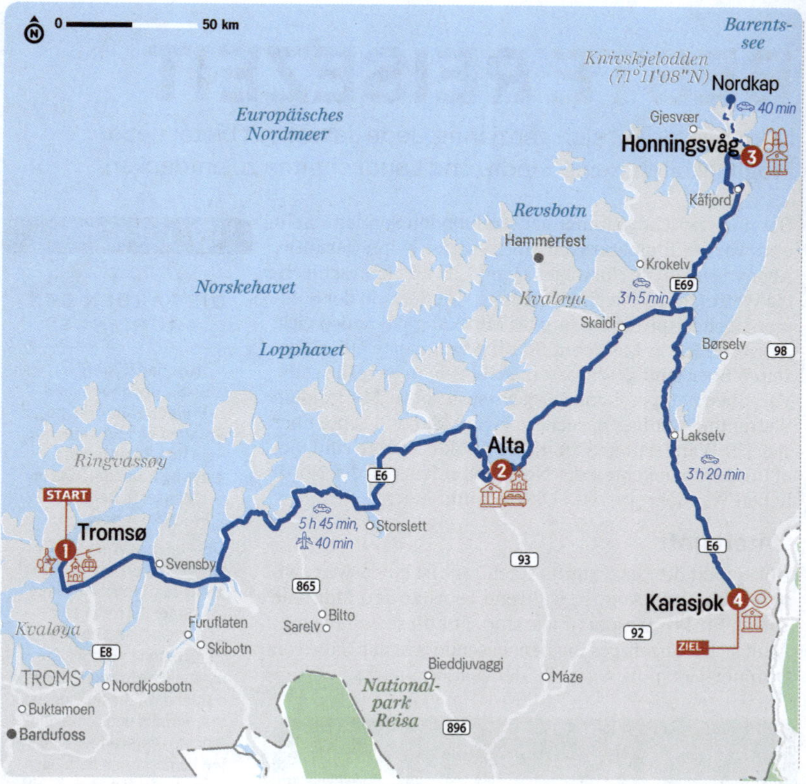

3

HONNINGSVÅG ⏱ 1 TAG

Weiterfahrt nach **Honningsvåg** (S. 289). Im Nordkap-Museum erfährt man, wie die im Zweiten Weltkrieg zerstörte Stadt wiederaufgebaut wurde. Danach bietet sich ein Blick über die Stadt vom Gipfel des Storfjellet an.

__Abstecher:__ Nachdem man schon bis hierher gekommen ist, sollte man nicht die Chance versäumen, das __Nordkap__ (Foto; S. 290) zu besuchen, den nördlichsten Punkt Europas, mit einem Blick über den Nord-Atlantik.

4

KARASJOK ⏱ 1 TAG

Weiterreise nach **Karasjok** (S. 291) – Kárášjohka in Sami. Start mit einer Führung durch das Sami Parlamentsgebäude (Foto): eine beeindruckende Lärchenholz-verkleidete Konstruktion, umgeben von hohen Kiefern. Dann sollte man im Sami-Museum die Kultur und Traditionen von Norwegens indigener Bevölkerung erkunden, inklusive Kunsthandwerk (*duodji*)und traditioneller Gesänge (*joik*).

VON LINKS: ANIBAL TREJO/SHUTTERSTOCK ©, INTREEGUE PHOTOGRAPHY/SHUTTERSTOCK ©

BESTE REISEZEIT

Norwegen lohnt sich ganzjährig. Jede Jahreszeit bietet neue Möglichkeiten, seine Städte und Landschaften zu entdecken.

Der norwegische Sommer hat strahlenden Sonnenschein und warme Temperaturen, aber es gibt keine Garantie. Aber wie auch die Norweger sagen: „Es gibt kein schlechtes Wetter, nur schlechte Kleidung." Außerhalb der Sommer-Hochsaison (Mitte Juni bis Mitte August) haben viele Attraktionen in kleineren Städten reduzierte Öffnungszeiten oder sind geschlossen, sodass man sich für seine Vorhaben entsprechend vergewissern sollte. Mit mildem Wetter und weniger Besuchern bieten Mai und September sich für Wanderungen an. Klare dunkle Nächte sind ideal für das Beobachten der Nordlichter jenseits des Nördlichen Wendekreises (im Oktober und März).

Unterkunft

Höhepunkt der Unterkunfts-Nachfrage ist landesweit zwischen Juni und August, während Februar und März die Saison für Wintersport-Ziele sind. Für diese Zeiten empfiehlt sich frühzeitiges Buchen, besonders in der Nähe von Outdoor-Hotspots wie z. B. den Nationalparks.

LOCAL TIPP

DIE FARBEN DES FRÜHLINGS

Kristine Nygård ist Sozialpädagogin und Fremdenführerin. Im Frühling und Sommer hat sie ihre Basis in Volda, Møre og Romsdal, und im Winter in Bergen. @kneggolga

Der Mai ist in West-Norwegen besonders schön, wenn nach dem langen, dunklen Winter die Natur zum Leben erwacht. Die grauen und braunen Berghänge explodieren in hellem Grün, während weiß-schäumende Wasserfälle und schneebedeckte Gipfel einen scharfen Kontrast zum tiefblauen Himmel malen.

Nordlichter, Lofoten (S. 251)

STOCKFISCH-TEMPERATUR

Auf den Lofoten herrscht das beste Klima für die Herstellung von *tørrfisk* (Stockfisch). Arktischer Wind und eine konstante Temperatur um 0 °C hindert Bakterien am Vermehren, sodass der Fisch im Verlauf von mehreren Monaten nicht verrottet, sondern in der Sonne trocknet.

Reisewetter (Oslo)

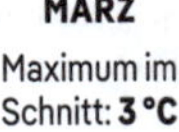

JANUAR	FEBRUAR	MÄRZ	APRIL	MAI	JUNI
Maximum im Schnitt: **-2 °C**	Maximum im Schnitt: **-1 °C**	Maximum im Schnitt: **3 °C**	Maximum im Schnitt: **9 °C**	Maximum im Schnitt: **16 °C**	Maximum im Schnitt: **20 °C**
Regentage: 12	Regentage: 10	Regentage: 8	Regentage: 6	Regentage: 10	Regentage: 10

KÜSTENKLIMA

Das norwegische Festland liegt zwischen 58° N und 71° N, sodass es zwischen Nord und Süd große Klima-Unterschiede gibt. Der warme Golfstrom bewirkt, dass das norwegische Klima milder ist als das anderer Länder auf demselben Breitengrad.

Traditionelle Feste

Im Februar begrüßt Røros bis zu 70.000 Besucher zum **Røros-martnan** (S. 236), gegründet 1844 durch königliches Dekret: fünf Tage mit Märkten, Musik und Vergnügungen.
Februar

Nach den Monaten der Polarnacht feiern die Bewohner von Longyearbyen die Rückkehr der Sonne mit dem **Sonnenfest** (S. 305): Zum Sonnenaufgang kommen sie zusammen, und es folgt eine Woche mit kulturellen Events in der ganzen Stadt.
März

Im März feiert Kautokeino in der Finnmark **Sami-Ostern**: eine Woche lang die Sami-Traditionen, inklusive dem Welt-Championship im Rentier-Rennen und dem Sami-Grand Prix, ein Wettbewerb im traditionellen Joik-Gesang.
März

Keine Feier in Norwegen toppt die patriotische Begeisterung, die das Land am 17. Mai ergreift, dem **Verfassungstag**, wenn über Paraden im ganzen Land die norwegische Flagge weht. **Mai**

LOCAL TIPP

OUTDOOR-LEBEN

Autor Hugh Francis Anderson ist spezialisiert auf Abenteuer, Umwelt und Reise. Er lebt in Tromsø und liebt Skilaufen, Wandern sowie das Erkunden von arktischen Bergen und Plateaus. @ hughfrancisanderson

Tromsø ist die Outdoor-Drehscheibe im arktischen Norwegen; viele grandiose Berge liegen vor der Haustür. Eine Ski-Tour durch die Lyngen-Alpen ist ein Muss! Am besten im März und April, wenn die Sonne wieder erscheint.

Skifahren, Lyngen-Alpen (S. 282)

Sportsgeist

Im März kann man in Alta den **Finnmarksløpet** (S. 292) erleben, Europas längstes Hundeschlitten-Rennen, in dem 160 Teams in sechs Tagen die 1200 km lange Strecke fahren.
März

Seit 1892 zieht das **Holmenkollen Skifestival** (holmenkollenskifestival.no) Wettkampf-Skispringer und Biathleten an diese altehrwürdige Wintersportanlage in Oslo, berühmt seit der Winter-Olympiade 1952. Heutzutage findet das Schnee-Ereignis jeweils im März statt. **März**

Es gibt kein raueres Extremsport-Festival als das weltgrößte **Ekstremsportveko** (S. 156) im Juni in Voss, wo Adrenalinkick-Experten sich messen in Disziplinen wie Rafting, Longboarding und dem gefährlichen Base-Jumping.
Juni

Im Juni treffen sich Langstreckenläufer in den Straßen von Tromsø zum **Mitternachtssonnen-Marathon** (msm.no), einem 42 km Nacht-Rennen, das seine Beleuchtung vom polaren Sommer bezieht. **Juni**

REKORDHOCHS & -TIEFS

Karasjok beansprucht den Rekord in den niedrigsten je gemessenen Temperaturen – 1886 fielen sie auf –51.4 °C. Am anderen Ende der Skala erreichte 1970 das Quecksilber den Rekord von 35,6 °C in Nesbyen in Buskerud, Zentral-Norwegen.

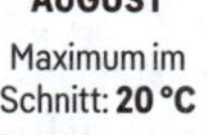

JULI	AUGUST	SEPTEMBER	OKTOBER	NOVEMBER	DEZEMBER
Maximum im Schnitt: **21 °C**	Maximum im Schnitt: **20 °C**	Maximum im Schnitt: **15 °C**	Maximum im Schnitt: **9 °C**	Maximum im Schnitt: **3 °C**	Maximum im Schnitt: **–1 °C**
Regentage: 12	Regentage: 12	Regentage: 8	Regentage: 9	Regentage: 10	Regentage: 12

LINKS: MUMEMORIES/GETTY IMAGES ©; RECHTS AUSSEN: PHOTO 12/ALAMY STOCK PHOTO ©

Camper bewundern die Nordlichter auf den Lofoten

BESTENS VORBEREITET AUF NORWEGEN

Nützliches zum Vorbereiten und Einstimmen.

Kleidung

Tages- und Abendkleidung: Stilmäßig sind die Norweger relativ entspannt, legen aber Wert auf gute Zusammenstellung. Lässige Casual-Kleidung ist in den meisten Situationen richtig, aber in einem Edel-Restaurant wird man sich wohler fühlen, wenn man auch etwas Schickeres eingepackt hat.
Outdoors-Notwendigkeiten: Es ist kalt in Norwegen! Unbedingt einpacken: Thermo-Unterwäsche, Fleece und eine warme, winddichte Jacke.
Wanderschuhe: Feste Schuhe oder Boots sind ein Muss, wenn man in den Bergen oder auf Wald-Wanderwegen unterwegs ist. Aber auch Stadt-Erkundungen sind damit um einiges bequemer.

Etikette

Die meisten Norweger sprechen fließend Englisch, aber bemühe dich ruhig, etwas Norwegisch zu lernen – das kommt gut an.

Begrüße die Menschen mit einem Lächeln (dazu in formelleren Situationen ein Handschlag).

Höflichkeit wird durch freundlichen Tonfall ausgedrückt – sage immer *takk* (Danke).

Vermeide Angeberei – es wird als geschmacklos erachtet (nicht nur in Norwegen).

Reflektoren: Im Dunklen macht man es wie die Einheimischen und trägt zur Sichtbarkeit und Sicherheit etwas Reflektierendes.

LESEN

Kristin Lavranstochter (Sigrid Undset; 1920) Die Trilogie der Nobelpreisträgerin schildert das Leben einer Frau im 14. Jh.

Killing Moon (Jo Nesbø; 2022) Harry Hole jagt einen Serienkiller in der 13. Folge von Nesbø's spannender Detektiv-Serie.

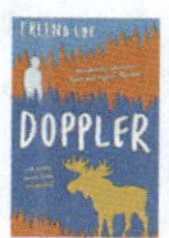

Doppler (Erlend Loe; 2004) Subversives modernes Märchen: Doppler verlässt sein geordnetes Leben und zieht in den Wald.

Einer von uns (Åsne Seierstad; 2015) Eine Schilderung der Geschichte des Terroranschlags von 2011.

Sprechen

„Hei“ ist der universale Ausdruck, „Hallo“ zu sagen, aber man hört auch **„hei hei“**, „Hallo zusammen“, **„god morgen“** (Guten Morgen) und das sehr informelle **„heisann“** (wie engl. *howdy*). Einfach **„Hallo“** geht ebenfalls, besonders am Telefon.

„Ha det bra“ (wörtlich „hab es gut“) bedeutet „Auf Wiedersehen“, aber meistens hört man die Kurzform **„ha det“**.

„Takk“ bedeutet „Danke“.

„Tusen takk“ („Tausend Dank“) ist die noch herzlichere Form, seine Wertschätzung zu zeigen. *Takk* kann ebenfalls benutzt werden, um ein Angebot anzunehmen, ähnlich wie „Danke, gern!“ *„Ja, takk!“*

Vær så snill bedeutet „Bitte!“, wird eigentlich nur benutzt im Kontext dringend um etwas bitten oder flehen; man würde es nicht benutzen, um z. B. um einen Drink zu bestellen.

„Vær så god“ bedeutet „Bitte sehr“, man hört es oft z. B. in Restaurants, wenn die Bestellung gebracht wird.

„Hvordan har du det?“ ist ein höfliches „Wie geht es dir?“; ein mehr informeller Ausdruck ist **„hvordan går det“**, was in die Richtung „Wie läuft's?“ geht. Man kann antworten mit **„(Veldig) bra, takk“** „(Sehr) gut, Danke.“

„Beklager“ „Tut mir leid!“.

„unnskyld meg“ („Entschuldigung“) oder einfach **„unnskyld“** sagt man, um höflich auf sich aufmerksam zu machen, z. B. um an jemandem vorbeizugehen.

ANSCHAUEN

Kitchen Stories (Bent Hamer; 2003; Foto) Komödie: Ein schwedischer Forscher untersucht die Küchengewohnheiten eines norwegischen Junggesellen.

Exit (2019–2023) Drama-Serie über das verkommene Leben mit Sex, Drogen und Gewalt von vier befreundeten Investment-Bankern.

Witch Hunt (2020) Ein Thriller über die Angestellte einer Rechtsanwaltskanzlei, die als Whistleblowerin Probleme bekommt.

Vikingane/Norsemen (2016–2020) Comedy-Serie, blutrünstig und skurril, über Wikinger im 8. Jh. Produziert in Norwegisch und Englisch.

REINHÖREN

All My Demons Greeting Me as a Friend (Aurora; 2016) Ihr Debut-Album, neu aufgelegt als der Titel „Runaway“ auf TikTok viral ging.

Sorry for the Late Reply (Sløtface; 2020) Das zweite Album der Pop-Punk-Band aus Stavanger, mit der unwiderstehlichen Ohrwurm-Single „Telepathetic“.

De Mysteriis Dom Sathanas (Mayhem; 1994) Das Debut-Album der einflussreichsten (und berüchtigten) Black-Metal-Band Norwegens.

Gula Gula (Mari Boine; 1989) Das erste Album der gefeierten Sängerin; sie mischt den Sami-*Joik* mit Jazz and Folk Rock.

Fiskesuppe (Fischsuppe)

ESSEN WIE DIE LOCALS

Norwegen ist ein Mekka für Liebhaber lokaler Speisen: Genieße einige der besten regionalen Nahrungsmittel des Nordens.

Die Cuisine-Szene hat sich in den letzten Jahrzehnten sehr verändert. Vorausschauende Chefs mit Begeisterung für die geschmacksintensiven Produkte des Landes, die reichlichen Meeresfrüchte und das Wild, verwenden modernste Verfahren, um im ganzen Land köstliche Speisen in erfrischend smarten Restaurants zuzubereiten.

Internationale Küche ist leicht zu finden, obwohl sie in der Regel dem lokalen Geschmack angepasst wird, z. B. mit weniger Chili in Curry-Gerichten. Besonders populär ist Sushi; Nigiri & Co bekommt man in den meisten größeren Orten. Auch Burger-Filialen, Pizzerias, Taquerias und Pubs sind allgegenwärtig.

Saisonale Speisen

Stark beeinflusst durch die neuen nordischen Traditionen, sind jahreszeitlich-bestimmte Speisen in gehobenen Restaurants jetzt selbstverständlich. Die besten lokalen Zutaten werden in einfallsreichen Gerichten verarbeitet, und die Speisekarten wechseln mit den Jahreszeiten.

In gehobeneren Restaurants, die Verkostungsmenüs anbieten, weiß man bis zur Ankunft nicht, was serviert wird. Je nach Blickwinkel mag dies spannend sein oder beängstigend, aber die Chefs bemühen sich, eventuelle Allergien zu berücksichtigen.

Der nationale „Geist"

Aquavit (auch *akevitt* ausgesprochen) ist die nationale Spirituose Norwegens, eine feurige Destillation auf Kartoffel-Basis, abgeschmeckt mit Kümmel und einer Zutaten-Mischung, die Dill, Koriander, Anis oder Orangen enthalten kann. Die Reifung erfolgt in 500-l-Eichenfässern für mindestens sechs Monate, es gibt aber auch Varianten mit 12 Jahren.

Seit das Monopol auf Spirituosen-Herstellung 2005 aufgehoben wurde, sind auch kleinere Destillerien erfolgreich.

Fleischlose Speisen

In der traditionellen norwegischen Küche dominieren Meeresfrüchte und rotes Fleisch, aber die Bedingungen für Vegetarier und Veganer haben sich verbessert. Die meisten Restaurants in Norwegen haben mindestens eine vegetarische Speise auf der Karte, wenn auch vielleicht nicht sehr einfallsreich, und in kleineren Orten werden Veganer es schwerer haben.

Unbedingt probieren!

Fisch und Wild beherrschen die klassischen norwegischen Gerichte, aber es gibt auch Ausgefallenes.

Süßes

Waffeln isst man mit *rømme og syltetøy* (Sour Cream und Marmelade) oder *brunost* (Braunkäse).

Skolebrød Süße Brötchen, mit Kardamom gewürzt, gefüllt mit Pudding und bestreut mit Kokosnuss.

Multekrem Suchterzeugendes Dessert aus Schlagsahne, Zucker und Moltebeeren.

Fårikål

Fleischgerichte

Reinsdyrstek Gebratenes Rentier wird mit Kartoffelbrei, Wurzelgemüse und Preiselbeeren serviert.

Fårikål Norwegens Nationalgericht: Kohl-Eintopf mit Schaffleisch.

Bidos Rentier-Eintopf: traditionelles Gericht auf Sami-Hochzeiten.

Fisch

Laks (Lachs) Der grundlegend norwegische Fisch wird heute meistens gezüchtet. – Wilder Atlantik-Lachs ist selten.

Tørrfisk (Stockfisch) Kabeljau wird auf Stellagen getrocknet. Die Lofoten bieten beste Bedingungen.

Fiskesuppe (Fischsuppe) Norwegen in einer Schüssel: köstlich cremig und mit frischen Fischstücken.

Trau dich!

Brunost (Braunkäse) Ein caramel-süßer Käse aus der Molke von Ziegen- und/oder Kuhmilch.

Lutefisk Stockfisch, in Lauge rehydriert, wodurch eine gelatinöse Konsistenz entsteht.

Rakfisk Etwas für Mutige: Forelle (oder Saibling), eingelegt und monatelang fermentiert.

FESTIVALS

Trøndersk Matfestival (Trøndelag Kulinarisches Festival) Produzenten aus der Region präsentieren drei Tage im August ihre Produkte in Trondheim.

Norsk Rakfiskfestival (Norwegisches Rakfisk-Festival) Bis zu 15 Tonnen der fermentierten Fisch-Delikatesse werden auf diesem 3-Tage-Event im November in Fagernes verkauft.

Norsk Eplefest (Norwegisches Apfel-Festival) Die Apfelproduzenten von Telemark zeigen im Spät-September ihre Früchte, mit apfelbasierten Produkten.

Mat*Larm Ein Zweitages-Event norwegischer Nahrungsproduzenten im späten August in Oslo, mit Pop-up-Lebensmittelmärkten und Aktivitäten.

Skalldyrfestivalen (Meeresfrüchte-Festival) Am zweiten Augustwochenende besuchen bis zu 60 000 Meeresfrüchte-Liebhaber Mandal für Markt, Essen und Unterhaltung.

SAISONALE KÜCHE

FRÜHLING

Wenn die Tage länger werden, bieten die saisonalen Speisekarten Wildforelle, neue Kartoffeln und klassisch-norwegische Rhabarber-basierte Desserts wie Rhabarber-Pudding. Draußen in den Wäldern riecht man wilden Knoblauch.

SOMMER

Jetzt gibt es reichlich Meeresfrüchte, Seeteufel, Thunfisch, Schollen und Hummer, gebraten, gegrillt oder gekocht. Die Natur liefert Genüsse und Aromen von Zuckererbsen, Erdbeeren und regionalem Honig.

HERBST

Die Bäume sind voll mit Äpfeln, Pilze werden gesammelt, und Beeren, inklusive Preiselbeeren und Moltebeeren, sind reif. Es ist eine gute Zeit für Schaffleisch, z.B. *fårikål* (Eintopf aus Schaf und Kohl).

WINTER

Im Winter gibt es Deftiges mit viel Rentier-, Rind- und Wildfleisch, begleitet von herzhaften Wurzelgemüsen wie Rote Bete und Karotten. Dies ist auch die Jahreszeit für Kabeljau und vitaminreichen Kohl.

RUNAR VESTLI/GETTY IMAGES ©

Fahrradfahren im Nationalpark Hardangervidda (S.133)

OUTDOOR-ERLEBNISSE

In Norwegen gibt es überall und jederzeit unendliche Möglichkeiten für faszinierende Outdoor-Erlebnisse: Horizont-umspannende Gebirgszüge, nach Kiefern duftende Wälder, oder die grandiose Küste.

Das *friluftsliv* (Outdoor-Leben) gehört zu Norwegens National-Psyche, und es gibt eine erstaunliche Bandbreite von Aktivitäten für jede Person, die in die Natur möchte.

Man muss kein Outdoor-Profi sein; auch wenn Norwegens Gipfel, Schluchten und Gletscher den Erfahrenen vorbehalten sind, so werden auch Anfänger gut bedient, mit leichten Wanderungen. Professionelle Veranstalter bieten Abenteuer für jeden Fitness-Grad. Die **ut.no** Website (in Norwegisch) weist mehr als 16.000 Routen zum Wandern, Radfahren, Kajakfahren, Skilaufen und Klettern aus.

Spazierengehen und Wandern

Norwegen ist mit über 22.000 km markierter Routen durch schöne Gebiete, das herausragende Ziel für Wander-Urlaub. Für jeden Fitness- und Erfahrungsgrad gibt es die passende Tour. Viele Städte haben einen oder zwei markierte Wanderwege in der umgebenden Natur, und eine Unzahl von Long-Distance-Wildnis-Trecks triggert deinen inneren Entdecker.

Infotafeln in populären Wander-Gegenden beschreiben örtliche Routen, und ausgebaute Trails werden in 100- oder 200-m-Intervallen von Steinhaufen oder roten „T“s markiert. Die Wander-Saison beginnt im späten Mai und läuft aus im frühen Oktober.

Der majestätische Nationalpark Jotunheimen ist Norwegens führendes Wander-Gebiet, aber weniger überlaufen sind die Trails, die durch den nahe gelegenen Nationalpark Rondane führen. Im Sommer ist auch Gletscher-Wandern möglich,

Mehr Outdoor-Spaß

FISCHEN
Am **Saltstraumen maelstrom** (S. 249) kommt die Geduld zum Angeln zusammen mit dem Thrill durch einen wilden Strudel.

FAHRRADFAHREN
Radsport-Profis schaffen Aufstiege bis zu 1400 m ü. d. M., um den wunderschönen **Sognefjellet** (S. 124) Gebirgspass zu fahren.

FELSENKLETTERN
In **Åndalsnes** (S. 203), im Norwegischen Bergsteiger-Zentrum, kann man an Klettertouren tüfteln.

FAMILIENABENTEUER

Miete Fahrräder für eine Rundfahrt um den geologisch-faszinierenden **Leka** (S. 243), mit seinem Wikinger-Grabhügel und prähistorischen Felsen.

Raften über sanfte Stromschnellen mit erfahrenen Führern auf dem **Sjøa** (S. 128), sodass auch kleine Kinder Spaß am Rafting haben.

Auf den Spuren großer Entdecker auf Svalbard (Spitzbergen), mit einem Hundeschlitten-Abenteuer von **Longyearbyen** (S. 311) aus.

Skilaufen für alle Levels mit der Ski-Schule und 69 gepflegten Pisten ist **Trysil** (S. 119).

Eine gemütliche Paddeltour den **Nidelva** (S. 225), Trondheims Fluss, hinunter, vorbei an einer alten Kathedrale und farbenfrohen Anlegeplätzen.

Spüre die Wucht der Physik bei einer Sommer-Fahrt mit dem Rollerbob die olympische Bobschlitten-Bahn in **Lillehammer** (S. 119) hinunter.

aber man sollte nicht ohne erfahrene örtliche Führer gehen.

Skilaufen

Wintersport-Adrenalin-Junkies haben hier die Auswahl unter Weltklasse-Ski-Zentren, inklusive einem legendären Olympia-Austragungsort – und tausenden Kilometern Langlauf-Loipen. Die Ski-Saison in Norwegen dauert i. d. R. von Anfang Dezember bis April, mit der Haupt-Saison im Februar und März. Aber wie bei allen Wintersport-Orten gibt es auch in Norwegen von Jahr zu Jahr (und regional) leichte Veränderungen der Zeiten. Ein traditioneller Ski-Urlaub findet auf den Pisten eines der Abfahrtsskigebiete statt, inklusive Trysil, Geilo und Lillehammer. Die Kosten für Lift-Pässe und Ausrüstungsverleih sind grob vergleichbar mit denen in den Alpen, für Essen-Gehen und Après-Ski bezahlt man allerdings mehr.

Skilanglauf-Touren können an jedem Punkt der markierten farbcodierten Wildnis-Loipen Land starten, aber es ist wichtig, die angemessene Ausrüstung und auch eine Notfall-Versorgung dabeizuhaben.

TOP SPOTS

Die besten Outdoor-Standorte und Routen s. Karte auf Seite 38.

LILLIAN TVEIT/SHUTTERSTOCK ©

Mit dem Kanu auf der Nidelva (S. 225)

Kajak fahren

Norwegens Schären- und Fjord-zerfranste Küste ist wie gemacht für Kajakfahren. In den westlichen Fjords werden an Orten wie Geirangerfjord und Sognefjord geführte Exkursionen für jeden Schwierigkeitsgrad angeboten. Daneben ist Vesterålen, nördlich der Lofoten, ein Magnet für Seekajakfahrer. Kajaks mieten ist vielfach möglich, aber die meisten Anbieter verlangen als Voraussetzung eine *våttkort* (Kurs-Zertifikat). Die Kurse dafür beginnen bei vier Stunden, aber Firmen setzen oft ihre eigenen Minimal-Forderungen fest (DNT, z. B., verlangt oft einen 16-Stunden-Kurs). Für manche ist es angenehmer, sich stattdessen einer Tour anzuschließen.

WILDWASSER-RAFTING
Der **Sjøa Fluss** (S. 128) hat Wildwasser für jeden Schwierigkeitsgrad, vom Level-1-Spaß bis zum Level-5-Rausch.

BUNGEE-JUMPING
Atme nochmal tief durch und stürze 84 m von Norwegens höchstem Land-basierten Bungee Jump in **Rjukan** (S. 95).

PARAGLIDING & PARASAILING
In **Voss** (S. 154), dem Zentrum des Adrenalin-Sports, ein Paragliding- oder Parasailing-Abenteuer erleben.

SEILRUTSCHEN
Man braucht die Stahl-Nerven eines **Ski-Schanzen-Springers** (S. 86) auf der 361 m langen Kollensvevet Seilrutsche.

ACTION AREAS

Die besten Outdoor-Erlebnisse in Norwegen.

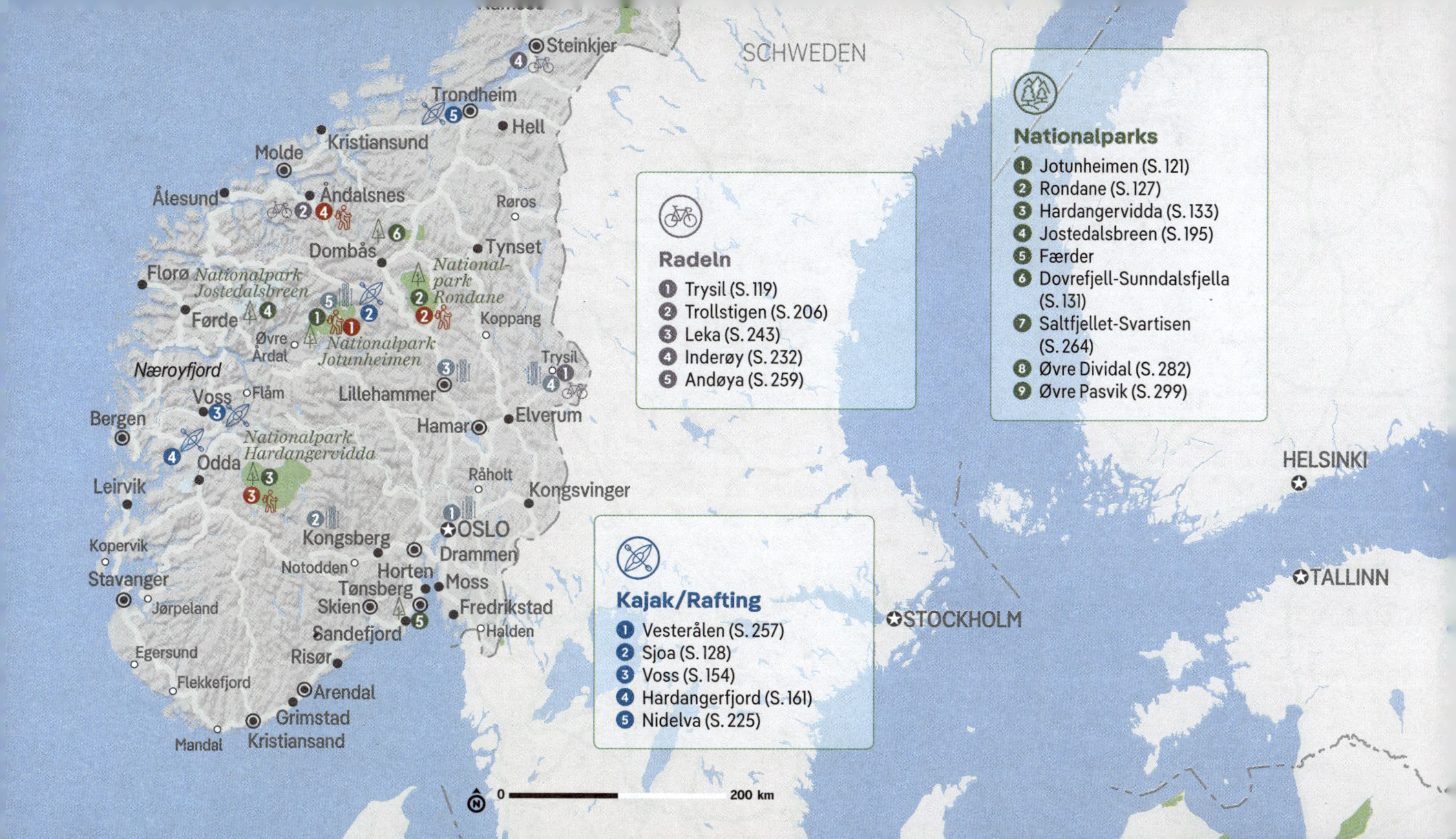

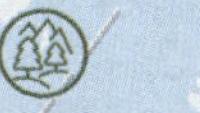

Radeln
1 Trysil (S. 119)
2 Trollstigen (S. 206)
3 Leka (S. 243)
4 Inderøy (S. 232)
5 Andøya (S. 259)
Nationalparks
1 Jotunheimen (S. 121)
2 Rondane (S. 127)
3 Hardangervidda (S. 133)
4 Jostedalsbreen (S. 195)
5 Færder
6 Dovrefjell-Sunndalsfjella (S. 131)
7 Saltfjellet-Svartisen (S. 264)
8 Øvre Dividal (S. 282)
9 Øvre Pasvik (S. 299)
Kajak/Rafting
1 Vesterålen (S. 257)
2 Sjoa (S. 128)
3 Voss (S. 154)
4 Hardangerfjord (S. 161)
5 Nidelva (S. 225)
SCHWEDEN
Steinkjer
Trondheim
Hell
Kristiansund
Molde
Ålesund
Åndalsnes
Røros
Tynset
Dombås
Florø
Nationalpark Jostedalsbreen
National-park Rondane
Førde
Øvre Årdal
Nationalpark Jotunheimen
Koppang
Trysil
Nærøyfjord
Voss
Flåm
Lillehammer
Elverum
Bergen
Hamar
Nationalpark Hardangervidda
Odda
Leirvik
Råholt
Kongsvinger
OSLO
Kongsberg
Kopervik
Drammen
Notodden
Horten
Stavanger
Tønsberg
Moss
Skien
Fredrikstad
Jørpeland
Halden
Sandefjord
Egersund
Risør
Flekkefjord
Arendal
Grimstad
Kristiansand
Mandal
STOCKHOLM
HELSINKI
TALLINN
0
200 km

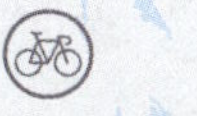

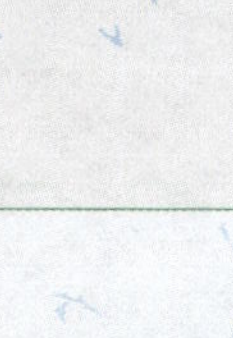

NORWEGEN

REISEZIELE

In jeder Regionen starten wir mit dem perfekten Standort, um die Umgebung zu erkunden. Entdecke einzigartige Erlebnisse, Tipps unserer Autorinnen und Experten, Hintergründe und Empfehlungen.

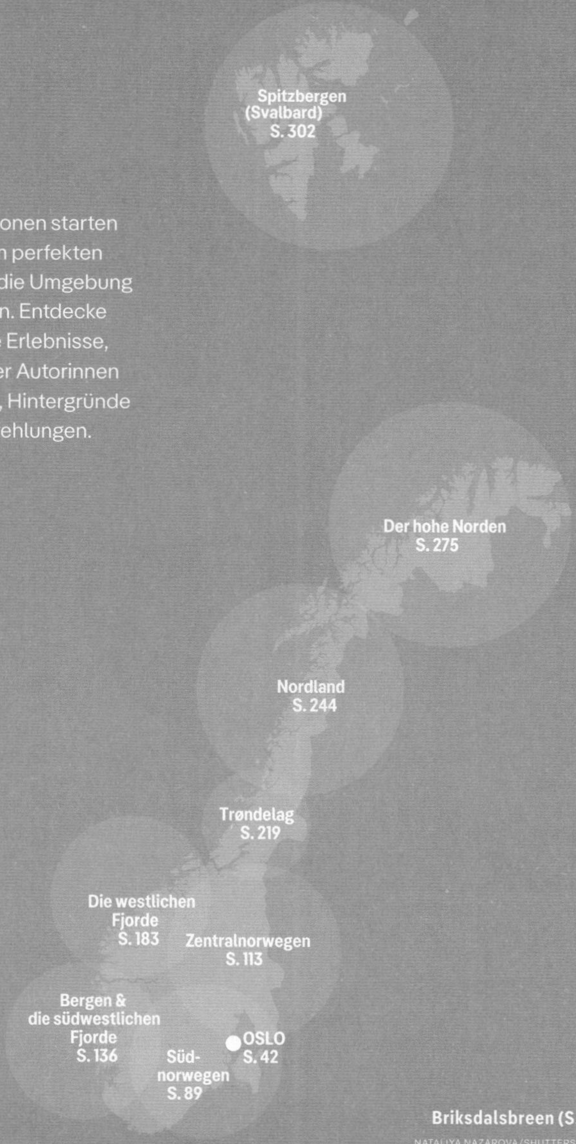

Briksdalsbreen (S. 197)

NATALIYA NAZAROVA/SHUTTERSTOCK ©

Oslo

DIE NEUE NORDISCHE KULTURHAUPTSTADT

Norwegens selbstbewusste Hauptstadt entwickelt sich ständig weiter – mit internationalen Kulturattraktionen und zahllosen Freizeitangeboten.

Oslo hat eine langfristige Vision: Vor rund 25 Jahren musste sich die Stadt entscheiden zwischen einer industriellen Zukunft für die lange vernachlässigte Hafengegend oder aber für einen radikalen Bruch. Oslo entschied sich für offene Freizeitareale und entschloss sich im Jahr 2000, Fjordbyen zu bauen: die Fjord City.

Heute genießen Einheimische wie Touristen die Früchte dieser Entscheidung, denn es gibt außergewöhnliche Kulturpaläste, beeindruckende Architektur, Strände, Parks und eine wunderbare Hafenpromenade.

2008 öffnete das erste Highlight, das Osloer Opernhaus aus Marmor und Glas sowie mit ungewöhnlichen Perspektiven nach Entwürfen des Architekturbüros Snøhetta. 2011 folgte das Barcode-Projekt mit innovativer Architektur und öffentlichen Flächen. Danach definierte die Deichman Bjørvika neu, was eine öffentliche Bibliothek ausmacht, während das neue Munch-Museum dazu einlädt, einen der bekanntesten Söhne der Stadt zu entdecken. Und seit 2022 feiert das Nationalmuseum auf 54 600 m² Fläche Kunst, Design und Architektur made in Norway.

Die kulinarische Szene hat sich ebenfalls enorm entwickelt. Kreative Gerichte sind in den Restaurants zum mewStandard geworden. Gourmets freuen sich über innovative Köche und mehrere Michelin-Sterne.

Trotz der Auszeichnung 2019 als Green Capital of Europe ruht sich die Stadt nicht aus. Bis 2030 sollen 100 000 Bäume gepflanzt werden.

Nicht alle Entwicklungen wurden aber von den Einheimischen begrüßt: Vor allem das hoch aufragende Barcode-Projekt sorgte für Proteste, weil es bislang nicht viele Hochhäuser gab. Eine attraktive Stadt bringt auch Zuwanderung mit sich. Oslo rechnet deshalb damit, bis 2030 rund 100 000 neue Wohnungen bauen zu müssen. Deshalb ist es fraglich, ob in Zukunft weitere Hochhäuser vermieden werden können.

Während sich die Stadt wandelt, bleiben einige Elemente konstant: die Wälder, der Fjord und die Akershus-Festung stellen sicher, dass Oslo auch in Zukunft wiederzuerkennen sein wird.

DIE WICHTIGSTEN ZIELE

SENTRUM
Königliche Sights und Shopping-Straßen.
S. 48

BJØRVIKA
Kunst und Architektur am Fjord.
S. 56

AKER BRYGGE & TJUVHOLMEN
Nationale Schätze und Restaurants am Wasser. **S. 60**

BYGDØY
Grüne Museumshalbinsel.
S. 64

GIEDRE VAITEKUNE/SHUTTERSTOCK ©

Links: Barcode-Viertel (S. 58); oben: Astrup Fearnley Museum für Moderne Kunst (S. 62)

FROGNER & WESTERN OSLO
Schicke Wohngegenden und elegante Parks. **S. 69**

GRÜNERLØKKA & VULKAN
Quirlige Bars und hippe Läden.
S. 74

GRØNLAND, TØYEN & EASTERN OSLO
Oslos multikukIturelles Herz.
S. 79

JENSEITS DES STADTZENTRUMS
Freizeitangebote und überraschende Kunst.
S. 83

Erste Orientierung

Der kompakte Nahverkehr von Oslo wird durch das Ruter-Ticketsystem abgedeckt und umfasst Busse, Straßenbahnen, Vorort- und T-Bane-Züge sowie öffentliche Fähren. Tickets gibt es vorab über die Ruter-App oder an diversen Servicepunkten. Außerdem finden sich vielerorts City Bikes (oslobysykkel.no) und E-Scooter (Voi, Ryde und Tier).

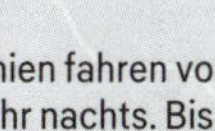

STRASSENBAHN

Oslos sechs Tramlinien fahren von ca. 5.30 Uhr morgens bis 1 Uhr nachts. Bis auf Linie 13 verkehren alle über den Jernbanetorget, den Platz vor dem Hauptbahnhof Oslo S. Die Tram ist zumeist sehr modern, allerdings verfügt Linie 12 über alte Züge, die nicht für Rollstuhlfahrer geeignet sind.

VOM FLUGHAFEN

Flytoget-Züge bringen Reisende vom Oslo Gardermoen International Airport in weniger als 20 Minuten zum Hauptbahnhof Oslo S. Sie verkehren alle 10 Minuten (seltener 0–6 Uhr). Die regionalen Vy-Züge sind günstiger, aber es gibt nur zwei oder drei pro Stunde.

BUS

Busse bedienen das gesamte Stadtgebiet und verkehren rund um die Uhr, allerdings nachts seltener. Viele Busse halten am oder in der Nähe des Jernbanetorget. Die Niedrigflurbusse sind auch für Rollstühle geeignet und alle haben Monitore, auf denen die nächsten Haltestellen aufgeführt werden.

T-BANE

Oslos modernes Metrosystem ist bekannt als T-Bane (kurz für Tunnelbane). Es gibt fünf Linien, die bis in die Außenbezirke fahren. Alle Linien halten an den Stationen Majorstuen, Jernbanetorget, Nationaltheatret, Stortinget, Grønland und Tøyen.

Perfekte Tage

Starte den Tag wie die Norweger – mit viel schwarzem Kaffee und vielleicht etwas Räucherlachs mit Eiern. Danach geht es zu den Highlights der Metropole.

GRISHA BRUEV/SHUTTERSTOCK ©

Aker Brygge (S. 60)

Tag 1

Morgens

- Als Erstes geht es ins fantastische **Nationalmuseum** (S. 61). Im Munch-Saal ist die lebhafteste Version von *Der Schrei* ausgestellt.

Nachmittags

- Nach dem Mittagessen in einem Uferrestaurant von **Aker Brygge** (S. 62) geht es nach **Tjuvholmen** (S. 62) ins **Astrup Fearnley Museum für Moderne Kunst** (S. 62) und dann in den spannenden **Tjuvholmen-Skulpturenpark** (S. 62).

Abends

- An der Hafenfront spazieren und auf das stündliche Glockenspiel am **Rådhus** (S. 51) achten, bevor es zur **Akershus-Festung** (S. 51) geht. Nach einem Rundgang über das Gelände geht es für das Abendessen ins **Hitchhiker** (S. 53) und später für einen Cocktail in das **HIMKOK** (S. 54).

Länger Zeit ...

Die Industriekultur Oslos beachten, Polarschiffe besuchen und einen Strandtag à la Oslo genießen.

AM AKERSELVA SPAZIEREN

Am **Fluss** (S. 76) befinden sich viele alte Fabrikanlagen.

SONNTAGS MÄRKTE BESUCHEN

Souvenirs auf dem **Birkelunden Marked** (S. 77) oder **Ingensteds Sunday Market** (S. 77).

EKLEKTISCHE ARCHITEKTUR BEWUNDERN

Über die Akrobaten-Brücke geht es zum **Barcode** (S. 58).

GIEDRE VAITEKUNE/SHUTTERSTOCK ©, JJFARQ/SHUTTERSTOCK ©, DANNE_L/SHUTTERSTOCK ©

Tag 2

Morgens

- Etwas zu Essen mitnehmen und dann mit der Fähre auf einer oder zwei Inseln im Oslofjord (S. 85) dem Stadtzentrum entfliehen.

Nachmittags

- Nach dem Mittagessen geht es ins **Munch-Museum** (S. 57), um mehr zu sehen als nur die berühmtesten Werke. Wie wäre es dann mit der **Oslo Badstuforening** (S. 59), der schwimmenden Sauna, oder einem Sprung ins **Sørenga Sjøbad** (S. 59)?

Abends

- Die Innenarchitektur im **Deichman Bjørvika** (S. 59) bewundern und dann auf das Dach des **Osloer Opernhauses** (S. 57) gehen, um den Sonnenuntergang zu genießen. Danach den Abend im **SALT** (S. 59) bei einer Kleinigkeit und mit aufstrebenden Künstlern ausklingen lassen.

Tag 3

Morgens

- Die Tram 12 zum **Vigelandsparken** (S. 70) nehmen, um Gustav Vigelands lebensgroße Skulpturen zu besichtigen. Mittags kann man sich etwas von **Happy Foods** (S. 71) mitnehmen.

Nachmittags

- Den Wachwechsel am **Königlichen Schloss** (S. 50) verfolgen und dann die Innenräume besuchen (vorher buchen). Im **Königin-Sonja-KunstStall** (S. 55) ist die aktuelle Ausstellung der königlichen Sammlung zu sehen. Dann die Tram nach Grünerløkka nehmen, um bei **Frøken Dianas Salonger** (S. 77) nach Vintage-Klamotten zu stöbern.

Abends

- Nudeln essen bei **Hrimnir Ramen** (S. 78) und dann die Bars in Løkka erkunde, bevor der Abend bei Livemusik im **Blå** (S. 76) endet.

DIE POLE ENTDECKEN

Mit der Fähre nach Bygdøy und die Polarschiffe im **Fram-Museum** (S. 66) erkunden.

DEN STRAND GENIESSEN

Essen einpacken, dann durch den Wald zum kleine Strandparadies von **Paradisbukta** (S. 65) laufen.

DIE WIKINGER TREFFEN

Auf einer Zeitreise einen Virtual-Reality-Raubzug im digitalen Museum **Viking Planet** (S. 53) erleben.

VON DER SKISCHANZE RAUSCHEN

Am **Holmenkollen** (S. 86) die Seilrutsche von Oslos berühmter Skischanze nehmen.

Sentrum

KÖNIGLICHE SEHENSWÜRDIGKEITEN UND SHOPPINGSTRASSEN

TOP TIPP

Im fußgängerfreundlichen Stadtzentrum kann man sich nur schwer verlaufen – im Falle eines Falles einfach zur Karl Johans Gate gehen, der Haupteinkaufsstraße, die schnurgerade vom Hauptbahnhof Oslo S zum Königlichen Schloss führt. Jernbanetorget ist ein Knoten für den öffentlichen Nahverkehr im Sentrum und darüber hinaus.

Das historische Stadtzentrum wird dominiert vom imposanten Trio der Akershus-Festung, des Königlichen Schlosses und des norwegischen Parlamentsgebäudes Stortinget. Im pulsierenden Herzen Oslos finden sich auch weitere bedeutende Gebäude. Die Einheimischen gehen ihren normalen Geschäften nach, während die Touristen die prächtigen Attraktionen bewundern. Die Straßen im Sentrum werden von Shops, Restaurants und Bars gesäumt, wobei sich die marginal weniger touristischen Lokale in den Gassen rund um Torggata befinden.

Die schachbrettartig angelegte Kvadraturen-Gegend im Schatten der Festung wurde im 17. Jh. von Christian IV. angelegt. Nachdem ein Brand Oslo 1624 zerstört hatte, das damals etwas weiter östlich lag, befahl der König den Wiederaufbau in unmittelbarer Nähe zur Akershus-Festung. Die Siedlung hieß nun Christiania. 400 Jahre später wandelt sich das Stadtzentrum erneut: Bis 2030 entsteht hier nach den Terrorattacken von 2011 ein neues Regierungsviertel.

ANNA JEDYNAK/SHUTTERSTOCK ©

Rådhus (S. 51)

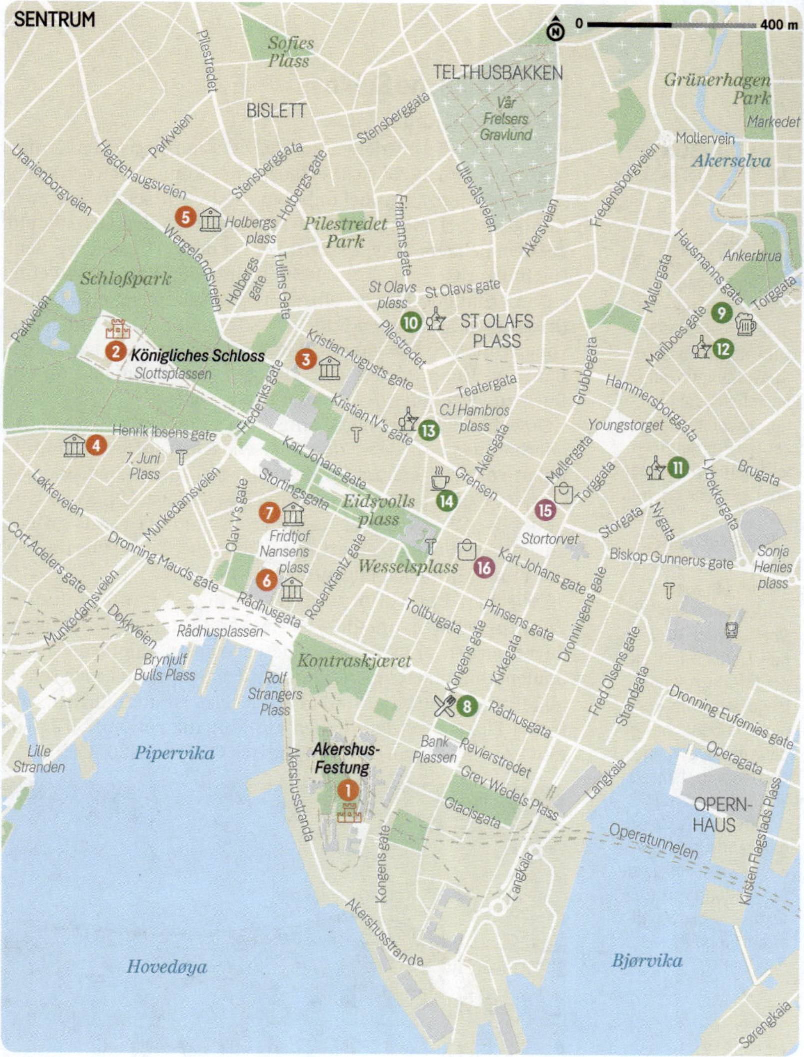

SENTRUM

HIGHLIGHTS
1 Akershus-Festung
2 Königliches Schloss
SEHENSWERTES
3 Historical Museum
4 IBSEN Museum & Teater
5 Kunstnernes Hus
6 Rådhus (Rathaus)
7 Viking Planet
ESSEN
8 Rest
AUSGEHEN & FEIERN
9 Crow Bar
10 Fuglen
11 HIMKOK
12 Papa Borracho
13 RØØR
14 Stockfleths
SHOPPEN
15 Glasmagasinet
16 Steen & Strøm

KÖNIGIN-SONJA-KUNSTSTALL

Aus Anlass des 80. Geburtstags von Königin Sonja wurden die Stallungen 2017 in eine Kunstgalerie umgewandelt. Nun sind hier wechselnde Ausstellungen der königlichen Sammlungen zu sehen. Die hölzernen Pferdeboxen verfügen noch immer über alte Kratzspuren im Holz.

In den letzten Jahren waren Ausstellungen wie z.B. *Craftsmanship of the Royal Palace* zu sehen. Dabei wurde die Kunstfertigkeit der Handwerker am königlichen Hof gezeigt, darunter Buchbinder und Möbelpolsterer. Im Gegensatz zum Schloss ist die Galerie ganzjährig geöffnet, außer wenn eine neue Ausstellung vorbereitet wird. Tickets gibt es am Eingang.

Das königliche Schloss

EIN ZUGÄNGLICHER PALAST

Für den Bau der offiziellen Residenz der norwegischen Könige benötigte man 25 Jahre. Die Bauzeit des Königlichen Schlosses (Det kongelige slott) fiel dabei in die Regentschaft von zwei Königen. Carl Johan (1763–1844) legte 1825 den Grundstein auf dem Bellevue-Hügel, starb aber vor der Fertigstellung. Sein Nachfolger Oscar I. (1799–1859) weihte den Palast 1849 ein.

Das erhabene buttergelb-weiße klassizistische Gebäude thront stolz am oberen Ende der Karl Johans Gate, umgeben vom grünen **Schlosspark** (Slottsparken) mit seinen hohen Bäumen, Ententeichen und ruhigen Ecken – ideal, um ein Buch zu lesen oder den Leuten zuzuschauen.

Obwohl der Palast der Wohnsitz des norwegischen Staatsoberhauptes ist, ist der quadratische **Slottsplassen** unmittelbar vor dem Schloss für Besucher frei zugänglich. So lässt sich der Palast auch aus der Nähe bewundern. Um 13.30 Uhr findet der Wachwechsel statt, der im Sommer etwas größer ausfällt. Dann marschiert die königliche Garde zusammen mit einer Militärkapelle auf.

Zwischen Ende Juni und Mitte August kann man eine Führung buchen, um die wichtigsten Räume zu besichtigen, darunter den prächtig vergoldeten Weißen Salon sowie den opulenten Bankettsaal. Tickets für den Sommer werden schon ab März verkauft und sind über Ticketmaster erhältlich. Alle freien Tickets werden täglich am Eingang verkauft. Täglich gibt es vier Führungen auf Englisch (12, 14, 14.20, 16 Uhr).

Königspalast

STADTRUNDGANG: PRACHTBAUTEN IM OSLOER SENTRUM

Los geht's mit einem Spaziergang im **1 Slottsparken**. Von dort geht es zur Statue vor dem **2 Königlichen Schloss**. Auf dem Pferde sitzt **3 Carl Johan**, König von Schweden und Norwegen (1818–44). Einige Stufen führen zu einer Allee, die im Zentrum der Feierlichkeiten zum Verfassungstag (17. Mai) steht. Auf der linken Straßenseite tauchen drei klassizistische Gebäude auf, die zum 1852 eröffneten Komplex der **4 Universität von Oslo** gehören. Heute befindet sich hier nur noch die Juristische Fakultät. Weiter geht es auf der anderen Straßenseite Richtung Park. Direkt davor befindet sich eine Statue des in Bergen geborenen Schriftstellers und Dramatikers **5 Ludvig Holberg** (1684–1754). Er steht zwischen zwei seiner Figuren: Henrik und Pernille. Entlang der Blumenbeete geht es zum Eingang des von Henrik Bull entworfenen **6 Nationaltheaters** (1899 eröffnet). Die Dramatiker Henrik Ibsen und Bjørnstjerne Bjørnson werden durch Statuen vor dem Theater geehrt. Durch den Park führt der Weg zum **7 Grand Café**, wo Ibsen und Munch in den 1890er-Jahren Stammgäste waren. Noch ein Stück weiter ist das **8 Stortinget** erreicht, Norwegens Parlament. Das H-förmige Gebäude schaut auf den Eidsvol-Platz und symbolisiert angeblich zwei Arme, die zum Volk ausgestreckt sind. Nun geht es die Stortingsgata hinab, dann links in die Roald Amundsens Gate und weiter zum **9 Rådhus** (Rathaus). Hier kann man sich Skulpturen und Holzschnitzereien betrachten sowie dem Glockenspiel lauschen. Schließlich führt die Rådhusgata zur **10 Akershus-Festung**. Von einem Aussichtspunkt schweift der Blick über den Oslofjord.

ANSHARPHOTO/SHUTTERSTOCK ©

Historisches Museum

LOHNT SICH EIN OSLO PASS?

Kostenloser Eintritt zu den meisten großen Attraktionen der Stadt inklusive des Munch-Museums und der Museen auf Bygdøy (samt Fähre) sowie ein tägliches Nahverkehrsticket für Zone 1 – der Oslo Pass kann in der Tat Geld sparen, aber man sollte die Kosten vorher kurz durchrechnen. Wer zum Beispiel an einem Tag drei Sehenswürdigkeiten besuchen und zweimal mit dem ÖPNV fahren möchte, spart wahrscheinlich mit dem 24-Stunden-Ticket. Die Pässe gibt es für 24, 48 und 72 Stunden; je länger die Dauer, desto geringer ist der Tagespreis.

Für mehr Infos hier scannen:

MEHR IM SENTRUM

Oslos wachsame Festung

EIN MITTELALTERLICHES MACHTSYMBOL

Die **Akershus-Festung** bewacht die Stadt seit ihrem Bau 1299 unter König Håkon V. Der Felsvorsprung bot eine ideale Verteidigungsstellung am Fjord. Der ausgedehnte Komplex umfasst rund 30 Bauten, darunter Wehrmauern mit Basteien, Türmen, Pulvermagazinen und Toren sowie dem eigentlichen Palast. Die Außenanlagen können kostenlos besichtigt werden – eine Stunde reicht dafür.

Der Eintrittspreis für das **Akershus Slott** lohnt sich. Der mittelalterliche Palast wurde im frühen 17. Jh. von Christian IV. im Renaissancestil umgebaut und ausgeschmückt. Die Route im Palast führt vorbei an einem winzigen, aber gruseligen Verlies, dann zur restaurierten Burgkirche und schließlich zum Saal von Christian IV., der heute für Regierungsempfänge genutzt wird. Die mittelalterlichen Wandteppiche wirken erstaunlich lebhaft. Früher wie heute werden Könige und Königinnen im **Königlichen Mausoleum** beigesetzt; hier ruhen u.a. Håkon V. und Olav V., der Vater des jetzigen Monarchen. Auch die Halle von Olav IV. ist ein High-

GÜNSTIG ESSEN IM SENTRUM

Rice Bowl
Die Portionen in dem beliebten Thai-Café in Kvadraturen sind riesig. €

Freddy Fuego
Freddys geheimnisvolle Marinade ist die Krönung der frischen, würzigen Burritos. €

Nordvegan
Veganer Kuchen, frische Salate und pflanzliche Hauptgerichte in einem schicken Lokal. €

light. Emanuel Vigelands strahlendes **Rosenfenster** war bei einer Explosion 1943 zerstört worden, ist nun aber restauriert und seit 2023 wieder zu sehen. Kopfhörer machen Sinn, da man unterwegs QR-Codes scannen kann, die zum begleitenden Audioguide gehören.

Ebenfalls in dem Komplex befindet sich das **Norwegische Widerstandsmuseum**, das den Widerstand gegen die deutsche Besatzung im Zweiten Weltkrieg dokumentiert. Im **Armeemuseum** hängen an den massiven Wänden Waffen und Exponate zur norwegischen Militärgeschichte bis zum heutigen Tag. Die Erklärungen in diesen beiden Museen sind vorwiegend auf Norwegisch, aber es gibt zumeist eine englische Zusammenfassung.

Archäologische Schätze

FUNDE AUS DER STEINZEIT UND WIKINGERÄRA

Das **Historische Museum** ist Teil des Kulturgeschichtlichen Museums. Das wunderbare Jugendstil-Gebäude präsentiert die größte Sammlung archäologischer und ethnografischer Funde seit der Steinzeit. Die Ausstellungen behandeln unter anderem den Einfluss der Natur auf die menschlichen Kulturen. Auch das Verhältnis zwischen Mensch und Tier wird beleuchtet. Ein Highlight ist der Bereich zu den einzigartigen norwegischen Stabkirchen. Oben ist die größte norwegische Münzsammlung untergebracht, die 2600 Jahre abdeckt. Die ägyptische Sammlung wird im Kontext ihres Erwerbs zur Hochzeit der Ägyptomanie präsentiert. Die Krönung ist aber die hervorragende **VIKINGR**-Ausstellung ein Stockwerk höher. Aus der Wikingerzeit blieben in hervorragendem Zustand Schwerter, glänzender Gold- und Silberschmuck sowie ein Helm aus dem 10. Jh. erhalten. Dabei wird die gesellschaftliche Rolle der Wikingerkrieger erklärt. Etwa zwei Stunden sollte man für den Besuch einplanen.

Wikinger für das digitale Zeitalter

MULTIMEDIALE REISE DURCH DIE WIKINGERÄRA

Viking Planet ist das weltweit erste digitale Museum, das sich mit den Wikingern beschäftigt. Es entführt mit Videos und interaktiven Zeitleisten zu wichtigen Ereignissen auf eine virtuelle Reise in das Norwegen vor 1000 Jahren. Dabei helfen lebensgroße Hologramme von fiktiven Wikingern. Highlight ist *The Ambush*, ein preisgekrönter, Virtual-Reality-Film (12 Min.), der auf einem Wikinger-Langschiff während eines Raubzugs spielt. Der Eintritt ist im Vergleich zu anderen Museen hoch, aber der Besuch lohnt sich allein schon

DIE BESTEN CAFÉS UND BARS IM SENTRUM

Stockfleths
Die Filiale im Lille Grensen ist ideal für einen Kaffee mit viel Kaffeegeschichte.

Fuglen
Das Fuglen versorgt Oslo schon seit 1963 im zeitechten Stil jener Tage mit hausgeröstetem Kaffee; auch erstklassige Cocktails.

Crow Bar
Die Kellner helfen bei der Auswahl unter mehr als 20 Bieren; bei Einheimischen sehr populär.

RØØR
Bis zu 74 Biere und vier Mets vom Zapfhahn sowie Musik vom Plattenspieler.

Papa Borracho
Fachkundig gemixte Cocktails und gute Stimmung in dieser intimen *Mezcaleria*.

GUT ESSEN IM SENTRUM

Dinner
Geschmeidiges Styling dient als Hintergrund für leckeres Dim Sum und andere Klassiker aus Kanton und Szechuan. €€

Hitchhiker
Ehemals in der Mathallen bringt das Hitchhiker ostasiatisches Streetfood ins Kulturzentrum Sentralen. €€€

Arakataka
Ein Menü und kleinere Gerichte aus saisonalen nordischen Zutaten in einer relaxten Atmosphäre. €€€

wegen der digitalen Präsentation der Funde von den historischen Schiffen *Gokstad* und *Oseberg*. Die Ausstellung wirkt wie ein digitaler Rundgang durch das Wikingerschiffmuseum, das aufgrund einer Renovierung bis 2026 geschlossen ist.

DIE BESTEN MUSIKFESTIVALS

Øyafestivalen
Jeden August wird der Tøyenparken für vier Tage zur Bühne für bekannte norwegische und internationale Bands.

Tons of Rock
Rockfans sollten im Juni direkt nach Ekebergsletta eilen für vier Tage mit Rock und Metal.

Inferno Metal Festival
Metal-Fans treffen sich zu Ostern in der Rockefeller Music Hall für eine bunte Mischung von Black-Metal-Bands.

Ultima Oslo Contemporary Music Festival
Genreüberschreitendes zehntägiges Sommerfestival an Orten in ganz Oslo.

by:Larm
Ein dreitägiger Musikevent im September für aufstrebende nordische Bands.

Shoppen im Sentrum

DEN PERFEKTEN STIL FINDEN

Oslos kompaktes Sentrum präsentiert auf wenig Fläche sehr viel Mode – von Standardboutiquen bis zu Designer-Giganten. Das östliche Ende der Karl Johans Gate (nahe beim Bahnhof Oslo S) ist der Ort für die internationalen Namen wie H&M, Zara und BikBok. Designer-Fans gehen hingegen direkt in die Nedre Slottsgate und Øvre Slottsgate. Hier finden sich exklusive Namen wie Acne Studios, Hermès, Dior und Chanel. Das fesche Kaufhaus **Steen & Strøm** ist ein schicker Showroom für noch mehr Top-Mode von Marken wie Gucci. Das traditionsreiche Glasmagasinet ist auf Designer-Haushaltswaren spezialisiert, u.a. von Illums Bolighus.

Nachhaltig speisen

„ABFALL“ IN GOURMET-GOLD VERWANDELN

Wer sich ein außerordentliches Gourmeterlebnis gönnen möchte, kann im **Rest** seinen Gaumen verwöhnen und zugleich ein ruhiges Gewissen behalten. Der preisgekrönte Gründer und Chefkoch Jimmy Øien möchte das Problem der Lebensmittelabfälle in der Restaurantbranche anpacken. Er schafft deshalb exquisite Gerichte aus Lebensmitteln, die eigentlich schon zum Wegschmeißen verdammt waren. „Hässliches“ Gemüse wird meisterlich zubereitet und Zutaten werden nicht aussortiert, bloß weil sie nicht die „richtige“ Größe oder das „richtige“ Gewicht haben für ein Gourmetrestaurant. Das mehrgängige Degustationsmenü wird im Innenhof serviert, der mit Secondhand-Waren ausgestattet wurde; weit im Voraus buchen.

Drinks im HIMKOK

EINE NEUE LIEBLINGS-COCKTAILBAR

Ein aufgemaltes „H“ auf der unauffällig blauen Frontmauer ist das einzige Anzeichen, dass man das HIMKOK erreicht hat. Der Name des Cocktail-Paradieses bedeutet „Mondschein“. Manchmal muss man an der Tür klingeln, um eingelassen zu werden, aber hier finden keine Spielereien statt. Es gibt nur köstliche Drinks, die von Profis in weißen Anzügen hinter der Theke hergestellt werden. Die erstklassigen Wodkas und Gins werden vor Ort destilliert. Die fachkundigen Kellner helfen

ÜBERNACHTEN IM SENTRUM

K7 Hotel
Party wird hier nicht gefeiert, aber auch die Schlafsäle sind okay; das Hotel liegt superzentral. **€**

Citybox
So sollten Budget-Hotels aussehen: große Zimmer und schicke Gemeinschaftsräume. **€**

Bob W
Fesche Zimmer ohne Schlüsselkarten. Die Türen öffnen sich per Smartphone; frei nutzbare Instax-Kameras. **€€**

PER OLE HAGEN/GETTYIMAGES ©

Aurora auf dem Øyafestivalen

gerne dabei, einen passenden Drink unter den magischen Mixturen zu finden. Die alkoholfreien Getränke sind ebenfalls sehr inspirierend. Mit dem Drink in der Hand relaxen die Gäste auf den kastanienfarbenen Sitzen. Draußen gibt es für die langen norwegischen Sommerabende eine Cider-Bar.

Beim Literaten zu Hause

DIE WOHNUNG VON HENRIK IBSEN

Stündlich führen Touren im **IBSEN Museum & Teater** durch die Wohnung des Dramatikers Henrik Ibsen und informieren über dessen Leben und Werke. Hier vollendete Ibsen seine beiden letzten Theaterstücke. Die Wohnung, wo er und seine Frau Suzannah ihre letzten Lebensjahre verbrachten, wird liebevoll gepflegt. Im Arbeitszimmer befindet sich ein Porträt von Ibsens literarischem Rivalen August Strindberg als eine Art Antriebsmotor. Im Schlafzimmer äußerte Ibsen seine letzten Worte: „Im Gegenteil!" Im Stockwerk darunter befindet sich eine kleine Ausstellung. Multimediale Exponate beleuchten sein Werk, darunter *Peer Gynt* und *Hedda Gabler*. In einem separaten Zimmer wird ein animiertes Ensemble an die Wände, die Decke und auf den Boden projiziert. Die letzte Führung beginnt jeweils eine Stunde vor der Schließung.

KUNST IM SENTRUM

Kunstnernes Hus
Diese unabhängige Galerie in einem funktionalistischen Gebäude mit Blick auf den Slottsparken wird von Künstlern für Künstler betrieben. Die Ausstellungen und Events feiern zeitgenössische Kunst und Filme.

Königin-Sonja-Kunst-Stall
Wechselausstellungen norwegischer Kunst aus der königlichen Sammlung in den hervorragend restaurierten Stallungen des Königlichen Schlosses.

Rådhus
Das funktionalistische Rathaus ist voller Kunst, von Schnitzereien und Skulpturen aus der nordischen Mythologie an den Außenwänden bis zu Fresken von Alf Rolfsen und Henrik Sørensen in den Rådhushallen.

ÜBERNACHTEN IM SENTRUM

Smarthotel
In der Nähe des Slottsparken ohne große Extras; kompakte Zimmer als Kontrast zur großen Gäste-Lounge im Retrostil. **€€**

Karl Johan Hotel
Sympathisches, zentrales Hotel; reichhaltiges Frühstück in einem lichtdurchfluteten Atrium. **€€€**

Hotel Continental
Fünf-Sterne-Hotel direkt am Nationaltheater mit plüschigen Extras und Toilettenartikeln von Molton Brown. **€€€**

Bjørvika

KUNST UND ARCHITEKTUR AM FJORD

TOP TIPP
Zum Bahnhof Oslo S sind es nur wenige Gehminuten nach Norden. Die Tramlinien 13 und 19 sowie mehrere Buslinien steuern die Haltestelle Bjørvika an. Die Viertel Sukkerbiten und Sørenga sind durch eine Fußgängerbrücke über das Hafenbecken hinweg miteinander verbunden.

Wenn der letzte Oslobesuch schon länger zurückliegt, wird man Bjørvika kaum wiedererkennen. Natürlich lockt das 2008 eröffnete Opernhaus noch immer Besucher auf die schräge Dachterrasse. Aber was damals eine Perle in einem gesichtslosen Viertel war, ist nunmehr nur ein einziger Fokuspunkt in einer schicken Hafengegend, die voller atemberaubender Architektur und diverser Freizeitmöglichkeiten ist.

Bjørvika sieht aus der Luft in etwa wie eine „3" aus. Das Viertel beginnt in Langkaia, wo es schwimmende Saunen gibt, und reicht bis Sørenga, wo Wohnhäuser und Hafenbäder das Bild dominieren. Die Sukkerbiten- und Munch-Kais ragen in die Hafenbucht, während die Schienen des Hauptbahnhofs Oslo S im Hintergrund die Begrenzung bilden.

Neben den Highlights – dem Munch-Museum und dem Osloer Opernhaus – gibt es am Ufer Restaurants, Bars und Cafés. Der Strand Operastranda mit Park sind noch ein Grund, den Hafen aufzusuchen.

Osloer Opernhaus

HIGHLIGHTS
1 Munch-Museum
2 Osloer Openjaus

SEHENSWERTES
3 Barcode
4 Deichman Bjørvika
5 Kunsthall Oslo

AKTIVITÄTEN, KURSE & TOUREN
6 Sørenga Sjøbad

ESSEN
7 Bun's
8 Maaemo
9 Salome
10 Vaaghals

UNTERHALTUNG
11 SALT

Munch-Museum

NORWEGENS BERÜHMTESTEN KÜNSTLER FEIERN

Das 2021 eröffnete **Munch-Museum** ist Edvard Munch gewidmet, hier sind seine Kunstwerke untergebracht. Viele seiner berühmtesten Gemälde befinden sich in der Ausstellung *Munch: Infinite*. Die Ausstellung *Shadows* konzentriert sich hingegen auf Munchs Haus in Ekely, außerhalb von Oslo. Es werden diverse Wohngegenstände präsentiert, u.a. die rot-weiße Bettdecke aus dem Werk *Selbstbildnis: Zwischen Uhr und Bett*. Im Zentrum befinden sich drei Versionen von *Skrik* (Der Schrei): ein Gemälde, ein Druck und eine Zeichnung. Im stündlichen Wechsel wird immer nur ein einziges Werk gezeigt.

Osloer Opernhaus

Noch immer angesagt

Das Osloer Opernhaus am Hafen wirkt wie ein Eisberg aus Marmor und ist die wichtigste Bühne für Oper und Ballett. Das Haus wurde vom norwegischen Architekturbüro Snøhetta entworfen. Die 36000 Blöcke aus weißem Carrara-Marmor formen zusammen die markante schräge Ebene, die sich aus dem Fjord zu erheben scheint. Am Fuß des Gebäudes plätschert das Wasser. Der Aufstieg aufs Dach der Oper, um von dort den Ausblick zu genießen, ist ein Muss für alle Oslo-Besucher. Drinnen weicht das eiskalte Feeling der Wärme der Eichenholzvertäfelung.

Auf den drei Bühnen wird volles Programm geboten: Wer schnell ist, kann für 100 kr einen „Hörsitz" ergattern. Führungen lüften den Vorhang hinter der Bühne zu den 1000 Räumen, Werkstätten und Proberäumen. Mit etwas Glück wird gerade die Bühne für die nächste Vorstellung umgebaut.

Die Skulptur wenige Meter vom Ufer entfernt ist Monica Bonvicinis *She Lies*. Die Skulptur dreht sich mit den Gezeiten, wird aber im Winter fixiert, wenn der Fjord zufriert.

Barcode

GUT ESSEN IN BJØRVIKA

Barcode Street Food
Kleine Auswahl, darunter Tacos und Poke Bowls. €

Bun's
Sehr leckere Burger und toller Fjordblick locken die Badegäste weg von den Sørenga-Pools. €

Salome
Italienische Klassiker und venezianische Teller zum Teilen unter orangenen Terrassenschirmen. €€

Vaaghals
Dieser Barcode-Vorreiter verwandelt norwegische Zutaten in kreative Gerichte. €€€

Maaemo
Norwegens einziges Restaurant mit drei Michelin-Sternen kreiert unvergessliche Geschmackserlebnisse. €€€

MEHR IN BJØRVIKA

Scan den Barcode

EIN ARCHITEKTONISCHES MEISTERWERK

Die zwölf Hochhäuser, die zusammen als **Barcode** bekannt sind, gehören seit ihrer Fertigstellung 2016 unverwechselbar zur Skyline von Oslo. Die Farben wechseln zwischen Dunkel und Hell, um eben einen Strichcode zu imitieren. Die einzelnen Gebäude wurden von unterschiedlichen Firmen designt, aber nach einem übergeordneten Plan. Jedes Gebäude ist architektonisch einmalig, aber alle bilden ein gemeinsames Ensemble.

Ursprünglich befand sich nichts zwischen dem Barcode und dem Fjord, aber seit sich Bjørvika weiterentwickelt hat, bekommt man den besten Eindruck von der Fußgängerbrücke **Akrobaten** (Der Akrobat), die sich über die Gleise zum Bahnhof Oslo S spannt. Von dort geht es dann zu den einzelnen Gebäuden, um die Unterschiede aus der Nähe erkennen zu können. Neben Büros für Firmen gibt es auch Wohnungen, Geschäfte, Restaurants und Galerien. Beachtenswert ist die **Kunsthall Oslo**, eine kleine Galerie, die Werke von heimischen und internationalen zeitgenössischen Künstlern ausstellt.

In der Planungsphase gab es intensiven Protest vor Ort, aber ein Jahrzehnt später ist der Barcode ein integraler Bestandteil von Bjørvika geworden.

DIE BESTEN CAFÉS IN BJØRVIKA

Mike's Corner
Eine Auswahl an Sandwiches, z.B. *laab mih* (Hackfleischsalat) sowie Bier, Soda und Fanartikel: „Be Like Mike". €

Talormade
Einen Schuss Koffein und ein Doughnut in diesem pastellpinken Laden im Viertel Bispevika. €

Åpent Bakeri
Die Barcode-Filiale der Osloer Kette bietet Kaffee, herzhafte Salate und absolut frische Teigwaren. €

Eine Bücherei für alle

MEHR ALS NUR BÜCHER ENTDECKEN

Die sechsstöckige Bibliothek **Deichman Bjørvika** ist für Oslo eine zentrale Adresse für Bücher, Events, Workshops, Filme und Kurse. Das außergewöhnliche Gebäude in einem Ausleger-Design wurde von Lundhagen und Atelier Oslo geplant und maximiert auf unaufdringliche Weise die Flächennutzung. Beim Eintritt werden die Blicke durch dynamische Linien und kontrastreiche Strukturen nach oben gelenkt. Alles wird durch drei riesige Oberlichter erhellt. Ein Rundgang durch das Gebäude ist eine Freude. In winzigen Räumen gibt es überraschende Installationen und Kurzfilme. Auf der zweiten Ebene sind Simone Hooymans *Talking Plants* (Plantenes Stemme) ein Muss. Die animierte Installation ist voller botanischer Zeichnungen in einer außerirdischen Sound-Landschaft.

Spaß am Fjord im Sørenga Sjøbad

SCHWIMMEN IM BELIEBTEN BAD

Die Osloer genießen den kurzen norwegischen Sommer. An einem warmen, sonnigen Tag strömen Hunderte ins Meeresbad **Sørenga Sjøbad**. Aber die schwimmende Oase ist im ganzen Jahr populär, denn es gibt einen Strand, einen Pool im Fjord, Tauchplattformen und ein Kinderbecken. Auf dem Weg zum Bad passiert man eine Reihe von Restaurants, von denen einige einen Dresscode haben (z. B. keine Badehosen).

Kajakfans können beim **DNT Friluftshuset** eine Stunde mit Guide buchen. Vielleicht trifft man Fluffy (@friluftskattenfluffy). Die Katze trägt eine Rettungsweste und begleitet manchmal die Kajak-Sessions.

Ein Abend im SALT

EINE INKLUSIVE KULTURSZENE

Die pyramidenförmigen Gebäude am Langkaia erinnern an die norwegischen Gestänge zum Fischtrocknen. Das Ensemble ist unter dem Namen SALT bekannt und ein Zentrum für Kultur und Unterhaltung. Auf dem Programm stehen Comedy, Musik, DJs und Kino. Man kann auch saunieren oder unter den Feenlichtern auf den Sofas und den Stühlen der Bar relaxen. Von der Terrasse gleitet der Blick über den Hafen. Für den kleinen Hunger stehen Imbiss-Trucks bereit. Ursprünglich war das Projekt nur für ein Jahr ausgelegt, doch mittlerweile wurde es bis 2028 verlängert.

FUTURE LIBRARY

Katie Paterson, eine schottische Künstlerin, hatte eine Vision für eine **Future Library**. Um ihren Traum einer lebendigen Literaturzeitkapsel zu verwirklichen, wurden 1000 Bäume im Osloer Wald von **Nordmarka** gepflanzt. Nach 100 Jahren werden die Bäume gefällt und zu Büchern verarbeitet. Die Geschichten dafür werden von bekannten Autoren geschrieben. Bislang haben u. a. Margaret Atwood, Karl Ove Knausgård und Tsitsi Dangarembga teilgenommen. Die Bücher werden nicht vor 2114 veröffentlicht. Sie werden im Quiet Room aufbewahrt, der im obersten Stock der Bibliothek **Deichman Bjørvika** zu besichtigen ist.

NORDMARKA ERKUNDEN

Außerhalb des Osloer Stadtzentrums befindet sich **Nordmarka** (S. 86). In dem 430 km² großen Wald wurden die Bäume für die Future Library gepflanzt. Zahlreiche Wanderwege und Skiloipen erschließen das Gebiet. Die Anfahrt mit dem ÖPNV ist leicht möglich.

SAUNA AM HAFEN

KOK
Gemeinschaftssauna oder allein vor Langkaia und Aker Brygge; auch Sauna-Schiffstour auf dem Fjord.

Oslo Badstuforening
Bringt „Sauna zu den Leuten", mit einer Reihe von großen und kleinen Optionen zwischen Langkaia und Sukkerbiten.

SALT
In einer 100 Jahre alten Aquavit-Fasssauna oder eine DJ-Session mit Sauna-Soundtrack.

Aker Brygge & Tjuvholmen

NATIONALSCHÄTZE UND RESTAURANTS AM WASSER

TOP TIPP

Die Tram 12 hält in Aker Brygge vor dem Nationalmuseum. Von dort kann man am Ufer entlangbummeln, um die Brücken nach Tjuvholmen zu erreichen. Alternativ fährt der Bus 21 direkt nach Tjuvholmen. Er hält neben dem Skur13-Skatepark. Die Fähren zu den Inseln im Oslofjord verkehren von Aker Brygges Anleger E.

Die miteinander verbundenen Viertel Aker Brygge und Tjuvholmen waren einst das Zentrum des Industriehafens und des entsprechenden Schiffsverkehrs. Aker Brygge erhielt dann aber als eines der ersten Hafenviertel im Rahmen der 30-jährigen Hafenumgestaltung ein neues Gesicht. Die Büros in umgebauten Lagerhäusern sowie die schicken Restaurants und Bars sind mittlerweile ein fester Bestandteil der sich weiterentwickelnden „Persönlichkeit" der Stadt.

Tjuvholmen bedeutet „Diebesinsel" und folgte Aker Brygge rasch bei der Neuausrichtung. Früher war das Viertel ziemlich verrufen. Im 18. Jh. wurden hier Kriminelle hingerichtet. In den letzten Jahrzehnten haben sich hier ein berühmtes Fünf-Sterne-Hotel sowie Kunstgalerien, Hafenbäder, Restaurants und ein Skatepark angesiedelt. Und die Transformation geht weiter, denn 2022 wurde das Viertel durch das Nationalmuseum weiter aufgewertet.

STEFANO ZACCARIA/SHUTTERSTOCK ©

Nationalmuseum

HIGHLIGHTS
1 Nationalmuseum

SEHENSWERTES
2 Astrup Fearnley Museum of Modern Art
3 FineArt Oslo
4 Skur13
5 Tjuvholmen Sculpture Park

AKTIVITÄTEN, KURSE & TOUREN
6 Thief Spa
7 Tjuvholmen badeplass
8 Tjuvholmen bystrand

ESSEN
9 Bollebar
10 Døgnvill Burger
11 Lofoten Fiskerestaurant
12 xef
13 Yokozo

Nationalmuseum

NORWEGENS KUNST- UND DESIGNSCHÄTZE

Norwegens lang ersehntes **Nationalmuseum** beschäftigt sich mit klassischer und moderner Kunst, mit Design und Architektur – der neue Gebäudekomplex wurde von den Architekten Kleihues + Schuwerk entworfen.

Die Dauerausstellung wurde chronologisch in 86 Sälen über zwei Stockwerke verteilt. Im Erdgeschoss sind wertvolle Exponate von der Antike bis ins 20. Jh. zu besichtigen. Zum Schluss geht es um Design aus dem 20. Jh. Im Stockwerk darüber werden norwegische und internationale Künstler von 1500 bis heute ausgestellt. Hier werden Fragen gestellt wie „Was macht ein Kunstwerk schön?" Im 2. Obergeschoss ist die mit 9000 Energiesparlampen ausgestattete Lichthalle Sonderausstellungen vorbehalten.

Der **Munch-Saal** (Saal 60) bietet die lebendigste Version von *Der Schrei* in Oslo. Wer die bekannteste Version sehen will, ist im Nationalmuseum genau richtig. Im Foyer ist *Pile O' Sapmi Supreme* ein Werk der Samen-Künstlerin Maret Anne Sara; die 400 Rentier-Schädel sind in Form der Samen-Flagge arrangiert, um das Unrecht anzuprangern, dem die Samen in Norwegen noch immer ausgesetzt sind.

Das Museum füllt überwältigende 54600 m² Fläche – das Äquivalent von acht Fußballfeldern. Deshalb erst einen Blick auf den Lageplan werfen und die Säle raussuchen, die einen am meisten interessieren. Mit einem mehrtägigen Oslo Pass kann man den Besuch auf zwei Tage strecken.

EIN MUSEUM ENTWERFEN

Das Nationalmuseum sollte eher zeitlos als modisch wirken. Die Architekten verkleideten deshalb das unaufdringliche, L-förmige Gebäude auf 28000 m² mit norwegischem Schiefer aus Oppdal. Ein einladender Innenhof führt in das geräumige Eingangsfoyer. Ein Blick auf den Boden offenbart Fossilien aus Kalkstein.

Eine derartig große Ausstellungsfläche birgt für Besucher die Gefahr von Ermüdung. Doch auch daran wurde gedacht, indem sorgfältig ausgewählte Farbkombinationen von Raum zu Raum visuelle Unterschiede herstellen.

GUT ESSEN

Bollebar
Ein üppiger Zuckerschub mit eisgefüllten Brötchen in einem netten Café neben dem Nationalmuseum. €

Døgnvill Burger
Sehr lecker schmeckt der Burger mit Käse. Für Erwachsene gibt es X-rated Milchshakes (mit Alkohol). €€

Yökozo
In dem relaxten Restaurant werden Sushi, Ramen und Salate per Tablet bestellt. €€

Lofoten Fiskerestaurant
Perfekt präsentiertes Seafood in elegantem Ambiente (weiße Tischdecken) mit netter Bedienung. €€€

xef
Spanien trifft Norwegen: Traditionelle spanische Kniffe verwandeln regionale Zutaten in Tapas und Degustationsmenüs. €€€

GIEDRE VAITEKUNE/SHUTTERSTOCK ©

Kanal am Astrup Fearnley Museum für moderne Kunst

MEHR IN AKER BRYGGE & TJUVHOLMEN

Wunderbare Kunst

PRIVATE GALERIEN UND ÖFFENTLICHE KUNST

Auf Tjuvholmen gibt es immer neue Kunst zu entdecken, von Skulpturen bis zu Ausstellungen zeitgenössischer Künstler in erstklassigen Galerien. Die segelförmigen mit Holz verkleideten Gebäude des **Astrup Fearnley Museums für Moderne Kunst** sind durch einen Fußweg über dem Kanal miteinander verbunden. Sie wurden von Renzo Piano entworfen und feierten 2023 ihren 30. Geburtstag. Das Museum begeistert seine Besucher mit immer neuen Einblicken in die Sammlung. Dazu zählen Werke von Damien Hirst, Jeff Koons und Børre Sætre. Der **Tjuvholmen-Skulpturenpark** auf dem Rasen zwischen Museum und Fjord umfasst neun Werke. Sehr ansprechend ist die mehrdeutige Skulptur *Eyes* von Louise Bourgeois sowie *Untitled* von Anish Kapoor. **FineArt Oslo** ist eine Galerie, die mehr als 500 zeitgenössische Künstler vertritt, darunter Håkon Bleken. Auf 2000 m^2 Fläche können regelmäßig auch Einzelausstellungen präsentiert werden. Die Galerie befindet sich zwischen Tjuvholmen und Aker Brygge, jenseits der Brücke vom Bryggetorget Plaza.

AUSGEHEN IN AKER BRYGGE & TJUVHOLMEN

Oh Dear
Eine beeindruckende Weinauswahl aus aller Welt, dazu gibt es Tapas-Snacks zum Knabbern.

Underbar
Gemütliche und relaxte Bar unter dem Beer Palace. mit riesiger Getränkeauswahl.

Thief Rooftop
Mit einem Spritz in der Hand genießt man auf der Dachterrasse den Sonnenuntergang über dem Fjord.

Ab ins Wasser

TJUVHOLMENS BADEPLÄTZE

Am Ende von Tjuvholmen befinden sich eine Reihe von netten Orten zum Baden. Der **Tjuvholmen Bystrand** ist ein winziger Kieselstrand am Rande des Skulpturenparks. Der flache Übergang ins Wasser ist ideal für Familien mit kleinen Kindern, die nur ihre Füße nassmachen wollen. Im Badebereich des **Tjuvholmen Badeplass** ist wesentlich mehr los. Hier lässt sich der Sonnenschein genießen; und von der schwimmenden Holzplattform kann man, wie die jugendlichen Einheimischen, in das eiskalte Hafenwasser springen. Es gibt keine Umkleidemöglichkeiten, sodass man sich unter dem Handtuch umziehen muss. Aber das gehört zum Badeerlebnis im Hafen.

Fünf-Sterne-Erholung

VERWÖHNEN IN DER THIEF SPA

Das Hotel The Thief bietet in Toplage auf Tjuvholmen eine echte Luxus-Unterkunft. Um den Fünf-Sterne-Lifestyle ein wenig genießen zu können, muss man im „Dieb" jedoch nicht übernachten. Das **Thief Spa** bietet Zeitfenster für Nicht-Hotelgäste und eine Reihe von Angeboten, um die reisemüden Knochen und gestresste Haut zu regenerieren. Nach einer Gesichtsmassage fühlt man sich wie neugeboren, einfach hinlegen und sich von den freundlichen und fachkundigen Angestellten verwöhnen lassen. Danach geht es in die Finnische Sauna. Zur Abkühlung wartet eine Wassertherapie und eine Sensordusche. Der Verwöhnnachmittag wird gekrönt von einem erfrischenden Spritz auf dem **Thief Rooftop**, um den Sonnenuntergang zu bewundern.

Straßensport

SKATEPARK UND OUTDOOR-FITNESS

Der Skatepark **Skur13** gehört der Oslo Skateboard Association. Der 1500 m^2 große Hangar ist mit Rampen, Schienen, Leisten und Treppen ausgestattet und wurde 2016 für die X-Games angelegt. Jetzt kann die Anlage mittwochs sowie wochentags an den Nachmittagen kostenlos genutzt werden (an Wochenenden ist eine kleine Gebühr fällig). Ausrüstung kann man sich auch kostenlos leihen. Neben dem Skur13 befindet sich eine **Outdoor-Fitnessanlage** mit vielen Klimmzugstangen und einer dreispurigen 100-m-Bahn. Hier wird jedoch mehr gegangen als gesprintet.

FOR OUR SINS

2021 wurde ein junges Walross-Weibchen namens Freya vor der Küste mehrerer europäischer Länder gesichtet, weit südlich der arktischen Heimat. Im Juli 2022 erreichte die 600 kg schwere Freya den Oslofjord. Anstatt Abstand zu wahren, kamen einige Leute Freya sogar so nahe, dass sie ernsthaft verletzt wurden. Anstatt sie in andere Gewässer zu bringen, wurde Freya schließlich aus Gründen der „öffentlichen Sicherheit" von den Behörden eingeschläfert, was zu internationalen Protesten führte. Schließlich waren die Menschen für die Probleme verantwortlich. Freya wurde im April 2023 durch Astri Tonoians lebensnahe Skulptur **For Our Sins** verewigt. Sie befindet sich an der Kongens Marina, ca. 1 km von Tjuvholmen, an der Hafenpromenade Richtung Bygdøy.

DAS BESTE EIS IN AKER BRYGGE & TJUVHOLMEN

Paradis
Im allerersten Laden der Kette stehen 20 Sorten von Oslos bestem Eis und Sorbet zur Auswahl. €

Hennig Olsen
Norwegens beliebter Eishersteller hat einen Kiosk am Uhrenturm von Aker Brygge. €

Mövenpick
Vor dem Kiosk mit der „Schweizer" Eiscreme steht immer eine Schlange. €

Bygdøy

GRÜNE MUSEUMSHALBINSEL

TOP TIPP

Die Bygdøy-Fähre von Rådhusbrygga steuert die Museen von Bygdøynes an. Die Nutzung ist mit dem Oslo Pass kostenlos; ansonsten zahlt man an Bord (Ruter-Tickets werden nicht akzeptiert). Der Anleger Dronningen führt zum Norwegischen Freilichtmuseum, aber es sind 800 m zu Fuß. Bus 30 ist bequemer, weil er auf dem Weg nach Huk direkt vor dem Museum hält.

Die schöne Halbinsel im Westen der Stadt ist primär eine ruhige und wohlhabende Wohngegend und bietet eine angenehme Alternative zum bunten Treiben der Innenstadt. Markante weiße Villen und große Bäume säumen die breiten Straßenzüge. Einige Waldgebiete dienen der Naherholung.

Inmitten dieser exklusiven Wohnlage finden sich einige der bekanntesten und meistbesuchten Museen der Hauptstadt. Bygdøy verfügt auch über einige wenige schöne, felsige Strände, wenn man nicht mit den Massen am Hafen in Tjuvholmen oder Sørenga schwimmen möchte.

Die Spitze der Halbinsel ist als Bygdøynes bekannt, man kann in dem informativen Museums-Ensemble leicht einen ganzen Tag verbringen. Der Strand vor den Museen ist ein idealer Picknickplatz mit Rasen und Bänken.

SAIKO3P/SHUTTERSTOCK ©

Kon-Tiki-Museum (S. 67)

BYGDØY

HIGHLIGHTS
1 Fram-Museum
2 Paradisbukta

SEHENSWERTES
3 Huk
4 Kon-Tiki-Museum
5 Norwegisches Freilichtmuseum
6 Norwegisches Seefahrtsmuseum

AKTIVITÄTEN, KURSE & TOUREN
7 Havnepromenaden
8 Kongskogen

ESSEN
9 Café Hjemme hos Svigers
10 Gartneriet Kongsgården
11 Lille Herben

AUSGEHEN & FEIERN
12 Le Crêpe D'Elen
13 Paahuk

Paradisbukta

BYGDØYS PARADIESBUCHT

Die rustikale von Wald gesäumte **Paradisbukta** (Paradiesbucht) auf der Westseite von Bygdøy ist ein kleines Idyll und sehr beliebt, um sich zu sonnen, ins Wasser zu springen oder einfach die Segelboote im Fjord zu beobachten. Vom Busstop Huk ist es gut 1 km zu Fuß über den Christian Frederiks Vei. Es gibt nur einige wenige Dixie-Klos und einen Anschluss für Trinkwasser. Der Kiosk ist derzeit geschlossen. Aber die rustikale Stimmung ist ganz besonders.

Paradisbukta

Norwegisches Freilichtmuseum

Norwegischer Lebensstil

Im Norwegischen Freilichtmuseum lernt man, wie die Norweger in früheren Zeiten gelebt haben. Jahrhundertealte Bauernhöfe wurden aus Südnorwegen hierhin gebracht. Kostümierte Guides erzählen vom einstigen Leben auf dem Land. Interessant sind die mittelalterlichen Inschriften auf den Säulen der Stabkirche von Gol (13. Jh.). Die „Altstadt" führt ins Stadtleben ein und erzählt Geschichten aus einstigen Zeiten und sozialen Schichten. Drinnen präsentiert die Timescape-Ausstellung das luxuriöse Leben der norwegischen Elite mit schicker Kleidung und Schmuck aus fernen Ländern. Es gibt viel zu sehen, sodass man drei Stunden einplanen sollte.

FROM TOP: TRABANTOS/SHUTTERSTOCK ©; SAIKOSP/SHUTTERSTOCK ©

Norwegisches Freilichtmuseum

Fram-Museum

POLAREXPEDITIONEN PER SCHIFF

Fram-Museum

Im **Fram-Museum** taucht man in die Geschichte der Polarexpeditionen ein. Zu sehen sind zwei legendäre Schiffe, die *Fram* und die *Gjøa*. Auf ihnen fuhren die Pioniere Fridjof Nansen und Roald Amundsen in die Arktis und Antarkis. An Bord der *Fram* wird man von Projektionen rauer See und bunter Nordlichter eingestimmt, bevor man sich unter Deck vorstellen kann, wie das Leben der Polarforscher ausgesehen haben mag. Das Museum erstreckt sich über zwei Gebäude, die unterirdisch verbunden sind. Die Ausstellung ist sehr umfangreich. Chronologisch geht es mit einem Einführungsvideo im *Gjøa*-Gebäude los. Dann geht es auf die Spitze des *Fram*-Gebäudes und von dort durch die Galerien hinab. Frühmorgens und spätnachmittags sind die ruhigsten und deshalb besten Zeiten für einen Besuch.

Abenteuer zu Wasser

SEEFAHRTSMUSEEN IN BYGDØYNES

Neben dem Fram-Museum in Bygdøynes dokumentiert auch das **Norwegische Seefahrtsmuseum** das Verhältnis des Landes zum Meer. Die Ausstellung beschäftigt sich mit Verkehr und Industrie, der Marine sowie Freizeit- und Sportsegeln. Ein Highlight ist Norwegens ältestes bekanntes Boot, ein 2200 Jahre altes Kanu, das in Sørum, unmittelbar östlich von Oslo, gefunden wurde. Es gibt auch ein Boot aus dem *Gokstad*-Fund, das vom Museum der Wikingerzeit ausgeliehen wurde. Nebenan arbeiten in der KLINK-Schiffswerft Experten mit traditionellen Techniken an einem Nachbau. In einem separaten Gebäude zeigt die Schiffshalle archäologische Funde, die bei der Transformation des Hafens zutage kamen, darunter das Wrack eines Frachtschiffs, das vermutlich aus dem späten 16. Jh. stammt.

Ebenfalls in Bygdøynes befindet sich das **Kon-Tiki-Museum**, das die Geschichte der abenteuerlichen Pazifikreise des norwegischen Forschers Thor Heyerdahl (1914–2002) nachzeichnet. Er testete 1947 die Theorie, dass es möglich sei, die polynesischen Inseln von Südamerika aus zu erreichen. Das Original-Floß aus Balsaholz, *Kon-Tiki*, steht im Zentrum. Der Oscar-prämierte Dokumentarfilm *Kon-Tiki* (1950) wird täglich um 12 Uhr gezeigt. Auch die späteren Expeditionen von Heyerdahl über den Atlantik mit den Reet-Booten *Ra* und *Ra II* (beide ebenfalls hier) werden vorgestellt.

Bygdøy: Wandern & Radfahren

KÖNIGLICHE WALDWEGE

Es ist leicht, mit der Bygdøy-Fähre den Fjord zu überqueren und die Museen zu besuchen. Dabei bemerkt man nicht einmal, dass ein Teil der Halbinsel von einem sehr schönen Wald bedeckt ist. Der **Kongskogen** (Der Königliche Forst) ist ideal für eine kurze Wanderung oder eine Radtour. Ein Küstenpfad verläuft von **Huk** am Westufer entlang zum Bygdøy Sjøbad. Unterwegs passiert man Paradisbukta (S. 65) und **Paraplyen**.

WIKINGERZEIT-MUSEUM

Eines der berühmtesten Museen Norwegens ist das Wikingerschiffsmuseum, weil es eine hervorragende Sammlung aus der Wikingerzeit bewahrt, insbesondere die Schiffe *Oseberg* und *Gokstad*. 2021 schloss das Museum jedoch für eine fünfjährige Renovierung. 2026 soll es mit einer kreisrunden Erweiterung aus Glas als **Wikingerzeitmuseum** wieder seine Pforten öffnen. Die Ausstellungsfläche wird sich verdreifachen, sodass mehr Platz ist, die Wikingerzeit zu erläutern. Es wird auch eine neue Belüftung geben, um die 1000 Jahre alten Exponate besser zu schützen. Geplant sind auch ein Vortragssaal und Platz für die Forschung.

ALTERNATIVE WIKINGER-ATTRAKTIONEN

Während das Wikingerzeitmuseum gebaut wird, sind das digitale Museum **Viking Planet** (S. 53) und die VIKINGR-Ausstellung im **Historischen Museum** (S. 53) gute Alternativen.

GUT ESSEN IN BYGDØY

Café Hjemme hos Svigers
Gemütliches familiengeführtes Café mit selbst gemachten Burgern, Salaten und Sandwiches. **€**

Lille Herbern
Mit einem kleinen Fährboot geht es zu diesem entspannten Seafood-Restaurant auf der gleichnamigen Insel. **€€**

Gartneriet Kongsgården
An Wochenenden serviert das Café im Treibhaus kleine Gerichte aus selbst angebauten Bioprodukten. **€€**

ICH LIEBE OSLO

Gemma Graham, Autorin

Ein Norweger, ein Schwede und eine Schottin waren auf Tour in Südnorwegen ... Das ist nicht der Start eines dummen Witzes, sondern mein erster Besuch in Oslo vor mehr als einem Jahrzehnt. Meine Freunde und ich bummelten durch die Parks und aßen Unmengen an Eiscreme. Aber die Nähe zur Natur, die inspirierende öffentliche Kunst und die rege Bautätigkeit faszinierten mich. Seit damals komme ich so oft wie möglich zurück – und der fortschreitende Wandel beeindruckt mich weiterhin. Ich mag, dass die Bauten nicht so aufdringlich sind. Alle Gäste sind eingeladen, die neuen und alten Attraktionen zu erkunden.

Huk

Dies ist der Nachbau einer Holzbrücke und eines Pavillons aus dem 19. Jh. An der Bushaltestelle Huk stehen Mieträder von **Oslobysykkel**, um die Alleen der Halbinsel zu erkunden.

Badespaß

STRANDAKTIVITÄTEN BEI HUK

Rund um die Südwestspitze der Halbinsel ist **Huk** der felsige Küsten-Hotspot für Outdoor-Fans. Es gibt einen schattigen Park mit Volleyball- und Basketballfeldern sowie Rasenflächen zum Picknicken. Aber der saubere Strand und die natürlichen Badeplätze zwischen den Felsen sind die eigentliche Attraktion. Das Café **Paahuk** bietet Erfrischungen. Von der Bushaltestelle Huk und dem dazugehörigen Parkplatz ist der Weg ausgeschildert. Alternativ geht es über die Huk-Straße, vorbei am Zentrum für Holocaust-Studien und dahinter dann den Waldweg hinab.

Immer am Ufer entlang

WANDERN ÜBER DIE HAFENPROMENADE

Beginnend an der Bucht Frognerkilen an der Spitze von Bygdøy windet sich die 9 km lange **Havnepromenaden** (Hafenpromenade) zumeist direkt am Fjord entlang bis nach Kongshavn im Osten. Die Route ist durch 14 nicht zu übersehende Säulen markiert. Auf jedem sind historische Fotos und Geschichten zu sehen. Selbst wer nicht den ganzen Weg läuft, wird die Säulen an den viel besuchten Orten wie Langkaia (am Opernhaus) und Sørenga entdecken. Von Kongshavn fährt Bus 85 (aus Loelva) zurück ins Stadtzentrum.

GUTER KAFFEE AUF BYGDØY

Paahuk
Ein Strandcafé mit Glasfront und heißen wie kalten Kaffeegetränken. Es gibt auch Pizza.

Le Crêpe D'Elen
Einen Kaffee oder Saft auf der riesigen Terrasse des Lanternen am Dronningen-Fähranleger genießen.

Kafe Fjord
Im Café des Seefahrtsmuseums gibt es eine gute Auswahl an Kaffee und nicht-alkoholischen Getränken.

Frogner & West-Oslo

GEHOBENES WOHNVIERTEL UND ELEGANTE PARKS

Das wohlhabende Frogner entstand auf dem Terrain des Frogner-Landguts, das im 18. Jh. dem damals reichsten Ehepaar Norwegens gehörte. Der Westen der Stadt lockt noch immer die reicheren Bürger an und wird von langen, baumgesäumten Boulevards, imposanten Villen, attraktiven Parks und Wohnhäusern mit gusseisernen Balkonen geprägt. In diesem Viertel gibt es schicke Läden, Restaurants und Bistros finden sich an jeder Ecke. Der Reiz von Frogner liegt im Lebensstil der Bewohner: ein gutes Leben führen und die Grünanlagen sowie hervorragendes Essen genießen.

Die meisten Besucher fahren direkt zum Frognerparken, um die Statuen im nach Gustav Vigeland benannten Skulpturenpark zu betrachten. Etwas weiter laden die Läden in Majorstuen und am Bogstadveien zum Shopping ein. Das Solli bekam 2022 ein Fünf-Sterne-Facelifting, als das Sommerro Hotel eröffnet wurde. Auch hier gibt es nette Restaurants.

TOP TIPP

Die Tram 12 hält am Solli Plass (für die Nationalbibliothek) und direkt am Haupttor des Frognerparken (für den Vigelandsparken). Die Tram fährt weiter nach Majorstuen am oberen Ende des Bogstadveien zu den Einkaufsläden. Die T-Bane-Linien 1 bis 5 halten alle in Majorstuen.

Vigelandsparken (S. 70)

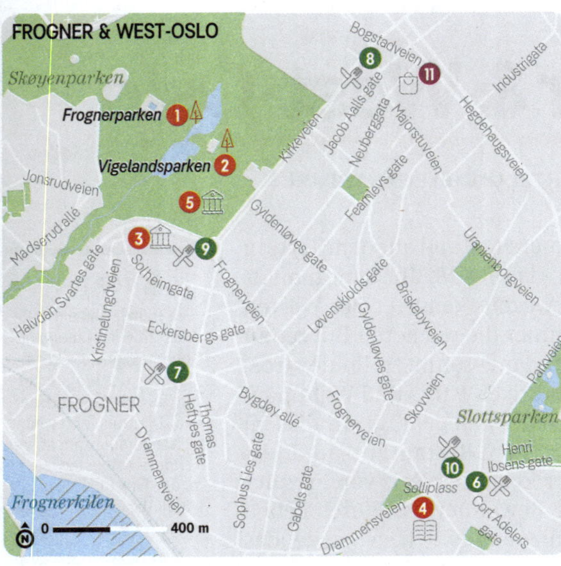

HIGHLIGHTS
1 Frognerparken
2 Vigelandsparken

SEHENSWERTES
3 Gustav-Vigeland-Museum
4 Nationalbibliothek
5 Osloer Stadtmuseum

ESSEN
6 Brasserie Coucou
7 Fatty Patty
8 Hao
9 Piazza Italia
10 Sommerro Hotel

SHOPPEN
11 Bogstadveien

Skulptur, Vigelandsparken

Frognerparken

WEST-OSLOS GRÜNE LUNGE

Der größte Park im Herzen von Oslo ist bekannt für Gustav Vigelands Skulpturen. Der **Frognerparken** ist bei den Einheimischen beliebt, um sich zu erholen, Hunde auszuführen, Sport zu treiben oder auf dem Rasen zu liegen. Hohe Ahornbäume, Platanen und Linden säumen die Pfade, während sich der Frognerelva auf dem Weg zu den Parkteichen (Frognerdammene) windet. Im Park findet sich die größte Rosensammlung Norwegens (über 150 Arten), es gibt einen großen Kinderspielplatz, Tenniscourts und ein Freiluftbad (Frognerbadet; Eingang am Middelthuns Gate). Das Osloer Stadtmuseum befindet sich im Gutshaus.

Vigelandsparken

DER WELTWEIT GRÖSSTE SKULPTURENPARK

Der **Vigelandsparken** ist ein Meisterwerk von Gustav Vigeland und der weltweit größte Skulpturenpark, der von einem einzigen Künstler geschaffen wurde. Die 214 Skulpturen zeigen mehr als 750 stilisierte Figuren, die Emotionen aus allen Lebenslagen widerspiegeln – von der Kindheit bis ins hohe Alter. Vigeland formte auch den Grundriss des Parks und seine architektonischen Elemente, wie z.B. die Tore aus Stein und Gusseisen.

Von dort geht es zu 58 Bronzestatuen, die die Brücke über die Frognerdammene-Teiche säumen. Die Figuren tanzen fröhlich, posieren kraftvoll oder wirken verärgert, wie der *Sinnataggen* (Wütender Junge). Alle Wege führen zum *Monolitten* mit den 36 Figurengruppen rundum. Der Monolith wurde aus einem einzigen Steinblock geformt. Drei Steinmetze arbeiteten bis zur Fertigstellung 1943 in Vollzeit 13 Jahre daran. Es gibt auch einen Brunnen, geschnitzte Steinbäume, *Das Rad des Lebens* und Werke jenseits der Hauptachse.

Eine künstlerische Entwicklung

GUSTAV VIGELANDS GESCHICHTE

An der südwestlichen Ecke des Frognerparkens liegt das **Gustav-Vigeland-Museum**. Die Stadt Oslo schenkte Vigeland das Museumsgebäude als Atelier und Wohnsitz. Im Gegenzug vermachte er sein ganzes Werk der Stadt, sodass es öffentlich ausgestellt werden konnte. Besucher können sehen, wie sich Vigelands Stil von den schlanken, klassischen Figuren des jungen Künstlers zu den stilisierteren Skulpturen seiner Spätphase entwickelte. Die Ausstellung zeigt, wie sich Vigeland mit Verletzlichkeit und Emotionen von Liebe und Angst bis zu Qual und Einsamkeit beschäftigte. Selbst die Büsten berühmter Norweger, wie der Mathematiker Niels Henrik Abel oder der Dramatiker Henrik Ibsen, zeigen menschliche Schwächen. Das war für die damalige Zeit ein ungewöhnlicher Ansatz.

Boutique-Schick

SHOPPEN IN FROGNER

Los geht's am Majorstuen-Ende des **Bogstadveien**. In den Straßen rundum gibt es eine Reihe unabhängiger Läden und kleiner Ketten. **StudioBazar** verkauft nachhaltige Damenmode, **Lille Vinkel Sko** ist eine Adresse für Schuhe. Im kleinen Kaufhaus **Valkyrien** befinden sich Läden mit hochklassigen Labels wie z. B. Acne Studios. Etwas weiter den Bogstadveien hinab inspiriert der **Chill Out Travel Store** für die nächste Reise. Je näher man dem unteren Ende der etwa 1 km langen Einkaufsstraße am Slottsparken kommt, desto mehr bekannte Namen tauchen auf, die sich auch in Fußgängerzonen finden.

1000 Jahre Oslo

DIE GESCHICHTE DER STADT ERKUNDEN

Das Gutshaus Frogner aus dem 18. Jh. beherbergt das **Osloer Stadtmuseum**. Hier kannt man durch ein Millennium Geschichte reisen, von der Gründung um 1000 über die Wiedergeburt nach einem verheerenden Brand bis zu den Kriegsjahren im 20. Jh. Themen sind auch die Frauen- und LGBTIQ+-Bewegung sowie der

GUT ESSEN

Fatty Patty
Saftige Smashburger, knusprige Pommes und eine coole Atmosphäre an einer grünen Bygdøy-Allee. €

Hao
Vietnamesisches Komfortessen mit frischem, warmem *pho* und Reisschüsseln in der Nähe der Station Majorstuen. €€

Piazza Italia
Dünne römische Pizzas und leckere Klassiker (z. B. Carbonara) bei diesem modernen Italiener. €€

Brasserie Coucou
Mit Laub verziertes französisches Bistro; täglich festes Menü und Hauptgerichte wie Steinbutt mit Pilzen. €€€

MEHR VOM OSLOER MUSEUM

Das Osloer Museum besteht aus dem Stadtmuseum (Bymuseet) und dem Theatermuseum (Teatermuseet) im Gutshaus Frogner sowie dem **Interkulturellen Museum** (Interkulturelt Museum; S. 82) in Grønland und dem **Arbeitermuseum** (Arbeidermuseet; S. 78) in Sagene.

FÜRS PICKNICK EINKAUFEN IN WESTERN OSLO

Fromagerie
Kleiner Feinkostladen mit kräftigem Käse, Wurst und fertig verpackten Salaten für gehobenes Park-Picknick.

Happy Foods Takeaway
Sandwiches und Salate aus Biozutaten gibt es in diesem netten Café nahe des Frognerparken.

Juels 33 Kolonial
Auf den Regalen tolle Lebensmittel mit viel frischem Obst und schmackhaften Leckereien.

DIE BESTEN CAFÉS UND BARS

Eckers
Erfrischende spritzige Smoothies (z.B. Mango Power) to go. Auch leckeres Mittagessen.

Pust
Die helle Café-Bar lockt die Laptop-Generation an mit viel Platz und exzellenten Kaffeekreationen.

Oslo Mikrobryggeri
Skandinaviens älteste Mikrobrauerei, die seit 1989 Oslo mit Spezialbieren versorgt.

Viktors Vinbar
Drinnen ist die Weinbar gemütlich und bunt, aber an Sommerabenden füllen sich die sonnenverwöhnten Tische auf dem Bürgersteig.

F6
Klassische Cocktails und hauseigene Mixturen in einer relaxten Bar unmittelbar oberhalb des Solli Plass.

Kampf um ethnische Gleichberechtigung. The **City Lab** zeigt Wechselausstellungen von Einheimischen und ein Stockwerk höher beschäftigt sich das **Osloer Theatermuseum** mit den Brettern, die die Welt bedeuten.

Art déco und Afternoon Tea

TEE IM SOMMERRO

Nach einer fünfjährigen Renovierung öffnete das **Sommerro Hotel** 2022 erneut seine Pforten. Hinter der monumentalen Art-déco-Ziegelsteinfassade lässt sich im hellen Gartensaal des **To Søstre** ein luxuriöser Nachmittag mit einem klassischen Afternoon Tea verbringen. Auf drei Lagen werden typische Leckerbissen angeboten: Finger-Sandwiches (z.B. Roggenbrot mit Räucherlachs und Tartarsoße), leckere, ofenfrische Scones mit Clotted Cream (Streichrahm) und Marmelade sowie kleine Süßigkeiten, die jeden Zahnarzt aufschrecken würden. Dazu gibt es eine perfekte Tee-Auswahl. Norwegisch ist der Nordische Wikinger-Lakritztee. Oder wie wär es mit einem Teekannen-Cocktail?

Norwegens Archiv

DIE SAMMLUNG DER NATIONALBIBLIOTHEK

Die **Nationalbibliothek** verfügt über alle Arten von Dokumenten, die sich mit dem öffentlichen Leben in Norwegen beschäftigen – von Büchern, Zeitungen und Karten bis zu Filmen, Radio, TV und Musik. Das 1914 errichtete Gebäude wird von Fresken prominenter Künstler wie Gustav Vigeland und Axel Revold verziert. Revolds Wandgemälde am Aufgang zum 1. Obergeschoss zeigt Yggdrasil, die Weltenesche, aus der nordischen Mythologie. Das **Kafe Å** im 1. Obergeschoss wahrscheinlich der ruhigste Ort für einen Kaffee in Oslo.

Dauerausstellungen und oftmals überraschende Sonderausstellungen beschäftigen sich sogar mit Themen wie der Geschichte der norwegischen Schwarzmetalle. Nicht versäumen sollte man einen Blick ins **Kartenzentrum**, einen ehrwürdigen, modernen Bereich voller Karten, die zeigen, wie die nordischen Länder im Laufe der Jahrhunderte kartografisch dargestellt wurden.

ÜBERNACHTEN IN FROGNER & WESTERN OSLO

Cochs Pensjonat
Saubere, einfache Zimmer (einige mit Küchenzeilen) in einer Top-Lage am Slottsparken. €

Camillas Hus
Boutique-Hotel mit sieben üppig dekorierten Zimmern im ehemaligen Haus der Schriftstellerin Camilla Collett. €€€

Sommerro Hotel
Von „Lofts" mit Einbaubetten bis zu dekadenten Suiten – der Aufenthalt ist garantiert einzigartig. €€€

STADTRUNDGANG: ST. HANSHAUGENS PARKS & STRASSEN

Bus 37 Richtung Nydalen T hält am **1 Colletts Gate**. Der Pfad zur Rechten den Hügel hinauf führt in den **2 St.-Hanshaugen-Park** und im Bogen zum **3 Turmhaus.** Der einst felsige Hügel zog zur Mittsommerwende schon Massen an, lange bevor er im 19. Jh. zu einem Landschaftspark umgestaltet wurde. Jenseits des Teichs kannt man über die Terrassen den Blick zum Fjord genießen. Am unteren Ende verlässt man den Park über den **4 Ullevålsveien** mit Cafés, Shops und Restaurants. Java bietet sehr guten Kaffee, Gutta på Haugen leckere Feinkost und Smalhans wurde von Michelin mit einem Bib Gourmand prämiert. An der Akersbakken geht es links in den **5 Vår Frelsers Gravlund** (Erlöser-Friedhof). Hier liegen berühmte Norweger begraben, u. a. **6 Henrik Ibsen** und **7 Edvard Munch**. Der Ausgang befindet sich neben der **8 Russisch-Orthodoxen Kirche**. Es geht nach rechts und dann links die **9 Damstredet** hinab. In der malerischen Gasse mit Holzhäusern steht auch der Stall von Veslebrunen, „Pferd und guter Freund" des Schriftstellers Henrik Wergeland. Es geht ein Stück zurück und dann rechts den Hügel hinauf zur **10 Gamle Aker Kirke**. Dies ist Oslos älteste erhaltene Kirche (ca. 1150) und ein Etappenziel auf dem St.-Olavsweg. Ein Schild zeigt, dass es von hier noch 639 km zum Ziel in Nidaros (heute Trondheim) sind. Wieder geht es ein Stück zurück und die **11 Telthusbakken** mit noch schöneren Holzhäusern hinab. Links befindet sich **12 Egebergløkka Parsellhage**, Oslos ältester Kleingarten. Am Ende der Gasse geht es in die Kneipe **13 Fyrhuset Kuba** (in einem ehemaligen Leuchtturm).

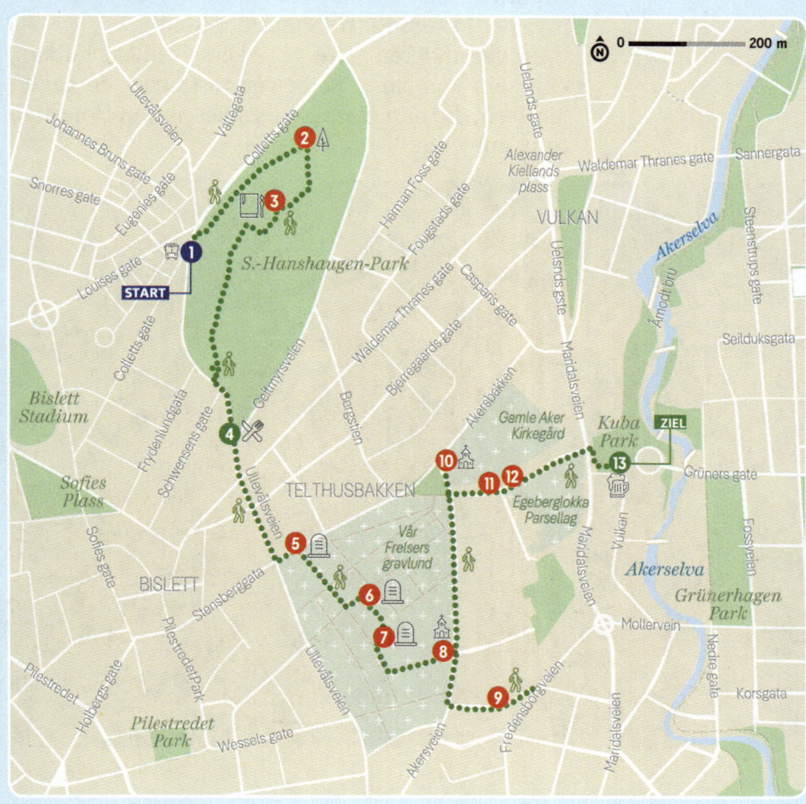

Grünerløkka & Vulkan

PULSIERENDE BARS UND ADRETTE SHOPS

TOP TIPP

Das Stadtviertel Grünerløkka ist offiziell viel größer, aber am lebendigsten geht es zwischen dem Akerselva und Toftes Gate zu. Vom Jernbanetorget sind es rund 1,5 km, die Tramlinien 11, 12 und 18 fahren in die richtige Richtung. Vulkan liegt direkt auf der anderen Flussseite am Nedre Foss; hier halten die Buslinien 34 und 54.

Grünerløkka war das Epizentrum der industriellen Revolution in Norwegen im 18. und 19. Jh. Die Fabriken und Textilspinnereien nutzten das Wasser des Akerselva, um ihre Maschinen anzutreiben. An der Wende zum 21. Jh. wurde das frühere Arbeiterviertel zum alternativen Freizeitviertel. Die Szene ist immer auf der Suche nach der nächsten großen Welle.

Inzwischen ist Løkka (wie es liebevoll genannt wird) mehr im Mainstream gelandet. Aber auch wenn es hier nicht mehr ganz so hipp ist, sorgen die Künstler und Kreativen mit ihrem Ideenreichtum weiterhin dafür, dass das Viertel einer der angesagtesten Nightlife-Bezirke von Oslo ist. Auch gibt es hier einige der besten Retro-Shops der Stadt.

Auf der anderen Seite des Akerselva liegt Vulkan, eine sehr kompakte Reihe von restaurierten Lagerhäusern, die nun erstklassiges Essen und Unterhaltung anbieten.

Grünerløkka

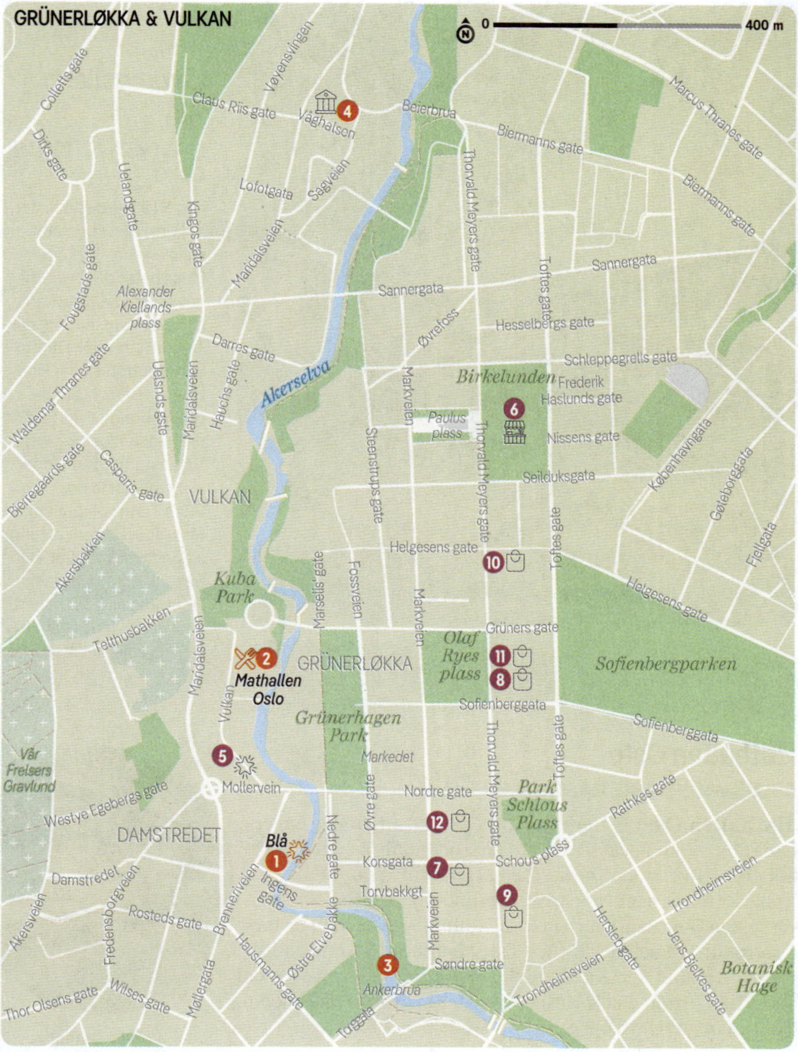

HIGHLIGHTS
1 Blå
2 Mathallen Oslo

SEHENSWERTES
3 Akerselva
4 Arbeitermuseum

UNTERHALTUNG
5 House of Nerds

SHOPPEN
6 Birkelunden Marked
7 Frøken Dianas Salonger
8 Retrolykkes Klær
9 UFF
10 Velouria Vintage
11 Vintage Wear
12 Xaki Vintage

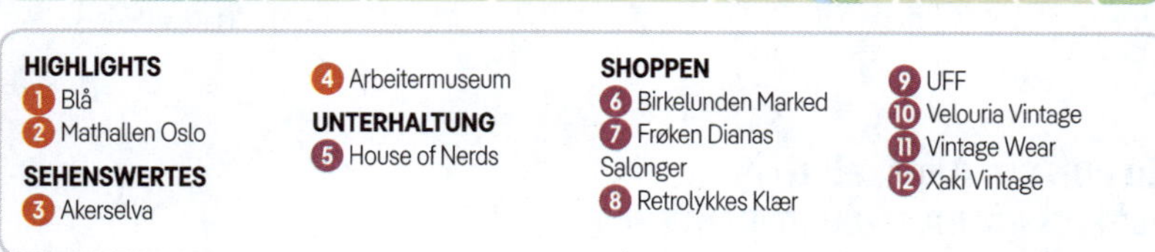

MICHAEL BROOKS/ALAMY STOCK PHOTO NANISIMOVA ©; JJFARQ/SHUTTERSTOCK ©

Blå

Livemusik im Blå

EINE INSTITUTION IN OSLO

Das **Blå** wurde nach der Indigo-Fabrik benannt, die sich einst hier am Fluss befand. Es war früher ein Jazz-Club. Heute ist es eine Institution, die Talente aus allen Genres – von Electronic über Hip-Hop bis Disco – auf die Bühne bringt. Gigs finden die ganze Woche statt; Veranstaltungskalender siehe blaaoslo.no.

Die Terrassenbar am Fluss (nur Kartenzahlung) ist genauso populär. Dann bestellt man sich einen Drink und eine Pizza und sitzt unter den Feenlichtern, bis die Musik startet.

Mathallen Oslo

OSLOS WICHTIGSTE GASTROHALLE

Mathallen Oslo befindet sich in Vulkan in einem Lagerhaus aus rotem Backstein. Das Gastroerlebnis ist auf einem höheren Niveau als in anderen Hallen in Oslo. Mehrere Anbieter servieren Brunch, Mittag- und Abendessen, andere verkaufen Gourmet-Lebensmittel. Kulinarisk Akademi bietet Gastrokurse, auch der Kaffeeröster Sohlberg & Hansen hat Kurse rund um den Kaffee. Exklusive Schokolade gibt es bei Sebastien Bruno, Leckerbissen im Glas bei Gutta på Haugen. Oder man genießt Dim Sum von Hong's Bao Bao.

Verkaufsstand, Mathallen Oslo

Zu Fuß am Akerselva

DER FLUSS, DER DIE INDUSTRIE ANTRIEB

Von der Quelle, dem Maridalsvannet-See, windet sich der **Akerselva** durch Oslo, bevor er in den Fjord fließt. Für einen Spaziergang am Fluss auf den Spuren des Industrieerbes läuft man von Grønland flussaufwärts. Zu sehen ist die **Ankerbrua**. Sie ist bekannt als Feenbrücke und nach den vier Bronzeskulpturen von Dyre Vaa benannt. Weiter flussaufwärts liegt die **Osloer Nationale Kunstakademie**. Ein Wegweiser ist Gardar Eide Einarssons Installation *This Is It*. Vom Quellsee befindet sich die nächste Rückfahrgelegenheit in Kjelsås.

Perfekte Vintagemode

RETROKLAMOTTEN SHOPPEN

Egal, ob man nach einem Neon-Puff-Sleeve-Dress aus den 1980er-Jahren verlangt oder nach einer in die Jahre gekommenen Lederjacke, in Løkka wird man fündig. Markedsveien, Thorveld Meyers Gate und die umliegenden Gassen sind ein Traum für Vintage-Liebhaber, denn es gibt unzählige Läden zum Stöbern. **Vintage Wear** verkauft auf engem Raum T-Shirts, Sweatshirts und Jeans, das eher luftige **Retrolykkes Klær** fühlt sich etwas gehobener und schicker an. **Xaki Vintage** ist der Laden für Gothic- und Punk-Mode, während **Frøken Dianas Salonger** ein fesch gestalteter Laden mit viel Vintage und kleinen Labels ist, die sich von Retro-Ideen inspirieren lassen. Die Kleiderständer bei **Velouria Vintage** sind voller Freizeitmode, während die Grünerløkka-Filiale der Kette **UFF** eine Mischung aus Secondhand- und Vintage-Mode für jede Gelegenheit verkauft.

Wochenendmärkte

NIPPES UND SELBST GEMACHTE KREATIONEN

Wer lieber im Freien Secondhand-Mode kauft, sollte sonntags ab 12 Uhr zum Birkelunden Park am oberen Ende der Thorvald Meyers Gate gehen. Auf dem **Birkelunden Marked** findet sich ein breites Angebot, von Sneakern und T-Shirts bis zu Vintage-Glas, Drucken, Schmuck und viel Nippes.

Der **Sonntagsmarkt Ingensteds** befindet sich in derselben Straße wie das Blå und ist eine Verkaufsplattform für örtliche Produzenten. Drinnen und draußen gibt es viele Stände, an denen handgemachte Seifen, Keramiken, Haar-Accessoires, Zeichnungen und Drucke verkauft werden.

Diese Märkte sind einer der wenigen Orte in Norwegen, auf denen man wahrscheinlich Bargeld benötigt. Viele Verkäufer bevorzugen Vipps-Zahlungen, aber das funktioniert nicht ohne ein norwegisches Konto. Deshalb vorher fragen, ob Bargeld oder PayPal auch akzeptiert werden.

Gaming-Nostalgie

ALTE DIGITALE UND ANALOGE SPIELE AUSPROBIEREN

Falls man noch immer der ersten Spielekonsole und Spielen wie *Street Fighter* hinterhertrauert, dann ist das **House of Nerds** gegenüber der Mathallen Oslo ein Paradies. Hier ist

AUF DIE SCHRITTE ACHTEN

In der Nähe der Osloer Nationalen Kunstakademie befindet sich inmitten hoher Bäume und an einem ruhigen Stück des Akerselva die viel fotografierte weiße Eisenbrücke **Aamodt Bro** (auch Åmodt Bru geschrieben). Sie überspannte 1852 als eine der ersten norwegischen Hängebrücken den Drammenselva in Buskerud, westlich von Oslo. Rund ein Jahrhundert später wurde sie der Hauptstadt vermacht und hier Stück für Stück wieder aufgebaut. Wenn man über die leicht wackelnden Holzbohlen geht, versteht man die warnenden Worte auf den Tafeln zu beiden Seiten der Brücke: „100 Leute kann ich tragen, aber ich kollabiere bei schnellem Laufen".

GUTER KAFFEE IN GRÜNERLØKKA & VULKAN

Tim Wendelboe
Saisonale Karte für einen perfekten Kaffeegenuss in einem legendären Café.

Sohlberg & Hansen
Norwegens älteste Rösterei hat einen Concept-Store in den Mathallen Oslo.

Supreme Roastworks
Die erstklassigen Röster sind die Stars vor Ort – die Einheimischen kommen immer wieder für ein Tässchen zurück.

LØKKAS BESTE BARS

Hytta
Winzige Eckbar mit Craftbier, gelegentlichen Events und Hütten-Feeling.

Meyers
Winzige Bar mit guter Getränkekarte und lockerem Retro-Stil.

Grünerløkka Brygghus
Bodenständiges Brauhaus mit vielen Sorten vom Zapfhahn sowie einfaches Kneipenessen.

Territoriet
Es stehen 400 Weine zur Auswahl; dazu ein Wurstteller und man entspannt im grünen Ambiente.

Dangerous Club
Der Weg von Løkkas Hauptstraße lohnt sich für außerordentliche Cocktails und Musik vom Plattenspieler.

GRETHE ULGJELL/ALAMY STOCK PHOTO ©

Grünerløkka Brygghus

Old-School-Hardware installiert, wie der klassische Nintendo 64 – und das alles natürlich mit alten Monitoren. Es gibt aber auch einen VR-Escape-Room mit einer Reihe von atemberaubenden Szenarien zur Auswahl. Und zur Abwechslung gibt es auch Shuffleboards, Brettspiele und eine Bar. Gruppen, Familien und auch Einzelspieler sind hier willkommen.

Industriegeschichte am Akerselva

GESCHICHTEN DER INDUSTRIELLEN REVOLUTION

In einer ehemaligen Apotheke in Sagene erzählt das **Arbeitermuseum** mit den Augen der hier angestellten Menschen die Geschichte der Fabriken und Textilspinnereien, die am Akerselva entstanden, um Jute, Hanf und Wolle zu verarbeiten. Sagene bedeutet „Sägen", weil sich hier im 16. Jh. Sägemühlen befanden. Zu Wort kommen ein Industriepionier, ein Arbeiter und ein Gewerkschafter. Das Meiste ist auf Norwegeisch, aber es gibt einen begleitenden englischsprachigen Audioguide auf der Useeum-App. Das Museum befindet sich am Sagveien. Ein schöner Spaziergang dorthin führt am Fluss entlang bis zur Fußbrücke neben dem Café Anne på Landet im Hønse-Lovisas Hus.

GUT ESSEN IN GRÜNERLØKKA & VULKAN

Brauð Toastbar
Getoastete Sandwiches sind hier angesagt, mit Varianten wie Pulled Pork, Taleggio und Barbecue-Soße. €

Cultivate Food
Der köstliche Duft lockt die Gäste an und die superfrische vegane Küche verführt zum Bleiben. €

Hrimnir Ramen
Die Speisekarte mag klein sein, aber das Ramen ist himmlisch und der Service tadellos. €€

Grønland, Tøyen & Ost-Oslo

OSLOS MULTIKULTURELLES HERZ

Die Wohnviertel östlich von Grünerløkka sind beliebt bei Studenten, jungen Angestellten und Familien. Große Attraktionen gibt es hier zwar nicht, aber es finden sich alle Zutaten für einen angenehmen Alltag: Fachgeschäfte, Parks und unaufdringliche Restaurants mit erstklassiger Küche.

Grønland liegt am nächsten zum Stadtzentrum und ist das bunteste Viertel von Oslo. Leute aus der ganzen Stadt kaufen hier hochwertige Produkte aus dem In- und Ausland ein. Der große Grønlandsparken ist sehr populär, auch wenn er neben dem Gefängnis liegt. Das sollte aber niemand stören. Hier liegt auch Oslos jüngster Skulpturenpark: Klosterenga.

Sofienberg und Tøyen schließen sich nahtlos an Grünerløkka an, im Sommer findet im Tøyenparken eines der größten Musikfestivals von Oslo statt. Ebenfalls in Tøyen bietet der Botanische Garten eine gepflegte Grünanlage, um mal richtig durchzuschnaufen.

TOP TIPP

Auch wenn diese ruhigen Wohnviertel zu einem netten Spaziergang einladen, so möchtet man vielleicht ein Ziel vor Augen haben. Die T-Bane-Linien 1 bis 5 halten in Grønland zum Shoppen und in Tøyen für den Park. Bus 31 hält am Sars Gate, rund 400 m vom Eingang zum Botanischen Garten und zum Naturhistorischen Museum.

Naturhistorisches Museum (S. 80)

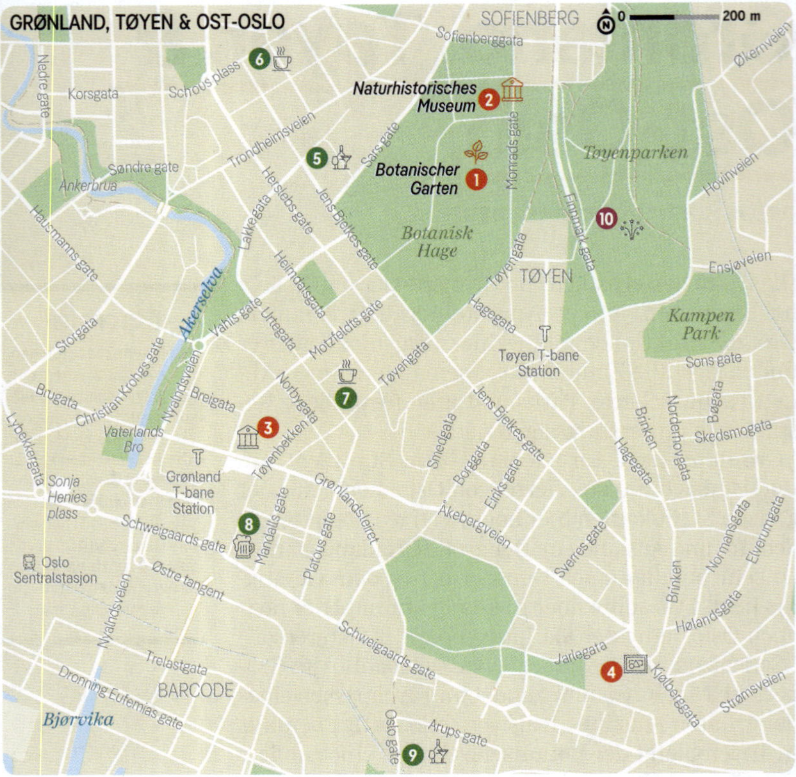

GRØNLAND, TØYEN & OST-OSLO

HIGHLIGHTS
1 Botanischer Garten
2 Naturhistorisches Museum

SEHENSWERTES
3 Interkulturelles Museum
4 Skulpturenpark Klosterenga

AUSGEHEN & FEIERN
5 Gråbein
6 Kuro
7 Neongrut
8 Oslo Mekaniske Verksted
9 Preik

UNTERHALTUNG
10 Øya

Naturhistorisches Museum

DIE NATURGESCHICHTE ERKUNDEN UND IN DIE ZUKUNFT BLICKEN

Hier erfährt man viel über die Wunder der Natur, von Fossilien mit Kreaturen der Vorzeit bis zu den Problemen, die den Planeten heute belasten. Das **Naturhistorische Museum** ist über zwei Gebäude verteilt. Zu sehen sind in thematisch angeordneten „Habitaten" klassische Exponate aus der Pflanzenwelt Norwegens und der ganzen Welt. Das Gebäude auf der anderen Hofseite ist etwas moderner aufgemacht. Hier entdeckt man kunstvoll präsentierte Fossilien (darunter auch Norwegens einziger Schädel eines *Triceratops* (eine Dinosaurierart), eine Kristallhöhle, und atemberaubende Ausstellungsstücke, die von der Unendlichkeit des Weltraums künden. In einem dritten Gebäude vermitteln die ernüchternden interaktiven Exponate im **Klimahuset** (Klimahaus) den Besuchern Wissen zum Klimawandel. Dies mahnt uns, unseren Lebensstil entsprechend zu ändern.

Botanischer Garten

Botanischer Garten

EIN RUHIGES PARADIES IN TØYEN

Der 60 ha große Botanische Garten erstreckt sich in mehreren thematisch angeordneten Bereichen den Hügel vom Naturhistorischen Museum hinab. Auf einem erholsamen Rundgang kannt man mehr als 5500 Pflanzenarten entdecken. Zu den Bereichen gehört der Skandinavische Bergkamm, ein felsiges Areal mit einem Wasserfall und viel Gebirgsflora. Im Wikingergarten beherbergt ein künstliches, halbversunkenes Langschiff Pflanzen, die für die Wikinger von Nutzen waren. Das warme Palmenhaus versetzt die Gäste in die Tropen. Der Zutritt ist frei und im Hofcafé **Handwerk Botaniske** werden kleine Bio-Häppchen und -Getränke serviert.

Øyafestivalen

OPEN-AIR-MUSIK IM TØYENPARKEN

Seit mehr als einem Vierteljahrhundert bringt das viertägige **Øya-Festival** jeden August im Tøyenparken die Musik zu den Massen. Am Abend vor dem Festivalstart finden in ganz Oslo in Clubs weitere Gigs statt. Zu den bekannten Acts gehörten bislang Lorde, Wizkid, Solange sowie Florence and the Machine. Angesagt sind Indie, Hip-Hop und Electronica. Als eines der landesweit beliebtesten Musikfestivals möchte es auch eines der weltweit klimaschonendsten sein. Die Energie ist erneuerbar, 60% des Abfalls werden recycelt und es gibt keine Plastikverpackungen.

Sondre Lerche auf dem Øyafestivalen

GUTE CAFÉS & BARS

Preik
Nachbarschaftslokal mit kühlem Bier, Snacks und jeden Abend Stand-Up in Gamle Oslo.

Neongrut
Freundlicher Empfang, erstklassige Baristas und pflanzenbasierte Süßigkeiten sowie würzige Snacks.

Kuro
Minimalistisch-schickes Café mit super Kaffee, abends gibt es auch Wein.

Oslo Mekaniske Verksted
Das gemischte Publikum trinkt Bier inmitten von bunten Retro-Möbeln in einer ehemaligen Werkstatt.

Gråbein
Lebhafte Eckbar mit Craftbieren, Cocktail-Klassikern und Toasties als Snack-Beigabe.

MEHR IN GRØNLAND, TØYEN & OST-OSLO

Vorurteile in Frage stellen

EIN MUSEUM, DAS ZUM DENKEN ANREGT

Das **Interkulturelle Museum** befindet sich im Herzen von Oslos multikulturellstem Viertel. Es lädt dazu ein, sich mit der Herkunft und dem Umgang mit Vorurteilen und Rassismus zu beschäftigen. Die Dauerausstellung in dem kleinen, kostenlosen Museum führt durch eine Reihe von kleinen Räumen, die sich mit Hass und Angst befassen. Ein interaktives Kunstwerk von Thierry Geoffroy (alias Colonel) konfrontiert die Besucher mit ihren eigenen Vorurteilen und prangert gesellschaftliche Ungerechtigkeiten an. Als Teil des Osloer Museums behandelt die Ausstellung natürlich die norwegische Perspektive, aber die Themen sind international. Das Museum liegt nur wenige Minuten zu Fuß von der T-Bane-Station Grønland.

Oslos jüngster Skulpturenpark

BÅRD BREIVIKS HOMMAGE AN DIE KULTUR

Der neue kleine Skulpturenpark im Klosterenga-Park wurde im Sommer 2023 eröffnet. Zu sehen sind Steinskulpturen, architektonische Elemente, ein Teich und Pflanzenarrangements, die durch den Bach Hovinbekken miteinander verbunden werden. Das Ensemble soll verschiedene Kulturen repräsentieren, die im Geiste gegenseitigen Respekts zusammenkommen. Der Park war die Vision des norwegischen Künstlers Bård Breivik (1948–2016), der bereits in den 1990er-Jahren der Stadt erste Pläne vorstellte. Bus 20 vom Tøyenparken hält in der Nähe an der Kjølberggata; zu Fuß geht es dann an der Jarlegata in den Klosterenga-Park. Der Skulpturenpark liegt auf der anderen Seite des Fußballplatzes.

GUT ESSEN IN GRØNLAND, TØYEN & OST-OSLO

Chowk
Sehr leckere Kleinigkeiten und klassische Currys in relaxtem indischen Restaurant neben der Station Tøyen. €€

Golden Chimp
Leckere innovative Teigtasche inmitten der Retro-Deko; festes Menü (vorher buchen) und À-la-carte-Optionen. €€

Restaurant Hot Shop
Aus einem Sexshop wurde ein Lokal mit Michelin-Stern, das schlichte, aber perfekt zubereitete Bistroküche serviert. €€€

Rund um das Zentrum von Oslo

OUTDOO-AKTIVITÄTEN UND ÜBERRASCHENDE KUNST

Oslo ist von drei Seiten von dichten Wäldern umgeben und auf der vierten Seite vom Fjord, dessen schöne Inseln auf ihre Erkundung warten. Deshalb ist Oslo ideal für Outdoor-Aktivitäten. Schnell gelangt man vom Stadtzentrum in die freie Natur und kann wie die Norweger das *friluftsliv*, das Leben an der frischen Luft, genießen.

Rund 10 km nördlich liegen die Wälder der Nordmarka und die Skischanze am Holmenkollen. Das Wahrzeichen von Oslo ist vielerorts in der Stadt sichtbar. Es gibt zwar viele organisierte Bootstouren in den Oslofjord, die öffentlichen Fähren zu den Eilanden in Stadtnähe sind günstig, schnell und leicht zu nutzen mit einem Standard-Ruter-Ticket.

Daneben gibt es auch einige überraschende Kunstwerke in den Vororten von Oslo. Der Skulpturenpark Ekebergparken bietet viele Attraktionen, während des Lebens von Emanuel Vigeland in dessem Mausoleum in Slemdal gedacht wird.

TOP TIPP

T-Bane-Linie 1 steuert eine Reihe von Attraktionen bis Frognerseteren an. Die Endhaltestelle ist zugleich der Zugang zu den Wander-, Rad- und Skipisten der Nordmarka. Die Fähre B2 verkehrt von Aker Brygge zu den Inseln Hovedøya, Gressholmen und Langøyene im Oslofjord.

Hovedøya (S. 85)

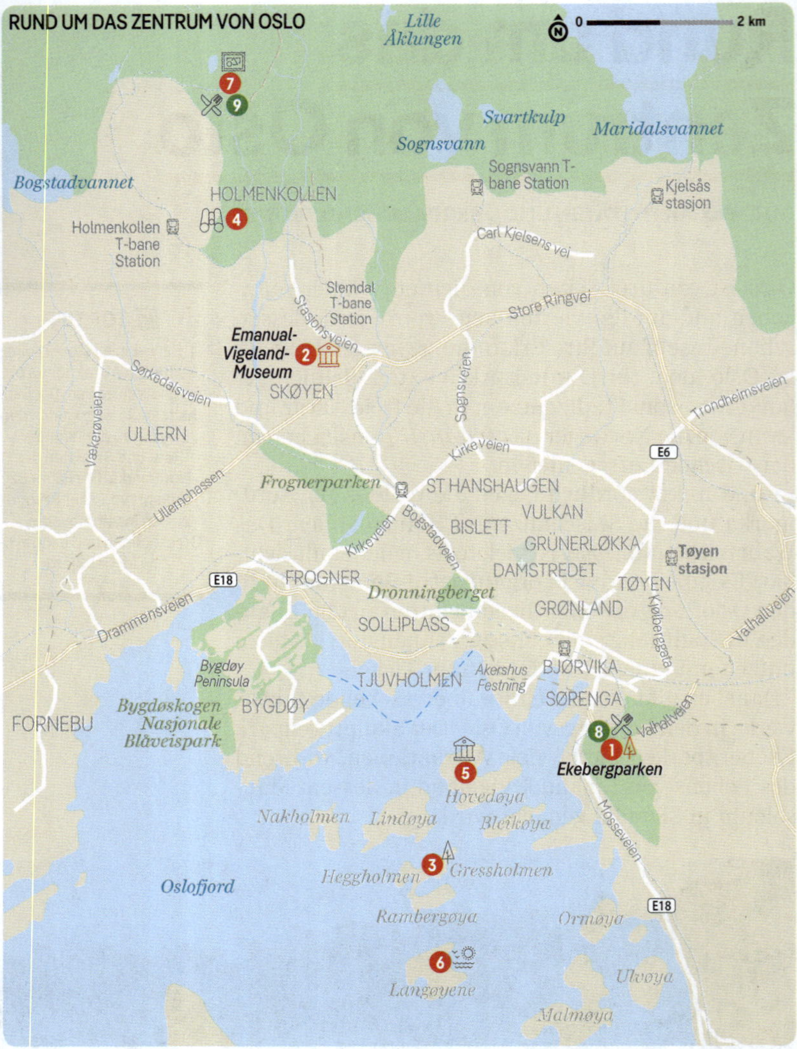

RUND UM DAS ZENTRUM VON OSLO

HIGHLIGHTS
1 Ekebergparken
2 Emanual-Vigeland-Museum

SEHENSWERTES
3 Gressholmen
4 Holmenkollen-Skisprungschanze
5 Hovedøya
6 Langøyene
7 Roseslottet

ESSEN
8 Ekebergrestauranten
9 Kafe Seterstua

Ekebergparken

OSLOS SKULPTUREN-PARK AUF DEM BERG

Auf einem bewaldeten Steilhang östlich der Stadt wurde dieses Freizeitparadies 2013 in einen Skulpturenpark umgewandelt. Zwischen den Bäumen findet sich eine stetig wachsende Sammlung an Werken von klassischen und zeitgenössischen Künstlern, u.a. Rodin und Louise Bourgeois. Hier ließ sich Munch bei einem Spaziergang zu seinem berühmtesten Werk inspirieren. Die von Marina Abramovic 2013 errichtete Skulptur *Der Schrei* fordert dazu auf, auch seine eigenen Ängste auszudrücken. Es gibt ein kleines Besucherzentrum. Anfahrt mit Tram-Linie 13 und 19.

Ekebergparken

Emanuel-Vigeland-Museum

EIN MAUSOLEUM VOLLER FRESKEN

Emanuel-Vigeland-Museum

Das kirchenähnliche **Emanuel-Vigeland-Museum** war geplant, um die Werke des Künstlers nach seinem Tod auszustellen. Aber der jüngere Bruder von Gustav Vigeland ließ die Fenster zumauern und schuf ein Mausoleum. Betritt man den stillen Saal durch die schwere Tür, benötigen die Augen etwas Zeit, um sich an den dunklen Innenraum zu gewöhnen. Langsam erkennt man dann die dramatisch-erotischen Fresken von Vigelands Meisterwerk *Vita*, das Szenen von der Geburt bis zum Tode zeigt. Das Museum liegt in einer Wohnstraße, rund fünf Gehminuten von der T-Bane-Station Slemdal (Linie 1) und ist nur sonntags offen (vorab anmelden).

Inseln im Oslofjord

FÄHRERLEBNIS IM FJORD

Man kann einige der Inseln im Oslofjord mit einem Ruter-Ticket Zone 1 erkunden. Am nächsten liegt **Hovedøya**. Mit der B2-Fähre sind es knapp 10 Minuten von Aker Brygge. Auf der bewaldeten Insel befinden sich die Ruinen eines Zisterzienser-Klosters, Militärbauten (19. Jh.) und eine Kunstgalerie. Sie alle sind zu Fuß gut zu erreichen. Der nächste Stopp ist **Gressholmen**. Eigentlich handelt es sich um drei miteinander verbundene Eilande: Gressholmen, Heggholmen und Rambergøya. Bei **Gressholmen Kro** gibt es Erfrischungen. Am weitesten draußen liegt **Langøyene**. Dies ist die einzige Insel, auf der man zelten kann.

MEHR RUND UMS ZENTRUM VON OSLO

360°-Ausblick vom Holmenkollen

OSLO VON DER SKISPRUNGSCHANZE

Seit 1892 wird der Hügel am Holmenkollen für Skisprung-Wettbewerbe genutzt. Der erste Gewinner sprang respektable 21,5 m weit, heute steht der Rekord bei 144 m. Die futuristischen Kurven der modernen Anlage sind zu einem festen Bestandteil der Landschaft geworden. Mit einer Standseilbahn geht es zur Spitze des 70 m hohen Turms, um wie ein Skispringer den Hang hinabzuschauen. Mutige können von der Start-Plattform mit der Seilrutsche **Kollensvevet** nach unten rauschen. Ansonsten kann man einfach die fantastische Aussicht bis zum Oslofjord und über die umliegenden Wälder genießen. Das **Skimuseum** wurde zum 100-jährigen Geburtstag 2023 renoviert und präsentiert 4000 Jahre Skigeschichte. Anfahrt: Von der T-Bane-Station Holmenkollen geht es zum Kongeveien-Parkplatz. Von dort geht eine Treppe nach links, oben wieder links und dann die Kurve nach rechts.

NORDMARKA

Die weitläufigen Wälder nördlich von Oslo sind ein Eldorado für Outdoor-Enthusiasten. Wander- und Radwege sind ausgeschildert. Im Winter gibt es ein großes Netz an Skiloipen. Im Sommer packen die Osloer etwas zu essen ein, fahren mit der T-Bane nach Voksenkollen oder Frognerseteren und suchen sich von dort einen Weg aus. Im Winter ist **Skimore Oslo** ein gutes Ziel. Im kleinen Skigebiet gibt es einen Skiverleih und verschiedene Pisten für alle Schwierigkeitsgrade.

Eine Gedenkgalerie

ERINNERUNG AN DEN WIDERSTAND IM WELTKRIEG

Die beiden Künstler-Brüder Vebjørn und Eimund Sand schufen die sich bewegende Freiluft-Kunstinstallation **Roseslottet** (Rosenschloss). Es zeigt menschliche Geschichten aus der Besatzungszeit im Zweiten Weltkrieg. Rund 270 Porträts und großflächige Gemälde – lackiert mit Epoxid-Harz als Schutz gegen die Elemente – sind in Serien angeordnet. Eine der beeindruckendsten heißt *The Faces of History* und zeigt Porträts von couragierten Personen, die in der Widerstandsbewegung tätig waren und mit denen sich Vebjørn persönlich getroffen hatte. Andere Elemente in dem Komplex sind fünf vergoldete Säulen, die jener gedenken, die fünf Jahre lang für die Freiheit kämpften. Roseslottet wird in dem friedlichen Ambiente, umgeben von Bäumen, bis 2025 an der Station Frognerseteren zu sehen sein.

GUT ESSEN RUND UM OSLO

Kafe Seterstua
Café für traditionelle warme und kalte norwegische Klassiker in einer Hütte aus dunklem Holz in Frognerseteren. €

Gressholmen Kro
Guter Zwischenstopp beim Inselhüpfen; es gibt Getränke und Tapas. €€

Ekebergrestauranten
Europäische Klassiker im Gourmet-Stil in einem strahlend weißen Art-déco-Gebäude im Skulpturenpark. €€€

NANISIMOVA/SHUTTERSTOCK ©

Holmenkollen-Skisprungschanze

Oben: Setesdalen (S. 97); rechts: Zufahrt zum Botanischen Garten von Kristiansand (S. 105)

Süd-norwegen

GESCHICHTE, TRADITION UND KÜSTENZAUBER

Wikingerstätten, weiß gestrichene Häuser an der Küste, Folklore, Bootsfahrten auf Kanälen und grandiose Berglandschaften: Südnorwegen ist an jeder Ecke zauberhaft.

Besucher aus dem Ausland übersehen wegen der spektakulären Landschaften der Westküste häufig Norwegens Süden, aber viele Norweger verbringen hier gern ihren Sommerurlaub. Alle, die sich für diese Region Zeit nehmen, werden mit beschaulichen Küstendörfern aus weiß getünchtem Holz, einem komplexen Netzwerk aus Buchten und Schären und einem glitzernden Meer belohnt, und ihre Begeisterung ist leicht zu verstehen. Im Landesinneren locken dichte Wälder, zerklüftete Berge und wunderschöne Flusstäler Wanderer, Kletterer, Skifahrer und Kanuten an. Hier gibt es so gut wie alle Outdoor-Sportangebote, die man sich nur vorstellen kann.

Auch unglaublich viele historische und kulturelle Stätten gibt es in Südnorwegen zu entdecken, das schon immer Künstler wie etwa Edvard Munch inspiriert hat. In dieser Region liegt nicht nur Norwegens älteste Stadt, Tønsberg, sondern sie hat auch zahlreiche interessante Stätten aus der Wikingerzeit. Auch in anderen Epochen spielte Südnorwegen eine wichtige Rolle, von der maritimen Blütezeit von Arendal und Kristiansand im 19. Jh. bis zur Industriegeschichte von Rjukan und Notodden. Und das lang gezogene Setesdalen im Herzen der Region ist für seine Traditionen und Folklore bekannt.

LILLIAN TVEIT/SHUTTERSTOCK ©

Wegen all dem sollte man den Süden Norwegens wirklich genießen und nicht einfach nur durchqueren. Apropos Genuss: Die Region bietet auch jede Menge exzellenter Restaurants und kulinarischer Festivals.

DIE WICHTIGSTEN ZIELE

FREDRIKSTAD
Festungsstadt im Süden.
S. 92

RJUKAN
Adrenalinbetonte Aktivitäten.
S. 94

KRISTIANSAND
Quirlige Küstenstadt.
S. 104

Erste Orientierung

Dank guter Straßen sowie Bahn- und Busverbindungen sind Reisen entlang der Küste relativ einfach. Im Landesinneren Südnorwegens dauert alles etwas länger, weil es weniger Bus- und Bahnlinien gibt und die Straßen kurvenreicher sind.

AUTO & MOTORRAD

Die E18 verläuft von Oslo nach Kristiansand und als E39 weiter nach Stavanger. Von dieser ausgezeichneten Straße führen Stichstraßen in die Küstenorte . Die E9 verläuft von Kristiansand gen Norden zum Setesdalen und in das Landesinnere.

ZUG

Vier bis fünf Züge fahren täglich von Oslo die Küste entlang nach Kristiansand (4½ Std.) und weiter nach Stavanger (weitere 3¼ Std.). Einige halten unterwegs an kleineren Bahnhöfen und in größeren Ortschaften.

Rjukan, S. 94

Das in einem tiefen Tal versteckte Rjukan ist ein wichtiger Ausgangspunkt für sportliche Aktivitäten wie Skifahren, Eisklettern und Bungee-Jumping.

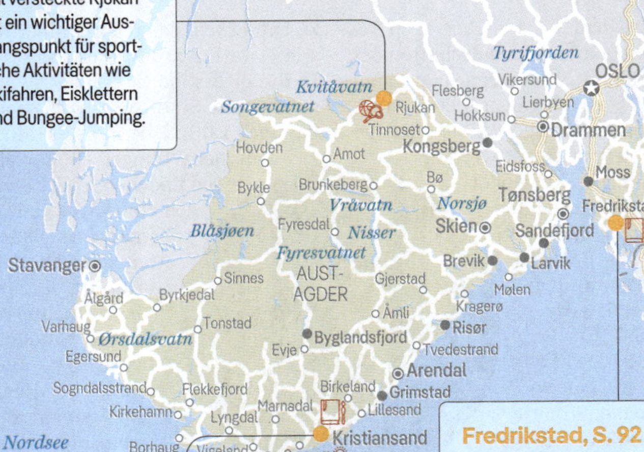

Fredrikstad, S. 92

Gamlebyen, das alte Viertel der Festungsstadt Fredrikstad, ist ein zauberhafter Mix aus Holzhäusern, Kopfsteinpflastergassen und einer Zugbrücke

Kristiansand, S. 104

Kristiansand hat einen Stadtstrand und eine mittelalterliche Altstadt. Es ist eine gute Ausgangsbasis für die Erkundung des Südens und hat viele Freizeitangebote.

MOSTOVYI SERGII IGOREVICH/SHUTTERSTOCK ©

Lindesnes Fyr (Leuchtturm, S. 111)

Perfekte Tage

Zwischen Oslo und Stavanger bietet sich ein kurzer Ausflug in den Süden an, aber ein längerer Aufenthalt lohnt sich wirklich – ob an der Küste oder im Landesinneren. Wer genug Zeit hat, schafft beides.

Fünf Tage

Von **Tønsberg** (S. 102) geht es zu Henrik Ibsens **Skien** (S. 107) und an der Küste nach **Risør** (S. 110), **Grimstad** (S. 111) sowie zu Norwegens südlichstem Ort **Lindesnes** (S. 111). Von **Kristiansand** (S. 104) führt ein Abstecher zu den Bibern und Elchen bei **Evje** (S. 109), dann fährt man von Flekkefjord zum **Jøssingfjord** (S. 111), nach **Sogndalstrand** (S. 111) und weiter nach **Egersund** (S. 111).

Kurztrip

Von **Tønsberg** (S. 102) geht es landeinwärts in die **Telemark** (S. 98) zu einer Bootsfahrt von Akkerhaugen nach Lunde. Dann fährt man gen Norden über Notodden zur **Stabkirche Heddal** (S. 98) und auf Bergstraßen für ein paar Tage nach **Rjukan** (S. 94) mit vielen Aktivitäten und tollen Ausblicken. Den Schluss bilden Wanderungen und Museen im **nördlichen Setesdalen** (S. 97).

Beste Reisezeit

FRÜHLING

Im Frühjahr blühen in der Telemark die **Obstbäume**. Im Mai beginnt die **Bootsaison** auf dem Telemarkkanal.

SOMMER

Die Küste lockt Freizeitkapitäne und Sonnenanbeter an, das Landesinnere Wanderer.

HERBST

Im Obstanbaugebiet Telemark ist Erntezeit, und es steigt das **Norwegische Apfelfest**.

WINTER

Die Skigebiete der Telemark sind ganz in der Hand begeisterter **Wintersportler**.

Fredrikstad

UNTERWEGS VOR ORT

Um über die Glomma nach Gamlebyen zu gelangen, geht man entweder zu Fuß über die hohe Fredrikstad-Bogenbrücke oder setzt mit der Fähre in zwei Minuten über (Fährbetrieb ca. 5.30–24 Uhr, Abfahrtszeiten variieren).

Zwischen Fredrikstad und Halden verkehren regelmäßig Busse und Züge (30 Min.). Beide Städte liegen an der Busroute zwischen Oslo und Göteborg in Schweden.

TOP TIPP

In Halden übernachten und von dort nach Fredrikstad fahren. Halden ist zwar um zwei Drittel kleiner, hat aber ebenso viele Unterkünfte und viel weniger Verkehr. In Fredrikstad wiederum gibt es eine vielfältigere Auswahl an Restaurants.

Fredrikstad wirkt wie ein Relikt aus unvorstellbaren Zeiten, einer Ära, als in Skandinavien Krieg war. Die besterhaltene Festungsstadt der nordischen Länder wurde 1567, während des Dreikronenkriegs von König Frederik II. von Dänemark-Norwegen, gegründet. Diese turbulenten Zeiten leben in der Altstadt (zu der die Festung gehört) mit ihren Fachwerkhäusern aus dem 17. Jh., Gräben, Stadtmauern und sogar einer Zugbrücke weiter. Die ungewöhnlich vielen norwegischen Fahnen erinnern daran, wie nah die Grenze zu Schweden liegt. Der Turm von Frederikstads Domkirke (19. Jh.) dient auch als Leuchtturm.

Das nahe gelegene Halden ist eine Art kleinere Version von Fredrikstad, ebenfalls mit imposanter Festung, noch mehr Fahnen und einer schönen Lage am Ende des Iddefjord zwischen steilen Felsenzungen. Die Geschichte von Fredrikstad und Halden verlief parallel: Wenn Halden fiel, folgte bald danach auch Fredrikstad, und es ist sinnvoll, auf einer Reise beide zu besuchen.

Zeitreise ins 17. Jahrhundert

NORWEGENS BESTERHALTENE FESTUNGSSTADT

Als König Frederik II. sich 1567 eine eindrucksvolle Festung errichten ließ, ersetzte diese ein älteres Bauwerk, das ganz in der Nähe gestanden hatte und von schwedischen Truppen niedergebrannt worden war. Die neue Festung lag näher an der Mündung des Flusses Glomma, den der König für leichter zu verteidigen hielt. Und tatsächlich wurde Fredrikstad nur ein einziges Mal angegriffen, und zwar im Jahr 1814. Zu jener Zeit hatte man die Festung jedoch bereits verfallen lassen, und die Schweden konnten sie innerhalb weniger Stunden einnehmen.

Heute ist **Gamlebyen Fredrikstad** (die Altstadt von Fredrikstad) ein lebhaftes und wunderbar gepflegtes historisches

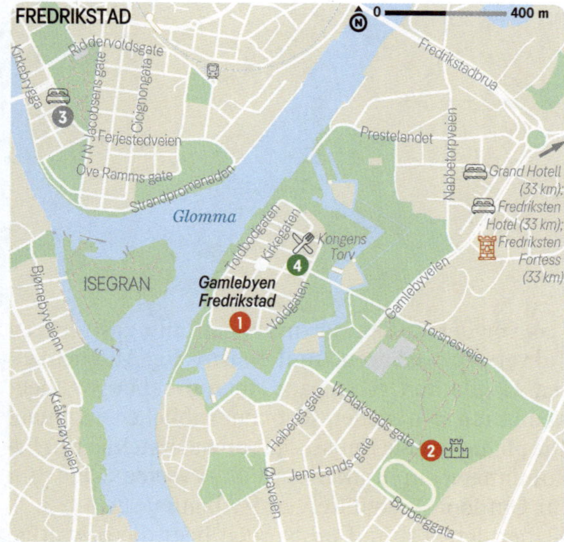

HIGHLIGHTS
1 Gamlebyen Fredrikstad

SEHENSWERTES
2 Kongsten Festning

SCHLAFEN
3 Hotel Victoria

ESSEN
4 Majoren's Stue og Kro

Viertel, das die Glomma vom modernen Stadtzentrum trennt. Gamlebyen präsentiert sich mit Stadtmauern, einer alten Zugbrücke, malerischen Kopfsteinpflastergassen und gut erhaltenen Holzhäusern.

Die kleinere, lediglich rund 1 km entfernte **Kongsten Festning** bot der Hauptfestung in früheren Zeiten wichtigen Schutz. Bastionen, Gräben und unterirdische Gänge zeugen noch immer von der einst hohen strategischen Bedeutung dieses Festungsbaus.

Tour durch die Festung von Halden

BEFESTIGTE GRENZSTADT

Die nur etwas über 30 000 Einwohner zählende Stadt Halden ist die einzige Ortschaft, die in Norwegens Nationalhymne erwähnt wird, allerdings unter ihrem alten Namen: Fredrikshald. Diese hübsche, hügelige Stadt spielte in der norwegischen Geschichte eine bedeutsame Rolle, und das aus einem bestimmten Grund: Seit dem Jahr 1661 wacht die eindrucksvolle **Festung Fredriksten** über Halden und schützt seine strategische Lage wenige Kilometer vor der schwedischen Grenze. Besucher können die Wälle und Bastionen der Festung erklimmen, einen Blick in die Geschützbatterien und Magazine werfen und die Panoramaaussicht auf Halden und den dahinter liegenden Fjord genießen. Beim Blick von dieser eindrucksvollen Höhenlage fällt es nicht schwer zu verstehen, warum die Festung Fredriksten allen Versuchen, sie zu erobern, standhalten konnte und bis zum heutigen Tag im Wesentlichen unversehrt geblieben ist.

SCHLAFEN & ESSEN IN HALDEN & FREDRIKSTAD

Grand Hotell
Das Grand gegenüber dem Bahnhof ist Haldens ältestes Hotel und wunderbar altmodisch und komfortabel. **€€**

Hotel Victoria
Das 100 Jahre alte Hotel in Fredrikstad bietet stilvolles Dekor, ansprechende Umgebung und eine große Parkanlage. **€€**

Fredriksten Hotel
Das schöne, ebenfalls historische Hotel in Halden hat modernes Interieur und die beste Aussicht der Stadt. **€€€**

Majoren's Stue og Kro
Fredrikstads bestes Restaurant serviert köstliche Fleischgerichte und internationale Küche. **€€**

Rjukan

UNTERWEGS VOR ORT

Rjukan ist zwar leicht mit dem Bus zu erreichen, ein eigener Wagen ist aber hilfreich. Im Tal fährt der lokale Bybuss vom Norwegischen Industriearbeitermuseum, 6,5 km westlich von Rjukan, zum östlichen Talende. Das Rjukan Gjestegård verleiht auch Fahrräder.

Das vor der Außenwelt in einem lang gestreckten Tal versteckt gelegene Rjukan ist voller Möglichkeiten. Es gibt im Ort ein paar Museen – aber vor allem kann man sich an den schönen Anblicken erfreuen. Die phänomenale Kulisse lädt unwiderstehlich zu Erkundungen ein: Rjukan ist Südnorwegens Zentrum für Outdoor-Aktivitäten und -Abenteuern.

Über dem Talrand im Norden liegt die gewaltige Hardangervidda, eine Hochebene. Im Süden wacht der Gaustatoppen (1883 m), der vielen als schönster Berg des Landes gilt, über Rjukan. Diese zwei Naturgiganten bieten einige der besten Wanderwege Norwegens, ganz zu schweigen von der spektakulärsten (und außergewöhnlichsten) Seilbahn- und Standseilbahnfahrt des Landes. Zu den weiteren tollen Sportangeboten gehören Skifahren, Eisklettern und Bungee-Jumping.

TOP TIPP

Das schmale Rjukan erstreckt sich, tief im Tal, auf etwa 6 km am Fluss Måna. Nahe dem östlichen Ortsrand führen enge Serpentinen gen Süden hoch ins 10 km entfernte Gaustatoppen. Dies ist die wichtigste Basis für Wintersportler und das Tor zum Skigebiet Gausta.

Hoch hinaus in Rjukan

SÜDNORWEGENS BESTE AUSBLICKE

Hoch über dem westlichen Talende, 9,5 km von Rjukan entfernt, überblickt ein Aussichtspunkt den 104 m hohen Wasserfall **Rjukanfossen**. Man parkt beim östlichen Tunnelausgang und nimmt den 200 m langen, unbeschilderten Schotterweg.

Rjukans Tal ist so tief, dass von Oktober bis März die Sonne nicht den Boden erreicht (inzwischen gibt es aber 450 m über dem Hauptplatz Sonnenspiegel). In den 1920er-Jahren war das örtliche Wasserkraftwerk so besorgt um die geistige Gesundheit seiner der Sonne beraubten Arbeiter, dass es ihnen die Seilbahn **Krossobanen** baute, damit sie oben die Sonne sehen konnten. Die Seilbahn, die über dem westlichen Ortsrand ausgeschildert ist, befördert ihre Passagiere vom dunklen Tal auf den Gvepseborg (886 m). Eine tolle Aussicht bieten die Plattform auf der Bergstation und Wanderwege.

Die nur im Sommer (Mitte Juni–Mitte Okt.) betriebene Drahtseilbahn **Gaustabanen** baute die NATO in den 1950er-Jahren, damit ihre Truppen bei jedem Wetter zum Funkturm

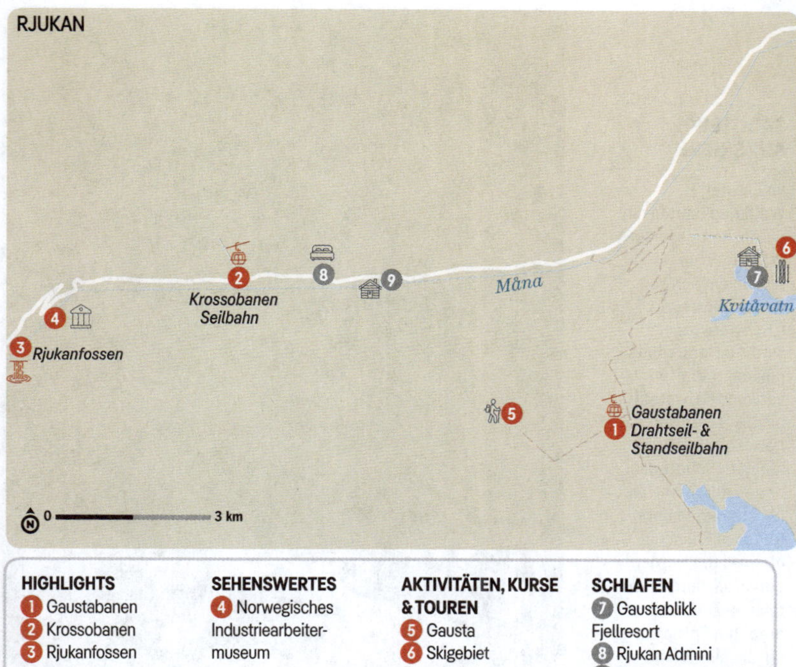

HIGHLIGHTS
1 Gaustabanen
2 Krossobanen
3 Rjukanfossen

SEHENSWERTES
4 Norwegisches Industriearbeitermuseum

AKTIVITÄTEN, KURSE & TOUREN
5 Gausta
6 Skigebiet Gaustablikk

SCHLAFEN
7 Gaustablikk Fjellresort
8 Rjukan Admini
9 Rjukan Hytteby & Kro

auf dem Gaustatoppen gelangen konnten. Die Fahrt ist zweigeteilt: Zunächst fährt eine Bahn mit Elektroantrieb 850 m weit horizontal in den Berg, dann steigt man in die Standseilbahn, die 1040 m mit einer Steigung von 39 Grad hinauffährt (neben 3500 Treppenstufen). Zu Fuß geht es dann durch einen 100 m langen Tunnel, dann ist man auf 1800 m Höhe – 675 m höher als zu Beginn. Zum Gipfel sind es weitere 83 m. Von dort sieht man bei klarem Wetter angeblich ein Sechstel Norwegens.

Aktivitäten in Rjukan

NERVENKITZEL FÜR SPORTLICHE

Rjukans Umgebung ist wie geschaffen für den Adrenalinrausch. Tipps gibt das nur wochentags geöffnete Touristenbüro.

In der Stadt selbst, am westlichen Talende, stürzen sich von der Brücke zum Norwegischen Industriearbeitermuseum **Bungee-Jumper** in die Tiefe. Mit 84 m ist der Sturz Norwegens tiefster Bungee-Sprung auf dem Festland.

Rjukan ist auch als erstklassiger Ort zum **Eisklettern** bekannt – im Grunde schleppt man sich hier an riesigen senkrechten Eiszapfen hoch. In der unmittelbaren Umgebung gibt es mehr als 150 Routen.

Nach solchen Nervenkitzeln wirkt Skifahren wunderbar beschaulich. Das vom Gaustatoppen, dem höchsten Berg im Süden Norwegens, überragte **Skigebiet Gaustablikk** hat

ZEUGEN AUS DEM KALTEN KRIEG

Kaum jemand weiß genau, was während des kalten Kriegs in der NATO-Anlage auf dem Gaustatoppen vor sich ging, aber im Mittelpunkt standen nachrichtendienstliche Informationen und Frühwarnungen. Norwegen war durch seine strategisch günstige Lage ein idealer Stützpunkt, um Informationen abzufangen und weiterzuleiten. Erst fast 60 Jahre nach den ersten Plänen zur touristischen Erschließung des Berges wurde die Gaustabanen öffentlich zugänglich.

SABOTEURE AUF SKIERN

Im Zweiten Weltkrieg bauten die deutschen Besatzer in Vemork bei Rjukan ein Schwerwasser-Kraftwerk („Schwerwasser" wird zur Herstellung nuklearer Waffen verwendet), woraufhin die Briten und norwegische Widerständler Sabotageaktionen durchführten. 1943 landeten Saboteure mit Fallschirmen auf der Hardangervidda, durchtrennten den Zaun und brachten Sprengsätze an, die die Anlage zerstörten. Auf Skiern fuhren sie zurück auf die Hardangervidda und konnten entfliehen. Der Film *Kennwort „Schweres Wasser"* von 1965 mit Kirk Douglas schildert die Aktion, wenn auch historisch ungenau .

Heute präsentiert hier das **Norwegische Industriearbeitermuseum** eine Ausstellung über den Wettlauf um die Atombombe und ein Miniaturkraftwerk.

KJERSTI JOERGENSEN/SHUTTERSTOCK ©

Wasserfall Rjukanfossen (S. 94)

hervorragende Pisten mit unterschiedlichen Schwierigkeitsgraden. Eine Option: mit der Gaustabanen hochfahren und dann zurück ins Tal wedeln.

Eine der schönsten Wanderrouten bei Rjukan führt auf den **Gausta** hoch. Vom Ausgangspunkt Stavsro – von Rjukan mit dem Bus zu erreichen – braucht man für die 4,3 km auf den Gipfel etwa 2½ Stunden, dabei überwindet man 710 Höhenmeter. Eine steilere Alternativroute beginnt in Svineroi, etwas näher an Rjukan – die 4 km lange, dreistündige Wanderung überwindet 833 Höhenmeter. Ein toller Tagesmarsch (16 km, ca. 6 Std.) führt von Stavsro auf den Gipfel und über Gausdalen zurück nach Rjukan. Der Abstieg ist steil, aber dafür ist die Aussicht grandios .

SCHLAFEN & ESSEN IN RJUKAN

Gaustablikk Fjellresort
Die 2022 renovierte Lodge bietet famose Aussicht (v.a. die Zimmer mit Gausta-Blick) und ein Spitzenrestaurant. **€€€**

Rjukan Hytteby & Kro
Direkt am Flussufer gibt es hier exzellente, schön dekorierte Hütten und herzhafte Mahlzeiten. **€€**

Rjukan Admini
Historisches Landhausambiente mit Himmelbetten, Pastelltönen und üppig grünem Garten. **€€€**

Rund um Rjukan

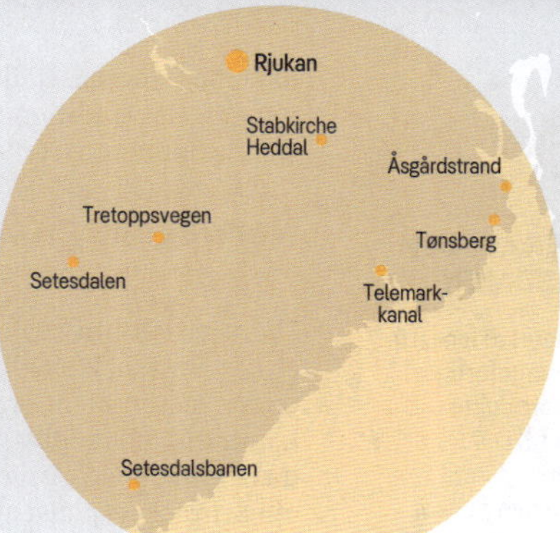

In Südnorwegens einsamen Tälern und Orten ist die mythische Vergangenheit allgegenwärtig.

Hohe Berge, dichte Wälder und kalte Winter schirmen das Landesinnere im Süden Norwegens von der Außenwelt ab – diese wenig bekannte Region beflügelt die Fantasie. Die Attraktionen an den kaum befahrenen Straßen und in tiefen Tälern scheinen einem kleinen mittelalterlichen Epos zu entspringen.

Nichts verkörpert dieses Flair so gut wie die legendäre Stabkirche Heddal. Von den 20 norwegischen Stabkirchen mit Originalelementen ist keine mit ihr vergleichbar. Museen über mittelalterliche Architektur und Norwegens älteste Stadt (Tønsberg, im 9. Jh. vom Wikinger Harald I. gegründet) tragen zur Faszination bei. Und nichts ist enspannender als eine Bootsfahrt auf dem Telemarkkanal.

UNTERWEGS VOR ORT

Linienbusse verbinden die größeren Ortschaften wie Rjukan, Kongsberg, Notodden, Seljord, Dalen und Tønsberg. Für alle, die Zeit haben und denen mehrmaliges Umsteigen nichs ausmacht, sind sie in Ordnung. Leichter kommt man aber mit einem eigenen Fahrzeug voran. Für Bootsausflüge auf dem Telemarkkanal fährt man mit dem Bus oder Auto zum Startpunkt. Am Ende lässt man sich mit dem Bus wieder zurückbringen – das kann man bei der Buchung der Bootstour vorab arrangieren.

TOP TIPP

Im Sommer früh am Tag nach Heddal aufbrechen, um die vielen Ausflugsbusse zu meiden.

Norwegens Herz: das nördliche Setesdalen

TREKKING UND TRADITIONEN

Das von den Norwegern geliebte, aber außerhalb des Landes kaum bekannte **Setesdalen** erstreckt sich von Hovden im Norden 147 km gen Süden nach Evje, mitten durch das Herz Südnorwegens. Der Riksvei 9 verläuft auf ganzer Länge durch das Tal mit seinen Fjorden, Bergen, Wäldern, Wasserfällen und hübschen Dörfern. In dieser abwechslungsreichen Natur sind zahlreiche Outdoor-Aktivitäten möglich, von Radfahren und Klettern bis zu Paddeln, Fischen und Rafting auf den Flüssen. **Hovden** ist ein beliebter Wintersportort und sommerliches Wanderziel.

Im Setesdalen auch noch Traditionen wie Volksmusik und Silberschmiedekunst lebendig. Das **Setesdalmuseet** im Norden des Tals besteht aus mehreren Standorten mit traditionellen Bauernhöfen und Werkstätten, die über das ganze Tal verteilt sind, darunter **Rygnestadtunet** in Valle, **Huldreheimen** in Bykle und das **Bygland Museum** im Dorf gleichen Namens. Die Gebäude sind in der Regel von Mittsommer bis Mitte August geöffnet und gratis zu besichtigen. Das Hauptmuseum in **Rysstad**, dem Mittelpunkt des Tals, ist ganzjährig geöffnet (meist 11–15 Uhr; geringe Eintrittsgebühr) und

SILBER AUS DEM SETESDALEN

Das Setesdalen ist für handgefertigte Silberprodukte berühmt. Der Schmuck wird häufig zum *bunad*, der norwegischen Nationaltracht, getragen. **RysstadSylv**, ein Familienunternehmen in der dritten Generation, stellt unter anderem diese Schmuckstücke her. Silberschmied Trygve Rysstad führt die Tradition von Vater und Großvater fort und wird von Bruder Alfred und Gattin Inger unterstützt, die ebenfalls das Silberschmiedhandwerk erlernt haben.

Silberschmieden bei der Arbeit zusehen kann man im **Sølvgarden** in Rysstad, wo es die fertigen Stücke auch zu kaufen gibt. Im Sommer finden hier regelmäßig Volksmusikkonzerte statt, außerdem gibt es ein Restaurant, eine Bar, Gästezimmer und Zeltplätze.

hat eine Dauerausstellung mit Schautafeln über verschiedene Aspekte des traditionellen Lebens im Setesdalen sowie wechselnde Sonderausstellungen.

Norwegens größte Stabkirche

EIN MÄRCHEN AUS HOLZ

Die vor sich hin rostenden Fabriken, die Wohnhäuser und eingezäunten Weideflächen an der E134 westlich von Notodden lassen nicht erahnen, was vor einem liegt. Und dann kommt 67 km südöstlich von Rjukan die **Stabkirche Heddal** ins Blickfeld. An regnerischen Wintertagen taucht sie wie ein Schreckgespenst aus dem Dunkel auf, an einem sonnigen Sommertag glitzern ihre scharfen Kanten und geschwungenen Schnörkel wie eine Erscheinung.

Die in der späten Wikingerzeit erbaute Kirche mit ihren kunstvollen Schnitzereien und Drachenköpfen an den Giebeln erhebt sich wie der Bug eines Wikingerschiffs aus einer Wiese neben einer unscheinbaren Provinzstraße. Zwölf hohe und sechs kürzere Pfeiler aus norwegischer Kiefer, jeder gekrönt mit einer furchterregenden Fratze, stützen das Bauwerk, das vier geschnitzte Portale aufweist. Ihr heutiges Aussehen erhielt die Kirche 1242, der separat stehende Glockenturm wurde erst 1850 hinzugefügt.

Nachdem man in der angrenzenden Rezeption die Eintrittsgebühr bezahlt hat, betritt man das Gotteshaus und bewundert im Inneren der Kirche die prächtigen „Rosen"-Malereien aus dem Jahr 1668, eine Runeninschrift im äußeren Rundgang und den Bischofsstuhl aus dem 17. Jh. Die kunstvollen Schnitzereien erzählen die nordische Geschichte von Sigurd dem Drachentöter, die aber zu einer christlichen Parabel über Jesus und den Teufel umgearbeitet wurde. Das 1667 geschaffene Altarbild wurde 1908 restauriert.

Die wohl beste – und tatsächlich einzige – Möglichkeit, ohne lästiges Umsteigen in Notodden hierherzukommen, ist mit einem Mietwagen.

Bootsfahrt auf dem Telemarkkanal

AN BORD EINES HISTORISCHEN SCHIFFES

Der für den Holztransport angelegte **Telemarkkanal** war bei der Fertigstellung 1892 ein Wunderwerk der Schleusentechnik. Er schuf eine 105 km lange zusammenhängende Wasserstraße von der Küste ins Innere der Telemark, die die Ortschaften miteinander und letztlich mit der großen weiten

SCHLAFEN & ESSEN IN DER TELEMARK

Seljord Hotell
Das Hotel von 1858 hat individuell eingerichtete Zimmer mit faszinierenden historischen Elementen. **€€**

Dalen Hotel
Dieses 1894 erbaute Hotel wirkt, als wolle es eine Stabkirche sein. In Zimmer 17 soll es spuken. **€€€**

Seljord Hotell Restaurant
Seljords bestes Restaurant ist für seine perfekt zubereiteten Fisch- und Wildgerichte bekannt. **€€€**

Telemarkkanal

Welt verband. Könige, Königinnen, Präsidenten und andere illustre Persönlichkeiten kamen damals aus nah und fern, um diesen Kanal, der häufig auch als achtes Weltwunder bezeichnet wurde, zu feiern.

500 Männer arbeiteten fünf Jahre an dem Kanal, der über acht Schleusen mit 18 Schleusenkammern verfügt, die die Boote zwischen Skien und Dalen um insgesamt 72 m anheben. Ein Abzweig des Kanals verläuft zwischen Lunde und Notodden. Die größte Schleusentreppe befindet sich in **Vrangfoss**, wo fünf Kammern die Boote um insgesamt 23 m anheben bzw. senken können.

DALEN HOTEL

Das 1894 eröffnete **Dalen Hotel** ist eine Fantasie in senfgelbem Holz mit Türmen und Drachenköpfen, inspiriert von Stabkirchen und den Wikingern. Hier schliefen Aristokraten aus ganz Europa, die zum Telemarkkanal reisten.

Ab dem Zweiten Weltkrieg verfiel das Hotel und wurde erst 1992 wieder eröffnet. Die Unterkünfte reichen von komfortablen Zimmern mit Gemeinschaftsbad bis zu luxuriösen Turmsuiten mit Balkonen zum Garten und zum Bandak-See. Das Restaurant serviert exzellente Vier- und Sechs-Gänge-Probiermenüs. Am Abend erfährt man in der Lounge viel mehr über die faszinierende Geschichte des Hotels.

Das Dalen Hotel ist nur von April bis Oktober geöffnet.

SCHLAFEN IN DER TELEMARK

Nutheim Gjestgiveri
Kunstsinniges Hotel in Seljord mit 17 Gästezimmern und einem Restaurant mit köstlichen Tagesmenüs. **€€**

Dalen Bed & Breakfast
Das nette, familiengeführte B&B in Dalen hat hübsche Zimmer und viele Informationen über die hiesige Tierwelt. **€€€**

Straand Hotel
Komfortables Hotel in Vrådal mit modernen und historischen Zimmern sowie Apartments und Hütten in der Nähe. **€€€**

SANDEFJORD & WALFANG

Sandefjord südwestlich von Tønsberg hält sich in internationalen Tierschutzdebatten zurück, aber die ehemalige Walfangkapitale macht aus ihrer Vergangenheit keinen Hehl. Hier befindet sich eines der wenigen Museen über den Walfang, mit vielen Fotos, alten Jagdgeräten und Infos über die Arktis und ihre tierischen Bewohner. Beide Seiten der Walfangdebatte werden gut dargestellt. Sandefjord ist eine lebhafte Kommune und von Oslos zweitem Flughafen Torp aus gut zu erreichen.

Setesdalsbanen

Am Kanal entlang verlaufen viele Wege zum Radfahren oder Wandern. Mit Reservierung ist es möglich, ein Fahrrad oder ein Kajak mit an Bord der historischen Kanalboote zu nehmen.

Die schönste Art, die Schönheit und die beeindruckende Ingenieurskunst des Telemarkkanals zu erleben, ist jedoch eine Fahrt über die gesamte Strecke oder zumindest einen Abschnitt der Wasserstraße. Drei historische Kanalboote bieten im Sommer täglich Kanaltouren an: Die M/S *Henrik Ibsen* und die M/S *Victoria* fahren die ganze Strecke zwischen Dalen und Skien in etwa neun Stunden. Eine legt in Dalen ab,

CAMPEN RUND UM RJUKAN

Seljord Camping Og Badeplass
Grüne Stellplätze, Hütten und ein Teleskop, um das Seeungeheuer Selma zu suchen. €

Buøy Camping
Der von Wasser umgebene Campingplatz in Dalen hat Hütten, ein Restaurant und Fahrradverleih. €

Norsjø Ferieland
Auf der herrlichen Anlage gibt es Hütten, einen Privatstrand, viele Aktivitäten und ein Restaurant. €

die andere in Skien, und an den Schleusen in Lunde treffen sie sich. Für Fahrten auf beiden Schiffen ist der Montag am besten, wenn sie jeweils nur bis Lunde fahren und dort wenden.

Das dritte Kanalboot, die M/S *Telemarken*, fährt von Akkerhaugen nach Lunde und wieder zurück (jeweils etwa 3½ Std.). Alle drei Schiffe haben überdachte Decks, Salons und Bordrestaurants; alle drei fahren durch die beeindruckende Vrangfoss-Schleusentreppe. Für die fünf Schleusenkammern benötigen sie etwa 45 Minuten.

Historische Zugfahrt

EIN ERLEBNIS FÜR EISENBAHNFANS

Die Fahrt auf einem kurzen Abschitt der **Setesdalsbanen** aus dem 19. Jh. hat historisches Flair. Die ursprünglich 78 km lange Schmalspurtrasse zwischen Kristiansand und Byglandsfjord verband einst das Setesdalen mit der Küste. Von 1869 bis 1962 wurden mit der Setesdalsbanen Nickel von den Evje-Minen sowie Holz und Fassdauben transportiert (für die Fässer, in denen Salzheringe, die für den Export bestimmt waren, gelagert wurden).

Als der Schienen- und Straßentransport schneller und zuverlässiger wurde, verfiel die Strecke, allerdings wird noch ein etwa 8 km langer Abschnitt von Juni bis August genutzt. Dann ziehen Dampf- oder Diesellokomotiven alte Holzwaggons zwischen Grovane (ca. 2 km nördlich von Vennesla) und Røyknes am Ufer der Otra entlang. Die einfache Fahrt dauert rund 25 Minuten. Die Züge von NSB verkehren von Kristiansand nach Vennesla.

Hoch in den Baumwipfeln

TOUR ÜBER EINEN GESCHLÄNGELTEN HOLZSTEIG

Die kleine Kommune **Fyresdal**, rund 45 km südlich von Dalen gelegen, lohnt wegen einer 2023 eröffneten Attraktion namens **Tretoppvegen** einen Abstecher. Der 1 km lange erhöhte Plankensteg windet sich vom Boden etwa 15 m ins Blätterdach des Waldes auf der Felsformation Klokkarhamaren hoch. Der Holzsteig ist für alle zu bewältigen, auch mit Rollstühlen und Kinderwagen. Von oben bietet sich wunderbare Sicht auf den Fyresvatn-See und die umliegende Berglandschaft.

Der Tretoppsvegen befindet sich im **Hamaren Aktivitetspark**, in dem es auch einen schönen Plankenweg an den Klippen entlang des Sees sowie Radwege und Open-Air-Spielgeräte für Kinder gibt.

GRABHÜGEL & WIKINGER

Borrehaugene
Die 28 Grabhügel am westlichen Ufer des Oslofjords (einige aus der Wikingerzeit) reichen bis 600 n. Chr. zurück.

Midgard Vikingsenter
Das Museum in Borre widmet sich der Wikingerzeit und bietet Touren zu den Grabhügeln.

Gokstadhaugen
Dieser Wikinger-Grabhügel stammt aus dem 9. Jh. Hier wurde die *Gokstad* (heute im Wikingerschiff-Museum in Oslo) ausgegraben.

Kaupang Vikingbyen
In dem nur im Sommer geöffneten Freilicht-Wikingermuseum in Larvik zeigen historisch gekleidete Mitarbeiter entsprechende Aktivitäten.

SCHLAFEN RUND UM RJUKAN

Tønsberg Hostel
Freundliches, gut ausgestattetes Hostel mit schönen Gemeinschaftsbereichen und ausgezeichnetem Frühstück. €

Thon Hotel Brygga
Die Zimmer in diesem umgebauten hölzernen Lagerhaus am Ufer sind klein, aber schön gestaltet. €€

Hovden Høyfjellshotell
Hovdens nobelste Unterkunft oberhalb der Stadt hat eine eigene Skipiste. €€€

OBSTERNTE

Fruktbygda (das Fruchtdorf) hat in der südöstlichen Telemark von Notodden entlang des Telemarkkanals bis Gvarv und Ulefoss fast 1 Mio. Obstbäume gepflanzt. Die Äpfel, Kirschen, Pflaumen und Birnen werden zu Apfelmost und -saft, Marmeladen und anderen Produkten verarbeitet.

Ole Christoffer Røste, ein preisgekrönter Mosthersteller und Mitbesitzer von NeRø Frukt og Sider, über Fruktbygda:

„Das Klima in Fruktbygda ist ideal für den Obstanbau. Lange, warme Sommer mit relativ stabilen Niederschlagsmengen bieten perfekte Bedingungen für die Reifung der Früchte. Die Seen Norsjø und Heddalsvannet speichern Wärme und schützen so im Frühling die empfindlichen Blüten. Die Blütezeit Mitte Mai ist fantastisch anzusehen."

Das mittelalterliche Tønsberg

NORWEGENS ÄLTESTE STADT

Den Anfang der Reise in Tønsbergs faszinierende Vergangenheit bildet das **Slottsfjellsmuseet**, das unterhalb einer der größten mittelalterlichen Burgen Skandinaviens liegt – das Tunsberghus wurde 1503 zerstört. Der Stolz des Museums ist ein Exponat, das es Norwegens viertes Wikingerschiff nennt. Im Gegensatz zu anderen in Grabhügeln gefundenen Schiffen war die **Klåstad** ein Handelsschiff, das um das Jahr 1000 sank. Nur wenige Holzstücke vom Rumpf haben die Zeit überdauert, sie bilden den Mittelpunkt der Ausstellungen über Handel und Gesellschaft in der Wikingerzeit. Das Slottsfjellsmuseet zeigt auch Walskelette, z. B. Knochen des mit 27 m weltweit längsten bekannten Blauwals.

Hinter dem Museum bietet ein Turm auf dem Hügel, auf dem einst das Tunsberghus stand, historische Informationen und einen Blick auf die Stadt. In der Nähe befinden sich ein Bronzemodell der Burg und das Fundament einer Kirche (12. Jh.).

Am südlichen Ende von Tønsbergs Zentrum werden Schiffsbaumethoden der Wikinger gepflegt. Erfahrene Handwerker haben eines der imposantesten jemals entdeckten Wikingerschiffe, die *Oseberg*, mit Werkzeugen und Techniken der Wikinger in Originalgröße nachgebaut. Wenn sie sich nicht auf See befindet, liegt die **Saga Oseberg** im Dock. Das Team arbeitet derzeit am Nachbau eines weiteren Wikingerschiffs, der *Godstad*, die 1880 im nahen Sandefjord ausgegraben wurde. Besucher können bei der Arbeit zusehen.

Das original Oseberg-Schiff, heute in Oslo, wurde 1904 im **Oseberghaugen**, einem Grabhügel bei Tønsberg, geborgen. Zu sehen gibt es nicht viel, aber die Aussicht vom Hügel ist schön.

Die Welt des Edvard Munch

DAS SOMMERHAUS DES MEISTERS

Edvard Munch, Norwegens berühmtester Künstler, fand Inspiration im Badeort **Åsgårdstrand** bei Tønsberg. Mit 21 Jahren lernte er diesen Ort, der zu seiner dauerhaften Sommerresidenz werden sollte, kennen. Beim Besuch eines Freundes in Åsgårdstrand traf Munch seine erste große Liebe, die verheiratete Milly Thaulow, mit der er eine stürmische Beziehung begann, die seine künstlerische Entwicklung stark beeinflusste.

Die Affäre endete zwar, nicht aber seine Liebe zu Åsgårdstrand, und 13 Jahre nach seinem ersten Besuch kaufte er sich hier ein kleines gelbes Haus mit Blick auf den Oslofjord. Obwohl Munch immer wieder umzog, wurde Åsgårdstrand zu dem Platz, der für ihn am ehesten Heimat bedeutete. Das

ESSEN AN DER KÜSTE

Restaurant Havariet
Das beliebte Lokal in Tønsberg bietet direkt am Wasser solide Bistrokost in einladendem Ambiente. **€€**

Roar I Bua
Diese reizende Bretterbude in Tønsberg ist halb Fischladen und halb Seafood-Café. **€€**

Hotel Kong Carl
Im Kong Carl in Sandefjord, Norwegens zweitältestem Hotel, gibt es vor allem Fisch und Meeresfrüchte. **€€**

NOCH MEHR APFELWEIN

Das Setesdalen ist für seine Obstplantagen und Apfelwein bekannt, die größte Obstregion Norwegens ist aber **Hardangerfjord** (S. 158). Direkt am Wasser liegen hier malerische Obstgärten, und es gibt viele Möglichkeiten, die fruchtigen Produkte zu probieren.

Saga Oseberg

Haus behielt er bis zu seinem Tod im Jahr 1944. Heute ist **Munch's Hus** ein Museum, das im Sommer (nur für Führungen) geöffnet ist und noch viele persönlichen Habseligkeiten enthält – fast meint man, der Künstler kehrte gleich zurück.

An der Straße, in der Munch lebte, und an vielen Plätzen in der Nähe sind Schilder mit 13 seiner Gemälde angebracht, die hier in den 1890-Jahren entstanden. Bei einem Bummel ist zu verstehen, warum dieser Ort und seine Menschen den brillanten Künstler faszinierten, der sich auf seinen Reisen so oft nach Frieden und Schönheit sehnte.

DAS SEEUNGEHEUER SELMA

Südwestlich von Heddal liegt Seljord am See Seljordvatn, der als Heimat des Seeungeheuers Selma – Norwegens Antwort auf das Ungeheuer von Loch Ness – bekannt ist.

In den Hügeln bei Seljord können Wanderer auch Ausschau nach den verfeindeten Trollfrauen Ljose-Signe, Glima und Tårån halten.

Seljord wird seinem Ruf als Märchendorf gerecht und inspirierte einige der bekanntesten norwegischen Volkslegenden, u.a. *De tre bukkene Bruse (Die drei Böcke Brausewind)* von Asbjørnsen und Moe.

Kristiansand

UNTERWEGS VOR ORT

Agder Kollektivtrafikk (akt.no) betreibt Busse in Kristiansand sowie in Ortschaften an der Küste und ins Setesdalen im Landesinneren. Auf der Website gibt es einen Routenplaner *(reiseplanlegger)* mit der Möglichkeit, auf Englisch zu suchen. Wer mit dem Auto anreist, sollte es abstellen und die Stadt zu Fuß erkunden.

TOP TIPP

Außerhalb der Sommermonate (dann sind die Hotels häufig ausgebucht) am besten unter der Woche kommen, denn am Wochenende wollen sich viele Norweger in Kristiansand in der Sonne erholen. Auch der Dyreparken ist an Wochenenden oftmals sehr voll.

Die Stadt im Süden Norwegens ist einzigartig. Ihr Anspruch, der Top-Ferienort des Landes zu sein, ist zutreffend und etwas übertrieben zugleich: Die einsame Palme am Stadtstrand deutet schon an, dass die Bezeichnung „sonnigste Stadt Norwegens" nur bedingt zutrifft. Aber je länger man in Kristiansand ist, umso länger will man hier bleiben.

Mit seinem engen Straßennetz, den mittelalterlichen Fassaden, Museen, Parks und einer Festung erfreut Kristiansand das Auge. Es könnte auch gut und gern die beste Shopping-Destination in Südnorwegen sein. Und die Lage ist sowieso grandios: Die Stadt zwischen Stavanger und Oslo ist eine ausgezeichnete Ausgangsbasis für Besuche der weißen Dörfer an der Südküste und für Ausflüge ins beschauliche Setesdalen. Und das Beste: Kristiansand ist sehr gut zu Fuß zu erkunden, und Familien mit Kindern lieben den hervorragenden Tier- und Erlebnispark der Stadt.

Spaß für die ganze Familie im Dyreparken

NORWEGENS GRÖSSTER ZOO

Wer mit Kindern unterwegs ist oder selbst Tiere beobachten möchte, sollte den **Dyreparken** (Kristiansands Zoo und Erlebnispark) besuchen. Der Park mit seinen über 100 Tierarten aus aller Welt arbeitet mit verschiedenen internationalen Organisationen zusammen, um in vielen Ländern der Erde Wildtiere und ihre Lebensräume zu bewahren. Neben nordischen Tierarten wie Elchen, Luchsen, Vielfraßen und Wölfen sind im Dyreparken auch Gattungen aus Afrika, Asien und anderen Teilen der Welt zu sehen.

In den Sommermonaten können Besucher in den luxuriösen Glamping-Zelten des **Dyreparken Safaricamp** die Nacht verbringen oder im Piratenhafen, **Abra Havn**, Apartments mit thematischem Dekor anmieten. Im Dyreparken gibt es auch einen Wasserpark und einen Vergnügungspark, dessen

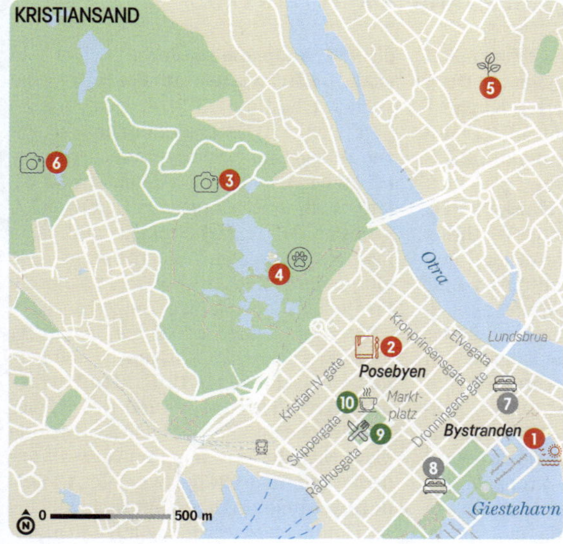

HIGHLIGHTS
1 Bystranden
2 Posebyen

SEHENSWERTES
3 Baneheia
4 Dyreparken
5 Botanischer Garten Kristiansand
6 Ravnedalen

SCHLAFEN
7 Scandic Kristiansand Bystranda
8 Sjøgløtt Hotell

ESSEN
9 Bønder i Byen

AUSGEHEN & FEIERN
10 Drømmeplassen

Gestaltung dem norwegischen Kinderbuchklassiker **Kardemomme By** *(Die Räuber von Kardemomme)* nachempfunden ist. Auch hier sind in acht Gebäuden Übernachtungen möglich.

Das grüne Kristiansand

KAKTEEN UND KONIFEREN

Kristiansand kann sich nicht nur Norwegens einziger wild wachsender Palme rühmen. Die Illusion von Tropen- beziehungsweise Wüstenhitze kann auch Norwegens größte Kakteensammlung im **Botanischen Garten Kristiansand** aufrechterhalten. Die 50 ha große Grünanlage liegt knapp 1 km vom Stadtzentrum entfernt am anderen Ende Der Oddernes-Brücke. Die Grünanlage verfügt über gewundene Wege, einen bereits 1850 angelegten Rosengarten und Treibhäuser, in denen die Kakteen vor dem kalten Winter in Kristiansand geschützt sind.

Nördlich von Kristiansands Innenstadt befinden sich die Parks **Baneheia** und **Ravnedalen**, die dank der sommerlichen Wandermöglichkeiten am Seeufer und der winterlichen Langlaufloipen wie kleinere Versionen von Oslos Nordmarka wirken. In den beiden Parks, die beide in den 1870er-Jahren angelegt wurden, hat man im Lauf der Jahre über 150 000 Nadelbäume gepflanzt. Beide Grünanlagen sind als Erholungs- und Ausflugsziele unter Kristiansands Einwohnern sehr beliebt.

SCHLAFEN & ESSEN IN KRISTIANSAND

Scandic Kristiansand Bystranda
Dieses außergewöhnliche Strandhotel hat ein paar verrückte moderne Akzente. **€€**

Sjøgløtt Hotell
Kleine, schicke Zimmer, nette Gastgeber und große Fenster. Die Waffeln zum Nachmittagstee sind gratis. **€€**

Drømmeplassen
Beliebte Bäckerei mit frisch gebackenen *boller* (Rosinenbrötchen) und Suppen. **€**

Bønder i Byen
Für die Gerichte werden die besten Produkte verwendet. **€€€**

EIN SPAZIERGANG IN KRISTIANSAND

Das kompakte Kristiansand ist gut zu Fuß machbar. Man startet am eleganten **1 Dom zu Kristiansand**, dem vierten Kirchenbau an dieser Stelle, und geht auf der Fußgängerstraße zum **2 Kristiansand Rådhus**, dem ziegelroten Rathaus. Davor ehrt eine **3 Statue von König Haakon VII.** den Monarchen, der im Zweiten Weltkrieg ins Exil ging und aus dem Ausland den norwegischen Widerstand anführte, statt sich den Nazis zu ergeben. Weiter geht es nach **4 Posebyen**, dem einzigen Teil der Stadt, der den verheerenden Brand von 1892 überstand. Weiß getünchte Holzhäuser, meist aus der Mitte des 19. Jhs., säumen **5 Gyldenløves gate**, **6 Kronprinsens gate** und die umliegenden Straßen.

Von Posebyen geht es die Kronprinsens gate gen Südosten bis zum Ufer, wo ein Sonnenbad am **7 Bystranda**, dem Stadtstrand, lockt. Oder man biegt rechts auf die **8 Strandpromenaden** ab. Schon bald ist die **9 Christiansholm Festning**, eine steinerne Festung (1672), erreicht.

Durch den **10 Otterdalsparken** mit seinen großen Granit-Springbrunnen und vorbei an einem weiteren kleinen Strand gelangt man in Kristiansands Hafenviertel, wo es an der **11 Fiskebrygga** zahlreiche Fischrestaurants und andere Speiselokale gibt, zudem steigen im Sommer an diesem Pier jeden Dienstag Live-Konzerte.

Wer noch genügend Zeit hat, überquert die Brücke nach Odderøya, um das architektonisch faszinierende **12 Kilden Performing Arts Centre** zu bewundern. Die einer Welle nachempfundene Holz-Glas-Fassade fügt sich in die Umgebung am Wasser wunderbar ein. In der Nähe bietet der **13 Odderøya Museumshavn** unterschiedliche, auf Familien ausgerichtete Aktivitäten zum Thema Meer.

Rund um Kristiansand

Kristiansands Küste mit ihrer schönen Natur und strahlend weißen Dörfern ist einer der bestgehüteten Geheimtipps des Landes.

Die Norweger nennen ihre Südküste – vielleicht wegen der einzigen Palme des Landes in Kristiansand – Norwegische Riviera. Wäre da nicht das Wetter, könnten sie damit recht haben.

Von Tønsberg bis Egersund reihen sich an natürlichen Häfen schöne weiße Dörfer aneinander, mit Blick auf die Inseln im Meer. Die Straße verläuft meist weiter im Landesinneren und überlässt diese malerischen Orte sich selbst. Jedes Dorf hat zwar im Sommer seine einheimischen Fans, Touristen aus dem Ausland haben diese Ecke aber noch kaum entdeckt. So konnte sich diese Gegend den typisch norwegischen Charakter bewahren; und die Anklänge an Henrik Ibsen in Skien und Grimstad unterstreichen diesen Eindruck noch.

UNTERWEGS VOR ORT

Alle, die mit dem Flugzeug nach Südnorwegen reisen, landen in Kristiansand. Der Flughafen Kjevik wird (unregelmäßig) von Oslo, Bergen, Stavanger und Trondheim sowie vom dänischen Kopenhagen aus angeflogen.

NSB-Züge fahren von Oslo nach Südnorwegen, jedoch sind einige Küstenabschnitte nur mit Bussen ab Oslo, Kristiansand oder Stavanger zu erreichen.

Mit dem Auto nimmt man die E18 von Oslo oder die E39 von Stavanger.

TOP TIPP

Da die Bus- und Bahnverbindungen in dieser Region unregelmäßig sind, ist ein eigenes Fahrzeug ideal.

Litararische Tour durch Ibsens Heimatstadt

AUF IBSENS SPUREN DURCH SKIEN

Henrik Ibsen, Norwegens berühmtester Dramatiker, kam 1828 in **Skien** am südlichen Ende des Telemarkkanals als Nachfahre zweier der angesehensten Kaufmannsfamilien der Stadt zur Welt.

Unglücklicherweise zerstörte 1886 ein Großbrand das Stadtzentrum von Skien, und aus Ibsens Kindheitstagen ist kaum mehr etwas zu sehen. Aber eine Erinnerungstafel markiert den Standort des Hauses **Stockmanngården**, in dem Ibsen seine ersten Lebensjahre verbrachte. Henriks Vater Knud Ibsen besaß einen Gemischtwarenladen für aus dem Ausland importierte Waren, z. B. Stoffe und Wein.

Nachdem Knud Ibsen 1835 sein Vermögen verloren hatte, war die Familie gezwungen, von der Stadt in ihr 5 km entferntes Landgut **Venstøp** zu ziehen. Dieses Haus ist die einzige authentische Location aus Ibsens Zeit in Skien, das er dann im Alter von 15 Jahren verließ, um in Grimstad eine Ausbildung zum Apotheker zu machen. Vor Kurzem wurde das Familienhaus renoviert. Das **Henrik Ibsen Museum** auf dem

ABKÜRZUNG DER WIKINGER

Vom 8. bis 11. Jh. war Norwegens Küste in der Hand der Wikinger, aber das Kap Lindesnes, wo das Skagerrak und die Nordsee aufeinandertreffen, erwies sich selbst für diese formidablen Seeleute als Herausforderung. Die Lösung? In einem Akt kreativer Ingenieurskunst – den norwegische Straßenbauer später nachahmten – bauten die Wikinger in Spangereid (einst Heimathafen der Wikinger) einen Kanal quer über die Halbinsel Lindesnes, um die gefährliche See zu umgehen. 2007 wurde ein neuer Kanal – nach Wikingervorbild – eröffnet.

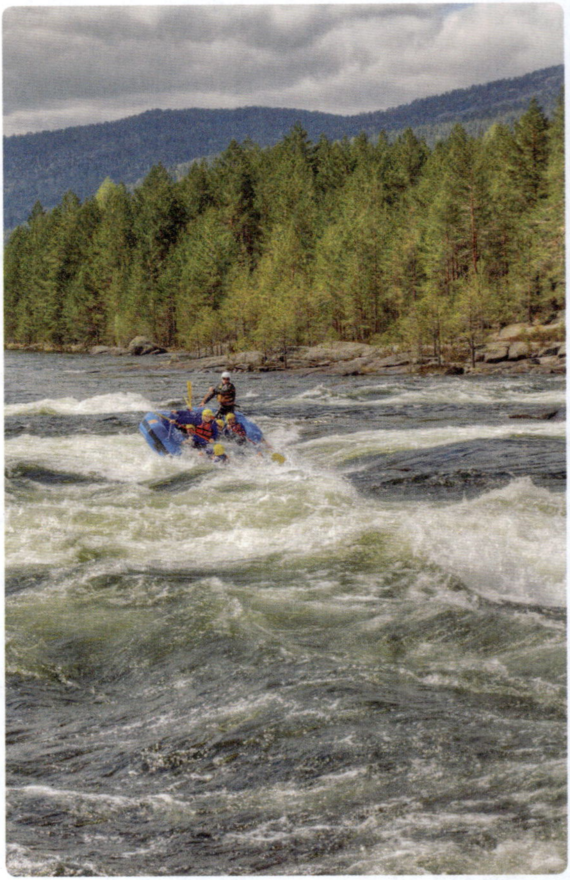

Wildwasser-Rafting auf dem Fluss Otra, Setesdalen

Gelände ist im Sommer geöffnet und bietet ein Virtual-Reality-Erlebnis auf der Grundlage von Ibsens Stück *Peer Gynt*.

Skien ehrt seinen berühmten Sohn auch auf andere Art und Weise, so etwa mit der **Ibsen-Treppe**: In 32 der insgesamt 127 Stufen wurden Zitate aus Ibsens Schauspiel *Peer Gynt* graviert. Das **Ibsenhuset** (Ibsen-Haus) besitzt mehr als 700 Bücher mit Bezug zu Henrik Ibsen sowie mehrere Skulpturen, die Ibsen selbst sowie Figuren aus seinen Theaterstücken

SCHLAFEN RUND UM KRISTIANSAND

Café Ibsen B&B
Dieses großartige B&B befindet sich in einem historischen Haus in Grimstads Zentrum. €€

Lillesand Hotel Norge
Das Boutiquehotel von 1837 ist voller Elemente aus jener Zeit, vor allem in den öffentlichen Bereichen. €€€

Sogndalstrand Kultur Hotell
Das historische Hotel besteht aus 11 Sogndalstrand-Häusern (frühes 19. Jh.) und liegt direkt am Flussufer. €€€

darstellen. Und die Eröffnung einer prächtigen neuen **Ibsen-Bibliothek**, die sich harmonisch in das umliegende Parkgelände einfügen soll, ist anlässlich Henrik Ibsens 200. Geburtstag im Jahr 2028 geplant.

Abenteuer rund um Evje

GEOLOGIE TRIFFT AUF WILDWASSER-RAFTING

Geologen sind von den Gesteinen in dieser Ecke des Landes begeistert, und im südlichen Setesdalen kann man an deren Gefühlsüberschwang teilhaben. Rund 10 km südlich von Evje, in der Ortschaft **Hornnes**, befindet sich der **Setesdal Mineralparken**, in dem die Steine in all ihren Farben und ihrer Pracht ausgestellt sind. Viele davon sind sogar käuflich zu erwerben. Hier kann man sich auch erkundigen, wo man selbst nach Steinen suchen kann – der Mineralpark selbst ist ein guter Startpunkt, aber die Mitarbeiter haben ihre eigenen bevorzugten Plätze.

Alle, denen es langweilig erscheint, Steine zu betrachten oder zu suchen, haben in **Evje** viele Möglichkeiten, sich in der freien Natur zu bewegen. Auf arrangierten Wildlife-Safaris etwa sind manchmal Elche oder Biber zu erspähen.

Bei der Fahrt auf dem Riksvei 9 durch das dicht bewaldete Tal stößt man immer wieder auf Wagen, die auf schwer beladenen Anhängern Kanus und Kajaks hinter sich herziehen. Die natürlichen, eisblauen Flüsse des Setesdalen eignen sich einfach perfekt fürs Wildwasser-Rafting. Auch Kajaktouren, Wasserski und Riverboarding gehören zum Freizeitangebot. Die Ausflüge (Dauer: einige Stunden bzw. mehrere Tage) sind in der Regel von Mai bis September möglich. Wer sich lieber auf trockenem Terrain bewegt, kann sich im Felsenklettern oder Mountainbiking üben.

Ein Beweis dafür, dass Evje und das untere Setesdalen zu einem Aktivtätszentrum in Südnorwegen entwickelt hat, sind die vielen Teambuilding-Sessions, die Osloer Firmen in dieser Gegend ihren Mitarbeitern anbieten – beispielsweise Paintball und ähnliche sportliche Aktivitäten. **TrollAktiv** (trollaktiv.no) ist ein professionelles und zuverlässiges Unternehmen auf diesem Gebiet.

FESTIVALS IN SÜDNORWEGEN

Kongsberg Jazz Festival
Weltklasse-Jazz mit lokalen und internationalen Künstlern (4 Tage Anfang Juli).

Schalentier-Festival
In Mandal gibt es in der 2. Augustwoche viel Seafood und Livemusik.

PUNKT
Kristiansand steht im September im Zeichen von ausgefallener Elektro-Musik, insbesondere von Live-Remixes.

Canal Street Jazz & Blues Festival
Ein feines Jazzfestival in Arendal, aber auch mit viel Blues sowie internationalen Cross-over-Stars.

TOUR

Von Kristiansand nach Egersund

Die Fahrt an Norwegens Südküste entlang ist ein wunderbares Erlebnis. Unsere Route führt von einer ehrwürdigen alten Stadt aus durch zauberhafte weiß getünchte Dörfer, dann verläuft sie abseits der Hauptstraße durch eine herrliche Küstenszenerie. Die Kombination aus Naturschönheit und bilderbuchgleichen Ortschaften sorgt für einen herrlichen Roadtrip.

1 Tønsberg

Der Ausflug beginnt in Tønsberg, Norwegens ältester Stadt, die der Wikinger Harald I. im 9. Jh. gründete und später die Hauptstadt des Landes wurde. Tønsberg hat eine verfallene mittelalterliche Festung und Ruinen aus der Wikingerzeit.

Fahrtroute: Auf der E18 gen Südwesten, vorbei an Sandefjord, Larvik, Skien und Kragerø. Die Abfahrt auf den RV416 nach Risør kurz nach Akland ist leicht zu übersehen.

2 Risør

Ganz in Weiß schmiegt sich Risør, eines der schönsten Küstendörfer in Südnorwegen, an eine halbrunde Hafenbucht. Auf dem Wasser tanzen farbenfrohe Fischerboote, an Land stehen Häuser aus dem 17. Jh.

Fahrtroute: Auf die E18 zurückfahren und die Ausfahrt Arendal nehmen. Die Parkplatzsuche kann zum Albtraum werden – am besten das Auto gleich nach dem Tunnel abstellen und zu Fuß weitergehen.

3 Arendal

Arendal ist Südnorwegens mondänste Stadt mit einem quirligen Hafen (Pollen genannt) und einer erstklassigen Galerie für zeitgenössische Kunst, Bomuldsfabriken Kunsthall. Das Tyholmen-Viertel besteht hauptsächlich aus Holzhäusern (17.–19. Jh.). Im Juli steigt in Arendal ein Jazzfetival von Weltformat.

Fahrtroute: Auf die E18 zurückfahren und etwa 16 km südlich von Arendal den Schildern nach Grimstad Sentrum folgen.

Wildblumen, Egersund

4 Grimstad

Die kopfsteingepflasterten Straßen und weiß gestrichenen Holzhäuser von Grimstad erstrecken sich an einem hübschen Hafen. In den 1840er-Jahren lebte in der Stadt der bedeutende Schriftsteller Henrik Ibsen und arbeitete in der hiesigen Apotheke, die inzwischen zum Ibsenhuset-Museum umgestaltet wurde.

Fahrtroute: Auf der E18 an Lillesand, Kristiansand und Mandal vorbeifahren und die Abfahrt nach Lindesnes nehmen. Die Straße führt durch windgepeitschtes, mit Felsbrocken übersätes Terrain.

5 Lindesnes

Der Lindesnes Fyr (Leuchtturm) an Norwegens südlichstem Punkt ist ein eindrucksvoller Ort. Wenn der Wind pfeift (was oft der Fall ist), wirkt das Meer hier wunderbar wild und ursprünglich.

Fahrtroute: Auf die E18 zurückfahren und in Richtung Flekkefjord abbiegen.

6 Flekkefjord & Jøssingfjord

Das 1660 gegründete Flekkefjord hat eine schöne Altstadt. Nach einem Bummel fährt man auf dem RV44 durch karges, felsiges Terrain und steil hinab zum Jøssingfjord, wo es einen Wasserfall und zwei Häuser(17. Jh.) unter einer überhängenden Klippe namens Helleren gibt.

Fahrtroute: Auf dem RV44 gen Nordwesten. Sogndalstrand, 2,5 km südlich von Hauge i Dalane, ist auf vielen Karten nicht verzeichnet.

7 Sogndalstrand

Sogndalstrands hölzerne Wohn- und Lagerhäuser (16./17. Jh.) über dem Fluss zieren zahlreiche Tourismusplakate.

Fahrtroute: Auf dem RV44 sind es rund 30 km in nordwestlicher Richtung nach Egersund.

8 Egersund

Egersund ist ein hübscher, weiß getünchter Küstenort und ideal, um sich nach der Fahrt zu entspannen.

YURIY CHERTOK/SHUTTERSTOCK ©

Links: Voringsfossen, Nationalpark Hardangervidda (S.133); rechts: Rentier, NP Hardangervidda (S.

Zentral-norwegen

BERGE UND OUTDOOR-ABENTEUER

Die hohen Berge Zentralnorwegens bieten Inspiration und die dramatische Kulisse für einige der schönsten Outdoor-Aktivitäten des Landes.

Allzu viele Touristen eilen hastig auf dem Weg zu den Fjorden im Westen oder in den arktischen Norden durch Zentralnorwegen. Das kann nur daran liegen, dass sie nicht wissen, was sie verpassen: Hier liegen einge herrliche Nationalparks – Jotunheimen, Rondane, Dovrefjell-Sunndalsfjella und Hardangervidda –, jeder davon ein unwiderstehliches Stück raue Wildnis mit zahlreichen Wildtieren – Rentiere in Hardangervidda, Moschusochsen in Dovrefjell-Sunndalsfjella – und im Sommer gelangen Wanderer an herrliche Orte, die in Norwegen ihresgleichen suchen. Auch ideale Flüsse fürs Wildwasser-Rafting findet man in Zentralnorwegen. Und auf Ausflügen mit dem Auto erreicht man an Orte, an denen kaum ein anderes Land eine Straße gebaut hätte – ob über hohe Berge oder durch einsame Täler, auf der Suche nach legendären, mythologischen Figuren.

Doch neben all dieser natürlichen Schönheit gibt es auch zwei Städte, die zu den schönsten im norwegischen Binnenland gehören. Lillehammer am Mjøsa-See, wo die Olympischen Winterspiele 1994 ausgetragen wurden, ist ein Paradebeispiel für eine freundliche und sympathische Olympiastadt und ein Sinnbild der großen norwegischen Leidenschaft für den Wintersport. Und Lom – eher ein Dorf als eine Stadt – ist ein Zentrum für kulinarische Spitzenleistungen; es lockt aber auch mit seiner Stabkirche und anderen Attraktionen viele Besucher an.

DIE WICHTIGSTEN ZIELE

LILLEHAMMER
Olympische Spiele, Historisches und Raddampfer.
S. 116

NATIONALPARK JOTUNHEIMEN
Spektakuläre Bergstraße und -landschaft.
S. 121

NATIONALPARK HARDANGERVIDDA
Wanderrouten, Gletscher und Rentiere.
S. 133

Erste Orientierung

Zentralnorwegen ist von hohen Bergen und tiefen Tälern geprägt. Die Aktivitäten finden hauptsächlich nahe der E6 statt, und die beste Ausgangsbasis sind Lillehammer, Otta, Dombås und Lom.

AUTO & MOTORRAD

Mit einem eigenen Fahrzeug kommt man hier am besten voran und gelangt auf ruhige Seitenstraßen, die von öffentlichen Verkehrsmitteln nicht befahren werden.

BUS

Busse fahren regelmäßig die E6 hoch und runter, mit Stopps in Lillehammer, Otta und Dombås. Der Nationalpark Jotunheimen und das Fjordgebiet westlich von Lom werden weniger häufig angesteuert.

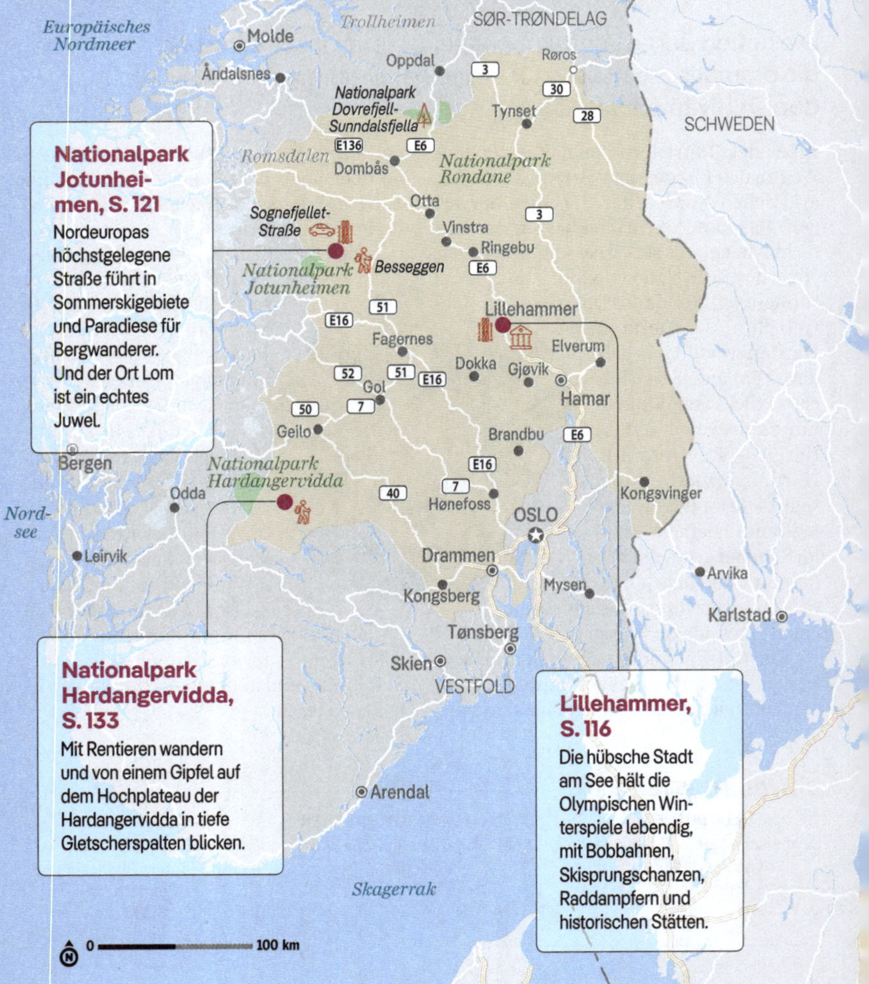

Nationalpark Jotunheimen, S. 121

Nordeuropas höchstgelegene Straße führt in Sommerskigebiete und Paradiese für Bergwanderer. Und der Ort Lom ist ein echtes Juwel.

Nationalpark Hardangervidda, S. 133

Mit Rentieren wandern und von einem Gipfel auf dem Hochplateau der Hardangervidda in tiefe Gletscherspalten blicken.

Lillehammer, S. 116

Die hübsche Stadt am See hält die Olympischen Winterspiele lebendig, mit Bobbahnen, Skisprungschanzen, Raddampfern und historischen Stätten.

Europäisches Nordmeer
Molde
Åndalsnes
Trollheimen
SØR-TRØNDELAG
Oppdal
Røros
3
30
28
Nationalpark Dovrefjell-Sunndalsfjella
Tynset
SCHWEDEN
E136
E6
Romsdalen
Dombås
Nationalpark Rondane
Otta
3
Sognefjellet-Straße
Vinstra
Ringebu
Nationalpark Jotunheimen
Besseggen
E6
51
E16
Lillehammer
Fagernes
Elverum
Dokka
Gjøvik
52
51
E16
Gol
Hamar
50
7
Geilo
Brandbu
E6
Bergen
E16
Nationalpark Hardangervidda
Odda
7
40
Hønefoss
Kongsvinger
Nordsee
OSLO
Leirvik
Drammen
Arvika
Mysen
Kongsberg
Karlstad
Tønsberg
Skien
VESTFOLD
Arendal
Skagerrak

0 — 100 km

Besseggen (S. 121)

Perfekte Tage

So viel zu tun – und so wenig Zeit! Der norwegische Sommer ist kurz, aber unglaublich intensiv. Diese Vorschläge für einen Aufenthalt in Zentralnorwegen helfen, das Beste aus der Reise rauszuholen.

Kurztrip

- Den Anfang macht **Lillehammer** (S. 116): Skipisten bestaunen, die Bobbahn runtersausen, mit dem Raddampfer fahren und historische Stätten besuchen. Auf dem Weg nordwärts besucht man die **Stabkirche Ringebu** (S. 129), danach verbringt man eine oder zwei Nächte in **Lom** (S. 123). Dann geht es über die **Sognefjellet-Straße** (S. 124) durch den **Nationalpark Jotunheimen** (S. 121) zu den Fjorden.

Eine Sommerwoche

- Nach dem Besuch von **Lillehammer** (S. 116) stehen eine Raftingtour auf dem Fluss **Sjoa** (S. 128), eine Wanderung durch den **Nationalpark Rondane** (S. 127) und eine Moschusochsen-Safari im **Nationalpark Dovrefjell-Sunndalsfjella** (S. 130) an. Entspannen kann man auf der Zugfahrt ins **Romsdalen** (S. 130), ehe man im **Besseggen** (S. 121) wandert und auf dem **Galdhøpiggen** (S. 122) unter der Sommersonne Ski fährt.

Beste Reisezeit

FRÜHLING
Es wird wärmer, und die Einheimischen freuen sich auf den Sommer. Einige Straßen (z.B. Sognefjellet) sind aber noch gesperrt.

SOMMER
Im kurzen Sommer (Juli und August) sollten alle Straßen, Wanderwege, Rafting-Strecken etc. zugänglich sein.

HERBST
Früher Schnee kann Bergstraßen unpassierbar machen. Rafting und Wandern sind nur noch bedingt möglich.

WINTER
Eine schöne Zeit, auch wenn außer Skifahren keine anderen Aktivitäten möglich sind und Bergstraßen gesperrt sind.

Lillehammer

UNTERWEGS VOR ORT

Lillehammer ist per Bus und Bahn von Oslo in 2½ Stunden und von Trondheim in 4½–5½ Stunden zu erreichen. Von der Lillehammer Skysstasjon geht es mit dem Taxi weiter.

Die meisten Attraktionen befinden sich oberhalb des Bahnhofs. Der Olympiaparken liegt an den Buslinien B3 und B6 (Haltestelle Stampesletta Håkons Hall), Maihaugen an der Linie B7. Mit der Innlandstrafikk-App kann man Bustickets online kaufen.

Nach Hafjell kommt man am besten mit dem Bus (141, 142), Hunderfossen ist besser mit dem Zug erreichbar.

TOP TIPP

Mit der Bolt- oder der ShareBike-App E-Roller oder E-Bikes ausleihen, um zum Olympiaparken hochzufahren – der Fußmarsch dorthin ist lang und die Taxifahrt teuer. Parkplätze gibt es an fast allen Attraktionen.

Ohne die Olympischen Winterspiele 1994 wäre Lillehammer eine der schönsten Seestädte Norwegens. Die Stadt in einem breiten Tal hat einen hübschen, kompakten Kern oberhalb des nördlichen Endes des Mjøsa-Sees, dahinter erheben sich die Berge, wo sich zwischen vereinzelten Bauernhöfen und Wäldern Skihänge befinden.

Lillehammers olympische Stätten wurden kunstvoll in die faszinierende Landschaft integriert, in der einige Einrichtungen wie etwa das Olympische Museum die Spiele von damals feiern. Andere olympische Stätten (Sprungschanzen, Pisten und Bobbahn) werden nach wie vor von Norwegern wie Besuchern aus ganz Europa genutzt. Lillehammer hat auch eines der besten Freilichtmuseen des Landes und einen tollen Vergnügungspark. Und in den Lokalen der mittelgroßen Stadt, die sich ihres Platzes in der Geschichte bewusst ist, herrscht immer reges Treiben, vor allem aber in der Skisaison.

Die olympische Geschichte der Stadt

DIE WINTERSPIELE VON 1994

Auf ihre olympische Geschichte sind die Norweger zu Recht sehr stolz. Zweimal trug das Land die Olympischen Winterspiele aus – 1952 in Oslo und 1994 in Lillehammer. Und bei einer Gesamtbevölkerung von nur 5,5 Mio. führen Norwegens Sportler regelmäßig die Medaillenspiegel an. 2022 in Peking heimsten sie 37 Medaillen ein, darunter 16 goldene, und lagen damit vor Deutschland, China und den USA an Platz eins.

So verwundert es nicht, dass die Norweger ein Museum gebaut haben, das dieser Passion gerecht wird. Das **Norges Olympiske Museum** im Südosten der Stadt führt durch die Geschichte der Spiele von der Antike bis heute. Erfreulicherweise fehlt es an patriotischem Eigenlob, stattdessen wird einfach der Wintersport gefeiert. Das Museum widmet sich

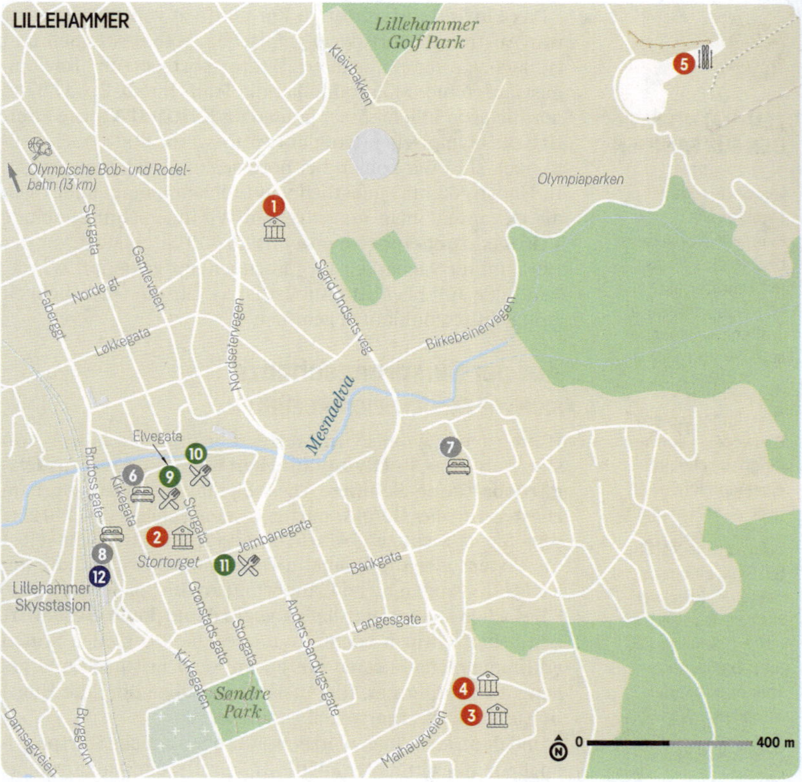

LILLEHAMMER

SEHENSWERTES
1 Bjerkebæk
2 Lillehammer Kunstmuseum
3 Freilichtmuseum Maihaugen
4 Norges Olympiske Museum

AKTIVITÄTEN, KURSE & TOUREN
5 Skisprungschnze Lysgårdsbakkene

SCHLAFEN
6 Mølla Hotel
7 Scandic Lillehammer Hotel
8 Stasjonen

ESSEN
9 Heim
10 Nikkers
11 Oliven Bistro & Delikatesse

ÖFFENTLICHER VERKEHR
12 Lillehammer Skysstasjon

gleichberechtigt vergangenen Winterspielen, den Erfolgen der norwegischen Sportler und den Spielen von Lillehammer. Ein Highlight sind die Plakate für die Sommer- und Winterspiele von einst und jetzt. Ein Muss sind auch die 180-Grad-Videopräsentationen im Kinosaal, die Besucher mit großartigem Filmmaterial direkt in die Spiele hineinführen.

ESSEN & AUSGEHEN IN LILLEHAMMER

Heim
Der einladende Gastropub ist bei Hipstern und Bierfans gleichermaßen beliebt. **€€**

Oliven Bistro & Delikatesse
Ein Stückchen östliches Mittelmeer hoch im Norden: Hier gibt es Spanakopita, frische Oliven und Dips. **€€**

Nikkers
Lillehammers beliebtester Treffpunkt für den Winter bietet eine Terrasse am Fluss und Rentiereintopf. **€€**

ZENTRALNORWEGEN FÜR FAMILIEN

Hunderfossen Familiepark
Einer von Norwegens besten Kids-Parks mit Fahrgeschäften, Märchenschlössern, Trollen und einer riesigen Achterbahn.

Stabkirchen
Die wundersamen Bauwerke in Lom und Ringebu scheinen einer kindlichen Fantasie zu entspringen.

Wildwasser-Rafting
Bei Sjoa, einem der besten Wildwasserzentren des Landes, gibt es Familien-Rafting über sichere, aber aufregende Stromschnellen.

Moschusochsen-Safari
Im Nationalpark Dovrefjell-Sunndalsfjella leben Vetreter dieser uralten Tierart, die auch in einem Film von Steven Spielberg vorkommen könnten.

Das **Hafjell Skisenter** 15 km nördlich von Lillehammer war Austragungsort der olympischen Abfahrtsrennen und ist nach wie vor ein beliebtes Wintersportzentrum. Im Sommer fahren hier Mountainbiker die Trails hinab. Etwa 50 km nördlich von Lillehammer fanden im **Kvitfjell Alpine Facility** die olympischen Langlaufwettbewerbe statt, auch heute noch sind die Loipen bei nordischen Skifahrern beliebt. In Hamar, 62 km südöstlich von Lillehammer, befindet sich die elegante, einem umgedrehten Wikingerschiff ähnelnde **Vikingskipet-Sportarena** mit 20 000 Sitzplätzen, in der 1994 um die Medaillen im Eisschnelllauf gekämpft wurde. Von Ende Juli bis Mitte August ist sie für die Öffentlichkeit zum Schlittschuhlaufen geöffnet.

Auf der Skisprungschanze

SICH WIE EIN OLYMPIONIKE FÜHLEN

Hinter dem Olympischen Museum beginnt ein langer Aufstieg durch das als **Olympiaparken** bekannte Areal zur **Lysgårdsbakkene-Schanze**. Diese olympische Stätte sorgt am ehesten für das Gefühl, mitten in den Spielen von 1994 zu sein. Sie ist nicht zu übersehen und für alle, die nicht selbst die Pisten oder die Bobbahn runterfahren wollen, die am leichtesten zugängliche Erinnerung an die Spiele.

Besucher können mit dem **Lysgårdsbakkene-Sessellift** den Schanzenturm hochfahren oder die 952 steilen Stufen erklimmen. Die meisten fahren mit dem Lift hoch und gehen zu Fuß hinunter. Die Aussicht von oben über die Hügel in Richtung Westnorwegen ist grandios.

Und dann steht man plötzlich ganz oben auf der Startposition. Beim Blick hinunter auf die 37,5 Grad steile Anlauframpe, die 136 m weit in die Tiefe führt, spüren selbst schwindelfreie Personen Angst, Beklemmung und Aufregung jener, die dort oben im Kampf um Gold und Ruhm an den Start gingen. Und als ob die Höhe allein nicht schon Grund genug wäre, den Mut der Skispringer zu bewundern, gilt es noch Folgendes zu bedenken: Die Absprunggeschwindigkeit liegt bei 86 km/h, und der weiteste Sprung bei den Olympischen Spielen betrug 104 m! Parallel zur Hauptschanze (K120) befindet sich die kürzere Schanze (K90), auf der oftmals angehende Olympioniken trainieren.

Lysgårdsbakkene war 1994 nicht nur Austragungsort der Skisprungwettkämpfe – hier, am **Turm mit dem olympischen Feuer**, fand auch die Eröffnungszeremonie der Winterspiele in Lillehammer statt.

SCHLAFEN IN LILLEHAMMER

Stasjonen
Das nette Stasjonen, eher Hostel als Hotel, bietet komfortable Zimmer und Schlafsäle über dem Bahnhof. €€

Mølla Hotel
Moderner Anbau der alten Stadtmühle mit Backsteinwänden und Olympia-Erinnerungsstücken. €€€

Scandic Lillehammer Hotel
Tapeten mit Sportmotiven, Fitnessraum, Pool, Skulpturenpark und Spa in der Nähe des Olympiaparks. €€€

LUKIPIX/SHUTTERSTOCK ©

Skilift in Trysil

Bob fahren wie die Jamaikaner

RASANTE TALFAHRT

Wer nicht gerade ein gut trainierter Skifahrer ist, der gut genug für die schwarzen olympischen Pisten ist, kann sich auf die **Olympische Bob- und Rodelbahn** in Hunderfossen wagen. Wer sich schon auf der Lysgårdsbakkene-Sprungschanze gefragt haben sollte, wie schnell man hinabrauscht: Hier sind die Infos für die Bobbahn.

Für weniger Waghalsige gibt es eine „langsame" Variante: Die Bobs mit Rädern, in denen fünf Passagiere Platz haben, kommen auf höchstens 100 km/h. Selbst die berühmte jamaikanische Bobmannschaft war schneller unterwegs, weil sie in einem echten Bob saß. In einem solchen erreichen die vier Passagiere auf der rasanten Fahrt im kurvigen Eiskanal bis zu 130 km/h – da verliert man jegliches Zeitgefühl, weil alles verschwimmt. Das Erlebnis ist beängstigend und aufregend zugleich, denn nach nur einer guten Minute ist man unten angekommen (auch wenn man das Gefühl hat, dass der Magen erst einige Minuten später ankommt). Und nein, niemand erwartet, dass man wirklich weiß, was man tut: Ein Profipilot sitzt mit im Bob. Es ist ein bisschen wie Fallschirmspringen in einem schmalen Kanal. Und so viel Angst man auch hat – angeblich soll es süchtig machen; und vielleicht möchte der eine oder andere noch einmal …

TRYSIL – AKTIV IN DER NATUR

In einer ruhigen Ecke an der norwegisch-schwedischen Grenze liegt Trysil, das Epizentrum von einem der meistunterschätzten Abenteuerdestinationen des Landes; außer Skandinaviern kommen kaum Ausländer hierher. Wintersport ist hier, am Fuß von Norwegens größtem Skigebiet, die Hauptattraktion. Aber wenn der Schnee schmilzt, stehen Canyoning, Kanufahren und Reiten auf dem Programm.

Die vielleicht schönste sommerliche Aktivität ist Radfahren (auch Mountainbiken wird immer beliebter). In Trysil beginnen sechs Radwege (6–38 km Länge); Kartenmaterial gibt es in der Touristinfo. Die meisten Hotels und Campingplätze verleihen Fahrräder.

FESTIVALS IN LILLEHAMMER

Lillehammer Jazzfestival
Vier Tage im Oktober steht die Stadt im Zeichen der Jazzmusik.

Mittelalter-Festival
Einwohner von Hamar tragen im Juni historische Kostüme und lauschen im Glas-Dom gregorianischen Gesängen.

Bierfestival
Auf dem ausgelassenen Hamar Ølfestival im Juni gibt es Bier, Musik – und noch mehr Bier und noch mehr Musik.

PEER GYNT VEGEN

In Sachen beseelte Nebenstraßen kann es kaum eine mit dem Peer Gynt Vegen aufnehmen. Die Straße folgt der mythischen Reise von Peer Gynt, der wohl beliebtesten Figur von Norwegens berühmtestem Literaten, Henrik Ibsen. Der Peer Gynt Vegen schlängelt sich von Skei (nördlich von Lillehammer, via E6 und RV254) 60 km weit ins Espedalen und steigt dabei auf 1053 m Höhe an. Er passiert den Solbrå-Seter-Hof, der 1863 den ersten Gudbrandsdal-Käse produzierte, und den Gålåvatn-See, an dem Ende August ein Konzert stattfindet. Immer wieder bietet sich eine tolle Sicht auf die Gebirgsmassive von Jotunheimen und Rondane. Am besten Ibsens Buch mitnehmen und dem unglücklichen Helden auf seinem Weg in die literarische Unsterblichkeit folgen.

Reise in Zentralnorwegens Vergangenheit

LEBENDE GESCHICHTE IN MAIHAUGEN

Um sich vorstellen zu können, wie das ländliche Norwegen einst ausgesehen hat, bietet sich ein mehrstündiger Besuch des **Freilichtmuseums Maihaugen** an. Das Museum befindet sich auf einem Hügel über Lillehammer, 1½ km vom Olympiapark entfernt. Die Besucher wandern hier zwischen 180 Holzgebäuden umher, die im ganzen Land zusammengetragen und hier zu einem bezaubernden norwegischen Dorf des frühen 20. Jhs. arrangiert wurden. Wie in jeder solchen Siedlung in Norwegen gibt es auch in Maihaugen eine Stabkirche aus dem 13. Jh., traditionelle Wohnhäuser und Geschäfte mit Torfdach, ein Postamt, ein Schulzimmer, Fischerhütten und Scheunen. Freiwillige Mitarbeiter in historischen Kostümen stellen beispielsweise wandernde Musikanten und Geschichtenerzähler dar und verleihen dem Ganzen authentisches Flair.

Lillehammers Stellung als Hüterin historischer und kultureller Schätze nimmt auf dem Anwesen **Bjerkebæk**, gegenüber dem Olympiapark, zusätzliche Dimensionen an: Dies ist das mit Erinnerungsstücken vollgestopfte frühere Wohnhaus der Schriftstellerin Sigrid Undset, der 1928 der Nobelpreis für Literatur verliehen wurde. Etwas weiter weg, 18 km nordwestlich von Lillehammer, liegt der Bauernhof **Aulestad**, der dem Leben und Werk von Bjørnstjerne Bjørnson, dem Literaturnobelpreisträger von 1903, gewidmet ist. Bjørnson hatte den Hof 1874 erworben, hier schrieb er seine berühmtesten Werke. Wie Maihaugen sind diese Stätten Fenster zu einem völlig anderen Norwegen als dem, in dem man gerade unterwegs ist. Zurück in der Stadt bietet sich das von Snøhetta entworfene, architektonisch eindrucksvolle **Kunstmuseum Lillehammer** zu einem Besuch an, das Werke von Edvard Munch und anderen norwegischen Künstlern präsentiert.

Der älteste Raddampfer der Welt

TOUR AUF DEM MJØSA-SEE

In Lillehammer gibt es einige Möglichkeiten einen Blick in die Vergangenheit zu werfen. Eine Zeitreise sollte man unbedingt unternehmen, bevor der Aufenthalt in Lillehammer zu Ende geht. An drei Tagen in der Woche nimmt die *Skibladner*, der **älteste Raddampfer der Welt**, Passagiere auf eine langsame, knapp vier Stunden lange Tour über den Mjøsa-See zwischen Hamar und Lillehammer (via Gjøvik) mit. Dieses großartige alte Schiff lief 1856 in Schweden vom Stapel, und trotz späterer Umbauten ist es ein wunderbares Relikt aus dem goldenen Zeitalter der Raddampferfahrten geblieben. Die Seereise führt an flachen, grün bewachsenen Hügeln am Ufer entlang, bei klarem Wetter sind in der Ferne die majestätischen Berge auszumachen. In unserer schnelllebigen Zeit fühlt sich eine solche geruhsame Fahrt unglaublich wohltuend und entspannend an.

Nationalpark Jotunheimen

Willkommen in der „Heimat der Riesen"! Der die meiste Zeit des Jahres schneebedeckte Jotunheimen-Nationalpark ist eine einzigartige Welt aus hohen Gipfeln, Gletschern, Schluchten, Wasserfällen und tiefen Seen. Im Park ragen mehr als 275 Berge über 2000 m hoch auf, darunter der Galdhøpiggen (mit 2469 m Nordeuropas höchster Berg), der formschöne Glittertind (2452 m) und der Store Skagastølstind (2403 m).

Doch die vielen einzelnen Attraktionen verblassen im Vergleich zur Region als Ganzes – eine wahrhaft herrliche, würdevolle Landschaft und eines der größten Naturschauspiele Norwegens. Im kurzen Sommer gibt es viel zu erleben, vom Sommerskilauf bis zu einigen der schönsten Wanderungen und Fahrstrecken des Landes. Und als Krönung des Ganzen beginnen die meisten Jotunheimen-Abenteuer im reizenden Lom und enden an den Fjorden.

Wanderung auf dem Besseggen-Grat

NORWEGENS BERÜHMTESTER WANDERWEG

Wer in Norwegen nur eine einzige Wanderung unternehmen möchte, sollte den **Besseggen** ansteuern. Der Besseggen-Grat ist der beliebteste Wanderpfad des Landes, der seit Generationen von den Norwegern begangen wird – bis zurück zum Schriftsteller Henrik Ibsen, der über den Besseggen schrieb: „Er ist eine halbe Meile lang und schmal wie eine Sense. Auf beiden Seiten Gletscher, Lawinen, Abgründe. Am Fuß der Steilwand, dreizehnhundert Meter tief unten steht unbeweglich und schwarz ein See."

Insgesamt dauert die Wanderung von der Memurubu-Hütte über den Besseggen-Grat nach Gjedesheim sechs Stunden. Unterwegs erreicht man eine Höhe von 1743 m. Zur Wandertour gehört auch eine Fährfahrt an Bord der M/S *Gjende*.

Kurz nach dem Aufbruch an der Memurubu-Hütte steigt der gut ausgeschilderte Pfad steil zu einer Hochebene an, auf der man sich von der Klettertour erholen kann. Auf dem kurvigen Weg über das Plateau kommt man am **Bjørnbøltjørn**,

UNTERWEGS VOR ORT

Die Straße (Rv55) von Lom zum Lustrafjorden (107 km) führt durch den Park und ist meist von Mai/Juni bis September/Oktober geöffnet. Für den Großteil des Parks ist ein eigener Wagen unerlässlich, es gibt aber zwei Optionen per Bus: Von Mitte Juni bis Ende August verkehrt täglich ein Bus auf dem Rv55 zwischen Lom und Sogndal (3½ Std.). In etwa derselben Zeitspanne verbindet ein Valdresekspressen-Bus Lom mit mehreren Orten im Park, z.B. Gjendesheim.

Wer im Besseggen wandern will, nimmt die Fähre M/S *Gjende* von Gjendesheim nach Memurubu, dem Startpunkt der Wanderung.

TOP TIPP

Die Sognefjellet-Straße ist meist von Mai bis September geöffnet, Schnee liegt aber oft bis Anfang Juli. Die Straße kann deshalb ziemlich schmal sein. Am besten im Hochsommer kommen.

HIGHLIGHTS
1 Besseggen
2 Sognefjellet-Straße

SEHENSWERTES
3 Galdhøpiggen
4 Lom

AKTIVITÄTEN, KURSE & TOUREN
5 Galdhøpiggen Skisenter
6 Hurrungane

SCHLAFEN
7 Bessheim
8 Røisheim Hotel
9 Turtagrø Hotel

ESSEN
10 Brimi Fjellstugu

WUNDER AUS EIS

Eine ganz andere Sicht auf Eis bietet der **Mímisbrunnr Klimapark 2469** beim Galdhøpiggen, nämlich tief in der Erde. Ein Guide führt durch einen 60 m langen, sorgsam konstruierten Eistunnel und weist auf die feinen Unterschiede in den Farben und Strukturen hin, die auf 6000 Jahre sich verändernder Bedingungen zurückgehen. Das Erlebnis, unheimlich und wunderbar bewegend zugleich, beginnt an der Berghütte Juvasshytta und ist 19 km hinter Lom an der Sognefjellet (Rv55) ausgeschildert.

einem kleinen Gletschersee, vorbei. Von hier bietet sich ein Blick auf den viel größeren **Gjende-See**, dessen leuchtende Farben auf die 20 000 t Gletscherschlick zurückgehen, die jedes Jahr in den See fließen.

Der Weg steigt nun allmählich an, und ein paar Stunden, nachdem die Hochebene erreicht ist, beginnt der steilste Abschnitt der Wanderung. Falls man gerade jetzt ans Umzukehren denken sollte, besser nicht! Denn die beste Aussicht kommt erst noch. In der dünnen Luft keuchend steht man dann plötzlich auf dem **Besseggen-Grat**. Die Wanderung auf diesem schmalen Grat, der der Besseggen seinen Ruhm verdankt, ist zwar nichts für schwache Nerven, aber das Ganze sieht schlimmer aus, als es in Wirklichkeit ist. Ja, es ist eine Kletterpartie, und Höhenangst sollte man nicht haben, aber der Kamm ist breiter (und wirklich weniger furchterregend), als er zunächst aussieht.

Auf dem sanft ansteigenden Grat verläuft die Route über Geröllhalden hinauf zum **Veslefjellet-Plateau**. Dort, auf dem höchsten Punkt der Wanderung, gilt es, die herrliche Aussicht in aller Ruhe zu genießen, ehe dann der vergleichsweise leichte Abstieg nach Gjendesheim ansteht.

SCHLAFEN IN LOM

Nordal Turistsenter
Dieser Komplex im Zentrum bietet Zimmer im Motelstil, Hütten, Zeltplätze und eine Cafeteria. €€

Brimi Bue
Norwegens bestes Restaurant vermietet jetzt auch Gästezimmer, die zu den besten der Stadt gehören. €€€

Fossheim Turisthotell
Zimmer 401 und 402 des historischen Familienhotels haben eine tolle Aussicht; zudem gibt es luxuriöse Blockhütten. €€€

Skifahren auf Norwegens höchstem Berg

SOMMERLICHES VERGNÜGEN

Es ist schon etwas Besonderes, hoch im Norden im Sommer Ski zu laufen. Das **Galdhøpiggen Skisenter**, eines von einer Handvoll Sommerskigebiete in Norwegen, liegt in 1850 m Höhe auf dem Veslejuv-Gletscher. Die Straße hierhin endet auf 1841 m – das ist dann auch der höchste Punkt des Landes, der über Straßen zu erreichen ist. Die Skisaison dauert von Juni bis Mitte November, und wenn die Straße geschlossen ist, muss man mit Skiern oder Schneemobil hinfahren. Die Pisten selbst sind nicht gerade spektakulär, es geht mehr um das Skifahren zu dieser Jahreszeit an einem so besonderen Ort.

Steine und eine Stabkirche

ATTRAKTIONEN IM MALERISCHEN LOM

Vor der Fahrt die Sognefjellet-Straße hoch und durch den Jotunheimen-Nationalpark lohnt es sich, eine Weile in **Lom** zu verbringen. Die zauberhafte kleine Ortschaft liegt am Fluss Otta, umgeben von hohen Bergen.

Die **Lom Stavkyrkje**, 1170 erbaut und im 17. und 18. Jh. baulich verändert, ist noch immer die Pfarrkirche. Ungewöhnlich ist der Grundriss mit zwei Kirchenschiffen. Wie bei den meisten Stabkirchen in Norwegen kann man kostenlos das Gelände erkunden, für den Innenraum wird jedoch Eintritt fällig. Von den Balkonen der Zimmer 401 und 402 im **Fossheim Turisthotell** blickt man auf die Kirche, die vor der dunklen Bergsilhouette zu schweben scheint.

Eine glitzernde Attraktion ist das **Fossheim Steinsenter** mit einer beachtlichen Sammlung seltener und schöner Steine, Mineralien und Fossilien aus den abgelegensten Ecken der Erde. Der Thulit, Norwegens Nationalstein, wurde 1820 erstmals entdeckt und wird in Lom noch immer abgebaut.

Auf der Fahrt nach Jotunheimen lohnt ein Besuch des **Norsk Fjellmuseums**, das gleichzeitig Museum über Norwegens Berge und Besucherzentrum des Nationalparks ist.

Loms Meisterköche

DIE BESTEN KÜCHEN ZENTRALNORWEGENS

Auf den ersten Blick wirkt Lom nicht wie ein kulinarisches Schwergewicht, aber eingeweihte Norweger und Gourmets haben die Stadt zum Feinschmeckerziel gemacht.
(Fortsetzung auf S. 126)

WEITERE JOTUNHEIMEN-WANDERUNGEN

Hurrungane
Das Hurrungane-Massiv ist etwas für Bergsteiger und erfahrene Kletterer. Östlich vom Turtagrø Hotel führt eine machbare Tageswanderung zu Norwegens höchster Hütte, Fannaråki (7,6 km, 4 Std.), und zum Fannaråken-Gipfel (2068 m).

Galdhøpiggen
Die Besteigung des Galdhøpiggen (2469 m), Norwegens höchstem Gipfel, ist eine anspruchsvolle Klettertour (8 Std. hin und zurück) über 1470 Höhenmeter. Start ist Spiterstulen; Wegekarte und Kompass erforderlich.

Øvre Årdal
Von Øvre Årdal geht es 12 km durch das Utladalen zum Vettisfossen, Norwegens höchstem frei stürzenden Wasserfall (275 m).

SCHLAFEN IN JOTUNHEIMEN

Bessheim
Superschicke Berghütte und Restaurant – und die beste Unterkunft beim Besseggen-Grat. €€

Turtagrø Hotel
Alpines Berghotel mit moderner Coolness. Ideal für Outdoor-Abenteuer. €€€

Røisheim Hotel
Kombiniert 1858er-Charme mit modernem Komfort und der erstklassigen Küche von Ingrid Hov Lunde. €€€

TOUR

Landschaftsroute Sognefjellet

In einem Land, das mit unzähligen reizvollen Routen gesegnet ist, braucht es schon etwas Besonderes, um herauszustechen. Die nur im Sommer geöffnete Sognefjellet-Straße führt von Lom aus über die höchsten Gipfel des norwegischen Festlands in die Bergwelt von Jotunheimen, die „Heimat der Riesen", und verbindet die tiefen Täler Mittelnorwegens mit der herrlichen Fjordlandschaft im Westen. Wenn man nur eine Route in Norwegen machen möchte, dann diese.

1 Lom

Mit seiner Stabkirche, seinen geologischen Schätzen, einer schönen Umgebung und exzellenter Kulinarik ist Lom mehr als nur das südliche Tor zum Nationalpark Jotunheimen und lohnt ein paar Tage, ehe man die Fahrt in die Wolken antritt.

Fahrtroute: Von Lom aus den Schildern gen Jotunheimen folgen: auf dem Rv55 Richtung Südwesten. In Galdesand die schmale Bergstraße zum Galdhøpiggen nehmen.

2 Galdhøpiggen Skisenter

Dies ist sowohl Sommerskigebiet als auch Ausgangspunkt für die Besteigung von Norwegens höchstem Berg. Und erst die Szenerie: Die Aussicht von Norwegens höchstem mit dem Auto zu erreichendem Punkt (1841 m) ist grandios!

Fahrtroute: Auf dem Rv55 zurück nach Galdesand fahren und Richtung Südwesten, weiter ins Bøverdalen mit seinen Seen, Gletscherflüssen, grasgedeckten Hütten und Kiefernwäldern hinein.

3 Elvesæter Hotell

Das von steilen bewaldeten Hängen umgebene Hotel ist seit sechs Generationen in der Hand der Familie Elvesæter. Neben der tollen Lage ist die Hauptattraktion die

ENIL/ALAMY STOCK PHOTO ©

Galdhøpiggen Skisenter

Sagasøyla, eine 32 m hohe Holzsäule, in die die Geschichte Norwegens von der Einigung im Jahr 872 bis zur Verfassungsgebung 1814 geschnitzt ist.

Fahrtroute: Die Sognefjellet-Straße verläuft zwischen Bergen, zum Aussichtshügel Nufshaug und zu weiteren wunderschönen Szenerien, ehe es nach Turtagrø hinuntergeht.

4 Turtagrø Hotel

Das Outdoor-Sportzentrum Turtagrø ist ein so großartiger Ort, dass man die Weiterfahrt zu den Fjorden gerne ein wenig hinauszögern möchte. Überall locken wunderbare Ausblicke und Möglichkeiten zur Erkundung der Natur. Das Hotel selbst hat das „Im Wollpullover vor dem Kamin sitzen"-Flair perfektioniert.

Fahrtroute: Auf dem ruhigen Tindevegen geht es auf von Schnee geräumten Straßen gen Süden nach Øvre Årdal.

5 Øvre Årdal

Øvre Årdal ist kaum mehr als ein Name auf der Karte – das Besondere ist die Anfahrt. Die kurvige, steile Strecke von Turtagrø hoch bietet filmreife Blicke auf einige der höchsten Berge Norwegens wie den Fannaråken (2069 m), den Skagastølstindane (2405 m) und den Austabotntindane (2203 m). Hinter Øvre Årdal führt die Straße zum Sognefjorden hinunter.

Fahrtroute: Zurück geht es nach Turtagrø, auf dem Rv55 über jähe Haarnadelkurven ins Tal. Unterwegs bietet sich eine tolle Aussicht aufs Skagastølstindane-Gebirge zur Linken.

6 Skjolden

Das ruhige Ufer des Lustrafjords ist ein schöner Ort, um den Ausflug abzuschließen. Skjolden am nördlichen Fjordende hat eine hübsche mittelalterliche Kirche. Von hier führen Küstenstraßen zu vielen weiteren Fjorden.

SPEZIALITÄTEN IN ZENTRAL-NORWEGEN

Tina Brimi, eine der berühmtesten Gastronominnen Norwegens und Mitbesitzerin von BrimiBue, verrät die für Mittelnorwegen typischen Produkte.

Rindfleisch und Bachforellen
Rindfleisch aus der Region trocknen wir selbst und servieren es als Carpaccio. Und wir bieten fangfrische Forellen aus Teichen und Flüssen in der Nähe.

Frische Beeren
Norwegische Beeren sind die besten der Welt, weil wir bis zu 20 Sonnenstunden am Tag und kalte Nächte haben.

Rentierfleisch
Typisch für Jotunheimen sind Rentiergerichte. Hauptsächlich wegen der Rentiere kamen die Menschen vor Jahrtausenden in diese Region.

JAN/ALAMY STOCK PHOTO ©

Traditionelles norwegisches Gebäck

Arne Brimi, ein renommierter norwegischer Starkoch, lebt in **Vågåmo**, 30 km von Lom entfernt, und hat diese Gegend zum Mittelpunkt seiner kulinarischen Vision gemacht, die er „Brimiland" nennt. In seiner Berglodge auf einem Hügel oberhalb von Lom, **Brimi Fjellstugu**, schwingt er den Kochlöffel. Hier gibt es auch ein Café und einen Feinkostladen, und bei den regelmäßigen Grillabenden stellt er sein erstaunliches Talent unter Beweis.

Eine einfachere Version der Fjellstugu ist das **Brimi Sæter**, eine Art Neuerfindung eines Bergbauernhofs mit Abendessensangebot. Und auch nach Lom selbst hat Arne Brimi seine Finger ausgestreckt: Hier befindet sich das **BrimiBue**, das im besten Skandinavien-Stil ganz aus Glas und Holz errichtet wurde. Dan-Robin Leirvåg und Tina Brimi, Arnes Tochter, führen dieses hoch angesehene Restaurant, das norwegische Klassiker mit innovativem Touch serviert. Das Speisenangebot richtet sich nach den Jahreszeiten.

Aber seinen guten Ruf in der Feinschmeckerwelt verdankt Lom nicht nur der Familie Brimi. Der Bäckermeister Morten Schakenda hat hier seine **Bakeriet i Lom** eröffnet, die für natürlich gebackenes Brot, Holzofenpizza und natürlich köstliches Gebäck, frisch gebackenes Baguette und Sandwiches bekannt ist. Ohne Übertreibung: Für Schakendas Zimtschnecken würden manche quer durch Norwegen fahren und stundenlang anstehen.

Rund um den Nationalpark Jotunheimen

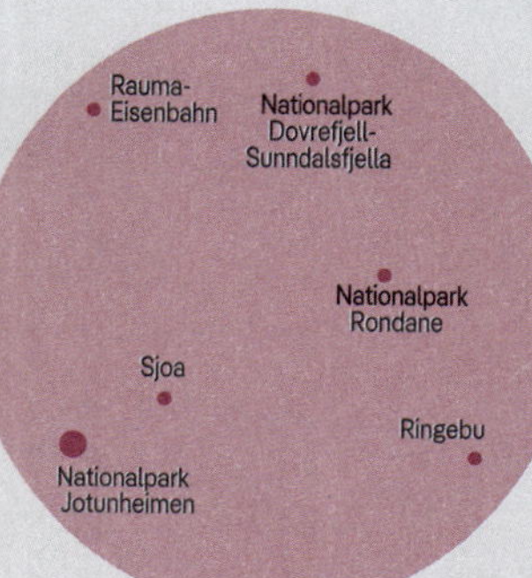

Die spektakulären Jotunheimen-Landschaften reichen über die Nationalparkgrenzen hinaus, und an jeder Ecke warten Abenteuer.

Die Aussicht zu bewundern, ist eine Möglichkeit, das Hinterland von Jotunheimen zu erleben – oder man begibt sich direkt hinein. Das Naturschauspiel dieser wildromantischen Landschaft wird mit erstklassigen Outdoor-Aktivitäten perfekt ergänzt. Der Nationalpark Rondane, dessen Szenerie Henrik Ibsen als „Palast auf Palast getürmt" beschrieb, bietet sich für eine Wanderung an. Im wilden Hochland leben Moschusochsen. Das schöne Romsdalen lässt sich mit dem Zug erkunden. Wildwasser-Rafting auf der Sjoa ist ein nasses Erlebnis. All das ist von Jotunheimen in wenigen Autostunden zu erreichen. Natürlich muss man nicht alles ausprobieren, aber wenn man genügend Zeit hat – warum nicht?

Wanderung im Nationalpark Rondane

ALPINE PERFEKTION

Im **Nationalpark Rondane** erheben sich einige der formschönsten Berge des Landes. Dies ist eine Welt unberührter Bergbäche, schneebedeckter Gipfel, tiefer Täler mit Kiefernwäldern und eindringlicher Stille in den Höhen. Und das Beste: Auf den Sommerwanderwegen ist nur ein Bruchteil der Wanderer unterwegs, die in Jotunheimen anzutreffen sind.

Vom Spranghaugen-Parkplatz, 13 km hinter Otta, führt ein leichter Wanderweg (6,2 km, 1½ Std.) nach Rondvassbu, wo es eine beliebte bewirtschaftete Hütte des Den Norske Turistforening (DNT) gibt. Einige kehren hier um, wir empfehlen aber, nach der Übernachtung den Gipfel des Storronden (2138 m, 5 Std. hin und zurück) zu erklimmen. Noch besser ist die anstrengende Besteigung des Vinjeronden (2044 m, 6 Std. hin und zurück), gefolgt vom schmalen Grat zum benachbarten Rondslottet.

Einige Wege stehen auch Mountainbikern offen; das restliche Jahr verwandeln sich die Pfade in Langlaufloipen.

UNTERWEGS VOR ORT

Die meisten Attraktionen östlich des Nationalparks Jotunheimen liegen an oder unweit der Nord-Süd-Verbindung E6, an der viele Buslinien verkehren. Busse halten etwa in Otta und Dombås – gute Ausgangspunkte für Ausflüge in den Park und zu anderen Attraktionen. Mit einem Mietwagen gelangt man allerdings leichter von A nach B und in einige der landschaftlich wohl reizvollsten Gegenden.

☑ TOP TIPP

Ein Mietwagen spart Zeit und bringt einen an öffentlich nicht angefahrene Orte.

JAKUB STANEK/SHUTTERSTOCK ©

Wildwasser-Rafting auf dem Fluss Sjoa

RONDANE-AUTOTOUR

Zu Fuß erreicht man zwar Orte, die mit dem Auto unerreichbar sind, aber der **Rv27/Rv129** gilt offiziell als eine der schönsten Routen Norwegens. Die Straße führt von Folldal 75 km nach Venabygdsfjellet (Rv27) und von der Sollia-Kirche nach Enden (Rv129); sie verläuft großteils auf über 700 m Höhe und bietet tolle Ausblicke auf das Rondane-Gebirge. Zu den schönsten Etappenpunkten zählen die stufenförmige Sollia-Holzkirche und die Aussicht von der Plattform Sohlbergplassen.

Wildwasser-Rafting bei Sjoa

NORWEGENS BESTE STROMSCHNELLEN

Bei der Fahrt durch Zentralnorwegen hat man immer das Gefühl, dass gleich hinter den Bäumen an der Straße eine unberührte Wildnis liegt. Da ist beispielsweise der Fluss Sjoa: Von der E6 zwischen Lillehammer und Dombås ist er kaum zu sehen, weil er zwischen dicht bewaldeten Hügeln und durch steilwandige Schluchten rauscht.

Die Sjoa bietet das allerbeste **Wildwasser-Rafting-Erlebnis** überhaupt. Im Angebot stehen Touren, die allen Erfahrungsstufen und Vorlieben gerecht werden. Wer beispielsweise gemütlich auf relativ ruhigem Wasser paddeln möchte oder kleine Kinder dabeihat, begibt sich unter der Anleitung von erfahrenen Guides, die den Fluss in- und auswendig kennen, auf Abschnitte des Schwierigkeitsgrads I. Wenn man noch keine Erfahrungen auf Wildwasser gemacht hat, ist das ein guter Anfang, um ein Gefühl fürs Rafting zu entwickeln.

SCHLAFEN RUND UM RONDANE

Rondvassbu DNT
Die 1903 erbaute noble Berghütte liegt 6 km oberhalb von Spranghaugen und hat Etagenbetten. **€**

Otta Camping
Beliebter, günstig gelegener Campingplatz am Fluss. Von vielen Stellplätzen hat man eine schöne Sicht. **€**

Thon Hotel Otta
Das moderne Hotel mitten in Otta, am Scheitelpunkt von Rondane, besitzt Holzböden und ein Restaurant. **€€**

Andere möchten gleich in die Vollen gehen. Dafür stehen am anderen Ende des Nervenkitzel-Spektrums stürmische Schwierigkeitsgrad-V-Abschnitte, bei denen man auf extremen Stromschnellen fast schon um sein Leben fürchtet. Zu den aufregendsten Abschnitten gehört das brodelnde Wasser in der berühmt-berüchtigten Åsengjuvet-Schlucht, die häufig in Dunst gehüllt ist, was den Reiz noch verstärkt. Hier fahren zwar Profis mit, die ihr Handwerk verstehen und für die die Sicherheit ihrer Passagiere im Vordergrund steht, dennoch kann es gefährlich werden: 2010 kam es auf dem Fluss zu vier tödlichen Unfällen, 2007 waren es drei.

Auf denselben Routen sind auch mehrstündige oder sogar mehrtägige Kajaktouren möglich. Aber bei der Planung von Flussabenteuern ist die Jahreszeit zu berücksichtigen: Rafting wird nur von Mitte Mai bis Anfang Oktober angeboten, allerdings dauert die Hauptsaison nur von Mitte Juni bis Mitte September.

RAFTING AUF DER SJOA

Sjoa Rafting
Dank der Lage direkt am Fluss vermutlich der beste Rafting-Anbieter (sjoarafting.com). Von Sjoa 7,5 km flussaufwärts am Rv257.

Go Rafting
Das gut geführte Unternehmen (sjoa.no) organisiert halb-, ein- und mehrtägige Touren. 8 km westlich von Sjoa am Rv257.

Heidal Rafting
Die renommierte Rafting-Agentur (raftingisjoa.no) befindet sich ein paar Kilometer westlich von Sjoa.

Sjoa Familierafting
Das angesehene Unternehmen (sjoafamilierafting.no) ist auf familientaugliches Rafting spezialisiert.

Die Stabkirche von Ringebu

MAGISCHE RUHE

Bei der Fahrt durch Ringebu ist eines der zauberhaftesten Bauwerke Zentralnorwegens leicht zu übersehen. Seit 1220 steht auf einer Wiese hoch über der Straße die **Ringebu Stavkirke** – aber schon davor befand sich an dieser Stelle eine nach der Einführung des Christentums im 11. Jh. errichtete Kirche. Das heutige Gotteshaus geht auf das 17. Jh. zurück, damals wurde der rote Turm aufgesetzt.

Für die Schönheit der Stabkirche von Ringebu sorgen weniger die Schnörkel, die andere norwegische Stabkirchen auszeichnen. Hier machen vielmehr die perfekten Proportionen und die intensiven erdigen Rot- und Brauntöne, die sich vor dem tiefen Blau des Himmels und dem satten Grün des umliegenden Waldes abheben, den Reiz aus.

Bei einem Spaziergang besucht man den Friedhof mit den vielen Grabsteinen und bewundert die Kirche aus jedem Blickwinkel, ehe man ein Ticket kauft und die fast klaustrophobische Düsternis des Innenraums betritt. Mit etwas Konzentration sind die **Statue des heiligen Laurentius** (um 1250) und die Runeninschriften an den Wänden zu erkennen. Im Sommer finden hier manchmal Konzerte mit norwegischer Volksmusik statt; die Termine stehen auf der Website (ringebu.com).

Nur ein paar hundert Meter oberhalb der Kirche steht ein weiteres bedeutendes historisches

SCHÖNE ZUGFAHRTEN

Die Dombås–Åndalsnes-Bahnstrecke ist ein Kandidat für Norwegens schönste Zugfahrt. Eine weitere ist die Strecke zwischen **Oslo und Bergen** (S. 22), die über die Hardangervidda und hinunter zu den Fjorden führt.

SCHLAFEN RUND UM RONDANE

Rondetunet
Diese Bergunterkunft hat schlichte Hütten und herrliche Zeltplätze am Südostrand des Rondane-Nationalparks. €

Smuksjøseter Fjellstue
Schlichte Zimmer und Apartments in einem Bauernhof in Høvringen. Frühstück und Abendessen inklusive. €€

Rondane Høyfjellshotell
Eine der wenigen luxuriösen Optionen mit Spa, kieferfarbenen Zimmern und gutem Restaurant. €€

HIGHLIGHTS IM NATIONALPARK DOVREFJELL-SUNNDALSFJELLA

Fokstumyra-Sümpfe
In diesen naturbelassenen Sümpfen wurden 87 nistende Vogelarten und 162 Arten insgesamt gezählt. Den 7 km langen Weg nahe dem Dombås-Ende des Reservats nehmen.

Snøhetta
Die Snøhetta (2286 m), der höchste Berg des Parks, wird in vielen nordischen Mythen erwähnt. Von Snøheim ist sie im Sommer in sechs Stunden zu erklimmen.

Aussichtspunkt Snøhetta
Der Holz-Glas-Pavillon mit toller Sicht auf die Snøhetta ist an der E6 bei Hjerkinn ausgeschildert.

Gebäude, die **Ringebu Samlingene**. Das Bauwerk von 1743 diente bis ins Jahr 1991 als Pfarrhaus. Es passt ganz wunderbar zur Kirche, und eine Fotoaufnahme von beiden zusammen, mit den bewaldeten Hügeln im Hintergrund, ist eine perfekte Erinnerung, besonders wenn die Sonne scheint.

Die Rauma-Eisenbahn

MIT DEM ZUG DURCH TRAUMLANDSCHAFTEN

Norwegens Liste schöner Auto- oder Zugstrecken ist eine der längsten in Nordeuropa, und eine der allerschönsten ist die etwa 114 km lange **Rauma-Bahnlinie** zwischen Dombås und Åndalsnes.

Die Trasse schlängelt sich am Fluss Rauma entlang durch das **Romsdalen** – eine atemberaubend schöne Fahrt. Gleich hinter Dombås beginnt der Anstieg, und der Zug fährt durch eine Landschaft aus Wäldern, Tälern, Seen und Bergen, dazwischen liegen vereinzelt Bauernhöfe und kleine Weiler mit schmalen Kirchtürmen und bunten Holzhäusern – die Fahrt Richtung Westen bietet die beste Aussicht, wenn man auf der linken Seite des Zuges sitzt. Unterwegs passiert der Zug sechs Tunnel und 32 Brücken. Die Fahrt mit der Rauma-Bahn ist in jeder Jahreszeit wunderbar – stimmungsvoll, wenn im Winter die Wolken niedrig hängen, und geradezu spektakulär, wenn im Sommer die Sonne lacht.

Neben dem regulären Service fährt von Juni bis August zweimal täglich ein Touristenzug (mit Erläuterungen) die kürzere Strecke vom Bahnhof Åndalsnes' nach **Bjorli** auf 600 m Höhe. Aber unseres Erachtens sollte die Strecke ganz befahren werden und die Landschaft sich selbst erklären.

Hinter Bjorli fährt der Zug über die **Kyllingbrua-Brücke**, die sich in mehreren Bogen über ein tiefes Tal spannt. Wenn möglich, kehrt man später mit dem Mietwagen dorthin zurück, um zum Aussichtspunkt zu wandern.

Moschusochsen-Safari

BESUCH BEI PRÄHISTORISCHEN GIGANTEN

Den ersten Anblick von Moschusochsen vergisst man wahrscheinlich nie. Die Tiere sehen aus wie ein Relikt aus einer längst vergangenen Zeit, das verschollene uneheliche Ergebnis eines Bisons und eines Wollmammuts – die Inuit in Nordamerika nennen ihn *umimmaq*, „das Tier mit einem Fell wie ein Bart" – und gehört zu den charismatischsten Wildtieren in der norwegischen Wildnis.

Moschusochsen-Safaris führen von der Furuhaugli Fjellhytter bei Dombås in den **Nationalpark Dovrefjell-Sunndalsfjella**.

SCHLAFEN RUND UM DOMBÅS

Trolltun Gjestegård & Dombås Vandrerhjem
Preiswerte Unterkunft mit schöner Lage, gutem Essen und ordentlichen Zimmern. **€€**

Hjerkinn Fjellstue
Der weiß getünchte, freundliche Gasthof bietet makellose Zimmer, Abendbüfett und Islandpferde. **€€€**

Kongsvold Fjeldstue
Malerische Holzgebäude aus dem frühen 18. Jh. mit behaglichen, charaktervollen Gästezimmern. **€€€**

IMAGEBROKER.COM/SHUTTERSTOCK ©

Moschusochsen, Nationalpark Dovrefjell-Sunndalsfjella

Bei Sonnenaufgang machen sich die Teilnehmer unter kundiger Führung zur Hochebene auf, auf der diese zotteligen Tiere in Herden umherstreifen. Dabei kommt man ihnen so nahe, wie sich die Guides eben heranwagen: Moschusochsen sind im Angriffsmodus erstaunlich flink und wendig. Häufiger bilden sie aber ähnlich einer antiken Armee eine schützende Phalanx, die so effektiv ist, dass die Tiere wie eine einzige Masse erscheinen. Doch wenn die Moschusochsen gerade auf freier Fläche friedlich grasen und die Sonne auf ihren wikingergleichen Hörnern glitzert, spürt man förmlich die dunkle Magie, die diese seltsamen Tiere ausstrahlen.

Und wenn man ihre Überlebensgeschichte kennt, erscheint einem jede Sichtung eines Moschusochsen noch wertvoller. Vor etwa 2000 Jahren waren *Moskusokse* in der norwegischen Wildnis ausgestorben – ausgerottet wegen ihres Pelzes und ihres Fleisches. In Kanada, Alaska und im dünn besiedelten Grönland konnte sich die Art jedoch halten. In den 1940er-Jahren führten norwegische Naturschützer dann

DESHALB LIEBE ICH RONDANE

Anthony Ham, Autor

Bei meiner ersten Norwegenreise vor vielen Jahren verliebte ich mich in Rondane – in die kristallklaren Bäche, die sich durch tiefe Schluchten graben, in die ruhigen Straßen und in die Berge, die schöner schienen als alle anderen Gipfel, die ich je zuvor gesehen hatte. Als ich immer wieder anhielt, um Fotos zu machen, fühlte sich Rondane für mich wie die Verkörperung von Norwegens Hochland-Charme an. Diese unberührte, perfekte Bergwelt war noch nicht vom Massentourismus verdorben. Und bemerkenswerterweise fühlt es sich viele Jahre später noch immer so an.

AKTIVITÄTEN BEIM NATIONALPARK JOTUNHEIMEN

Oppdal Safari
Das renommierte Unternehmen bietet Safaris zu den Moschusochsen im Dovrefjell-Sunndalsfjella.

Opplev Oppdal
Hier kann man Wildwasser-Rafting auf der Driva, Canyoning und Ziplining buchen.

Moskusopplevelse
Das Tourunternehmen in der Furuhaugli Touristhytter bietet Moschusochsen-Safaris.

WEITERE NATIONALPARKS

Breiheimen
In dem 1691 km² großen Breiheimen-Nationalpark zwischen den Nationalparks Jotunheimen und Jostedalsbreen gibt es hervorragende Wanderwege und unbewirtschaftete Berghütten.

Dovre
Der 289 km² große Nationalpark Dovre nördlich des Nationalparks Rondane ist bei angehenden Botanikern beliebt: Hier findet man fast alle norwegischen Pflanzenarten.

Reinheimen
Der bergige, 1969 km² große Park zwischen Lom und Åndalsnes ist kaum besucht. Hier leben wilde Rentiere, Vielfraße und Steinadler.

FRANZ ABERHAM/GETTY IMAGES ©

Nationalpark Reinheimen

grönländische Moschusochsen wieder in den Nationalparks Dovrefjell-Sunndalsfjella und **Femundsmarka bei** Røros ein. Heute leben in Norwegen schätzungsweise 100 Exemplare in der freien Natur.

Die meisten Anbieter von Moschusochsen-Safaris haben in ihrem Programm auch Touren, auf denen nach Elchen (Norwegisch *elg*) Ausschau gehalten wird – entweder auf derselben Safari oder (was gängiger ist) an einem anderen Tag. Europas größte Hirschart kommt weit häufiger vor als Moschusochsen und ist von den Wäldern im Süden bis in den hohen Norden in ganz Norwegen zu finden. Einige der besten Gegenden für Elch-Safaris sind die Gebiete rund um Oppal und Dombås. Informationen darüber liefern die dort ansässigen Touristenbüros.

Nationalpark Hardangervidda

Nationalpark Hardangervidda
OSLO

Die Hochebene Hardangervidda ist anders als jeder andere Ort in Norwegen. Die Statistiken sprechen für sich: Norwegens größter Nationalpark (3430 km²) ist zugleich das dünnstbesiedelte Gebiet des Landes und Heimat der größten Rentierherde.

Aber diese nüchternen Fakten geben nur einen Bruchteil dessen wieder, was die Hardangervidda so einzigartig macht. Während die Berge von Rondane und Jotunheimen durch ihre Form beeindrucken, geht es hier um die schiere Dimension eines unendlichen Horizonts, um umberechenbares Wetter, das sich jeden Augenblick ändern kann, und um die karg-schöne Landschaft, in der Rentiere umherziehen. Die Hardangervidda ist Norwegens wildes Herz, wo die Natur vorherrscht und eine geografische sowie psychologische Grenze zwischen dem grünen Süden, den tiefblauen Fjorden und dem eisigen Norden bildet.

Wanderung auf der Hardangervidda

DIE WILDE HOCHEBENE

Die Hardangervidda ist das beste Wanderterrain schlechthin: weitläufig, wild und voller Möglichkeiten. An einem klaren Sommertag kann der Eindruck entstehen, der Horizont sei unendlich lang und fern. Wenn es sich zuzieht, tiefe Nebel heranwabern und einen umschließen, kann eine seltsame Art von Klaustrophobie entstehen. Im besten Fall ist dies eine Welt von unvergleichlicher Schönheit, zu anderen Zeiten lastet die rohe Kraft der Natur auf der Landschaft.

Zahlreiche Wanderwege durchqueren die Hardangervidda in alle Himmelsrichtungen. Die meisten gut markierten Pfade beginnen in Vøringfoss, Finse und Geilo. Besonders schön ist die zweitägige Wanderung am Hardangerjøkulen-Gletscher entlang von **Finse nach Vøringfoss** mit Übernachtung im Rembesdalseter. An beiden Enden der Route können viele Tagesausflügler unterwegs sein, dazwischen fühlt man sich wie vom Globus gefallen. Wer genug Energie hat, kann einen Tag dranhängen und einen Abstecher (4–5 Std. einfach) zum Bergbauernhof Kjeåsen (S. 160) machen.

UNTERWEGS VOR ORT

Der Rv7, die einzige Straße durch die Hardangervidda, verbindet Ost- und Westnorwegen von Hønefoss (87 km nordwestl. von Oslo) bis zum Hardangerfjord. Unterwegs passiert sie Gol, Geilo und Eidfjord. Die Straße ist zwar ganzjährig geöffnet, ist aber bei schlechtem Wetter und starkem Schneefall schwierig zu befahren.

In den fast zehn Monaten im Jahr, wenn wandern auf der Hardangervidda nicht möglich ist, bewegen sich die Einheimischen auf Langlaufskiern fort – was Ortsunkundigen nicht anzuraten ist.

TOP TIPP

Nie ohne detaillierten Wetterbericht und Notfallausrüstung wandern gehen! Selbst bei Sonnenschein Regenkleidung, Proviant, Wasser und Notrufbake mitnehmen und Bescheid sagen, wohin man geht.

DNT-HÜTTEN FÜR WANDERER

Den Norske Turistforening (DNT) unterhält auf Norwegens Wanderrouten (insg. 20 000 km) 460 Berghütten im Abstand von einem Tagesmarsch. Über 400 davon haben Übernachtungsmöglichkeit, die anderen dienen zum Essen, Rasten oder für Notfälle. Sie reichen von unbewirtschafteten Hütten mit zwei Betten bis zu großen Häusern mit über 100 Betten. In allen Hütten bekommen DNT-Mitglieder Preisnachlass. Die meisten DNT-Hütten sind von 16. Februar bis 14. Oktober geöffnet. Listen der Hütten samt Preisen sind beim DNT erhältlich.

Mit diesem QR-Code DNT-Hüttenplätze reservieren:

Eine Alternative ist eine dreitägige Wanderung von **Vøringfoss nach Kinsarvik**. Auch auf dieser herrscht großteils glückselige Einsamkeit. Zu den Highlights gehören der seltsam fesselnde Hårteigen (1690 m), der über weite Strecken den Horizont dominiert, der Panoramablick vom Hårteigen auf die Hochebene, sobald man dort oben angekommen ist, sowie der unglaublich steile alte Pilgerweg, Mönchstreppe genannt, vom Plateau hinunter zum Fjorddorf Kinsarvik.

Um das Beste aus einer Hardangervidda-Wanderung zu machen, ist Vorausplanung nötig. Falls möglich, steht am Anfang ein Besuch im **Norsk Natursenter** in Øvre Eidfjord. Hier gibt es Tipps und die Turkart-Wegekarten des Parks (Maßstab 1:100 000). Wanderungen sind nur im Juli und August möglich, und auch dann kann es zu plötzlichen Wetterumschwüngen (auch heftigen Schneefällen) kommen.

Gletscherwanderung

TANZ AUF DEM EIS

Viele Gletscherwanderungen versprechen mehr, als sie halten können, aber die Touren von **Jøklagutane**, einem Unternehmen in Finse, sind ein wahrlich aufregendes Erlebnis. Angeseilt gehen die Teilnehmer nicht einfach nur die Eisränder

SCHLAFEN AUF DER HARDANGERVIDDA

Finsehytta
Die bewirtschaftete DNT-Hütte steht unweit des Bahnhofs Finse. Schlafsäle, Mahlzeiten und viele Wanderer. €

Finse 1222
Das hoch gelegene Finse-Hotel verfügt über ein starkes Alpinflair und bietet eine grandiose Aussicht. €€€

Dr. Holms Hotel
In dem hundertjährigen Dr. Holms in Geilo befinden sich viele Antiquitäten. €€€

entlang, sondern überqueren den Gletscher in seiner ganzen Komplexität. Auf der mehrstündigen Exkursion (7 Std.) finden zwei Stunden auf dem vielschichtigen Eispanzer statt; dabei blickt man in tiefe Spalten hinab, die bis zum Mittelpunkt der Erde zu reichen scheinen. Auch eine Eishöhle wird erkundet, und man steigt sogar auf eine große Eiskuppel, von der aus sich eine Aussicht der Extraklasse bietet. Das Ganze ist ein unerlässliche, vielleicht die entscheidende Erfahrung der wilden Hardangervidda.

Startpunkt ist der Bahnhof Finse. Das Blåisen-Eisfeld des **Hardangerjøkulen** liegt eine drei- bis vierstündige Wanderung von der Ortschaft entfernt, und die Ausblicke unterwegs sind grandios. Falls einem die Gegend rund um das Gletscherfeld bekannt vorkommt, ist man wahrscheinlich *Star Wars*-Fans: Die Szenen, die im Film *Das Imperium schlägt zurück* auf dem Eisplaneten Hoth spielen, wurden hier gedreht.

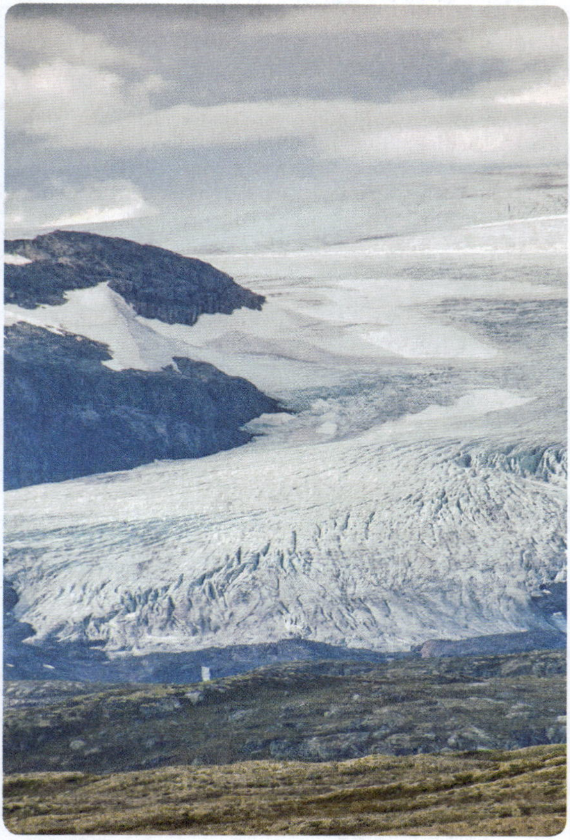

NORWEGENS GRÖSSTE RENTIERHERDE

Entgegen der landläufigen Meinung sind die meisten Rentiere in Norwegen nicht wild. Die Herden im Norden gehören den Samen, die sie im Lauf des Jahres auf verschiedene Weideflächen bringen. Wilde Herden kommen fast nur auf Spitzbergen (S. 302), im Reinheimen-Nationalpark (S. 132) und auf der Hardangervidda vor, wo die größte Population lebt.

Ein Jagdverbot führte in den 1990er-Jahren dazu, dass der Rentierbestand der Hardangervidda auf ein unhaltbares Niveau anwuchs, 1998 waren es 19000 Tiere. Rentiere brauchen riesige Flächen zum Grasen, und im Winter verhungerten viele. Die Parkbehörde hat nun ein Programm ins Leben gerufen, um die Anzahl der Rentiere im Winter auf 10000 Exemplare zu begrenzen. Auf der Wanderung von Halne nach Dyranut (via Rauhelleren) sind viele zu sehen.

Bergen & die südwestlichen Fjorde

ZAUBERHAFTE STÄDTE UND ÜBERWÄLTIGENDE NATUR

Ein Mix aus atemberaubenden Fjorden, Wasserfällen und einer geschichtsträchtigen Vergangenheit: der Südwesten ist das Herzstück jeder Norwegen-Reise.

Wer nur einen kleinen Teil Norwegens bereisen kann und dennoch das Wesen dieses einzigartigen Landes, seine Geschichte und Natur erfassen möchte, sollte den Südwesten wählen. Denn über einen sehr langen Zeitraum war diese Region – und nicht Oslo – der Königssitz und das Zentrum von Seefahrt und Handel. Viele Wikingerexpeditionen starteten von hier aus und gestalteten das Gesicht Europas neu. In der Nähe von Stavanger besiegte Harald Schönhaar seine Gegner im Jahr 872 in der Schlacht von Hafrsfjord, brachte damit Norwegen unter seine Kontrolle und wurde der erste König des Landes. Im Mittelalter dann gründete die mächtige Hanse ihre nördlichste Niederlassung in Bergen.

Der Südwesten hatte auch bedeutenden Einfluss auf die gesamte Kultur Norwegens. Bergens Lieblingssohn Edvard Grieg dominiert die klassische Musik, und die norwegische Folkloremusik wäre nicht dasselbe ohne die Hardangerfiedel, die in der Region gleichen Namens entstand. Bergen und Stavanger sind führend in der kreativen Kochszene des Landes, die sich auf regionale und frische Zutaten konzentriert.

Doch abgesehen davon ist das südwestliche Norwegen schlicht und einfach überwältigend mit seinen dramatischen Wasserfällen, dem Meer aus blühenden Obstbäumen auf den Hängen des Hardangerfjords, dem gewaltigen Folgefonna-Gletscher und der Adrenalin-Hauptstadt Norwegens: Voss.

DIE WICHTIGSTEN ZIELE

OLGA GAVRILOVA/SHUTTERSTOCK ©

Links: Hardangerfjord (S. 158) ; oben: Kjeragbolten (S. 181)

Erste Orientierung

Das südwestliche Norwegen ist eine Region mit tiefen Fjorden, Inseln und zerklüfteten Bergen. Da ein mächtiger Gebirgszug die Gegend vom Osten Norwegens trennt, kann es ein Weilchen dauern, sie zu bereisen.

BUS & ZUG

Ein gut ausgebautes öffentliches Verkehrsnetz verbindet die Städte in der gesamten Region. Kystbussen und Vy bieten einen regelmäßigen Service zwischen den größeren Städten, Skyss und Kolumbus kümmern sich um die regionalen Verbindungen. Bergen und Voss haben ausgezeichnete Zugverbindungen.

AUTO

Außerhalb der größeren Städte ist das Auto die bequemste Art zu reisen, so können jederzeit Zwischenstopps für Fotoaufnahmen in der spektakulären Landschaft eingelegt werden.

Voss, S. 154
An einem wunderschönen See und in der Mitte zwischen Bergen und Fjorden gelegen, bietet das attraktive Voss ein breites Spektrum an adrenalingeladenen Aktivitäten.

Bergen, S. 142
Eine lebendige Seestadt mit langer Geschichte, kulturellen Events und einer florierenden kulinarischen Szene, und doch sind auch Naturerlebnisse in Bergen immer zum Greifen nah.

Hardangerfjord, S. 158
Oft wird der Hardangerfjord die „Königin der Fjorde" genannt wegen seiner vielen Wasserfälle, großartigen Wandertouren und Obstplantagen, die die Landschaft im Frühling in ein Blütenmeer verwandeln.

Haugesund, S. 166
Diese hübsche, weniger besuchte Hafenstadt liegt im Herzen einer Region, in der sich viele Spuren der Wikinger-Vergangenheit finden. Sie ist von malerischen Inseln und anderen Naturattraktionen umgeben.

Stavanger, S. 171
Norwegens Zentrum der Erdölindustrie verfügt über einen hübschen Hafen, ausgezeichnete Restaurants und spannende Museen und historische Sehenswürdigkeiten.

Utåker
Røldal
Songevatnet
Valevåg
Utbjoa
Skånevik
Sauda
Total
Nord-see
Åkrafjord
Suldalsvatnet
Haugesund
Avaldsnes
Ulla
Blåsjøen
Botsvatn
Kopervik
Ombo
ROGALAND
Skudeneshavn
Utstein Kloster
Årdal
Tau
Pulpit Rock
Jørpeland
Lysebotn
Stavanger
Lysefjord
Oanes
Sola
Forsand
Sandnes
Lauvvik
Sirdalsvatnet
Ørsdalsvatn
Egersund
Lundevatnet
Sogndalsstrand
Flekkefjord
Flekkefjord
0 50 km

FÄHRE
Mit Personenfähren kann man die malerischen Fjords ganz entspannt kennenlernen. Norled bietet eine tägliche Verbindung zwischen Norheimsund und Eidfjord an und legt auch an anderen Ortschaften im Hardangerfjord an. Die Fähren verbinden Bergen mit den unterschiedlichsten Destinationen an der Küste.

Perfekte Tage

Man könnte ganze Jahre damit verbringen, den Südwesten Norwegens zu erkunden. Aber auch mit begrenztem Zeitbudget lässt sich bei sorgfältiger Planung viel sehen und erleben.

WIRESTOCK CREATORS/SHUTTERSTOCK ©

Fløibanen (S. 151)

Zwischenstopp in der Stadt

- **Bergen** (S. 142) ist eine von Norwegens attraktivsten historischen Städten, wer also ein begrenztes Zeitbudget hat, sollte herkommen und den bunten, geschichtsträchtigen Kai erkunden und **Bryggen** (S. 142) und **Bryggens Museum** (S. 143) besuchen, um anhand der hier ausgestellten Artefakte mehr über die Geschichte der Gegend zu erfahren.

- Nachdem man die Kunstsammlungen im **KODE** (S. 147) durchstöbert hat, geht es weiter mit der **Fløibanen** (Standseilbahn; S. 151) auf den **Fløyen** (S. 151) für einen herrlichen Ausblick über die Stadt.

- Auch **Troldhaugen** (S. 148), der ehemalige Wohnsitz von Bergens beliebtestem Sohn Edvard Grieg, lohnt einen Besuch, kombiniert mit einer Schiffsfahrt nach **Mostraumen** (S. 152), um Norwegens Fjordlandschaften zu bestaunen.

Beste Reisezeit

Mitte Juni bis Mitte September ist die beste Zeit für Festivals und Outdoor-Aktivitäten. Im Herbst und Frühjahr ist der Hardangerfjord überwältigend. Die meisten Straßen sind ganzjährig befahrbar.

FEBRUAR

Der ruhigste (und kälteste) Monat. Am besten in den Städten bleiben und es den **Einheimischen** gleichtun.

MAI

In Bergen findet eines der größten Feste zum **Nationalfeiertag** (17. Mai) statt. Obstblüte in Hardanger.

JUNI

Ekstremsportveko in Voss ist das weltweit größte Extremsport-Festival, von Kajakfahren bis hin zu BASE-Jumping.

WESTEND61/GETTY IMAGES ©, LISA STRACHAN/SHUTTERSTOCK ©, AQUATARKUS/SHUTTERSTOCK ©

Drei intensive Tage

- Nach einem Tag in **Bergen** (S. 142) inklusive einer kleinen Erkungstour in die umgebenden Berge und einer Mahlzeit auf dem **Torget-Fischmarkt** (S. 150) und **Pingvinen** (S. 150) geht es weiter mit dem Auto bzw. der Fähre nach **Stavanger** (S. 171), einer pulsierenden Stadt mit geschäftigem Hafen.

- Unbedingt empfehlenswert ist der Besuch des **Norsk Oljemuseum** (Ölmuseum; S. 175), außerdem des zauberhaften historischen **Gamle Stavanger** (S. 175).

- Für eine Mahlzeit empfehlen wir **Restaurant SÖL** (S. 176), **Tango** (S. 176) oder **RE-NAA** (S. 177) in Stavanger.

- Am dritten Tag geht es weiter nach **Preikestolen** (S. 179) auf eine der schönsten Wandertouren Norwegens mit traumhaftem Ausblick über den Lysefjord.

Mit größerem Zeitbudget

- Wer fünf Tage oder gar eine Woche Zeit hat, sollte zwei oder drei Tage für **Bergen** einplanen (S. 142), einen in **Voss** (S. 154) und ein paar Tage rund um den **Hardangerfjord** (S. 158).

- Die zauberhaften Dörfer am Fjord sind das geeignete Basislager, um einzutauchen in diese spektakuläre Landschaft: Man kann zu malerischen Wasserfällen und überwältigenden Aussichtspunkten wandern, heimischen Cider probieren und die Gegend auf dem Wasser erkunden bei einer Kajaktour, einer RIB-Bootssafari oder einfach nur auf einer kurzen Fahrt mit der Fähre. Mit einem Mietwagen kommt man natürlich am besten herum, aber auch Busse und Fähren sind eine gute Alternative.

AUGUST

In Norwegen herrscht während der kurzen Sommersaison Hochbetrieb mit **Outdoor-Aktivitäten** und vielen Festivals.

SEPTEMBER

Jetzt ist die letzte Chance, um in den höheren Lagen Norwegens zu wandern, während in Bergen das **Bierfestival** beginnt.

OKTOBER

Ein **prächtiges Farbenkleid** bedeckt die Berge und Hügel, während die Bauern im Hardangerfjord die Ernte einfahren.

DEZEMBER

Weihnachtsmärkte verströmen Licht und Wärme in den größeren Städten, der Schnee verzaubert die Fjordlandschaften.

Bergen

Bergen zählt zu den schönsten Städten Skandinaviens, umgeben von sieben Hügeln und sieben Fjorden. Ihre wunderbare Holzarchitektur rund um das kompakte historische Zentrum stammt häufig noch aus dem Mittelalter, als die Stadt einer von Europas geschäftigsten Handelshäfen war. Bergens innerer Teil des Hafens mit Bryggen als Herzstück vibriert vor Menschen, Energie und guter Laune und zieht Besucher aus aller Welt an. Nicht unerwähnt sollte die exzellente kulinarische Szene bleiben. Die Berge und Hügel rund um die Stadt weisen Seilbahnen und Wanderpfade auf.

Man kann problemlos eine ganze Woche in Bergen verbringen und die charmanten und verborgenen Ecken kennenlernen. Die Stadt selbst ist also schon eine Reise wert. Gleichzeitig aber ist sie Norwegens Portal zu den Fjorden des Landes. Ja, Bergen hat wirklich einiges zu bieten.

UNTERWEGS VOR ORT

Bergens Zentrum lässt sich gut zu Fuß erkunden, die meisten Attraktionen liegen relativ nahe beieinander. Parkplätze sind teuer und rar, man sollte es also vermeiden, mit dem Auto in die Innenstadt zu fahren. Nur wenige Hotels haben eigene Parkgaragen, die öffentlichen Parkplätze im Zentrum kosten über 300 kr für 24 Stunden.

Die Stadtbusse von Skyss fahren vom Zentrum zu Zielen im gesamten U-Bahn-Bereich; sie sind das gängigste Verkehrsmittel.

Die Stadtbahn Bybanen verkehrt zwischen Innenstadt und Flughafen, mit einer Nebenlinie zum Fyllingsdalen Terminal.

TOP TIPP

Wer ein paar Tage in Bergen bleiben und so viel wie möglich von der Stadt sehen möchte, sollte die Bergen Card (de.visitbergen.com/bergen-card) kaufen für ermäßigte Preise für Museen, Nahverkehr, die Fløibanen und Konzerte.

Ein Streifzug durch Bryggen, Bergens historisches Zentrum

MITTELALTERLICHE HAFENFRONT

Bergens alter Stadthafen **Bryggen** zählt zum Welterbe der UNESCO und ist seit dem Mittelalter das Herz der Stadt, als es Handelszentrum und Sitz eines der vier mächtigen ausländischen Zentralen der Hanse war. Bryggens 58 Gebäude (andere Zählungen nennen 61) umfassen eine Grundfläche von 13 000 m² und machen etwa 25 % der ursprünglichen Bebauung aus. Die meisten datieren aus der Zeit nach dem großen Feuer 1702. Die leuchtend bunten Häuser beherbergen alles vom Restaurant bis zur Galerie, vom Modegeschäft bis zum Souvenirladen, aber der Kaufmannsgeist und Bryggens zentrale Rolle in Bergen hat sich bewahrt.

An Bryggens Südende in **Finnegården** stehen zwei miteinander verbundene Kaufmannshäuser aus dem frühen 18. Jh., die heute das **Hanseatische Museum** beherbergen. Leider sind die Gebäude nach Jahren des Verfalls renovierungsbe-

Bryggen

dürftig und daher bis 2026 geschlossen. Trotzdem bekommt man einen Eindruck vom Leben der hanseatischen Kaufleute vermittelt beim Besuch der **Schøtstuene**, einer Reihe ehemaliger Versammlungsräume in der Nähe der **Mariakirken** (12. Jh.), Bergens ältestem Gebäude. *Schøtstuene* waren die einzigen Häuser in Bryggen, in denen offenes Feuer erlaubt war, was sie zu beliebten Treffpunkten während der kalten Jahreszeit machte. Hier wurden Feste veranstaltet, Treffen anberaumt und wichtige Unterredungen geführt.

In **Bryggens Museum** finden sich Gebäudereste aus dem 12. Jh, außerdem viele Artefakte, darunter Kleidung, Haushaltsgegenstände, Werkzeuge und Briefe, die einen interessanten Blick in die Vergangenheit gewähren.

BRYGGEN RETTEN

Mindestens sieben Mal wurde Bryggen durch Feuer zerstört, das letzte Mal 1955, als ein Drittel Bryggens niederbrannte. 1944 flog ein niederländisches Munitionsschiff im Hafen in die Luft. Die Wucht der Explosion deckte Dächer ab und brachte Gebäude in Schieflage.

Danach wurden Stimmen laut, die das brandgefährliche „Rattennest" niederreißen wollten. Moderne, achtstöckige Gebäude, ein Busbahnhof, ein Einkaufszentrum und ein Parkhaus sollten hier entstehen, doch Bryggen konnte gerettet werden. Trotzdem sind Gebäude gefährdet wegen der verrottenden Fundamente. Um ihren Fortbestand zu sichern, werden die beiden Häuser des Hanseatischen Museums aufwendig restauriert und im Zuge der Arbeiten um 1 m angehoben. Die Wiedereröffnung ist für 2026 geplant.

Tausend Jahre Geschichte in Bergenhus

DIE ANTIKEN VERTEIDIGUNGSANLAGEN DER STADT

Die Festung **Bergenhus** dominiert die Nordseite des Hafens Vågen und steht für beinahe 1000 Jahre norwegischer Geschichte. Es vereint drei unterschiedliche Zeitperioden in einem einzigen, riesigen Militärkomplex. Der älteste Teil stammt etwa aus dem Jahr 1070, als König Olav Kyrre – Bergens

ÜBERNACHTEN IN BERGEN

Thon Hotel Bristol
Helles und modernes Hotel auf Bergens Hauptplatz, in der Nähe von Restaurants, Läden und anderen Attraktionen. €€

Radisson Blu Royal Bergen
Bequeme Lage in Bryggen mit riesigem Frühstücksbüfett. Wenn Reisegruppen vor Ort sind, wird es trubelig. €€€

Opus Hotel XVI
Schickes Hotel im Stadtzentrum mit 65 Zimmern, das von Verwandten Edvard Griegs betrieben wird. €€€

HIGHLIGHTS
1 Bryggen

SEHENSWERTES
2 Bergen Kunsthall
3 Bergenhus
4 Bergenhus Festningsmuseum
5 Bryggens Museum
6 Finnegården
7 Håkonshallen
8 Hanseatic Museum
9 Kunsthall 3,14
10 Lysverket
11 Mariakirken
12 Permanenten
13 Rasmus Meyer
14 Rosenkrantztårnet
15 Schøtstuene
16 Stenersen

SCHLAFEN
17 Det Hanseatiske Hotel
18 Grand Hotel Terminus
19 Hotel Park
20 Opus Hotel XVI
21 Radisson Blu Royal Bergen
22 Thon Hotel Bristol

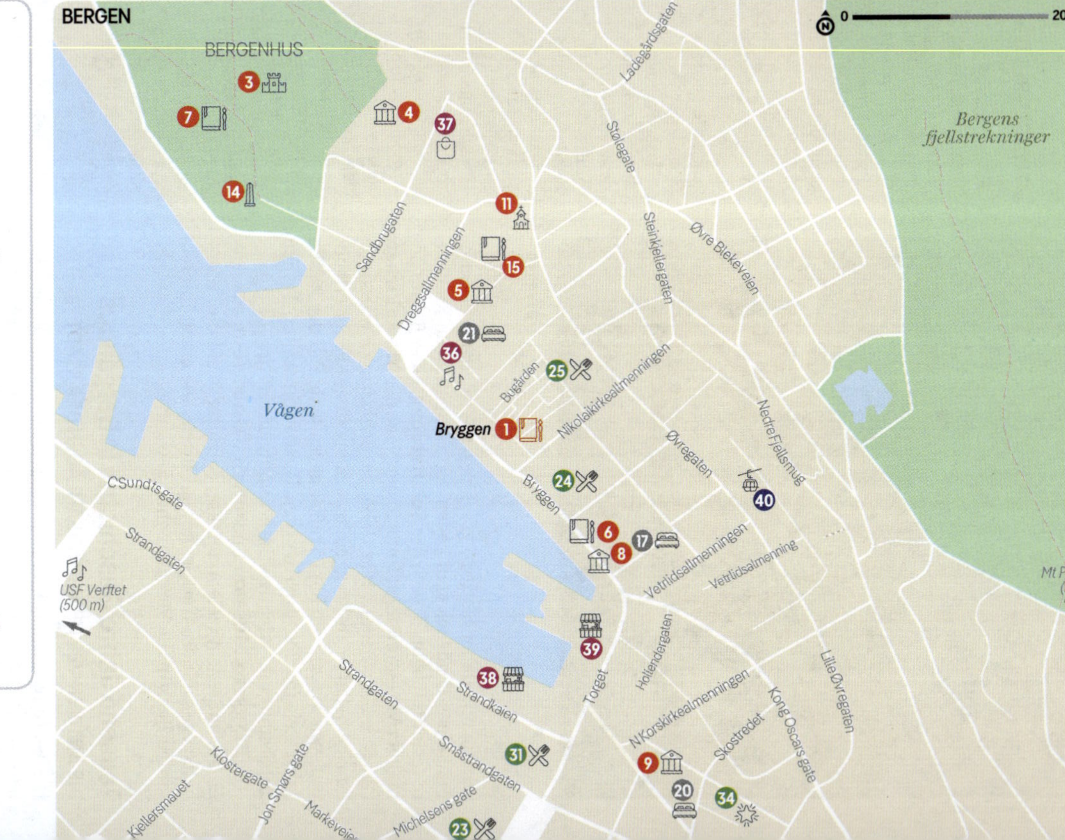

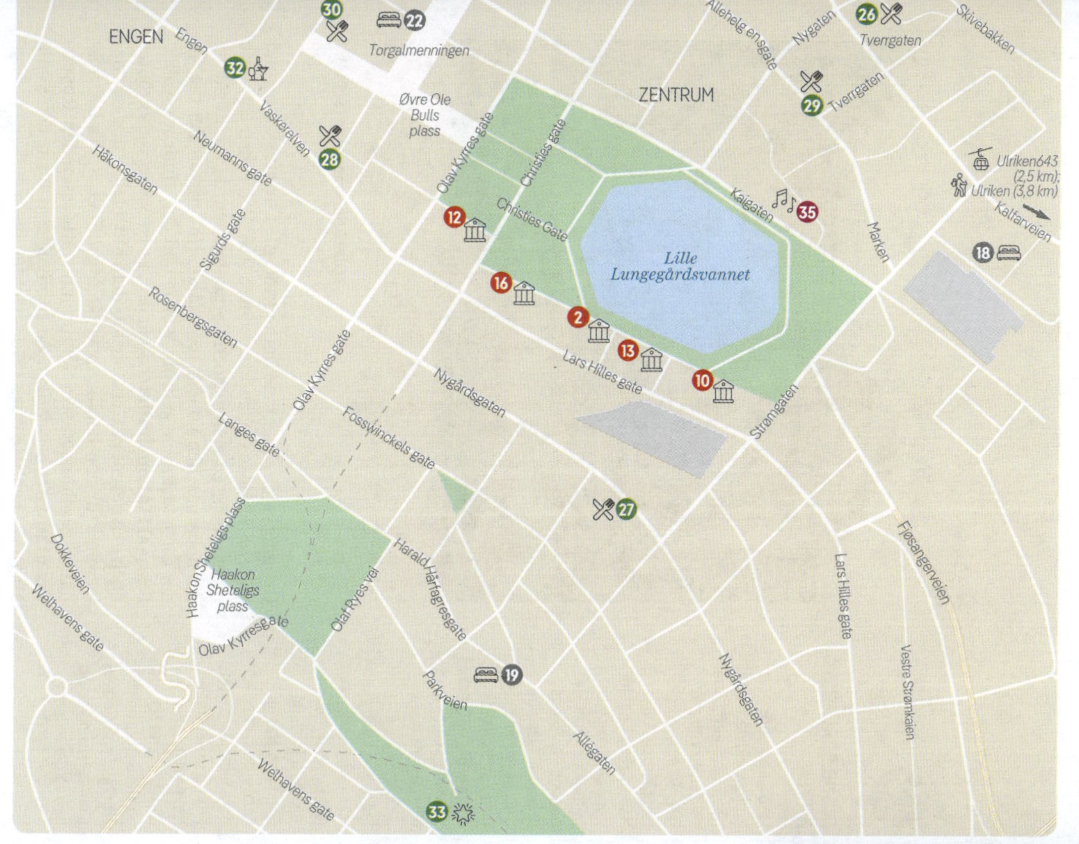

ESSEN
23 Allmuen
24 Bryggeloftet
25 Bryggen Tracteursted
26 Colonialen Matbar
see 38 Fjellskål
27 Hoggorm
28 Pingvinen
29 Råvarene
30 Smakeriet Bistrobar
31 Søstrene Hagelin

AUSGEHEN & FEIERN
32 Cafe Opera
33 Hulen
34 Østre
see 18 Terminus Bar

UNTERHALTUNG
35 Café Sanaa
36 Madam Felle

SHOPPEN
37 Arven
38 Fisketorget Mathallen
39 Torget Fish Market

ÖFFENTLICHER NAHVERKEHR
40 Fløibanen

DIE SILBERFABRIK ARVEN

Liebhaber von Kunsthandwerk und hochwertigem Silber sollten **Arven** auf ihrer Sightseeing-Liste haben. Die Silberfabrik liegt in der Sandbrogaten, gegenüber vom Bergenhus Festningsmuseum. Das alte Unternehmen existiert seit 1868, als Bergen die wichtigste Silberschmiedestadt Norwegens war.

Durch eine 40 m lange Glaswand kann man den Silber- und Goldschmieden dabei zusehen, wie sie Schmuck, Besteck, Kerzenhalter und andere fein gearbeitete Produkte herstellen, für die das Unternehmen bekannt ist. Auch geführte Touren sind möglich, sollten aber am besten im Voraus gebucht werden.

SAIKO3P/SHUTTERSTOCK ©

KODES Permanenten (S. 148)

Gründervater – hier eine Kathedrale, die Christuskirche und andere religiöse Gebäude errichten ließ. Von ihnen ist heute nichts mehr zu sehen, doch Bergenhus wurde die Residenz der norwegischen Könige, u. a. Håkon Håkonsson, der 1247 in der Christuskirche gekrönt wurde und den eindrucksvollen Festsaal **Håkonshallen** bauen ließ. Es ist Norwegens größtes noch existierendes Gebäude aus dem Mittelalter und normalerweise für den Publikumsverkehr geöffnet. Sollte Håkonshallen geschlossen sein, kann man stattdessen den **Rosenkrantztårnet** besichtigen, einen steinernen Turm, den König Magnus Lagabøte etwa 1270 errichten ließ.

Selbst als sich Norwegens Blick nach Osten verlagerte, war Bergenhus weiterhin ein wichtiges administratives und militärisches Zentrum. Doch nur ein einziges Mal wurde es in Kämpfe verwickelt, als 1665 eine große niederländi-

ÜBERNACHTEN IN BERGEN

Det Hanseatiske Hotel
Kombiniert historische Architektur mit luxuriös-zeitgenössischen Elementen in Bryggen. €€€

Grand Hotel Terminus
Erlesenes Hotel aus dem Jahr 1928 gegenüber vom Bahnhof, lässt die alten Zeiten der Bahnreisen wiederaufleben. €€€

Hotel Park
Zwei Gebäude aus dem 19. Jh., angefüllt mit Kuriositäten und Antiquitäten; ein familienbetriebenes Juwel. €€€

sche Flotte, verfolgt von englischen Kriegsschiffen, in Bergen Schutz suchte. Die Engländer griffen an, aber die Garnison in Bergenhus schlug sich auf die Seite der Niederländer, und die Engländer unterlagen.

Während des Zweiten Weltkriegs nutzten die deutschen Besatzer Bergenhus als Hauptquartier. Im kostenfreien **Bergenhus Festningsmuseum** wird die Geschichte der Festung erzählt, ein ausgezeichneter Einblick in die norwegische Widerstandsbewegung während des Kriegs gewährt.

Eine Zeitreise im Alten Bergen

LEBENDIGE GESCHICHTE IN GAMLE BERGEN

Das große Feuer, das große Teile Bryggens 1702 zerstörte, wütete auch in anderen Teilen Bergens und verwüstete 80 % der Stadt. Daher gibt es kaum Holzgebäude in Bergen vor dem 18. Jh. Nach dem Brand folgte der fieberhafte Wiederaufbau, und viele neue Gebäude entstanden im 18. und 19. Jh. Das **Gamle Bergen Museum** besteht aus 55 Holzbauten von 1700 bis ins frühe 20. Jh., die von Sandviken nördlich des Stadtzentrums hierher gebracht wurden.

Die Häuser sind wie eine rekonstruierte Stadt angeordnet, mit unterschiedlichen Gebäuden, die verschiedene Aspekte der Stadtgeschichte illustrieren. Das Haus eines Kapitäns aus dem Jahr 1758 kann besichtigt werden, oder ein Klempnerladen aus den 1860ern und ein Fotostudio von 1900; außerdem ein altes Schulgebäude, ein Friseurladen und eine Zahnarztpraxis. In einigen der Häuser spielen Schauspieler in Originalkostümen Charaktere, die historischen Quellen entlehnt sind, und vermitteln damit einen besseren Eindruck von den Bewohnern: darunter Beamte, eine Kaufmannsfamilie, die Familie eines Seemans und ein Kolonialwarenhändler. Theateraufführungen finden beinahe stündlich auf dem Hauptplatz statt.

Das Museum hat von Ende Mai bis Mitte September geöffnet, die Anlage kann jedoch ganzjährig betreten werden.

Ein Streifzug durch Bergens Kunstmuseen

EDVARD MUNCH UND MEHR

Bergens Top-Sehenswürdigkeit für Kunstliebhaber – die vier Museen, die zusammen **KODE** bilden – befindet sich entlang des kleinen Sees Lille Lungegårdsvann im Stadtzentrum. Am besten beginnt man mit dem **Rasmus Meyer**, benannt nach dem lokalen Geschäftsmann, dessen erstklassige Sammlung von Werken norwegischer Künstler nach seinem Tod 1916 von seinen Kindern der Stadt geschenkt wurde. Sein ganzer

MEHR KOMPONISTEN AUS BERGEN

Edvard Grieg ist nicht die einzige Koryphäe in Sachen klassischer Musik aus Bergen. Einer seiner Mentoren war der Komponist und Geigenvirtuose Ole Bull, der von Robert Schumann als „der Größte" bezeichnet wurde. Bull hatte eine Sommerresidenz in **Lysøen** südlich von Bergen. Die Villa war zum Zeitpunkt der Recherchen wegen Renovierungsmaßnahmen geschlossen, aber auch die Insel selbst ist reizvoll und in wenigen Minuten per Boot von Buena Pier aus erreichbar.

Zu den bemerkenswertesten Komponisten des 20. Jhs. in Norwegen zählt Harald Sæverud, der auch aus Bergen stammt. Sein Zuhause **Siljustøl** ist von wunderbarer Natur und Wanderpfaden umgeben und hat im Sommer sonntags und für spezielle Konzerte geöffnet.

ESSEN IN BERGEN

Søstrene Hagelin
Legeres Café, serviert werden Meeresfrüchte, Fischsuppe, Fischfrikadellen und mehr. **€€**

Hoggorm
Pizza mit dünnem Boden und kreativem Belag, wie Hähnchen mit Green Curry und Pilze mit Fischsauce. **€€**

Allmuen
Bistro mit kleinen Gerichten zum Probieren und Teilen, mit saisonalen und lokalen Zutaten. **€€**

DIE SCHÖNSTEN ALTEN STRASSEN

Jørgen Jørgensen ist pensionierter Lehrer. Seine Familie lebt seit 250 Jahren in Sandviken. Hier stellt er die Highlights der historischen Straßen Bergens vor.

„Am besten von der Fløybanenstation im Tal starten und **Øvregaten**, der ältesten Straße Bergens, in nördlicher Richtung folgen. Rechts die steile **Nicolaikirkeallmenningen** hinauf, und dann der **Steinkjellergaten** folgen, ein Kopfsteinpflasterbereich nur für Fußgänger mit kleinen Läden. Dann geht es rechts in die **Øvre Blekeveien** zur historischen **Skansen Feuerwache** mit Blick über die Stadt. Noch ein Hügel, dann folgt ein Streifzug durch **Fjellveien**. Weiter geht es ins nördliche **Sandviken**, dem schönsten Teil Bergens."

Stolz ist die umfangreiche Sammlung der Werke von Edvard Munch. Doch es gibt auch viele erlesene Arbeiten von anderen, bekannten Künstlern aus Norwegens sogenanntem Goldenen Zeitalter der Malerei (1880–1905) zu sehen, außerdem historische Interieurs.

Nebenan stellt **Lysverket** internationale und norwegische Kunst vom 15. bis ins 20. Jh. aus, während **Permanenten** in einer nahegelegenen Villa den Fokus auf dekorative Kunst legt. Zum Zeitpunkt der Recherchen waren sowohl in Lysverket als auch im Permanenten wegen Restaurierungsarbeiten nur wechselnde Ausstellungen und nicht die gesamte Sammlung zu sehen. Das vierte KODE Museum **Stenersen** zeigt wechselnde Ausstellungen zeitgenössischer Kunst, Architektur und Handwerk, mit sechs bis acht Ausstellungen pro Jahr.

Wer sich für zeitgenössische Kunst interessiert, sollte der **Bergen Kunsthall**, zwischen Rasmus Meyer und Stenersen gelegen, einen Besuch abstatten. Auch die kleinere **Kunsthall 3,14** mit Blick über Vågsallmenningen gegenüber vom Fischmarkt ist einen Besuch wert. Hier werden Arbeiten internationaler Künstler ausgestellt, die die Welt unter die politische oder soziokulturelle Lupe nehmen.

Eintauchen in die Welt Edvard Griegs

BERGENS MEISTERKOMPONIST

Norwegens bekanntester Komponist Edvard Grieg schrieb einige der einprägsamsten klassischen Musikstücke Skandinaviens, darunter seine beiden *Peer-Gynt*-Suiten, die im Auftrag des Dramatikers Henrik Ibsen entstanden. Geboren wurde der berühmteste Sohn der Stadt 1843 in Bergen. Statuen, das jährliche Sommerfestival **Grieg in Bergen**, ein Platz in der Stadt, die Grieghallen und die Grieg-Akademie erinnern an den großen Künstler.

Ein guter Start für eine Tour durch Griegs Leben ist das **Edvard-Grieg-Museum Troldhaugen**, wo der Komponist mit seiner Frau, der Sängerin Nina (Hagerup) Grieg lebte. Dort erfährt der Besucher viel über dessen Leben, gefolgt von einem Rundgang durch seine Villa mit Erinnerungsstücken an wichtige Ereignisse aus seinem Leben, dem Speisezimmer der Familie mit den Originalmöbeln und Griegs Steinway-Flügel, der noch immer perfekt gestimmt ist und bei besonderen Konzerten zum Einsatz kommt.

Inspiriert von dem Blick aus dem Fenster seiner Hütte am Ufer des Nordås-Sees entstanden viele seiner Kompositionen. Edvard und Nina wurden in einem Berggrab beerdigt. Das Grab liegt ein ganzes Stück über dem Erdboden, man kann

GUT ESSEN IN BERGEN

Smakeriet Bistrobar
Beliebtes Lokal in der Innenstadt; es gibt Fish&Chips, Trüffel-Burger, Shrimp-Sandwiches und mehr. €€

Bryggeloftet
Altehrwürdiges Restaurant, das auf norwegische Klassiker wie Fischsuppe und Rentierfilets spezialisiert ist. €€€

Fjellskål
Restaurant mit Fisch und Meeresfrüchten in höchster Qualität und Blick über den Hafen Vågen und Bryggen. €€€

DREAMER COMPANY/SHUTTERSTOCK ©

Troldsalen Konzerthalle

die Namen der beiden in runenartiger Schrift auf einer massiven Steintafel ausmachen. Im Sommer kann der Besuch mit einem täglichen Klavierkonzert in **Troldsalen** verbunden werden, einer fantastischen Konzerthalle, die in den Hügel gebaut wurde. Tickets im Voraus buchen, dann ist auch der Eintritt zu Villa und Museum inbegriffen.

Das kulinarische Bergen

NORWEGENS FOODIE-HAUPTSTADT

Bergen hat von stimmungsvollen historischen Speiselokalen in Bryggen über topmoderne Restaurants bis hin zu Neuer Nordischer Cuisine und Hausmannskost alles zu bieten. Die Touristinformation gibt Auskunft über Foodie-Touren.

DER GESCHMACK VON BERGEN

Amanda Bahl, Food-Journalistin und Projektmanagerin für Norwegens größtes kulinarisches Netzwerk, Smak av Kysten, gibt Tipps zu Bergens Aromen.

„Ein Muss unter den heimischen Spezialitäten ist *persetorsk* (in Zucker und Salz eingelegter Kabeljau), den man z.B. in Bien Basar das ganze Jahr bekommt. Andere traditionelle Gerichte sind *plukkfisk* (gekochter Kabeljau mit Stampfkartoffeln) und Fischsuppe. Auf dem Fischmarkt gibt es frische Shrimps, Käse, Schinken und traditionelles Gebäck. Auf jeden Fall die Zimtschnecke *skillingsbolle* probieren! Es gibt sogar Eis mit *Skillingsbolle*-Geschmack. Und Fish Me auf dem Fischmarkt verkauft Eiscreme mit dem besonderen Geschmack des lokalen Braunkäses."

AUSGEHEN IN BERGEN

Terminus Bar
Eine ausgezeichnete Whiskybar im Grand Hotel Terminus mit Holzvertäfelung und mehr als 500 torfigen Varianten.

Cafe Opera
Ein langjähriger Eckpfeiler des Nachtlebens in Bergen: Cafe Opera bietet Cocktails, Craftbier und Folkmusik.

Bryggeriet
Lokale Brauerei in der Innenstadt mit Blick auf den Hafen und kreativen Biersorten.

MUSIKALISCHES BERGEN

Bergen hat Musik in der Seele. Die „Bergen Wave“ katapultierte Norwegen zu Beginn des 21. Jhs.in die Welt der Electronica-Musik. **Østre** ist *der* Ort für hypermoderne norwegische Electronica.

Heavy Metal- und Indie Rock-Fans treffen sich im **Hulen** in einem ehemaligen Luftschutzraum. Es besteht seit 1968.

Das fantastische kleine **Café Sanaa** bietet Jazz, Blues und Westafrikansche Rhythmen. **Madam Felle** in Bryggen ist ein weiteres genreübergreifendes kleines Lokal. Außerdem gibt es keinen zauberhafteren Ort, um im Sommer Livemusik zu hören, als **USF Verftet** am Wasser. Klassische Musik spielt das Philharmonische Orchester Bergen in Grieghallen von August bis Juni.

MARIE BELLET/SHUTTERSTOCK ©

Ulriken

Ins **Pingvinen** gehen die Einheimischen, um wie damals bei den Eltern und Großeltern zu essen : *kjøttkaker* (Fleischbällchen mit Erbsen und Preiselbeeren) beispielsweise, oder *plukkfisk* (Kabeljau mit Stampfkartoffeln, Speck und Fladenbrot) oder *lapskaus* (norwegisches Labskaus).

Auf dem **Torget-Fischmarkt** sind rote Zelte am Hafen aufgebaut, in denen man entspannt Lachs, Kalamari, Fish & Chips, Baguettes mit Garnelen und Meeresfrüchte-Salate verspeisen kann. Schicker sind die **Fisketorget Mathallen** mit festen Ständen, die alle eine eigene Speisekarte haben mit cremigen Fischsuppen, Austern und Kaviar.

Zu Norwegens besten Shoppingmeilen gehört die Straße Marken. Sie verläuft zwischen Bahnhof und Hafen und wird von Markenboutiquen, Läden mit typisch norwegischen Souvenirs, Kneipen und Cafés gesäumt. Einen Besuch lohnt auch das supercoole **Råvarene**, Bergens erstes Zero-Waste-Café,

DIE BESTEN FESTIVALS IN BERGEN

Internationale Festspiele
Bergens 14-tägiger Kulturklassiker Ende Mai läutet den Sommer ein; die perfekte Zeit für einen Besuch.

Nattjazz
Ebenfalls Ende Mai, oft bis in den Juni hinein. „Night Jazz“ findet hauptsächlich im USF Verftet statt.

Bergen Bierfestival
An zwei Septembertagen auf das Ende des Sommers anstoßen wie die Wikinger mit Bier aus aller Welt.

mit leckeren Sandwiches, Salaten und Snacks aus lokalen und nachhaltigen Zutaten.

Der authentischste historische Speisesaal in Bryggen ist das **Bryggen Tracteursted**. Er befindet sich in einem Gebäude aus dem Jahr 1708 und thront über den ehemaligen Ställen, der Küche (mit Steinboden, was bedeutete, es war das einzige Gebäude in Bryggen, in dem Feuer gemacht werden durfte) und Bergens einziger noch bestehender *schøtstuene*. Im Restaurant werden traditionelle norwegische Gerichte serviert.

Für kunstvolle und von Gourmetköchen zubereitete Neue Nordische (oder „Fjordische", wie manche sagen) Küche sollte eine Mahlzeit in der **Colonialen Matbar** oder **Lysverket** (1 Michelinstern) eingeplant werden.

Sieben Gipfel erklimmen (oder einen)

GRANDIOSE AUSBLICKE UND WANDERWEGE

Rom mag auf sieben Hügeln errichtet worden sein, aber Bergen toppt das mit sieben Bergen. Um ganz genau zu sein, gibt es sogar mehr als sieben Gipfel, die die Stadt umgeben, aber normalerweise sind damit vor allem Sandviksfjellet, Fløyfjellet (Fløyen), Rundemanen, Ulriken, Løvstakken, Damsgårdsfjellet und Lyderhorn gemeint. Sie bieten neben einer ganzen Fülle an Erholungsmöglichkeiten überwältigende Ausblicke in alle Richtungen.

Am leichtesten zugänglich ist der **Fløyen**, dessen Spitze in nur wenigen Minuten Fahrt mit der **Fløibanen** von der Talstation in der Nähe von Bryggen erreichbar ist. Der Panoramablick oben umfasst das Stadtzentrum, den Hafen und die umgebenden Inseln und Berge. Wer zu Fuß hinunterlaufen möchte, kann das auf Wanderwegen tun, die direkt ins Stadtzentrum führen; das dauert eine gute halbe Stunde.

Südöstlich von Fløyen befindet sich **Ulriken**, der höchste Gipfel bei Bergen (643 m). Er ist zerklüftet und felsig, ganz anders als Fløyens sanftere, bewaldete Höhen. Ulriken zu Fuß zu besteigen, ist eine Herausforderung mit seiner 750 m langen Treppe mit 1333 Steinstufen. Wer den Ausblick ohne die Plackerei genießen möchte, kann die Ulriksbanen-Seilbahn nehmen – die offiziell **Ulriken643** heißt. Startpunkt ist Haukelandsbakken, das via Bus oder eine Stadtbahn von der Innenstadt aus erreicht werden kann.

Jedes Jahr veranstaltet der Wanderverein in Bergen den **7-Fjellturen-Lauf**, der alle sieben Gipfel an einem einzigen Sonntag, normalerweise Mitte Mai, in Angriff nimmt. Die Gesamtstrecke beträgt etwa 35 km, der Anstieg insgesamt über 2300 m. Wer eine nicht ganz so große Herausforderung sucht, kann sich auch für die 4-Berge-Version entscheiden.

DIE BESTEN WANDERUNGEN RUND UM BERGEN

Linn Kjos Falkenberg, PR-Managerin bei Visit Bergen, gibt Wandertipps.

Mt Fløyen
Das ist meine Lieblingswanderung: Auf Haarnadelkurven geht es aufwärts, umgeben von riesigen Bäumen und mit Ausblick auf die Stadt. Oben angekommen, kann man picknicken oder weiterziehen auf den Blåmanen oder Rundemanen.

Vidden
Eine herrliche Wanderung auf einem Plateau zwischen Ulriken und Fløyen mit Panoramablick auf die Stadt, die See und die unberührte Natur.

Stoltzekleiven
Die Wanderung auf den Stoltzekleiven ist sehr beliebt bei den Einheimischen und eine Herausforderung mit seinen 800 Stufen.

Rund um Bergen

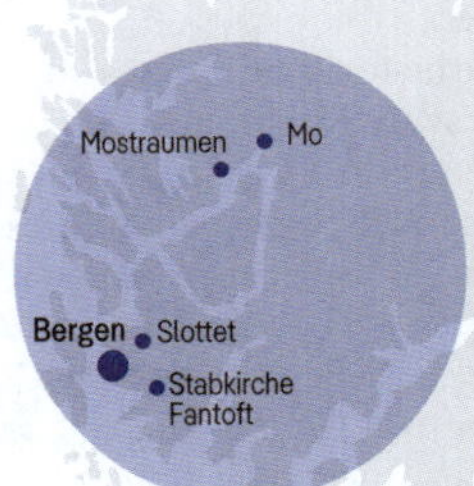

UNTERWEGS VOR ORT

Natürlich kann man Bus-, Fähr- und Zugfahrpläne lesen oder Google Maps zu Rate ziehen. Am besten lässt sich der Osterfjord, Mostraumen und Mo aber mit der Fähre erleben, die von Zachariasbryggen am Fischmarkt ablegt. Fahrkarten gibt es bei der Touristeninformation oder direkt auf dem Schiff.

TOP TIPP

Auf der eintägigen Norwegen- in-einer-Nussschale-Tour (norwaynutshell.com): außerhalb Bergens kommt man weiter als erwartet.

Eine Streifzug durch Bergens Umland ist so spannend wie die Stadt selbst

Dank der Präzision des norwegischen Bus-, Fähr- und Zugsystems lassen sich viele Bereiche im südwestlichen Norwegen bei einem Tagestrip von Bergen aus erreichen. Selbst Voss liegt nur eine Stunde von Bergen entfernt, und zahlreiche Fjorde ebenfalls. Nicht weit außerhalb der Stadt lassen sich Berge, Täler und Buchten erkunden, kleine Dörfer, hübsche Küstenlinien und erlesene Ausblicke, die nur wenige Reisende sehen werden.

Das alles unter eigener Regie besichtigen zu wollen, würde sorgfältiges Planen und etliche Tage erfordern. Aber das ist eben Norwegen, denn auf einer organisierten dreistündigen Tour bekommt man all dies zu sehen.

Halbtägige Kreuzfahrt nach Mostraumen

EIN STREIFZUG DURCH DIE FJORDE

Wer Fjorde sehen will, aber nicht die Zeit für die berühmten Meeresarme wie Sognefjord, Hardangerfjord oder Geirangerfjord hat, findet in der dreistündigen Kreuzfahrt von Bergen nach **Mostraumen** die ideale Alternative. Die Kreuzfahrt startet in Zachariasbryggen beim Fischmarkt und bietet damit gleich einen herrlichen Blick auf Bryggen, Fløyen und andere Bereiche Bergens, während das Schiff den Hafen verlässt.

Das Schiff umfährt das Festland im Norden und wendet sich dann Richtung Osten. Es fährt zwischen größeren Inseln hindurch auf dem Weg nach **Osterfjord**, passiert weitere bewaldete Inseln mit einzelnen Häuschen und manchmal auch kleinen Kirchen, bewaldete Felsklippen und grüne Felder mit roten Bauernhöfen und weißen Hütten. Dann wird das Schiff langsamer und passiert die Meerenge Mostraumen. Sobald der Kanal sich weitet, gleitet man an glitzernden Wasserfällen vorüber, die von den Bergen herabstürzen, während das Boot sich dem innersten Teil des Fjords und dem kleinen, leuchtend bunten Dörfchen **Mo** nähert.

Osterfjord

Die Schifffahrt kann auch noch durch eine Wanderung ergänzt werden, indem man eine Kombi-Tour bucht. Diese beinhaltet sowohl die Schifffahrt zum Fjord als auch eine geführte Wanderung zum **Slottet** (das Schloss), das nur etwa eine Stunde entfernt liegt. Der Weg führt durch Wälder und Marschland, an Flüssen und Mooren entlang, während man stetig weiterwandert zu einem Plateau mit herrlichem Ausblick auf den Fjord.

STABKIRCHE FANTOFT

Obwohl sie offiziell Teil von Bergen ist, liegt die **Stabkirche Fantoft** in dem südlichen Vorort mit dem passenden Namen Paradis ein gutes Stück Fahrt mit der Stadtbahn entfernt. Aber der Ausflug lohnt sich, nicht zuletzt wegen ihrer bewegten Geschichte. Die Kirche wurde 1150 in Sognefjord erbaut und 1883 hierher verlegt. Hier überdauerte sie bis in die 1990er-Jahre, dann wurde sie von Mitgliedern einer Black-Metal-Band niedergebrannt. Heute ist eine Nachbildung zu sehen, nur das nahe Steinkreuz aus dem Jahr 1050 stammt noch aus alten Zeiten.

Voss

UNTERWEGS VOR ORT

Es ist sehr leicht, Voss zu Fuß zu erkunden. Die Stadt liegt nur 1¼ Stunden Zugfahrt auf der Bergen-Oslo-Linie von Bergen entfernt und verkehrt täglich und regelmäßig. Vom Hardangerfjord fahren Busse mehrmals täglich von Norheimsund nach Voss. Die Fahrt dauert ca. 1¾ Stunden von Norheimsund. Busse, die zwischen Voss und Fahrtzielen im Sognefjord verkehren, stoppen in Myrkdalen, Stalheim und Skulestadmo (nahe Tvindefossen).

TOP TIPP

Voss (oder „Vossevangen") bietet viele organisierte Aktivitäten, aber am schönsten ist immer noch ein Spaziergang in Stadtnähe, am Ostende des Sees Vangsvatnet. Man lässt die Besucherscharen schnell hinter sich, und der Blick Richtung Voss ist überwältigend.

Wundervoll gelegen zwischen Fjorden und nicht weit vom Zauber Bergens, zeigt das kompakte und reizvolle Voss viel Charakter.

Jeden Sommer kommen Adrenalin-Junkies aus aller Welt hierher, um ein einzigartiges Angebot an hochdosierten Aktivitäten wahrzunehmen. Ob nun hoch in der Luft oder im Wasser, es gibt beinahe nichts, was man in Voss nicht tun könnte. Doch wer auf der Hauptstraße entlangspaziert, sich in eines der Cafés setzt oder die lokale Brauerei besucht, erkennt auch den starken norwegischen Charakter, den sich Voss bewahrt hat.

Der Aufenthalt muss sich nicht auf die Stadt allein beschränken: Voss ist ein idealer Ausgangspunkt für Ausflüge zu den Fjorden und in die Umgebung, um dann abends in eine ruhige Stadt zurückzukehren, aus der die Tagesausflügler verschwunden sind.

Ein Adrenalinkick

NORWEGENS HAUPTSTADT DES EXTREMSPORTS

Abenteuerlustige aus aller Welt zieht es in dieses kleine Paradies für Adrenalin-Junkies. Voss liegt zwischen Bergen und Hügeln und Norwegens längsten Fjorden (Sognefjord und Hardangerfjord), außerdem ist es von der Stadt Bergen aus leicht erreichbar. Es bietet so ziemlich jede Art von Outdoor-Abenteuer an, die man sich nur vorstellen kann.

Die Touren werden von erstklassigen Veranstaltern wie **Voss Active** (vossactive.no), **Wild Voss** (wildvoss.no) und **Outdoor Norway** (outdoornorway.com) angeboten und umfassen Wandern, Bergsteigen, Klettersport und Mountainbiking, außerdem Wassersport wie Flusskanutouren, Meereskajakfahrten, Stand-Up-Paddling, Rafting und mehr. Die meisten Seekajak-Trips werden in den nahe gelegenen Fjorden angeboten, man kann aber auch in Voss selbst mit **Nordic Ventures** (nordicventures.com) auf den Seen Vangsvatnet und Lønavatnet paddeln. **Vått & Vilt** (vaattogvilt.no) bietet halb- und

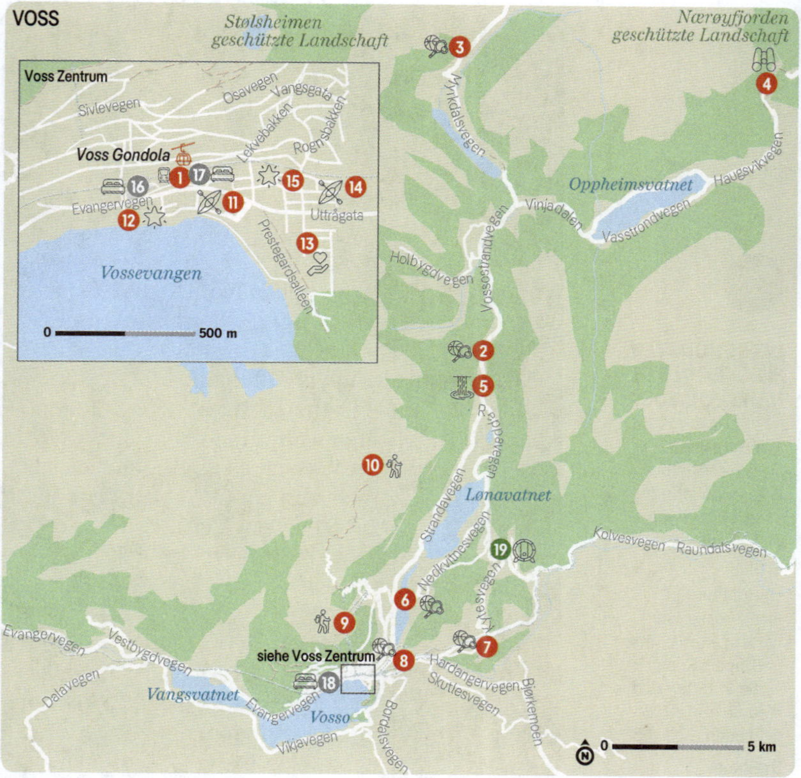

VOSS

zweitägige Kurse an, um die Paddeltechnik zu verbessern. Adrenalinkicks ganz anderer Art bietet der **High Rope and Zipline Park**, oder auch **Voss Skydive** mit Fallschirmspringen oder Tandem Skydiving - oder wie wäre es mit einem Indoor-Flug im Windkanal bei **Voss Vind**?

Ekstremsportveko gilt als das weltweit größte Extremsportfestival und findet in der letzten Juniwoche statt. Es bietet ein berauschendes, umfassendes Programm für alle Altersklassen und Schwierigkeitsgrade.

DIE SCHÖNSTEN FLECKEN IN DER NÄHE VON VOSS

Tvindefossen
Der Wasserfall, 12 km nördlich von Voss, stürzt 110 m stufenartig in die Tiefe.

Myrkdalen
Ein Skiressort mit verschneiten Wintern und einem Sommer voller Wander- und Mountainbike-Möglichkeiten.

Stalheim
Panoramablick vom Hotel auf das Nærøy-Tal. Die gewundene Stalheimskleiva-Straße ist für Fußgänger zugänglich.

Skjervefossen
Zweistufiger Wasserfall an der alten Straße zwischen Voss und Granvin.

Tvindefossen

Auf dem Weg zum Gipfel

VOSS: GONDEL NACH HANGURSTOPPEN

Die moderne **Voss Gondol** bringt ihre Passagiere von der Talstation in knapp 10 Minuten auf 820 m über dem Meeresspiegel nach **Hangurstoppen**. Auf dem Gipfel erwarten die

ÜBERNACHTEN IN VOSS

Voss Hostel
Hostel am Wasser mit Schlafsälen. Reservierung für private Gruppen möglich. Kleine Gemeinschaftsküche. €

Fleischer's Hotel
Historisches Hotel mit klassischen Zimmern und Selbstversorger-Appartements in einem separaten Gebäude. €€

Scandic Hotel Voss
Modernes Hotel mit Blick auf den Vangsvatnet; in der Nähe des Bahnhofs und der Innenstadt-Restaurants. €€€

Besucher kilometerweite Wanderwege, fantastische Ausblicke auf die Stadt und den See Vangsvatnet und das **Voss Resort**, eines der größten Skigebiete im westlichen Norwegen mit 18 Skiliften, 24 Skipisten und 18 km gepflegten Langlaufloipen. In den wärmeren Monaten kann das Mountainbike in der Gondel mitgenommen werden (Verleih in der Talstation). Am glasklaren Alpinsee Valbergstjørni gibt es einen Schwimmsteg, also Badezeug mitnehmen.

An der Bergstation werden im **Hangurstoppen Restaurant** saisonale Gerichte serviert, für die Zutaten von lokalen Bauernhöfen verwendet werden. Wer einen Tisch im Voraus reserviert für ein Abendessen à la Carte – im Sommer empfohlen, oder wenn viel Betrieb zu erwarten ist –, bekommt eine Ermäßigung aufs Gondelticket.

Zahlreiche Wanderrouten führen hinunter nach Voss, andere Wege bergaufwärts. Der Herausforderndste ist die Wanderung nach **Lønahorgi** auf eine Höhe von 1410 m. Es gibt aber auch einen 1 km langen Rundweg mit Panoramablick auf Voss für aktive Rollstuhlnutzer. Auf diesem Weg findet sich auch die beliebte **Schaukel Hangurshusko**. Die Schaukeln direkt am Abhang verursacht ein gewisses Kribbeln in der Magengegend.

MEHR HIGHLIGHTS

Vangskyrkja
Voss' Kirche im gotischen Stil ist eine der hübschesten Steinkirchen in Norwegen.

Olavskreuz
Das schlichte, aber wunderbar verwitterte Kreuz steht hier seit dem Jahr 1023.

Tre Brør
Das Herz von Voss' Gesellschaftsleben, mit gutem Kaffee und einer großen Auswahl an lokalen Bieren.

Voss Bryggeri
Eine hochgeachtete Brauerei mit Oregonian Pale Ale, Natabjødn, und traditionelles Vossaøl, das mit Wacholderbeerentee gebraut wird. 6 km nördlich von Voss gelegen.

MEHR ADRENALIN

Voss ist nicht der einzige Hotspot für Abenteuerlustige in Norwegen. **Åndalsnes** (S. 203) gilt als Magnet für Bergsteiger. Im hohen Norden liegt **Tromsø** (S. 278) mit einer Auswahl an arktischen Abenteuern. Im Süden gibt es in **Rjukan** (S. 94) ebenfalls zahlreiche Aktivitäten.

Hardangerfjord

UNTERWEGS VOR ORT

Um den Hardangerfjord richtig erkunden zu können, ist ein Auto unumgänglich. Wer aber zeitlich flexibel ist, kann viele der Sehenswürdigkeiten mit den öffentlichen Verkehrsmitteln erreichen. Im Sommer verbindet die Passagierfähre Norled die Dörfer entlang des Fjords. Es gibt auch Autofähren zwischen Kvandal, Utne und Kinsarvik, Jondal und Tørvikbygd. Zwischen den Dörfern verkehren Busse.

TOP TIPP

Die meisten Mitarbeiter der Touristbüros am Hardangerfjord arbeiten ehrenamtlich; außerhalb des Sommers sind sie nur am Wochenende auf. Es gibt hervorragendes Material, inklusive Wanderkarten. Hardanger Hiking Highlights z.B. (30 kr) ist herausragend.

Unter den großen Fjordsystemen Norwegens bildet der Hardangerfjord fraglos das Herz und die Seele. Dörfer klammern sich an unfassbar schmale Streifen zwischen Ufer und steilen Hängen. Mehr noch vielleicht als der weltberühmte Sognefjord oder der Geirangerfjord hat sich der Hardangerfjord seinen norwegischen Charakter bewahrt. Oft bilden hier die Einheimischen noch die Mehrheit, selbst in der sommerlichen Hochsaison. Das verzweigte Fjordsystem bietet auf jeden Fall ausreichend Gelegenheit, den Besucherscharen zu entgehen.

Die Natur rund um den Hardangerfjord ist Grund genug für einen Besuch, vor allem die überwältigenden Ausblicke und Wasserfälle. Aber es ist das Zusammenspiel von Mensch und rauer Umgebung, die den Hardangerfjord so besonders machen, von Apfelhainen zu den Zeugnissen der Wikinger, und von dem schwer erreichbaren Kjeåsen-Bergbauernhof bis hin zu Gletscherwanderungen – ein bemerkenswerter Ort, an dem man so viel Zeit verbringen sollte wie nur möglich.

Hardangers Natur

VON FJORDEN UND WASSERFÄLLEN

Eidfjord, 153 km östlich von Bergen gelegen, ist ein idealer Ausgangspunkt zur Hardangervidda, der größten Hochebene Nordeuropas. Man kann Eidfjord auch mit dem Bus erreichen, aber mit einem Mietwagen eröffnen sich vor Ort ganz andere Möglichkeiten. Von Eidfjord schlängelt sich der RV7 nach Måbødal und führt dann zur Hochebene hinauf. Entlang des Wegs warten einige mitreißende Attraktionen.

In Øvre Eidfjord 7 km von Eidfjord liegt das fantastische **Norway Natursenter**. Auf interaktivem Weg kann man Flora und Fauna erkunden, die Mitarbeiter geben Informationen zu den Aktivitäten. Es wird ein herausragender 20-minütiger Film gezeigt, bei dem man meint, über die Fjorde, Berge und Gletscher zu fliegen. Weiter talaufwärts gelangt man nach einer Reihe bemerkenswerter Tunnel zu dem 182 m hohen **Vøringsfossen**, wo das Wasser über die Kante des Plateaus

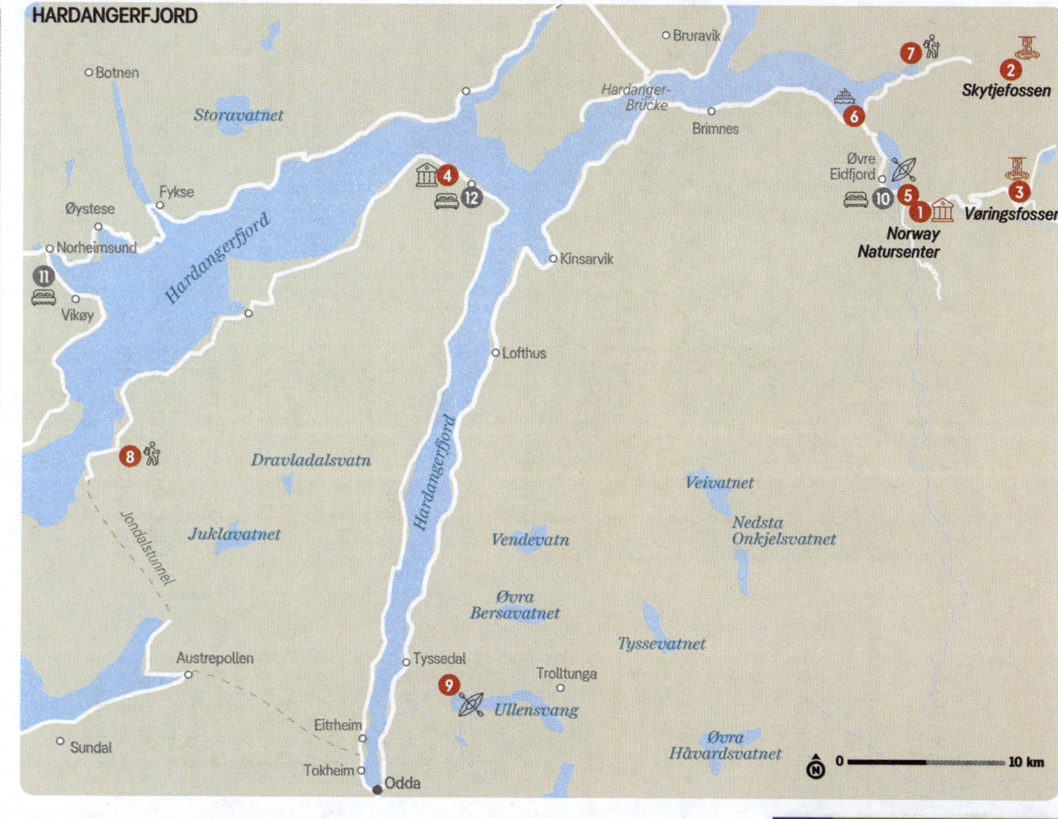

HIGHLIGHTS
1 Norway Natursenter
2 Skytjefossen
3 Vøringsfossen

SEHENSWERTES
4 Hardanger Folk Museum

KURSE & TOUREN
5 Best Adventures
6 Hardanger Fjordsafari
7 Kjeåsen Farm
8 Mt Vikanuten
9 Trolltunga Active

SCHLAFEN
10 Eidfjord Gjestgiveri
11 Sandven Hotel
12 Utne Hotel

DIE HARDANGER-FIEDEL

Sie ist kleiner als eine Violine und wird in der norwegischen Volksmusik verwendet. Neben 4 Spielsaiten besitzt sie 4–5 Resonanzsaiten. Viele Instrumente sind aufwendig verziert.

Die älteste erhaltene Hardangerfiedel wurde 1651 gefertigt und befindet sich im Universitätsmuseum in Bergen. Der Violinist Ole Bull (1810–1880) machte das Instrument überregional bekannt. Auch der Komponist Edvard Grieg griff für seine Arbeiten auf die Hardangerfiedel zurück.

Die **Ole Bull Akademiet** in Voss widmet sich der norwegischen Folkmusik und bietet einen Workshop an mit Schwerpunkt auf Herstellung und Reparatur von Hardangerfiedeln.

Blick vom Kjeåsen-Bergbauernhof

hinunterstürzt ins Måbødal-Tal. Wanderwege führen zu Ausblicken auf beiden Seiten und über eine dramatisch aussehende Treppenbrücke mit 99 Stufen, die sich 50 m über den Bjoreio-Fluss spannt.

Auch der **Skytjefossen** Wasserfall, der 12 km nördlich von Eidfjord im Simadalen-Tal liegt, lohnt einen Besuch. Beinahe 300 m stürzt das Wasser von der Hardangervidda Hochebene zu Tal. Dieser Wasserfall zählt zu Norwegens höchsten. Man kann bis Tveit fahren und direkt nach dem letzten Haus parken. Die 3 km lange Wanderung zum Wasserfall dauert 1½ Stunden (hin und zurück).

Den Ausblick von Kjeåsen genießen

DIE LANDSCHAFT IM BLICK

In einem Land, in dem die Schaffung von Lebens- und Wohnraum ohnehin schon häufig eine ziemliche Knochenarbeit bedeutete, stellt der **Kjeåsen-Bergbauernhof** eine ganz besondere Leistung dar.

Auf einem steilen Hang zwischen Wald und einem schroffen Abhang, etwa 600 m über Eidfjord gelegen, befinden sich zwei Gehöfte mit spektakulärer Aussicht. Die Geschichte der Höfe reicht bis ins 17. Jh. zurück. Sie waren aber nur über einen steilen Wanderpfad erreichbar, bis schließlich im Jahr

ÜBERNACHTEEN RUND UM HARDANGERFJORD

Eidfjord Gjestgiveri
Ein klassisches Gästehaus aus weißem Holz mit einem hauseigenen Pfannkuchen-Café. €

Energihotellet
Das Boutique-Hotel und Restaurant befindet sich in einem umfunktionierten Kraftwerk in Nesflaten. €€

Hardanger Gjestegard
In diesem Holzhaus aus dem 19. Jh. zu übernachten ist, als würde man in ein Märchen von Andersen eintauchen. €€

1975 eine Straße gebaut wurde. Zuvor wurde alles, was man brauchte, u. a. auch Baumaterial auf dem Rücken hochgetragen werden (es heißt, dass es jeweils 30 Jahre dauerte, bis eines der Gebäude fertiggestellt werden konnte).

Hier hochzukommen, macht schon die Hälfte des Vergnügens aus. Eidfjord ist zwar mit dem Bus erreichbar, aber dann bräuchte man immer noch ein Fahrzeug, um bis Kjeåsen zu kommen; es ist also sinnvoll, für die gesamte Anfahrt einen Mietwagen zu nehmen. Um Kjeåsen zu erreichen, 8 km von Eidfjord in nördlicher Richtung auf der RV7 fahren. Bei der beschilderten Abzweigung Richtung Hof geht es 2,5 km steil bergauf und dann weitere 2,5 km durch einen steilen Tunnel. Da die Straße so schmal ist, ist Verkehr und Gegenverkehr begrenzt und abwechselnd halbstündlich geregelt. Im Winter ist die Straße normalerweise geschlossen.

DIE WIKINGER HARDANGERS

Die Fjorde waren wichtige Bestandteile des Wikingerreichs. Vom 8. bis ins 11. Jh. galt Kinsarvik als eine der größten Wikingersiedlungen der Region. Der kleine U-förmige Bereich gegenüber der Touristinformation in Kinsarvik fungierte einst als Wikingerhafen. Die **Kirche in Kinsarvik** markiert ebenfalls einen klaren Bruch mit der Wikinger-Vergangenheit: Sie wurde etwa 1180 von schottischen Invasoren errichtet.

30 km von Eidfjord entfernt befinden sich 350 Grabhügel, die zwischen 400 und 1000 entstanden. Die Touristinfo hat Karten, auf denen ein 5,3 km langer Wanderweg verzeichnet ist (Dauer etwa 1½ Std.).

Die Hardanger-Tradition in Utne

VON DER FIEDEL ZUM FARMHAUS

Nur wenige Minuten Fußweg von der Fähre in Utne entfernt liegt das **Hardanger Folkenmuseum**. Die informative Ausstellung enthält alles, von regionalen Volkstrachten und Hochzeitstraditionen bis hin zu Mobiliar, Handwerk und Volksmusik. Auf dem Hügel hinter dem Hauptbau befinden sich historische Holzgebäude aus der Region wie Wohnhäuser, Bauerngehöfte und eine Schule. Das älteste Bauwerk stammt von 1220, aber die meisten datieren aus dem 18. und 19. Jh. und sind so möbliert, als würden noch jemand darin leben. Der Blick auf Utne, den Fjord und die Berge ist herrlich.

Hardangerfjord per Boot erkunden

FÄHREN, KAJAKS UND MEHR

Wer die Region Hardangerfjord besucht, sollte wenigstens einmal auf dem Wasser unterwegs gewesen sein. **Hardanger Fjordsafari** bietet RIB-Bootssafaris von Eidfjord aus an, einige davon mit Cider-Verkostung auf einem Bauernhof. Ein langsameres Tempo schlägt **Best Adventures** mit dreistündigen, halb- oder ganztägigen Kajaktouren auf dem Simadalsfjord an. **Trolltunga Active** bietet zweitägige Kajaktouren von Uskedalen zum westlichen Teil des Hardangerfjords, außerdem Trips von Lofthus (5 Std.).

Die **Norled Passagierfähre** fährt täglich von Norheimsund nach Eidfjord und zurück, mit Stopps in einigen Dörfern. Alternativ kann man auch gratis auf der **Autofähre Fjord1** einen Trip über das Fjord unternehmen, zwischen Utne und Kvanndal oder Kinsarvik, oder Jondal und Tørvikbygd.

ÜBERNACHTEN RUND UM HARDANGERFJORD

Sandven Hotel
Das charmante Sandven liegt direkt am Fjord in Norheimsund und ist beinahe 170 Jahre alt. €€

Utne Hotel
Norwegens ältestes Hotel (1722) ragt am Fjord auf und bietet abendliche Cider-Verkostungen. €€€

Hardanger Panorama Lodge
Hoch über Ulvik gelegen, wirkt dieses Schmuckstück wie ein Luxus-Baumhaus aus Glas und norwegischer Kiefer. €€€

HARDANGERFJORD-TOUR MIT DEM AUTO

Wie viele Straßen rund um den Hardangerfjord führt auch dieser Weg an der Küste entlang, allerdings zu einer weniger bekannten Gegend von Hardanger. Die Reise beginnt in dem ruhigen kleinen **1 Norheimsund**, einem praktischen Startpunkt, wenn man aus Bergen kommt. Einst war die hübsche kleine Stadt am Fjord ein beliebtes Wochenendziel für Städter. Nur 6 km weiter nordöstlich liegt **2 Øystese**, das sich von einer unscheinbaren Stadt zu Norwegens Zentrum für zeitgenössische Kunst enwickelt hat. Kunsthuset Kabuso ist ein Magnet für internationale Künstler wie Damien Hirst und Matthew Barney.

Weiter geht es auf der FV7 in nordöstlicher Richtung. Nach 34 km erreicht man **3 Kvanndal**, wo es eine regelmäßige Fährverbindung nach **4 Utne** gibt. Obstgärten umgeben den charmanten Weiler mit wunderbar erhaltenen traditionellen Straßen und dem herausragenden Hardanger Folkemuseum. Von Utne geht es 36 km weiter auf dem RV550 nach **5 Jondal**. Es ist eine schöne und ruhige Strecke entlang des Fjords, vor allem im Spätfrühling und Frühsommer. In Hereiane erwartet den Besucher eine einmalige Felslandschaft. Der Kiosk in Jondal verkauft leckere Waffeln.

Auf der Weiterfahrt in mehr oder weniger südlicher Richtung liegt 54 km hinter Jondal **6 Rosendal**. Obwohl es vom restlichen Hardangerfjord durch hohe Berge und die Eisfläche des Nationalparks Folgefonna (S. 164) getrennt wird, kommen mehr Besucher nach Rosendal, als man meinen möchte, dank der regelmäßigen Fährverbindung nach Stavanger und Bergen. Rosendal hat außerdem ein gutes Nationalpark-Zentrum und Baroniet Rosendal (1665) zu bieten, Norwegens einzige Baronie auf einer sanften Anhöhe über der Stadt mit hübschem Rosengarten.

Rund um Hardangerfjord

Nicht weit vom Hardangerfjord warten unvergessliche Abenteuer auf die Reisenden

Der Hardangerfjord mit allen seinen Ausläufern und Seitenarmen ist ein Herzstück des südwestlichen Norwegens. Und doch dient er manchmal auch einfach nur als Ausgangspunkt für weitere Touren.

Die hohen Berge rund um den Fjord bieten, wie nicht anders zu erwarten, einige überwältigende Hochgebirgserfahrungen. Richtung Norden, Osten und Süden erstreckt sich Hochland – ein spektakulärer und wilder Gegensatz zu der gepflegten Schönheit des Fjords und seiner Dörfer. Lohnenswert ist eine Wanderung zum Felsvorsprung Trolltunga („Trollzunge"), oder ein Trip zu dem Gletscher Folgefonna. Unten im Tal befinden sich Stabkirchen entlang der Wege, die sich durch eine Landschaft von außergewöhnlicher Schönheit schlängeln.

Wanderung zur Trolltunga

BIS ZUM RAND DES ABGRUNDS

Sie ist vielleicht Norwegens spektakulärste Felsformation: Wie eine Zunge oder Nase ragt die **Trolltunga** etwa 700 m über den Stausee Ringedalsvatnet hinaus. Geformt wurde sie von eiszeitlichen Gletschern. Sie ist Teil eines Plateaus, das den westlichen Rand des Hardangervidda bildet.

Die Wanderung durch alpines Gelände zur Trolltunga ist anstrengend – ein Rundtrip (27 km) von Skjeggedal mit einem Höhenunterschied von knapp 800 m – und dauert 8–12 Stunden. Alternativ kann man von Mågelitopp aus starten, was dem Wanderer 7 km erspart und den Anstieg auf 320 m reduziert. Shuttlebusse fahren von Odda via Tyssedal nach Skjeggedal und weiter nach Mågelitopp.

Der Zustand des Wanderwegs ist im Allgemeinen gut und ausreichend beschildert, aber man sollte in guter körperlicher Verfassung sein und geeignete Ausrüstung dabei haben. Manchmal ist der Anstieg extrem. Auf dem Weg liegt der **Wasserfall Tyssestrengene** (646 m). Hat man erst einmal den Gipfel erreicht, wird der anstrengende Aufstieg mit einer überwältigenden Aussicht belohnt. Auf die Zungenspitze hinauszugehen, erfordert allerdings eiserne Nerven. Wer jetzt noch bei Kräften ist, kann zum **Preikestolen** („Predigt-

UNTERWEGS VOR ORT

Um die kostbare Zeit am effektivsten zu nutzen, sollte man mit einem Mietwagen unterwegs sein. Die E13 von Stavanger durchquert Odda und streift das Ostufer des Hardangerfjords auf ihrem Weg nach Norden. Von dieser Straße aus geht es zu zahlreichen Attraktionen im Umland des Hardangerfjords. Die FV551 beispielsweise verbindet Rosendal und Folgefonna mit dem Hardangerfjord. Zu der Straße gehört auch der etwa 11 km lange Folgefonna-Tunnel, der unter der Eiskappe verläuft.

TOP TIPP

Mindestens einen Tag für Folgefonna, und einen für Trolltunga einplanen, plus einen Tag Entspannung zwischen den beiden Trips.

NOCH MEHR AUSBLICKE

Westlich von Stavanger, mit weitem Blick über den Lysefjord: **Preikestolen** (S. 179) ist der Urvater unter Norwegens Schwindel erregenden Aussichtspunkten, erreichbar auf einer fantastischen Wanderung durch Norwegens südwestliche Fjordlandschaft.

stuhl“) weiterlaufen, eine kleinere Version seines deutlich berühmteren Namensvettern, der in der Nähe von Stavanger über Lysefjord blickt.

Normalerweise ist die Wanderung von Ende Mai bis Anfang September möglich. Es ist ratsam, früh zu starten und die Wetterbedingungen genau im Blick zu behalten. Wer keine Erfahrung mit den norwegischen Bergen hat, sollte eine geführte Tour in Betracht ziehen, vor allem außerhalb der Sommermonate. **Trolltunga Active** und **Trolltunga Adventures** sind renommierte Veranstalter. Manchmal werden auch Sonnenaufgangs- oder Sonnenuntergangsversionen der Wanderung angeboten, oder Bungee Jumping und Seilrutschen.

Eine weitere Version der Trolltunga-Wanderung ist die **Trolltunga Via Ferrata**, die das Wandern und Klettern mit Drahtseilen und Leitern kombiniert. Welchen Weg auf den Gipfel auch immer man wählt, oben wartet im wahrsten Sinne des Wortes eine atemberaubende Aussicht!

HARDANGERS ÄPFEL

Hardangerfjord und Umgebung gelten als Norwegens Obstgarten. Die Straßen sind gesprenkelt mit *Bær-salg*-Schildern (Obst zu verkaufen). Mehr Informationen siehe siderlandet.no/en.

Lofthus Ekspedisjon
Mit eigener Cider-Brauerei und Restaurant am Fjord; veranstaltet Verkostungen.

Hardanger Saft og Siderfabrikk
Traditionelle Obstfarm mit Apfel- und Pflaumengärten; Saft- und Cider-Produktion.

Ulvik Frukt & Cideri
Eine Auswahl an hausgemachten Apfelsäften und -weinen, außerdem frische Äpfel und Kirschen.

Gletscherwanderung in Folgefonna

AUF DEM HIGH ICE

Im 168 km² großen **Nationalpark Folgefonna** liegt der drittgrößte Gletscher auf dem norwegischen Festland. Es gibt mehrere Zugänge zum Eisfeld, von Jondal im Westen bis zu Odda im Osten. Diese sind 120 km bzw. 190 km von Bergen entfernt und am besten mit dem Auto (und einer Fahrt mit der Fähre Tørvikbygd–Jondal als Dreingabe) zu erreichen.

An manchen Stellen ist das Eis auf dem Folgefonna rund 400 m dick. Es ist eine dramatische, wunderschöne Landschaft, mit Eisfeldern, die sich in die Täler hinabwinden, glitzernden Eiskappen und einem überirdischen Spektrum an Eisfarben, von Gletscherblau bis zu reinstem Weiß.

An einem solchen Ort zu wandern ist keine Bagatelle. Auf der einen Seite genießt man das Privileg, einem Gletscher und der charakteristischen Landschaft des Hohen Nordens so nahe zu kommen. Andererseits sollte man, abgesehen von kleineren Spaziergängen am Rand des Gletschers, eine echte Gletscherwanderung nur mit einem professionellen Führer unternehmen. Eine Option ist die Folgefonna-Überquerung, eine mehrtägige Expedition von Sundal nach Odda, aber es gibt auch deutlich kürzere Tageswanderungen. Der sechsstündige „Blue-Ice“-Trip nach **Juklavassbreen** ist besonders empfehlenswert. Die meisten Wanderungen eignen

ÜBERNACHTEN RUND UM DEN HARDANGERFJORD

Hordatun Hotel
Der kurvenförmige Betonbau hat Charakter, großartigen Seeblick und ein gutes Restaurant. **€€**

Tyssedal Hotel
Oddas Art-déco-Hotel wurde 1913 errichtet und verfügt über wunderbare Zimmer. **€€€**

Folgefonna-Eisfeld

sich für Teilnehmer mit guter körperlicher Kondition. Warme Kleidung und robustes Schuhwerk sind ein Muss.

Folgefonni Glacier Team (folgefonni.no) in Jondal und **Best Adventures** (bestadventures.no) in Øvre Eidfjord sind zwei ausgezeichnete Veranstalter.

Eine Pilgerstätte

DIE KIRCHE DES SCHWITZENDEN KREUZES

Die **Stabkirche Røldal** kann zwar nicht mit der Größe und den Drachenschnitzereien der berühmteren Stabkirchen punkten, lohnt aber trotzdem einen Besuch. Sie wurde zwischen 1200 und 1250 errichtet und mehrfach modifiziert, hat sich aber noch viele ihrer ursprünglichen Besonderheiten bewahrt, wie das Kreuz beispielsweise, das angeblich in der Nacht vom 6. auf den 7. Juli zu schwitzen beginnt. Die Schweißperlen sollen Heilkräfte haben, weshalb Røldal seit Jahrhunderten bis heute eine beliebte Pilgerstätte ist.

Innen ist die Kirche reich verziert, mit aufwendigen Rosemaling-Malereien aus der ersten Hälfte des 17. Jhs., die Wände, Kanzel und andere Oberflächen bedecken.

WASSERKRAFT-WERK TYSSEDAL

Direkt am südlichsten Ende des Hardangerfjords, in der Nähe von Odda, liegt das **Norwegische Wasserkraft- und Industriestadtmuseum**, eine seltene Kombination von Technik und architektonischer Innovation.

Das Kraftwerk Tyss 1 wurde zu Beginn des 20. Jhs. von Thorvald Astrup errichtet und vermischt klassische europäische Architektur mit strengen, funktionalen Linien. Astrup ließ sich von italienischen Kirchen und Kathedralen inspirieren und glaubte fest daran, dass selbst Industriebauten von einer ganz eigenen Ästhetik sein können. Tyssedal ist sein Meisterstück. Wer mehr erfahren möchte, kann an einer geführten Tour teilnehmen.

ÜBERNACHTEN RUND UM DEN HARDANGERFJORD

Sundal Camping
Nette Stellplätze und Hütten in Sundal, 28km nordöstlich von Rosendal. **€**

Baroniet Rosendal
Ein Bauernhof mit attraktiven Zimmern und dreigängigen Menüs am Abend. **€€**

Rosendal Turisthotell
Gegenüber vom Kai liegt dieses hübsche Gebäude aus dem Jahr 1887 mit erlesenem Restaurant. **€€**

Haugesund

UNTERWEGS VOR ORT

Haugesunds Stadtzentrum ist kompakt und daher leicht zu Fuß zu erkunden, wer allerdings auch die Umgebung kennenlernen will, braucht einen Mietwagen. Die Busse des Verkehrsunternehmens Kolumbus (kolumbus.no) fahren in Haugesund, in Haugalandet zu weiteren Destinationen in Rogaland.

Die Gegend rund um Haugesund ist für die Norweger von großer historischer Bedeutung. Vor allem ist sie bekannt als die Region, in der Harald Schönhaar das Königreich Norwegen im 9. Jh. gründete.

Die Stadt selbst ist allerdings relativ jung für norwegische Verhältnisse. Sie entstand aus Fischergemeinden, die an der Bucht lagen, und war schon bald ein wichtiger Umschlagplatz für die Heringsfischerei. Haugesund wurde *sildabyen* („Heringsstadt") genannt und entwickelte sich Ende des 19. Jhs. zu einem bedeutenden Industriezentrum.

Die Ursprünge der Stadt spiegeln sich noch immer in den Gebäuden entlang des Smedasundet, die Meerenge, die das Festland von den Inseln Risøy und Hasseløy trennt. Es ist ein lebhafter Ort mit nur wenigen Touristen, ausgezeichneten Restaurants, vielen Festivals und einer guten Verbindung zu schönen Inseln wie Karmøy mit seinen Stränden, idyllischen Dörfern und historischen Stätten.

TOP TIPP

Sehenswert ist das **Marilyn-Monroe-Denkmal** am Ufer. Haugesund behauptet bizarrerweise, es wäre die angestammte Heimat von Marilyn Monroe, deren Vater, ein lokaler Bäcker, von hier in die USA auswanderte. Die Statue neben dem Scandic Maritim Hotel ist angemessen kokett, wenn auch nur vage ähnlich.

In den Fußstapfen von Harald Schönhaar

DER GRÜNDER DES VEREINIGTEN NORWEGENS

Harald Schönhaar gilt als einer der legendärsten Könige Norwegens. Er hat das Land zu einem Königreich vereint nach seinem Sieg bei der Schlacht am Hafrsfjord im späten 9. Jh. Den nordischen Sagas nach war er bekannt für sein gutes Aussehen, seine langen, wallenden Haare und seine Qualitäten als starker und weiser Anführer. Eine Statue von ihm ragt auf einem Felsen am Ende von **Haraldsgata** auf. Harald hält Helm und Schild in Händen, während er seinen Blick über **Smedasundet** schweifen lässt – ein Ausblick, den auch der Besucher direkt unterhalb der Skulptur genießen kann.

Harald hatte seinen Königssitz in Avaldsnes auf Karmøy (S. 168). Laut der Island-Saga, die seinen Namen trägt, starb er im Jahr 933 an einer Krankheit und wurde in einem Erd-

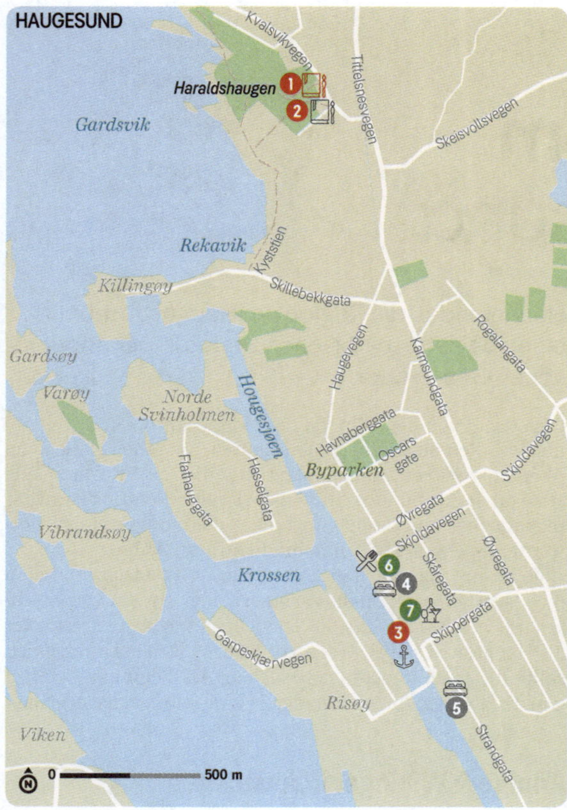

HIGHLIGHTS
1 Haraldshaugen

SEHENSWERTES
2 Krosshaugen
3 Smedasundet

SCHLAFEN
4 Clarion Collection Hotel Banken
5 Scandic Maritim Hotel

ESSEN
6 To Glass

AUSGEHEN & FEIERN
7 Brasserie Brakstad

hügel bei Haugar begraben, der über die Meerenge Karmsund blickt. Als Snorre Sturlason, der Autor der Sagas, die Region 1220 besuchte, wurde ihm ein Grabhügel gezeigt mit dem Hinweis, es wäre Haralds. Die Wissenschaftler zweifeln mittlerweile an der Richtigkeit dieser Aussage; 1872 wurde sie jedoch noch nicht hinterfragt, als das imposante Nationaldenkmal **Haraldshaugen** hier anlässlich der Tausendjahrfeier – die Schlacht am Hafrsfjord und Reichsgründung Norwegens – errichtet wurde. Vom Denkmal aus hat man einen guten Ausblick auf die Küste.

Ganz in der Nähe befindet sich **Krosshaugen**, ein kleinerer Erdhügel mit Steinkreuz, das aus den frühen Tagen des Christentums in Norwegen (um das Jahr 1000) stammt.

ÜBERNACHTEN & ESSEN IN HAUGESUND

Clarion Collection Hotel Banken
Haugesunds bestes Hotel ist ein großes Steingebäude aus der Jahrhundertwende, mit eleganten Zimmern und herrlichem Ausblick. **€€**

Scandic Maritim Hotel
Hat die beste Lage im Hafen und reizvolle Zimmer. **€€**

Brasserie Brakstad
Im coolen Gastropub werden große Steaks, Muscheln und gebackener Lachs serviert. **€€**

To Glass
Kleines, aber gehobenes Restaurant, das allerdings nicht am Hafen liegt. **€€€**

Rund um Haugesund

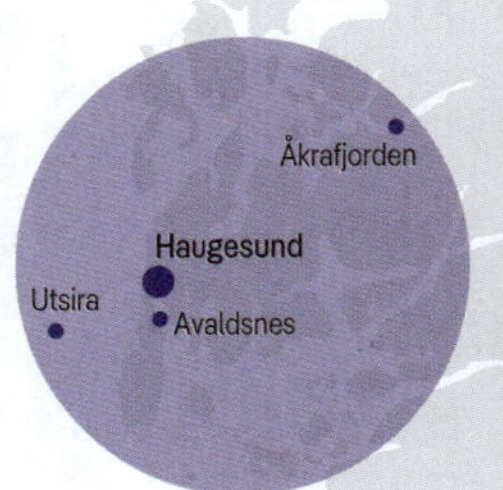

UNTERWEGS VOR ORT

Die E134 verläuft direkt von Haugesund nach Karmøy. Busse verkehren alle 30 Minuten zwischen Avaldsnes und der Innenstadt von Haugesund. Skudeneshavn, die südlichste Stadt der Insel, liegt 28 km südlich von Avaldsnes und kann entweder auf der RV47 an der Westküste oder auf der RV511 an der Ostküste erreicht werden. Seltener verkehrt der Bus 210 zwischen Avaldsnes und Skudeneshavn, deshalb wäre ein Mietwagen zu empfehlen.

TOP TIPP

Den Steinobelisken in der Olavskirche in Avaldsnes betrachten: Der Legende nach naht der Tag des Jüngsten Gerichts, sobald der Stein die Wand berührt.

Haugalandet, die Region um Haugesund, besitzt einen beinahe mythischen Status in der norwegischen Geschichte.

Gepeitscht von den Winden des Nordatlantiks und weit genug westlich der vielbereisten Routen, um einen Hauch von Abenteuer zu verströmen, vermittelt die Insel Karmøy eine einzigartige Stimmung. Ihre historische Bedeutung kann gar nicht hoch genug geschätzt werden– die Idee von einem Norwegen als geeintes Reich nahm hier ihren Anfang.

Sie besitzt aber auch eine zauberhafte Landschaft, die an die schottischen Highlands erinnert, oder die windgepeitschten irischen Moore. Karmøy ist vielleicht sogar interessanter als Haugesund selbst. Wer also schon so weit gekommen ist, sollte die Insel unbedingt besuchen. Als Belohnung wartet eine Erfahrung, die nur wenige Norwegenreisende erleben.

Könige & Wikinger in Avaldsnes

KÖNIGLICHE GESCHICHTE UND ARCHÄOLOGIE

Harald Schönhaars Hauptresidenz **Avaldsnes** gilt als Norwegens älteste Residenz. Allerdings gab es im Nordosten von Karmøy lange vor Harald einen Herrschersitz. Als Harald seinen Königshof in Avaldsnes aufschlug, war es bereits seit 1700 Jahren ein Machtzentrum für Fürsten und Häuptlinge. Die Lage war strategisch bedeutend, weil es den Herrschern in Avaldsnes erlaubte den Karmsundet zu kontrollieren, die Meerenge, die alle Schiffe passieren mussten auf der Nordvegen-Route – dem Weg nach Norden, der auch Norwegen seinen Namen gab. Für Harald war Avaldsnes der Ort, von dem aus er sein Königreich am effektivsten kontrollieren konnte, und seine Nachfolger folgten seinem Beispiel.

Bei der Ankunft in Avaldsnes fällt der Blick als Erstes auf die **Olavskirken**, eine Steinkirche, die 1250 zu Ehren von König Olav II. Haraldsson (St. Olaf) errichtet wurde. Er brachte das Christentum nach Norwegen, weshalb Avaldsnes einst ein wichtiger Stopp auf der Pilgerroute nach Nidaros war. In der Nähe der Kirche befindet sich das herausragende, größtenteils unter Bodenniveau gebaute **Nordvegen Historiesenter**. Es erzählt die faszinierende Geschichte von Avaldsnes mithilfe von Artefakten und Multimedia-Displays.

BPFOTO/SHUTTERSTOCK ©

Leuchtturm Utsira

Vom Museum aus führt ein Pfad durch eine Landschaft mit Überresten alter Grabhügel, behauenen Steinen und anderen Spuren menschlicher Besiedlung zum wiederaufgebauten **Wikingerhof**, auf dem die Besucher den Alltag der Wikinger erleben können. Der Hof ist im Sommer geöffnet und wurde aufgrund archäologischer Erkenntnisse so authentisch wie möglich angelegt. Es wird eine ganze Reihe von Aktivitäten angeboten, Anfang Juni findet das beliebte alljährliche **Wikingerfestival** statt.

Inselleben auf Utsira

VÖGEL, FISCHE UND KUNST

Etwa 20 km westlich von Haugesund liegt **Utsira**, ein kleines Stück Land in der Nordsee, im äußersten Südwesten Norwegens. Der Leuchtturm der Insel ist seit dem Jahr 1844 in Betrieb. Er fungiert auch als Norwegens älteste noch funktionierende Wetterstation.

Mit einer Fläche von 6 km² ist Utsira die kleinste Gemeinde Norwegens. Hier leben 215 Menschen und rund 330 Vogelarten, darunter sind auch einige endemische Arten – ein Paradies für Ornithologen.

WANDERN RUND UM HAUGESUND

Haugesund liegt auf dem **Kyststien**, einem Küstenwanderweg, der von Skillebekkgata/Killingøy Richtung Norden nach Kvalsvik verläuft. Hier steht die Skulptur *The Rising Tide* von Jason deCaires Taylor im Meer: vier Reiter auf Pferden, die Ölpumpen statt Köpfe haben, ein Kommentar zu der ambivalenten menschlichen Haltung zum Thema Klimawandel. Der Wanderweg bietet wunderbare Ausblicke aufs Meer und eine abwechslungsreiche Landschaft mit Heidekraut, felsigen Küsten und grünen Schafweiden. Ein weiteres beliebtes Wanderziel ist **Steinsfjellet** mit seinem, 227 m hohen Hügel östlich von Haugesund, mit herrlichem Blick auf Meer und Stadt. Eine Straße führt nach oben, wo es einige Wanderwege gibt.

INFORMATIONEN ÜBER DIE REGION IN HAUGALANDET

Nornehuset
Freundliches B&B in einem umfunktionierten Lager in Karmøy mit Informationen zu Sehenswürdigkeiten.

Avaldsnes Touristeninformation
Gehört zum Nordvegen Historiesenter und ist nur im Sommer geöffnet. Gute Infos zur Region..

Skudeneshavn Touristeninformation
Hilfreiches Infomaterial, wenn man den Süden Karmøys erkunden will.

ÅKRAFJORDEN

Im Süden der Halbinsel Folgefonna, nordöstlich von Haugesund, liegt **Åkrafjorden**, eines von Norwegens kaum bekannten Sehenswürdigkeiten. Die Hauptattraktion ist **Langfoss**, der fünfhöchste Wasserfall des Landes, der über zahlreiche Stufen – unter der E134 – 612 m tief in den Fjord hinabstürzt. Der Rundweg (4 Std.) führt über einen gewundenen Pfad zum oberen Ende des Wasserfalls, wo der Wanderer mit einem Panoramablick auf Fjord, Berge und den Folgefonna-Gletscher belohnt wird.

Wer mit dem Auto anreist, nimmt die alte Straße, die Gamle Åkrafjordvegen, von Kyrping nach Langfoss. Das **Åkrafjordtunet** in Teigland lohnt einen Halt, um sich mit Infos zu und Essen zu versorgen.

NICHTALICIA/SHUTTERSTOCK ©

Langfoss

Auch in Sachen Kunst ist Utsira unbedingt einen Besuch wert. Überall auf der Insel verstreut finden sich Wandgemälde, Skulpturen und andere Installationen: Einige davon sind skurril, andere politisch und manche andere stellen Alltägliches dar. Viele der spannenden und vielfältigen Werke stammen von international bekannten Straßenkünstlern.

Nach Utsira gelangt man mit der Fähre von Haugesund drei- bis viermal täglich, die Fahrtdauer beträgt eine gute Stunde. Der Fußweg vom nördlichen zum südlichen Hafen dauert eine knappe halbe Stunde. Es gibt einige wenige Möglichkeiten, um sich mit Lebensmitteln zu versorgen.

Stavanger

Im Wettstreit um die coolste Stadt Westnorwegens fliegt Stavanger ein wenig unter dem Radar – vor allem im Vergleich zu Bergen –, aber es muss sich keinesfalls vor den anderen Städten des Landes verstecken. Stavanger verfügt über reichlich Substanz, großartige Restaurants und einige Museen.

Die Ölmetropole Norwegens hat Charakter und verfügt über einen hübschen Hafen und einige historische Stätten und ein wundervolles Altstadtviertel (Gamle Stavanger) mit weiß gestrichenen Holzhäusern. Das kompakte Stadtzentrum erkundet man am besten zu Fuß. In Stavanger gibt es mehrere hochpreisige Restaurants, selbst für norwegische Standards. Gleichzeitig aber ist sie der Archetyp einer wohlhabenden skandinavischen Stadt, die weiß, wie man sich amüsieren kann.

Außerdem ist Stavanger der ideale Ausgangspunkt für spektakuläre Tagesausflüge zum Lysefjord.

UNTERWEGS VOR ORT

Die Hauptattraktionen in der Innenstadt von Stavanger sind leicht zu Fuß zu erreichen. Ein effizientes Netzwerk aus Bussen und Passagierfähren verbindet das Zentrum mit den anderen Vierteln der Stadt.

TOP TIPP

Wer nach Stavanger reist, sollte ein Hotel mit eigenem Parkplatz wählen. Parkmöglichkeiten in der Stadt kosten mindestens 240 kr pro Tag. Wenn man nicht gerade einen Tagesausflug zum Lysefjord plant, ist ein Fahrzeug in der Stadt nicht nötig.

Eintauchen in Stavhaugesunds ferne Vergangenheit

VON DER VOR- UND FRÜHGESCHICHTE ZU DEN WIKINGERN

Das exzellente **Archäologiemuseum** als Teil der Universität von Stavanger bietet umfassende Informationen über Tausende von Jahren menschlicher Besiedlung und Naturgeschichte in und um Stavanger. Zu seinen Schätzen gehören das gut erhaltene Skelett eines Jungen aus der Steinzeit, außerdem eine 3000 Jahre alte *lurs* (ein Musikinstrument) aus Bronze, Kultäxte, ein Runenstein vom Ende des Wikingerzeitalters und gut erhaltener Schmuck und Münzen aus unterschiedlichen Perioden. Ein weiteres Highlight ist das gut erhaltene Skelett eines Eisbären, der vor 12 400 Jahren auf Finnøy lebte.

Im Stadtzentrum erhebt sich die steinerne **Stavanger Domkirke** (Dom zu Stavanger). Sie ist Norwegens älteste mittelalterliche Kathedrale, die sich ihre ursprüngliche Form bewahrt hat. Mit den Bauarbeiten für das Gotteshaus wurde in der ersten Hälfte des 12. Jhs. begonnen, heute zeigt die Kathedrale eine faszinierende Mischung aus gotischen, barocken, romanischen und anglo-normannischen Einflüssen. Vor Kurzem wurde die Kirche renoviert.

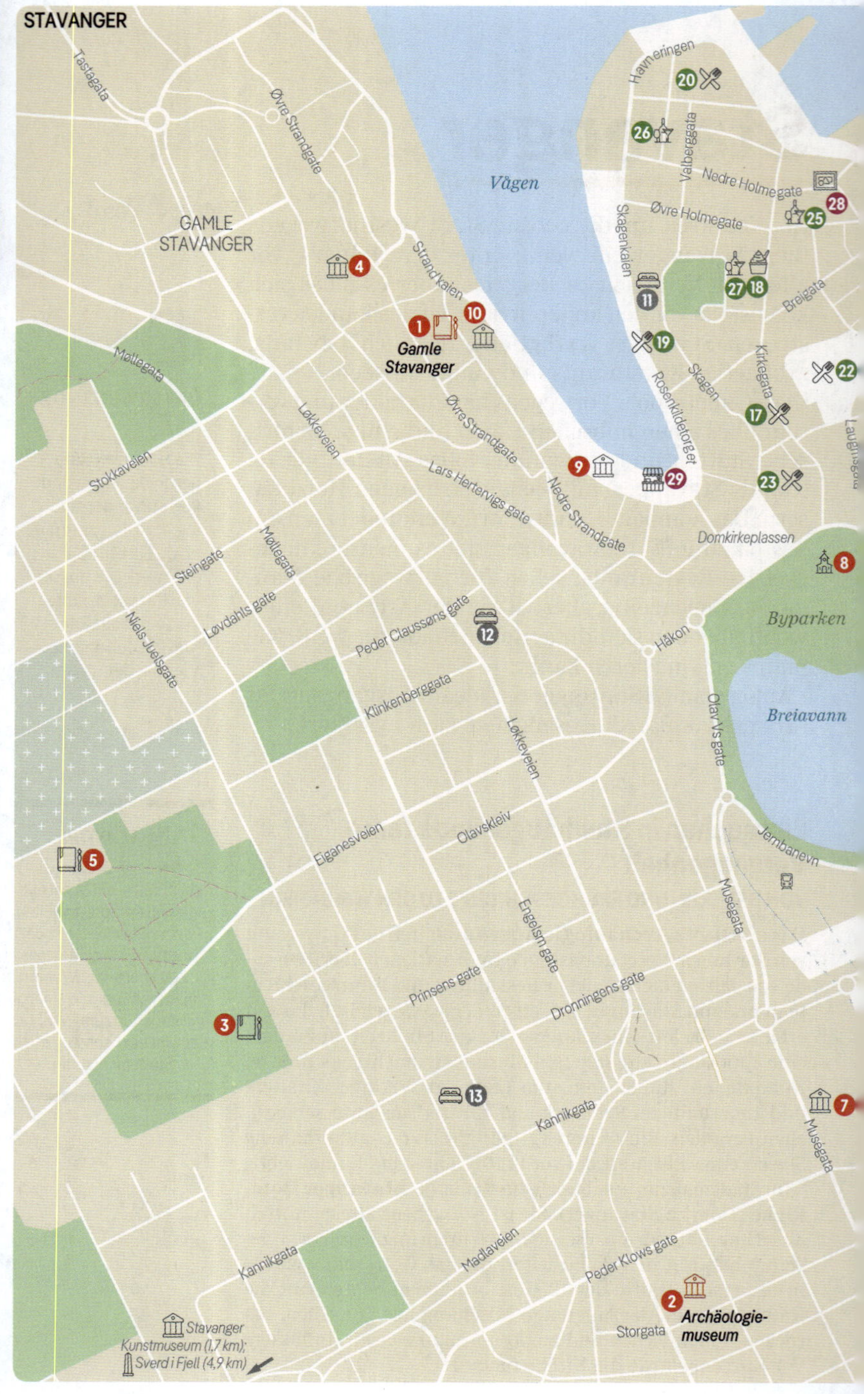
STAVANGER
GAMLE STAVANGER
Gamle Stavanger
Vågen
Byparken
Breiavann
Archäologie-museum
Stavanger Kunstmuseum (1,7 km);
Sverd i Fjell (4,9 km)
Tastagata
Øvre Strandgate
Strandkaien
Havneringen
Valberggata
Nedre Holmegate
Øvre Holmegate
Skagenkaien
Breigata
Rosenkildetorget
Skagen
Kirkegata
Møllegata
Løkkeveien
Stokkaveien
Lars Hertervigs gate
Nedre Strandgate
Domkirkeplassen
Steingate
Løvdahls gate
Niels Juelsgate
Peder Claussøns gate
Klinkenberggata
Håkon
Olav Vs gate
Jernbanevn
Olavskleiv
Eiganesveien
Engelsm gate
Muségata
Prinsens gate
Dronningens gate
Kannikgata
Madlaveien
Peder Klows gate
Storgata

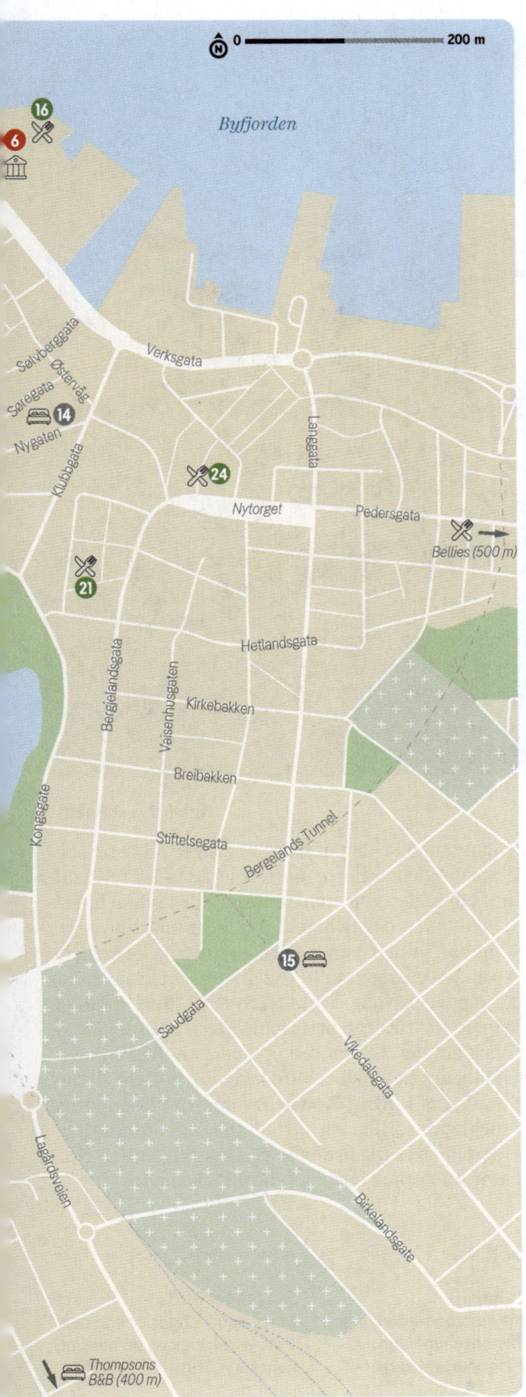

HIGHLIGHTS
1 Gamle Stavanger
2 Archäologiemuseum

SEHENSWERTES
3 Breidablikk
4 Konservenmuseum
5 Ledaal
6 Norsk Oljemuseum
7 Norwegisches Kindermuseum
8 Stavanger Domkirke
9 Schifffahrtsmuseum Stavanger
10 Viking House

SCHLAFEN
11 Clarion Collection Hotel Skagen Brygge
12 Comfort Hotel Square
13 Darby's Inn
14 Myhregaarden Hotel
15 Stavanger B&B

ESSEN
16 Bølgen & Moi
17 Døgnvill
18 Moo Goo
19 NB Sørensen's Damskibsexpedition
20 RE-NAA
21 Restaurant SÖL
22 Sirkus Renaa Sølvberget
23 Tango
24 Thai Street Food

AUSGEHEN & FEIERN
25 Bøker og Børst
26 Broremann Bar
27 Café Sting

SHOPPEN
28 Fargegaten
29 Torget Fish Market

STAVANGER DOMKIRKE

Norwegens älteste Kathedrale wurde 1150 fertiggestellt und nach einem Brand 1272 umfangreich wiederaufgebaut. Dabei wurde dem ursprünglich romanischen Mittelschiff ein gotischer Chor hinzugefügt. Das große Portal am westlichen Ende und die beiden charakteristischen Türme auf der Ostseite stammen ebenfalls aus dieser Zeit. Zur prachtvollen Innenausstattung gehören massive Steinsäulen, hohe Gewölbe, die an Bootskörper erinnern, eine barocke Kanzel und Glasmalereien des norwegischen Künstlers Victor Sparre aus dem Jahr 1957.

Von 2020 bis 2024 fanden in der Kathedrale Renovierungsarbeiten statt.

SAIKO3P/SHUTTERSTOCK ©

Norsk Oljemuseum

Eine der wichtigsten Schlachten der Wikinger tobte im späten 9. Jh. Ursprünglich datierte man sie auf das Jahr 872, allerdings gibt es über den genauen Zeitpunkt der Schlacht keine sichere Quellen: In der Schlacht am Hafrsfjord besiegte Harald Schönhaar seine Gegner und vereinte das westliche Norwegen zu einem einzigen Königreich – ein entscheidendes Ereignis. Das eindrucksvolle Denkmal **Sverd i Fjell** in Møllebukta mit seinen drei riesigen Steinschwertern an einer Landspitze mit Blick auf den Hafrsfjord erinnert an die Schlacht.

Harald Schönhaars Geschichte wird lebendig mittels Virtual Reality in Stavangers **Viking House**. Zwar ist die 25-minütige Erfahrung nicht ganz billig, vermittelt aber auf unterhaltsame Weise einen Blick in die dramatische Vergangenheit Norwegens. Besser im Voraus buchen (vikinghouse.no).

ÜBERNACHTEN IN STAVANGER

Thompsons B&B
Das gemütliche B&B befindet sich in einer Villa aus dem Jahr 1910. Herzliche Atmosphäre und erlesenes Frühstück. €

Darby's Inn
Opulentes Vintage-Interieur in einem historischen Haus mit antiken Möbeln und Perserteppichen. €€

Stavanger B&B
Ein preisgünstiges, schlichtes Mini-Hotel; einige Zimmer sind sehr klein. Frühstück inkl. €€

Ein Streifzug durch Gamle Stavanger

KOPFSTEINPFLASTER UND HÄUSER AUS WEISSEM HOLZ

Charmant, beinahe magisch wirkt **Gamle Stavanger** (Alt-Stavanger), das historische Viertel der Stadt, das hinter modernen Gebäuden am Westufer des Hafens verläuft. Die gepflegten weißen Holzhäuser entlang der Kopfsteinpflasterstraßen, die mit bunten Blumenkästen geschmückt sind, stammen aus dem 18. und 19. Jh. Bei den meisten handelt es sich um Wohnhäuser, doch es gibt auch Schmieden und Töpfereien, hin und wieder sogar ein Café mit fotogener Katze oder andere fantastische Fotomotive, die einen besinnlichen Gegenpart zu der wohlhabenden, modernen Ölmetropole bilden.

Ausgefallen, aber unbedingt lohnenswert ist ein Besuch des **Konservendosenmuseums**. Sollte Piers Crocker, der das Museum seit Jahrzehnten betreut, vor Ort sein und sich als Führer anbieten, dann umso besser. Bevor Stavanger Öl förderte, drehte sich alles um die Sardine; das durch und durch unterhaltsame Museum in einer alten Konservenfabrik erzählt die Geschichte der norwegischen Konservendosenindustrie. Die Stadt beherbergte einst mehr als die Hälfte aller Konservenfabriken in Norwegen. 1922 arbeitete etwa die Hälfte der Berufstätigen in den Fabriken der Stadt. Die Ausstellung führt durch den gesamten 12-stufigen Prozess, vom Einsalzen bis zum Räuchern und Verpacken der Fische. In einem benachbarten Gebäude ist ein wundarbar restauriertes Arbeitercottage untergebracht, mit Mobiliar aus den 1920er-Jahren (unten) und den 1960er-Jahren (oben). Es werden Souvenirs und auch Sardinen verkauft.

Auf Streifzug durch die Öl-Metropole

SCHWARZES GOLD

Stavanger ist der Heimathafen von Equinor (vormals Statoil), Norwegens größter Erdölkonzern. Hierher ans Festland verschlägt es auch alle paar Wochen die Ölarbeiter jeweils am Ende ihrer Schicht, um auszuspannen.

Norwegens Geschichte des Erdöls wird auf faszinierende Weise und detailliert im **Norsk Oljemuseum** erzählt, eines der besten Museen des Landes. Zu den Highlights gehört der größte Bohrer der Welt, eine Bohranlagensimulation, eine Halle mit Ölplattform-Modellen und eine Reportage über die Katastophe auf der Bohrinsel Alexander L. Kielland 1980, als 123 Besatzungsmitglieder starben.

Norwegen ist der elftgrößte Ölproduzent der Welt, und das Museum scheut sich nicht, die entsprechenden Auswirkungen zu thematisieren, den Klimawandel anzusprechen und

DIE BESTEN MUSEEN IN STAVANGER

Konservenmuseum
In Stavangers bestem kleinen Museum steht die bescheidene Sardine im Zentrum.

Archäologiemuseum
Hier erfährt man alles über die Wikinger.

Stavanger Kunstmuseum
Norwegische Kunst vom 18. Jh. bis in die Gegenwart, mit erlesenem Skulpturengarten.

Schifffahrtsmuseum Stavanger
Zeigt die Geschichte der Seefahrt über zwei Jahrhunderte mit erschütternden Schiffsunglücken.

Norwegisches Kindermuseum
Kulturhistorische Ausstellungen mit alten Spielzeugeisenbahnen, riesigen Puppen und Meccano-Kästen.

ÜBERNACHTEN IN STAVANGER

Comfort Hotel Square
Oberhalb von Gamle Stavanger liegt dieses schicke, individuelle Hotel. Checkout sonntags um 18 Uhr. €€

Clarion Collection Hotel Skagen Brygge
Ruhig, luxuriös und direkt am Hafen; ein Abendessen gibt es gratis obendrauf. €€€

Myhregaarden Hotel
Boutiquemäßig von außen, innen etwas altmodisch mit schwarz-violettem Interieur, Holzbalken und Kamin. €€€

den gut durchdachten 14-minütigen Film *Oljeunge* (Ölkind) zu zeigen. Norwegens Widerspruch zwischen dem durch die Ölindustrie erreichten Wohlstand und einem wachsenden Bewusstsein für die negativen Folgen auf die Umwelt bekommt hier ein menschliches Gesicht. Für den Besuch des Museums sollte man ein paar Stunden einrechnen.

EINE STRASSE MIT VIELEN FARBEN

Einst war Øvre Holmgate eine unscheinbare Straße, die durch das Viertel östlich des Vågen-Hafens verläuft. Das änderte sich, als der Friseur Tom Kjørsvik einen radikalen Vorschlag machte: Wie wäre es, das Viertel mit bunten Farben zu beleben?

Zusammen mit dem Künstler Craig Flannagan versuchte Kjørvik, lokale Entscheidungsträger und Unternehmer von seinem Plan zu überzeugen. Er hatte Erfolg. Heute gehört **Fargegaten** – die Straße der Farben – zu den lebendigsten Ecken in Stavanger. In der Fußgängerzone haben sich Cafés, Bars und Geschäfte mit Fassaden in allen Farben des Regenbogens angesiedelt. Egal, ob man nun einkehrt oder nur umherstreift, ein Besuch in Fargegaten macht den Tag einfach bunter.

Zu Besuch in alten Villen in Stavanger

OPULENTE ARCHITEKTUR

Der Spaziergang zu der zauberhaften Villa **Breidablikk** (19. Jh.) westlich des Stadtzentrums ist kurz und beträgt nur 750 m. Schon der Weg dorthin ist interessant, da man das touristisch relevante Viertel verlässt und ein einfaches Wohngebiet betritt. Errichtet wurde Breidablikk von dem Kaufmann Lars Berentsen. Es gibt nicht mehr viele Bauwerke aus jener Periode, sodass einem der Besuch vorkommt, als würde man in eine weniger bekannte Zeit der Stadtgeschichte blicken. Zu seinem authentischen Interieur aus dem späten 19. Jh. zählen alte Landwirtschaftsgeräte, Bücher und dekorative Elemente.

Unmittelbar nördlich von Breidablikk und im Herzen von Ledaalsparken liegt **Ledaal**, eine weitere Villa im Empire-Stil, die etwas älter ist. Auch sie wurde von einem Kaufmann und Schiffseigner (Gabriel Schanche Kielland) zwischen 1799 und 1803 errichtet. Spätere Restaurierungsarbeiten respektierten sowohl Originalbauwerk als auch das Interieur mit ungewöhnlichem antikem Mobiliar. Heute dient Ledaal als Residenz und Sommersitz der norwegischen Königsfamilie.

Das kulinarische Stavanger entdecken

MEERES- UND LANDFRÜCHTE

Stavanger ist eine kulinarische Hochburg in Norwegen. Der **Torget Fischmarkt** bietet einen Feinkostbereich mit verzehrferigten Garnelen oder Räucherlachs, außerdem ein gehobenes Restaurant gleich nebenan.

Stavangers aufregendstes (und nachhaltiges) Lokal ist das **Restaurant SÖL** mit Naturweinen und lokalem und saisonalem Gemüse. Wie in allen Restaurants der New Nordic Cuisine gibt es traditionelle norwegische Gerichte mit neuen Impulsen. **Tango** über dem Südende des Hafens ist ebenfalls eine hervorragende Wahl mit ähnlichem Stil.

RE-NAA, das Vorzeige-Restaurant des Michelin-gepriesenen Küchenchefs Sven Erik Renaa, weist nur wenige Tische auf. Renaa orientiert sich sowohl am Standort als auch an

ESSEN IN STAVANGER

Torget Fischmarkt
Auf Stavangers Fischmarkt wird fangfrischer Fisch verkauft. Auch ein gutes Restaurant ist vor Ort. €€

Moo Goo
Stavangers beste Eiscreme, mit Dutzenden von Geschmacksrichtungen. €

Døgnvill
Ein verführerischer Burgerladen mit hausgemachten Brötchen, Käse, Salaten und lokalem Fleisch. €€

IMAGO/ALAMY STOCK PHOTO ©

Gladmat Food-Festival

der Jahreszeit. Fisch, Meeresfrüchte, Fleisch und Wild werden mit Sprossen und essbaren Blüten kombiniert. Man kann Renaas Kreationen auch günstiger genießen im **Sirkus Renaa Sølvberget**, das Café-Charakter hat.

Das wachsende Interesse an pflanzenbasierter Nahrung ist hier längstens bekannt, wenn auch viele erlesenere Restaurants nicht gerade strikt vegane Gerichte in ihren Speisekarten führen. Das **Bellies** im Industrie-Chic bietet ein Degustationsmenü auf Pflanzenbasis an, das besonders saisonales Gemüse und Hülsenfrüchte in zeitgenössischen Gerichten in den Mittelpunkt stellt.

Stavangers Vorreiterrolle in Sachen Kulinarik wird jedes Jahr von Juni bis Anfang Juli bestätigt mit dem **Gladmat**, einem der größten Food-Festivals in Skandinavien, mit Kochshows und besonderen Menüangeboten.

STRANDLEBEN

Stavanger ist zwar nicht berühmt für seine Strände, aber das liegt daran, dass die Einheimischen die besten Plätze gerne für sich behalten. Und die Witterung tut ihr Übriges. Im Sommer lohnt die 20-minütige Autofahrt in den Süden von Stavanger zu den feinen Sandstränden entlang der Küste. Mit ihren grasbewachsenen Dünen und den kleinen Ferienhütten sind sie wunderbar stimmungsvoll, obwohl es hier rau werden kann, wenn der Wind auffrischt. **Sola** liegt in der Nähe des Flughafens verfügt über Parkmöglichkeiten und einen Kiosk, außerdem steht hier das historische **Sola Strand Hotel** aus dem Jahr 1914. Weiter südlich lädt der malerische **Hellestø** und **Bybergsanden** zu einem Strandspaziergang und zum Toben im seichten Wasser ein.

ESSEN IN STAVANGER

Thai Street Food
Das Thai-Essen in Norwegen ist ausgezeichnet, und in diesem Lokal ist es noch etwas kreativer. **€€**

Bølgen & Moi
Ans Ölmuseum angeschlossen, mit gutem Ausblick, internationalen Gerichten und feiner Fischsuppe. **€€€**

NB Sørensen's Damskibsexpedition
Abendessen unter nautischen Memorabilien. Internationale Speisekarte. **€€€**

DIE BESTEN FESTIVALS

Gladmat
Lokale und internationale Gerichte beherrschen die Stadt, mit Veranstaltungen und besonderen Menüangeboten.

Stavanger Vinfest
Für eine Woche im März dreht sich alles um Wein in den besten Restaurants der Stadt.

MaiJazz
Ein exzellentes Jazzfestival im Mai; mit international bekannten Musikern.

Internationales Kammermusikfestival
International renommiertes Festival der klassischen Musikmit innovativem Programm und Veranstaltungsorten.

HEMIS/ALAMY STOCK PHOTO ©

Bøker og Børst

Ausgehen in Stavanger

NACHTLEBEN IN DER STADT

Wie in allen Hafenstädten sind auch in Stavanger die Nächte sehr lebendig, mit tatkräftiger Unterstützung der Ölarbeiter, die an ihren freien Tagen einen Teil ihres Lohns im Hafen verjubeln. Ein Großteil der Action, bei der es ganz schön zur Sache gehen kann, konzentriert sich auf den östlichen Bereich am **Skagenkaien** (Skagen Quai), dem schmalen, U-förmigen Hafen im Zentrum. Direkt hinter der Restaurantreihe befinden sich mehrere Nachtclubs.

Etwas anspruchsvoller geht es in der **Broremann Bar** zu, weiter im Norden entlang des Skansen Kai: Die stilvolle Weinbar für die Ü-30er gibt es schon seit Ewigkeiten. Mit glattem Downtempo-Soundtrack und den besten Cocktails der Stadt.

Einen Besuch lohnt auch das **Café Sting**, wenn man das Gelärme rund um den Hafen vermeiden will. Hier gibt es Live-Jazz, Kunstausstellungen und eine fantastische Dachterrasse.

Nachts geht es auf der Holmegate lebhaft zu; hier zählt das **Bøker og Børst** zu den beliebten Lokalen mit Craftbier vom Fass, Bücherregalen, Retro-Möbeln und einem überdachten Innenhof – Herz, was willst du mehr?

Rund um Stavanger

Balancieren über dem Abgrund am Lysefjord oder eine Bootsfahrt durch den Fjord – oder noch besser: beides!

Lysefjord ist der bei Weitem malerischste Fjord in der Südregion des westlichen Fjordlands in Norwegen. Nicht weit von Stavanger entfernt bietet er drei der bekanntesten und beliebtesten Fjorderlebnisse in Norwegen.

Die schönste davon ist die Wanderung zum Preikestolen („Predigtstuhl"), ein herrlicher Weg zu einem unfassbaren, unvergesslichen Ausblick. Man kann ihn auch von unten bewundern, an Deck eines Kreuzfahrtschiffs, das winzig wirkt angesichts der schwindelerregenden Felswände. Ganz Verwegene können auch zum Kjeragbolten wandern für ein kultiges und furchterregendes Foto auf einem Felsblock, der in einer Felsspalte eingeklemmt ist.

Die Wanderung zum Preikestolen

ÜBERWÄLTIGENDE BLICKE VON DER KANZEL

Als beinahe perfekte natürliche Felsplattform gilt der **Preikestolen**. Von der Felskante, 604 m oberhalb vom Lysefjord, bietet sich eine faszinierende Aussicht. Sie ist eine der bekanntesten Felsformationen Norwegens und ein Magnet für Wanderer und Instagrammer.

Die Wanderung ist etwas anstrengend, aber mit entsprechender Grundfitness zu bewältigen. Mit den 2019 hinzugefügten Steinstufen entlang der steilsten Abschnitte des Pfads (in der Nähe des Starts und etwa in der Mitte) wurde die Kletterpartie etwas erleichtert. Auf dem Weg gibt es nur wenige Hinweise auf den dramatischen Ausblick, der einen oben erwartet. Einige hundert Meter vor dem Preikestolen geht es zur Linken unvermittelt steil bergab zum Fjord. Selbst wenn der Himmel bedeckt ist, sorgt das Licht hier manchmal für eine ganz außergewöhnliche Stimmung, die einzigartig und typisch ist für den Fjord.

UNTERWEGS VOR ORT

Nach der Eröffnung des Tunnels von Stavanger nach Tau – einer von drei Tunneln des Ryfast-Projektes (Unterwasserstraßentunnel) – ist es deutlich leichter geworden, zum Preikestolen zu gelangen. Man kann die RV13 vom Zentrum Stavangers aus nach Tau nehmen und vom Startpunkt Preikestolhytta das Ziel in einer knappen Stunde erreichen. Für Reisende ohne Auto betreibt Pulpit Rock Tours von März bis November vier Busse täglich (50 Min.), von Stavangers Busbahnhof zum Ausgangspunkt der Wanderung. Rødne Fjord Cruises bietet ganzjährig Bootstouren durch den Lysefjord von Stavanger aus an. Von Mitte Juni bis Ende September organisiert Go Fjords Bustrips von Stavanger nach Kjeragbolten (inkl. 5 Std. Wanderpause).

TOP TIPP

Die beste Aussicht hat, wer beim Preikestolen den felsigen Hang über der Hauptplattform hinaufklettert.

NORDSJØVEGEN

Der **Nordsjøvegen** (Nordseestraße, northsearoute.com) führt 300 km entlang der Nordseeküste im südwestlichen Norwegen von Kristiansand nach Haugesund. Entlang des Wegs liegen viele Sehenswürdigkeiten, die in dem vorliegenden Kapitel angesprochen wurden, wie Sola, Stavanger, Karmøy, Utsira und Haugesund. Auf der Website finden sich etliche Routenvorschläge, außerdem Unterkünfte, Routenbeschreibungen und vieles mehr.

HESSEL HAKER/SHUTTERSTOCK ©

Hengjane-Wasserfall

Die Felskanzel war in *Mission: Impossible – Fallout* (2018) zu sehen. Die 8 km lange Wanderung beginnt bei der Berghütte Preikestolen Fjellstue, der Rundweg dauert etwa vier Stunden. Auch geführte Touren sind möglich. Auf der Website preikestolen365.com gibt es viele Infos über die Wanderbedingungen und zu erwartende Menschenmengen.

Der Startpunkt der Wanderung ist mit dem Auto (40 Min.) oder Bus (1 Std.) leicht von Stavanger aus erreichbar.

ÜBERNACHTEN RUND UM LYSEFJORD

Preikestolen Fjellstue
Hostel und Cottage-Zimmer am Preikestolen-Wanderweg; ideal, um den Menschenmengen zuvorzukommen. €

Preikestolen Camping
5 km vom Ausgangspunkt der Wanderung entfernt, mit einem Shop-Restaurant und von reizvollem Wald umgeben. €

Lysefjorden Lodge
Schlichte DNT-Unterkunft beim Fjord in Lysebotn; bequeme Basisstation für Kjeragbolten. €

Der malerische Lysefjord

EIN TAGESTRIP ZUM FJORD DES LICHTS

Der zauberhafte **Lysefjord** ist nach dem Begriff *lys* benannt, der Licht bedeutet – eine Anspielung auf die bleichen Felsformationen, die den Fjord überragen. Von Stavanger aus ist es der perfekte Tagesausflug; es werden dreistündige Kreuzfahrten von Strandkaien aus angeboten.

Während das Schiff den Hafen verlässt, fährt es unter der Stavanger-Stadtbrücke hindurch und an Inseln und Küstendörfern vorbei, während es erst ostwärts, dann in südöstlicher Richtung weitergeht zum Eingang des Lysefjord. Zu Beginn passiert das Schiff eine weitere, dramatische Brücke, die **Lysefjordbrua**, und gleitet an steilen, felsigen Ufern vorbei. Hin und wieder navigiert der Kapitän das Boot in schmale Buchten zu den Wasserfälle und steilen Felsen, darunter auch den Preikestolen. Auch die **Vagabundenhöhle** und den **Hengjane-Wasserfall** bekommt man zu sehen.

Kürzere Touren von etwa zwei Stunden bietet **RIB Safaris** an. Startpunkt ist ebenfalls Strandkaien. Langsamer und entspannter geht es mit **Nordic Paddling** auf halb- oder mehrtägige Kajaktrips, die in der Nähe von Forsand starten.

Auf dem Kjeragbolten-Fels

DER SCHWERKRAFT WIDERSTEHEN AUF DEM KLEMMBLOCK

Eines der kultigsten Motive im südwestlichen Norwegen, der **Kjeragbolten**, ist ein Felsbrocken, der zwischen zwei riesigen Felswänden eingeklemmt ist – 984 m über dem Lysefjord. Sich auf den Kjeragbolten zu stellen, ist nichts für schwache Nerven.

Erreichbar ist die Stelle auf einem 10 km langen Rundtrip vom Café Øygardsstølen hoch über Lysebotn aus (mind. 5 Std.), oder in 2½ Stunden auf der Straße von Stavanger, die von Ende Mai bis Oktober geöffnet ist. Drei Steigungen und ein Höhenunterschied von 750 m wollen bewältigt werden. Oben angekommen, geht es auf einen Felsvorsprung auf einer 1000 m hohen Felsklippe, und dann muss man nur noch auf den Stein selbst hinunterkrabbeln für das ultimative Foto.

WARUM ICH DEN LYSEFJORD LIEBE

Anthony Ham, Schriftsteller

Lysefjord war der erste Fjord, den ich je gesehen habe, und er hat mich sofort in seinen Bann gezogen. Das Licht dort ist einzigartig, und der Blick auf den Fjord vom Preikestolen – an einem klaren Sommertag, oder im Winter, wenn die umgebenden Gipfel von Eis überzogen sind – gehört noch immer zu meinen Lieblingserfahrungen in Norwegen.

Im Gegensatz zu den meisten Fjords kann man den Lysefjord von jedem Blickwinkel aus betrachten: vom Boot aus, oder hoch oben auf dem Preikestolen und Kjeragbolten. Da er etwas südlich von der Haupttourismusachse liegt, ist er noch nicht komplett überlaufen.

Oben: Atlanterhavsveien (S. 217); rechts: Nigardsbreen (S. 195)

DIE WICHTIGSTEN ZIELE

SOGNEFJORD
Ein spektakuläres, 203 km langes Abenteuer.
S. 188

NATIONALPARK JOSTEDALSBREEN
Gletscher und grandiose Landschaft.
S. 195

DIE FJORDKÜSTE
Wenig besuchte Atlantikküste.
S. 200

Die westlichen Fjorde

LANDSCHAFT AUS FELSEN UND MEER

Wenn man an Norwegen und seine faszinierend schöne Landschaft denkt, hat man wahrscheinlich die westlichen Fjorde des Landes vor Augen.

Norwegens westliche Fjorde umfassen so viele aufregende Orte, dass man gar nicht weiß, wo man anfangen soll.

Vielleicht eignet sich eine Fahrt durch die malerische Landschaft als Ausgangspunkt: Die Atlanterhavsveien (Atlantikstraße) begeistert mit einer Umgebung, die ans Ende der Welt erinnert. Dann gäbe es da noch die steile Trollstigen (Trollleiter) und Gamle Strynefjellsvegen im Hochland.

Genauso gut kann man aber an seinem Lieblingsfjord starten, ob am großartigen Geirangerfjord, am weit ins Land hineinreichenden Sognefjord, am unablässigen Nærøyfjord oder am stillen Lustrafjord. Ohne die Erwähnung der Gletscherzungen, die sich von den Höhen des Jostedalsbreen, des größten Eisfelds des europäischen Festlands, hinabschlängeln, wäre die Liste der Naturwunder dieser Region unvollständig.

Hier existieren viele Orte, an denen die Anwesenheit des Menschen die atemberaubende Schönheit der Umgebung komplettiert oder ihr eine besondere Note verleiht. Das Jugendstilstädtchen Ålesund ist eine der hübschesten Siedlungen Norwegens, während die charmanten Dörfer an den Fjorden einen Gegenentwurf zu dieser Naturwelt darstellen.

Die westlichen Fjorde zählen zu den beliebtesten Touristenzielen Norwegens, aber auch hier gibt es viele ruhige Ecken. Auf der Insel Runde z. B. gibt es mehr Vögel als Menschen, und die Fjordküste bei Florø hält zahllose kaum bekannte Schätze bereit. Selbst mitten im Fjordland findet man immer einen Platz ganz für sich allein.

STEFANO ZACCARIA/SHUTTERSTOCK ©

ÅNDALSNES
Hübsche Stadt mit vielen Aktivitäten.
S. 203

GEIRANGERFJORD
Norwegens König der Fjorde.S. 208

ÅLESUND
Tor zu den Fjorden: Stadt im Jugendstil.
S. 211

Erste Orientierung

Die Region der westlichen Fjorde zeigt vielleicht mehr als jede andere Gegend, dass hohe Berge und endlose Gewässer für die Norweger keine unüberwindbare Barriere darstellen. Denn diese Hindernisse lassen sich mithilfe von Straßen, Tunneln und Fähren bewältigen.

FÄHRE

Bei so vielen tief eingeschnittenen Fjorden verkürzt sich die Reisezeit mit RoRo-Fähren um viele Stunden. Sie sind zwar immer pünktlich, doch im Sommer bilden sich am Anleger oft lange Staus. Auf den meisten gibt es ein Café und Toiletten.

FLUGZEUG

Westnorwegen ist wesentlich größer als vermutet. Bei Zeitnot wählt man eine Stadt als Basis und fliegt von Ziel zu Ziel. Vor Ort kann man sich tageweise ein Auto mieten. Florø, Ålesund und Kristiansund werden u.a. von Oslo und Bergen aus direkt angeflogen.

AUTO

Westnorwegen lässt sich am besten per Auto erkunden. Mit dem eigenen Fahrzeug sind nur wenige Orte nicht erreichbar – man muss allerdings mit viel Zeit rechnen.

Åndalsnes, S. 203
Diese pittoreske Stadt ist von steilen Felsmassiven mit schönen Tälern umgeben. Auf Panoramastraßen lässt sich die Gegend erkunden.

Ålesund, S. 211
Das hübsche Städtchen wurde 1904 nach einem Feuer als grandioses Jugendstiljuwel neu erbaut und gilt heute als Tor zu den Fjorden.

Geirangerfjord, S. 208

Norwegens meistfotografierter Fjord ist spektakulär, selbst wenn man schon zahllose Bilder gesehen hat. Mit dem Schiff erkunden oder von oben bestaunen.

Die Fjordküste, S. 200

Norwegen entdecken, so wie es nur wenige Besucher dieser Inselwelt inmitten des wilden Atlantiks erleben.

Nationalpark Jostedalsbreen, S. 195

Die hochgelegenen Gletscher und hübschen Dörfer tief unten im Tal machen das Landesinnere von Westnorwegen zu einem wahren Abenteuerziel.

Sognefjord, S. 188

Dies ist eine der beliebtesten Naturschönheiten. Sicher findet man am zweitlängsten Fjord der Welt noch ein ruhiges Plätzchen.

Europäisches Nordmeer
Møre og Romsdal
Hjørundfjorden
Eidsdal
Tafjord
Øye
Geirangerfjord
Ørnevegen
Hellesylt
Geiranger
Romsdalen
Kråkenes
Selje
Måløy
Hornindalsvatnet
Nordfjordeid
Stryn
Strynevatnet
Otta
Bremanger
Frøya
Smørhamn
Kalvåg
Loen
Olden
Breimsvatnet
Styggevatnet
Byrkjelo
Kjenndalsbreen
Briksdalsbreen
Nigardsbreen
Batalden
Florø
Norddal
SOGN OG FJORDANE
Stardal River
Kinn
Askrova
Skei
Gjerde
Svanøy
Tansøy
Naustdal
Jolstravatnet
Jotunheimen-Nationalpark
Skjolden
Turtagrø
Fortun
Eidsvatnet
Førde
Jølstra River
Luster
Gaupne
Fjærland
Lustrafjorden
Sande
Fjærlandsfjorden
Veitastrondavatnet
Øvre Årdal
Solvorn
Urnes
Sogndal
Tyin
Høyanger
Balestrand
Dragsvik
Kaupanger
Mannheller
Lavik
Sognefjord
Vangsnes
Fodnes
Vik
Sognefjord
Lærdalsøyri
Borgund
Undredal
Tissedalsvatnet
Aurlandsfjord
Aurland
Gudvangen
Flåm
Otternes
Østerbø
Myrdal
Nordsee
NORWEGEN
0 50 km

Perfekte Tage

In Westnorwegen verbinden gewundene Bergstraßen die winzigen Dörfer und anmutigen Städte, die entlang der schönsten Fjorde der Welt liegen. Die Routenplanung wird so zum vergnüglichen Zeitvertreib.

Nærøyfjord (S. 190)

Wenig Zeit

- Wer nur drei oder vier Tage Zeit hat, z. B. an einem langen Wochenende, sollte die ersten Tage mit der Erkundung des **Nærøyfjords** (S. 190) verbringen. Am besten eine der beliebten Schiffstouren buchen oder ein Ticket für den **Flåmsbana-Zug** (S. 190) kaufen, aber unbedingt in **Undredal** (S. 191) übernachten, damit man den stillen Zauber der Fjorde erleben kann.

- Am **Sognefjord** (S. 188) entlangfahren und die **Stabkirchen** (S. 192) besichtigen. Dann geht es weiter Richtung Norden, zur Gletschertour auf dem **Nigardsbreen** (S. 195) oder auf einer der Gletscherzungen in den Tälern rund um die hübsche Ortschaft **Fjærland** (S. 197).

Beste Reisezeit

Während der Sommermonate ist das Wetter am besten, dafür gibt es viele Touristen. Zu ruhigeren Zeiten ist es meist nett, aber manche Straßen sind gesperrt.

JANUAR

Rund um Weihnachten und **Neujahr** ist viel los und es ist extrem kalt. An klaren Tagen wirkt die Landschaft scharf konturiert.

APRIL

Das Wetter wird besser und die touristische Infrastruktur erwacht aus dem Winterschlaf, z. B. die **Schiffstouren** auf dem Geirangerfjord.

MAI

Nun eröffnen auch andere Touristenziele von Fjordschiffen und Sommerskizirkus bis zur Freigabe der **Trollstigen** Mitte des Monats.

Erkundungswoche

- In diesem Teil des Landes ist die Anzahl der Fjorde ziemlich groß. Doch viele Besucher entscheiden sich für den **Geirangerfjord** (S. 208). Hier kannt man ein paar Tage verbringen: Den Fjord erkundet man mit der Hellesylt-Geiranger-Fähre, auch Kajakfahren macht viel Spaß, ebenso hinauf zu den weltberühmten Aussichtspunkten klettern. Auch **Åndalsnes** (S. 203) und Umgebung sind einen mehrtägigen Besuch wert.

- Nicht verpassen: eine Fahrt entlang der **Trollstigen** (S. 206) und wieder zurück.

- Dann weitere zwei Tage nach Westen ins umwerfende Jugendstilstädtchen **Ålesund** (S. 211) und entlang der unvergleichlichen **Atlanterhavsveien** (S. 217) fahren – als krönender Abschluss der Norwegenreise.

Zehn tolle Tage

- Wenn einem zehn Tage zur Verfügung stehen, kannt man wirklich sehr viel sehen. Die Route stellt man anhand der großen Highlights zusammen: einige Tage am **Nærøyfjord** (S. 190) einplanen, ein paar weitere rund um **Fjærland** (S. 197) und am **Jostedalsbreen** (S. 195). Anschließend fährt man einen Tag auf der **Trollstigen** (S. 206) und erkundet an weiteren zwei Tagen mit dem Schiff den **Geirangerfjord** (S. 208) auf dem Weg nach **Ålesund** (S. 211).

- An einem dieser Tage sollte ein Tagesausflug auf der **Atlanterhavsveien** (S. 217) nach **Kristiansund** (S. 215) auf dem Programm stehen. Als Abschluss sind dann zwei Tage Erkundungsfahrt an der wunderbaren **Fjordküste** (S. 200) angesetzt, inkl. **Kloster Selja** (S. 202).

JULI

Es ist Hauptsaison. Noch schnell Papageitaucher auf Runde beobachten. Viel Spaß beim **Ålesund-Schiffsfestival**.

AUGUST

Mitten in der **sommerlichen Hochsaison**. Warteschlangen an den Fähranlegern. Schiffsfahrten besser im Voraus buchen.

SEPTEMBER

Ein toller Urlaubsmonat: passables Wetter und **weniger Leute**. Straßen und Einrichtungen sind meist bis Mitte September geöffnet.

NOVEMBER

Viele Veranstalter halten nun Winterschlaf. Es wird eiskalt, aber man kann noch auf der **Atlanterhavsveien** die Fjorde erkunden.

Sognefjord

UNTERWEGS VOR ORT

Die Gegend rund um den Sognefjord erkundet man mit dem Mietwagen oder Bus, Zug und Schiff, die meist sehr pünktlich sind. Die Hauptstraße an den Seitenarmen Aurlandsfjord und Nærøyfjord heißt E16 und verbindet Oslo mit Bergen an der Westküste.

Wer nur Zeit für einen einzigen norwegischen Fjord hat, sollte den Sognefjord auswählen. Er ist mit 203 km Länge der zweitlängste Fjord der Welt (nach dem 350 km langen grönländischen Scoresby Sund). Steile Felsen, Schnee und Eis sowie Wasser, das in allen Blautönen schimmert. Dazu noch bildhübsche Dörfer am Fjord und die steil bergauf fahrende Kulteisenbahn Flåmsbana. Kein Wunder, dass die Sognefjord-Seitenarme Nærøyfjord und Aurlandsfjord bei Besuchern so beliebt sind.

Es ist immer möglich, den Touristenmassen zu entkommen und eine kleine, paradiesische Ecke zu finden, wenn man den Berg hinaufradelt oder im Kajak neben den Robben paddelt. Für jedes hübsche, aber überlaufene Dörfchen wie Flåm oder Aurland gibt es ein ursprüngliches Undredal oder Otternes. Vielen Reisenden entgehen diese Orte, weil sie so eifrig die Aussicht genießen.

TOP TIPP

Die rund ums Jahr angebotene Tour „Norway in a Nutshell" (norwaynutshell.com) umfasst (ganz oder in Teilen) den Zug von Bergen oder Oslo nach Myrdal, die Flåmsbana-Route nach Flåm, eine Fahrt auf dem Nærøyfjord nach Gudvangen, eine Bustour nach Voss und schließlich eine Zugfahrt nach Bergen oder Oslo.

Hoch über dem Aurlandsfjord

Staunender Blick nach unten

Der tiefe, schmale **Aurlandsfjord** zweigt vom Sognefjord ab und erstreckt sich über 29 km. An manchen Stellen ist der schluchtartige Fjord kaum 2 km breit. Wer an den Wänden des Aurlandsfjords emporklettert, wird mit einem fantastischen Ausblick belohnt.

Die nur im Sommer befahrbare, 45 km lange **Aurlandsfjellet** – oder Snøvegen (Schneestraße) – zählt zu den eindrucksvollsten Bergstraßen des Landes. Die gewundene, enge Strecke steigt von Meereshöhe hinauf zum mit Felsbrocken übersäten Hochplateau, das Aurland und Lærdalsøyri (Lærdal) voneinander trennt, und auf der anderen Seite wieder hinunter. Unterwegs kann man am **Stegastein**, einem Aussichtspunkt, der über den 630 m tiefen Abgrund des Aurlandsfjords hinausragt, eine Pause einlegen. Die auf erschreckend dünnen Stahlstelzen balancierende Plattform ist eine gewagte

HIGHLIGHTS
1 Aurlandsfjord
2 Flåmsbana
3 Nærøyfjord

SEHENSWERTES
4 Aurlandsfjellet
5 Stabkirche Borgund
6 Brekkefossen
7 Kirche St. Olav
8 Dale Kyrkje
9 Eidsvatnet
10 Eisenbahn museum Flåm
11 Stabkirche Hopperstad
12 Steinkirche Hove
13 Stabkirche Kaupanger
14 Kjelsfossen
15 Mørkridsdalen
16 Norwegisches Museum für Reisen & Tourismus
17 Otternes
18 Sognefjord Aquarium
19 Stegastein
20 Tine
21 Kirche von Undredal
22 Stabkirche Urnes
23 Kirche von Vangen
24 Grabhügel aus der Wikingerzeit

KURSE & TOUREN
25 Fjord Seal
26 Njord

SCHLAFEN
27 Aurland Fjordhotell
siehe 37 Eplet
28 Flåm Camping & Hostel
29 Flåmsbrygga
30 Fretheim Hotel
31 Midtnes Hotel
32 Sanden Pensjonat
33 Sogndal Lodge
34 Stalheim Hotel
35 Undredal Gjestehus
36 Vangsgaarden Gjestgiveri
37 Walaker Hotell

ESSEN
siehe 30 Restaurant Arvan

AUSGEHEN & FEIERN
38 Ægir Bryggeri
siehe 36 Vangsgaarden Gastropub

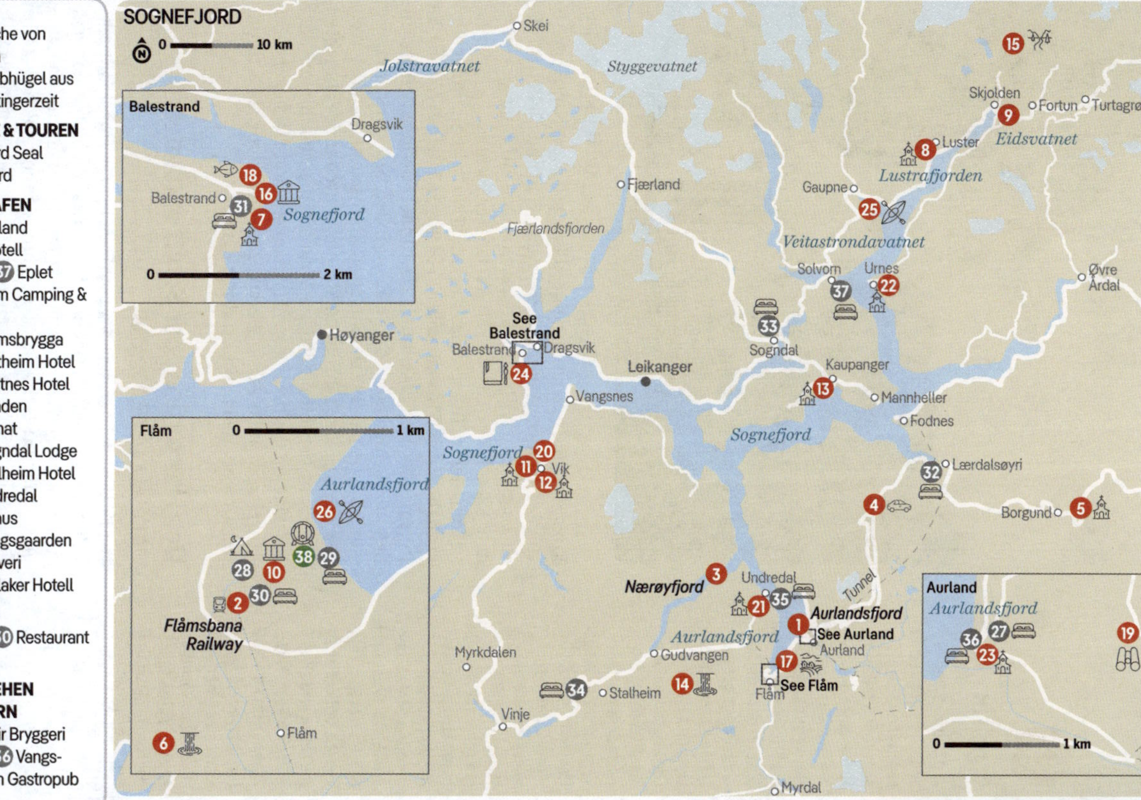

STALHEIM

Auf halber Strecke zwischen Voss und Nærøyfjord bietet sich vom **Stalheim Hotel** einer der berühmtesten Ausblicke Norwegens. Von 1647 bis 1909 war hier eine Station der Königlichen Postroute zwischen Kopenhagen, Oslo und Bergen. Die Postboten und ihre Pferde legten nach dem Anstieg vom Talboden eine Rast ein.

Inzwischen existiert eine Einbahnstraße (mit 18% Steigung!) durch die Stalheimskleiva-Schlucht mit den herabdonnernden **Stalheim-** und **Sivle-Wasserfällen**. Es gibt auch ein kleines **Volkskundemuseum** und zwei Wanderwege: **Husmannsplassen Nåli** (entlang eines Felssimses zu einer alten Bauernhütte) und **Brekkedalen** (der auf die Hochebene über Stalheim führt).

THOMBAL/SHUTTERSTOCK ©

Kirche von Undredal

Konstruktion, bei der nur eine gläserne Absperrung den Absturz verhindert. Wer nicht die ganze Aurlandsfjellet-Straße entlangfahren will, kann Stegastein auch auf einer gewundenen, 8 km langen Straße ab Aurland erreichen.

Flåm, tief im Inneren des Aurlandsfjords, kann problemlos mithalten. Die **Flåmsbana** ist ein 20 km langes Wunder der Ingenieurskunst, das durch 20 Tunnel hindurch einen Höhenunterschied von 866 m überwindet. Mit einer Steigung von 5,5% ist sie eine der steilsten Eisenbahnlinien der Welt. Der Vintage-Zug fährt in 45 Minuten durch tiefe Schluchten, vorbei an herabdonnernden Wasserfällen, bis hinauf nach **Myrdal** auf der baumlosen Hardangervidda-Hochebene. Der Fahrplan ist auf die Oslo–Bergen-Zugverbindung abgestimmt, sodass man gleich weiterfahren kann.

Den Nærøyfjord per Schiff erkunden

MAXIMALES FJORDDRAMA

Der tiefe, wunderschöne **Nærøyfjord** liegt in einer eindrucksvollen Landschaft: Er ist einer der meistbesuchten norwegischen Fjorde, viele Wasserfälle stürzen die steilen Berghänge herab. Nur der Geirangerfjord kann sich mit solchen steilen Felswänden, Wiesen und einzelnen Bauernhöfen messen. In all seiner Pracht kann man ihn auf einer **Nærøyfjord-Rund-**

ÜBERNACHTEN AM NÆROYFJORD

Flåm Camping & Hostel
Einer der besten Campingplätze am Sognefjord, mit Hostel, Hütten und grasbewachsenen Stellplätzen. **€**

Undredal Gjestehus
Charmantes, kleines B&B. Ideale Basis für das namensgebende zauberhafte Dörfchen am Wasser. **€€**

Vangsgaarden Gjestgiveri
Weißgestrichenes Aurland-Gästehaus (18. Jh.) mit schlichten Zimmern, plus Hütten am Fjord. **€€**

fahrt bestaunen, die im Sommer regelmäßig von Flåm nach Gudvangen führt. Meist ist viel los, weshalb man am besten die erste Abfahrt buchen sollte. Das Schiff legt auch in Aurland an, sodass man Stück für Stück den Fjord hinauffahren kann. Man startet in Flåm, spaziert in Aurland und Undredal ein wenig herum und landet schließlich in Gudvangen. Vom oberen Deck lässt sich die Aussicht am besten genießen.

Sehr beeindruckend ist der **Kjelsfossen-Wasserfall**, der von der Südwand des Nærøydalen-Tals oberhalb von **Gudvangen** herabstürzt. Die Wände sind so steil, dass eine Lawine eine Kraft von 12 t/m² hätte und eine Geschwindigkeit von 50 m/s. Manchmal sind Seehunde auf den Felsen zu sehen.

Den Massen entkommen

EINEN RUHIGEN ORT AM FJORD ENTDECKEN

Auf jeden Fall sollte man die beliebte Schiffsfahrt im Nærøyfjord buchen und mit der Bahn von Flåm nach Myrdal hinauf fahren. Nicht weit weg vom Trubel findet man Ruhe.

Das über eine schmale Schotterstraße (oder einen Wanderweg ab Flåm) erreichbare **Otternes** wurde in den 1990er-Jahren aufgegeben. Die Aussicht ist umwerfend. Früh am Morgen ist hier noch kein Mensch; die 27 restaurierten Bauernhöfe (einige aus dem 17. Jh.), die im Morgennebel halb verschwinden, wirken wie ein Filmset. Im Sommer werden hier Führungen angeboten, bei denen es Bioeis, frischen Apfelsaft oder Pfannkuchen zu verkosten gibt.

Undredal ist eines der wundervollsten und stillsten Dörfer der norwegischen Fjorde. Die meisten Schiffe legen hier an, aber nur wenige Passagiere gehen von Bord. Wer die schmale Bergstraße hinab nach Undredal auf der Flåm–Gudvangen-Straße fährt, hat diese charmante kleine Ortschaft vielleicht sogar ganz für sich allein. Noch schöner ist es, hier zu übernachten: Wenn es dunkel und still wird, wirkt es geradezu magisch. Ganzjährig leben hier knapp 60 Personen. Wenn ein Touristenschiff anlegt, dann geht es hier für kurze Zeit ziemlich lebhaft zu, aber danach kehrt schnell die wohltuende Ruhe zurück.

Unbedingt sollte man den Undredal-Ziegenkäse probieren (erhältlich am Pier oder in einem der Käseläden des Dorfes). Im Café am Pier gibt es eine kleine Ausstellung zur traditionellen Käseherstellung in Undredal. Durch das Dorf führt ein Weg bergan zur bildhübschen Kirche von **Undredal** (12. Jh.). Sie ist die kleinste Stabkirche in Skandinavien. Im Winter wird es in Undredal nicht ganz so kalt, denn das Dorf wird von den hohen Bergwänden, die die Sonnenwärme speichern, vor rauen, kalten Winden geschützt.

EPISCHE WANDERUNG

Um im Sommer den Massen zu entfliehen, wandert man die viertägige Tour durchs **Aurlandsdalen**, von Geiteryggen nach Aurland. Es geht meist bergab am Bach entlang. Der einstige Handelsweg verband Ost- und Westnorwegen.

Der nur im Sommer begehbare Trail startet in **Finse** (Haltestelle der Oslo-Bergen-Zugstrecke). Die meisten Leute übernachten in Geiterygghytta, Steinbergdalen und Østerbø. Wer nicht die ganze Tour laufen will, nimmt den Bus (1 Std.) von Aurland nach Østerbø (820 m) und wandert hinunter nach Vassbygdi (95 m), das per Bus eine Viertelstunde von Aurland entfernt liegt – eine umwerfende Tagestour (6–7 Std.)

ÜBERNACHTEN AM NÆROYFJORD

Flåmsbrygga
Neben dem Dock in Flåm. Balkone, toller Fjordblick, hervorragendes Pub und Restaurant. €€€

Aurland Fjordhotell
Mit weißem Holz verkleidet und mit Giebeldach. Nur im Sommer geöffnet. Zimmer mit Motelcharme. €€€

Fretheim Hotel
Hübsches Hotelgebäude aus den 1870er-Jahren mit einer Mischung aus historischen und modernen Zimmern. €€€

AKTIVITÄTEN IN BALESTRAND

Grabhügel aus der Wikingerzeit
In diesem Grabhügel befanden sich einst ein Schiff, zwei Skelette, Schmuck und Waffen.

Kirche von St. Olav
St. Olav wurde 1897 als Stabkirche errichtet; der Besitzer des Midtnes Hotels hat den Schlüssel.

Sognefjord Aquarium
Altes Aquarium, in dem sich alles um die Tierwelt des Sognefjords dreht.

Norwegisches Museum für Reisen & Tourismus
Erzählt wird die Geschichte des Reisens rund um die Fjorde.

Gemütlich Flåm & Aurland besichtigen

HÜBSCHE DÖRFER AM FJORD

In Flåm zu leben, muss eigenartig sein. In Winternächten herrscht Grabesstille, mit dazu passendem Nebel. Im Hochsommer dagegen werden die 400 Dorfbewohner von Schiffs- und Busladungen voller Besucher überrannt. Nur wenige bleiben länger, die meisten steigen hier um und machen vorher eine schnelle Tour durch die Souvenirläden.

Aber wer verweilt, wird belohnt: Sehenswert sind das kostenlose **Flåm-Eisenbahnmuseum**, das die dramatische Geschichte von Flåmsbana, einer der steilsten Zugstrecken der Welt, nachzeichnet. Ebenso spannend ist die 1667 errichtete Kirche von **Flåm**. Das kleine braune Holzgebäude weist dekorative Elemente aus mehreren Jahrhunderten auf. Anschließend geht es weiter auf der 5 km langen Strecke durchs Tal von Flåm zum eindrucksvollen Wasserfall **Brekkefossen**. Die Rundwanderung dauert etwa 2½ Stunden.

Von Flåms Kajakverleih **Njord** fährt man hinaus aufs Wasser. Das leise Plätschern der Paddel übertönt die manchmal etwas übertriebene Fröhlichkeit des Bootsführers. Auch auf dem 12 km langen **Wanderweg von Flåm nach Aurland**, der am Fjord entlangführt, gibt es keinen Massentourismus. In der Touristeninformation des Ortes kann man sich auch ein Fahrrad für diese Tour ausleihen.

In **Aurland** gibt es, abgesehen vom Ausblick, nicht viel zu sehen. Der Blick von Aurlands Pier übertrifft die Aussicht von allen anderen Dörfern am Nærøyfjord. Ein Zwischenstopp an der beeindruckenden weißen Kirche von **Vangen** (1202, aber im Laufe der Jahrhunderte mehrmals restauriert) lohnt sich wirklich. Dies ist die größte Kirche am Sognefjord, weshalb sie von Einheimischen oft „Sogn-Kathedrale“ genannt wird.

Sognefjord – von Stabkirche zu Stabkirche

MITTELALTERLICHE GOTTESHÄUSER

Wer von Norwegens Stabkirchen und anderen mittelalterlichen religiösen Gebäuden fasziniert ist, findet am Sognefjord reichlich Anschauungsmaterial. Die Kirchen verteilen sich entlang sämtlicher Arme des Fjords, sodass man sich entlang des Fjordufers von Kirche zu Kirche leiten lassen kann.

Die im 12. Jh. an der wichtigsten Überlandhandelsroute zwischen Ost- und Westnorwegen errichtete **Stabkirche von Borgund** steht ca. 30 km südöstlich von Lærdalsøyri an der E16. Die dem hl. Andreas gewidmete Stabkirche ist in hervorragendem Zustand. Das Innere ist wunderbar schlicht und in dunklem Holz gehalten. Beeindruckend sind der handge-

ESSEN AM NÆROYFJORD

Vangsgaarden Gastropub
Restaurant in Aurland (nur Sommer) mit internationaler Küche. Toller Ausblick. Fischgerichte sind am besten. €€

Ægir Bryggeri
Craftbier und norwegische Hausmannskost in einem Gebäude aus Holz und Stein. Kuschlige Schaffelle. €€€

Restaurant Arvan
Im Obergeschoss von Flåms Fretheim Hotel. Schwerpunkt sind regionale Zutaten und saisonale Produkte. €€€

Brekkefossen

schnitzte Altar und Norwegens einziger freistehender mittelalterlicher Glockenturm aus Holz.

Am Fjord entlang geht es mit Blick über den Lustrafjord auf kurvenreichen Straßen Richtung Norden zu einer UNESCO-Weltkulturerbestätte: Die **Stabkirche von Urnes** konkurriert mit Borgund darum, welche die eindrucksvollste Kirche am Sognefjord ist. Das im Jahr 1170 am Standort einer älteren Kapelle errichtete Gebäude ist Norwegens älteste Kirche. Abgesehen von der besonderen Lage machen auch die feinen Holzschnitzereien mit Rankenwerk und mythischen Kreaturen diese Kirche zu einer außergewöhnlichen Stätte, die an ein längst vergessenes Filmset aus dem *Herrn der Ringe* erinnert.

Nicht jede alte norwegische Kirche zählt zu den Stabkirchen: Die **Dale Kyrkje** in Skjolden mitten im Lustrafjord ist ein gutes Beispiel dafür. Die 1250 errichtete Steinkirche wurde hauptsächlich im gotischen Stil erbaut, dessen Merkmale noch heute überwiegen. Der Turm besteht aus Holz; die kunstvollen Malereien rund um das Portal stammen aus dem frühen 17. Jh. Kruzifix und Hauptbogen sind noch die mittelalterlichen Originale.

Am Sognefjord-Hauptarm liegt die **Stabkirche von Kaupanger,** eine der höchsten Stabkirchen Norwegens. Sie ist u. a. für ihren keltisch anmutenden Chorbogen bekannt, ein Merk-

GAMALOST

Die Molkerei **Tine** befindet sich unweit des Piers in Vik und rühmt sich ihrer langen Tradition in der Käseherstellung. Dies ist weltweit der einzige Ort, wo noch Gamalost („alter Käse“) hergestellt wird – eine Art brauner Käse, den es schon in der Wikingerzeit gab.

Das Besondere am Gamalost ist sein hoher Proteingehalt von 50 % und der Fettgehalt von nur 1 %. Der Käse hat eine dicke Rinde und riecht und schmeckt recht kräftig. Die Molkerei empfiehlt, ihn auf Fladenbrot mit saurer Sahne, Butter und Preiselbeeren zu essen, dazu etwas Obst. Wer ihn probieren möchte, kann dies an Tines Käsetheke **Ostebaren** tun.

ÜBERNACHTEN AM SOGNEFJORDEN

Midtnes Hotel
Altes Balestrander Familienhaus mit weißer Fassade, hübschen Zimmern und fantastischem Essen. **€€**

Sanden Pensjonat
Entzückendes Gästehaus in Lærdal mit 100-jähriger Geschichte. Liebevoll eingerichtet, persönlicher Service. **€€**

Sogndal Lodge
Sogndals exzellentes Hostel bietet vier unkonventionelle Zimmer im Scandi-Stil mit Vintage-Elementen. **€€**

DEN LUSTRAFJORD ERKUNDEN

Eidsvatnet
Die RV55 verläuft nach Osten am magisch blauen Gletschersee Eidsvatnet entlang.

Mørkridsdalen
Dieses Tal zieht sich von Skjolden nach Norden. Tolle Wanderungen mit Blick auf den Fjord.

Fjord Seal
Mit dem Kajak durch den ruhigen Fjord, vorbei an einer Seehundkolonie.

Rundfahrt Mollandsmorki
Mountainbiken auf dem Rundweg ab Solvern (25 km). Grandiose Aussicht.

Jotunheimen
Die RV55 führt vorbei an Skjolden hinauf zur Sognefjellet-Straße (S. 124).

NIARKRAD/SHUTTERSTOCK ©

Stabkirche Hopperstad

mal, das in Norwegens anderen Stabkirchen fehlt. Der Bau stammt ursprünglich aus dem Jahr 1184, wurde aber mehrfach renoviert und im 17. Jh. rundumerneuert. Die Kirche weist hervorragende Wandmalereien mit Rankenwerk, Blumen und musikalischen Anspielungen auf.

Ganz weit im Westen erreicht man nach einer langen Autofahrt und zwei Überfahrten mit der Fähre den Ort Vik, eine weitere wichtige Stätte auf der Reise von Stabkirche zu Stabkirche. Die **Stabkirche Hopperstad** am Südrand von Vik erinnert vielleicht noch mehr als andere verwandte Bauten an ein von der Hand mittelalterlicher Künstler erschaffenes Gebäude, das aus 2000 Einzelteilen zusammengesetzt wurde. Erbaut wurde die zweitälteste Kirche des Landes im Jahr 1130. Sie verzaubert durch märchenhafte Schnitzereien und bunte Wandmalereien.

Auch die **Steinkirche Hove** in Vik stammt aus dem 12. Jh. und begeistert mit fantastischen Malereien. Interessant sind auch die von der nordischen Mythologie inspirierten Holzfiguren an Deckenbalken und Giebeln.

WEITERE KIRCHEN AM SOGNEFJORD

Die Kirchentour lässt sich mit einem Zwischenstopp in **Undredal** (S. 191) noch verlängern. Dort steht Norwegens kleinste, noch genutzte Kirche. Die Kirche von **Vangen** (S. 192) in Aurland wird manchmal sogar „Sogn-Kathedrale" genannt.

ÜBERNACHTEN AM SOGNEFJORD

Eplet
Hostel in einem Obstgarten in Solvorn, vermietet Zimmer in zwei rustikalen Holzhütten sowie Camperstellplätze. **€€€**

Walaker Hotell
Norwegens ältestes Hotel in Familienbesitz (1640) steht in Solvorn: Antiquitäten und Löwenfußbadewannen. **€€€**

Stalheim Hotel
Von Zimmer Nr. 324 oder einem der benachbarten Zimmer genießt man den ultimativen Blick auf Nærøydalen. **€€€**

Nationalpark Jostedalsbreen

Nationalpark Jostedalsbreen
OSLO

Dort, wo die Fjorde enden, beginnen die hohen Berge mit ihren Gletschern. Der Großteil Norwegens war einst ein riesiges Eisfeld über himmelhohen Bergen. Das Gewicht der Gletscher hatte die Fjorde aus dem Fels herausgefräst. Jostedalsbreen ist unter den heute noch verbliebenen Eisfeldern und ihren Gletschern wohl nicht nur das eindrucksvollste Exemplar, sondern auch der größte Gletscher des europäischen Festlands.

Jahrelang widerstand der Jostedalsbreen dem durch den Klimawandel verursachten Abschmelzen, was sich leider inzwischen geändert hat. Dennoch bleibt er eine beeindruckende Naturgewalt. Das Eisfeld hobelt Jahr für Jahr 400 000 t Fels weg, und das auf einer Fläche von 450 km². Ein Besuch des Gletschers und der umliegenden Orte ist die passende Ergänzung zur Fjordtour.

UNTERWEGS VOR ORT

Nördliche und südliche Seite des Nationalparks liegen weit auseinander und müssen getrennt besucht werden. Für den Süden liegen die Hauptzugänge in Solvorn, Sogndal und Fjærland. Der nördliche Teil des Nationalparks ist am besten über die Orte Stryn, Loen und Olden zu erreichen.

Den Gletscher von allen Seiten erleben

NIGARDSBREEN ERKUNDEN

Am Ende von Jostedalen, des langen Tals, das sich hinauf zu den Bergen nördlich des Lustrafjords zieht, bietet sich **Nigardsbreen** als Gletscherziel an, besonders am südlichen Rand des Eisfelds. Nigardsbreen berührt einen durch seine einsame, erhabene Atmosphäre: Der Gletscher ragt direkt vor den Besuchern steil empor.

Das Ausmaß dieser ganzen Gletschergeschichte erlebt man auf einer Tour mit dem Veranstalter **Ice Troll** aus nächster Nähe. Hier kann man den majestätischen Nigardsbreen auf einer Kajak- oder Dingi-Fahrt über den See bestaunen. Unter den Stiefeln knirscht das Eis, wenn man aus dem Kajak steigt und über den Gletscher marschiert. Während andere Veranstalter ebenfalls Gletscherspaziergänge im Programm haben, bietet Ice Troll zusätzlich Eisklettern, Schneeschuhwandern, Gletscherübernachtungen (bei denen man das nächtliche Ächzen des Gletschers hören kann) oder sogar Wildwasserfahrten auf dem Gletscherfluss an.

☑ TOP TIPP

Jede(r) Gletscher(zunge) ist anders, weshalb man sorgfältig planen sollte: Nigardsbreen eignet sich für vielfältige Aktivitäten, u.a. für eine Gletscherbegehung. Bei Briksdalsbreen und Kjenndalsbreen ist die Anfahrt recht schön. Wer mit dem Auto ganz nah ran an den Gletscher fahren möchte, wählt Bøyabreen.

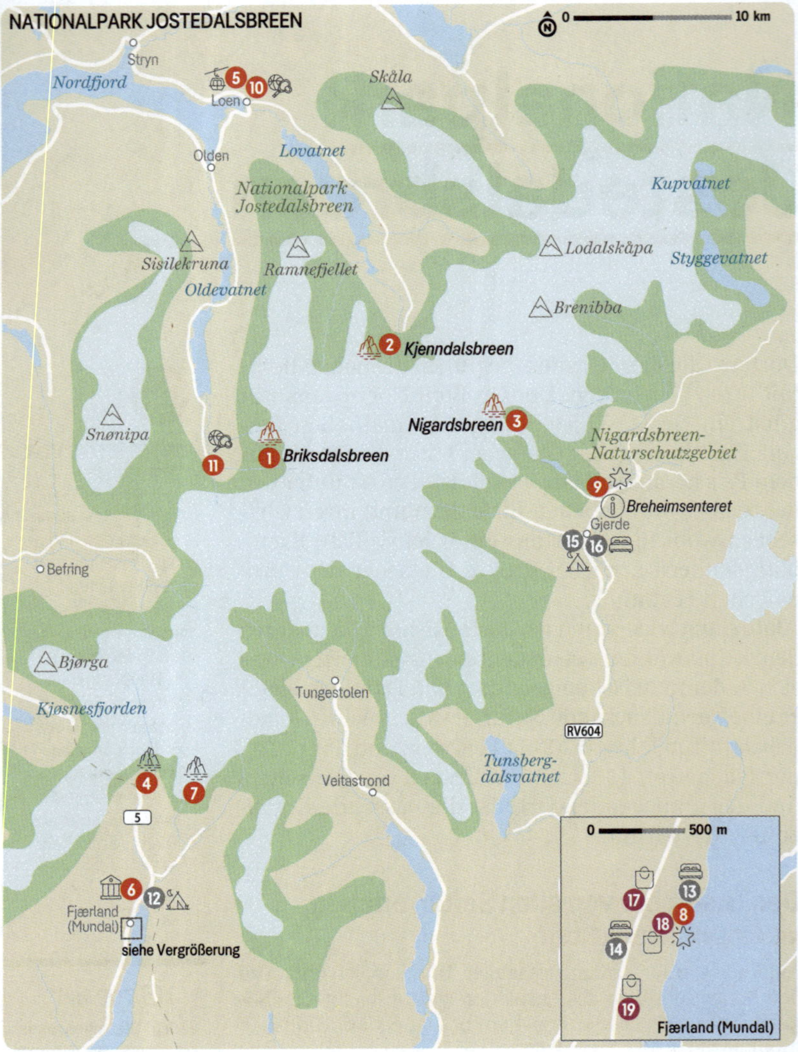

NATIONALPARK JOSTEDALSBREEN

HIGHLIGHTS
1 Briksdalsbreen
2 Kjenndalsbreen
3 Nigardsbreen

SEHENSWERTES
4 Bøyabreen
5 Loen Skylift
6 Norwegisches Gletschermuseum
7 Supphellebreen

KURSE & TOUREN
8 Fjærland Guiding
9 Ice Troll
10 Loen Activ
11 Oldedalen Skyss

SCHLAFEN
12 Bøyum Camping
13 Fjærland Fjordstove Hotel
14 Hotel Mundal
15 Jostedal Camping
16 Jostedal Hotel

SHOPPEN
17 Bok og Bilde
18 Gamleposten
19 Tusund og Ei Natt

Die nördlichen Gletscher entdecken

BESUCH IN BRIKSDALSBREEN UND KJENNDALSBREEN

Diese zwei Gletscher am Nordrand des Eisfelds verbinden eindrucksvolles Gletschererlebnis und Einkehr in der Stille.

Schon die Anreise zum **Briksdalsbreen** ist das reinste Vergnügen: Diese grandiose Eiswand erreicht man auf einer wunderhübschen, 23 km langen Fahrt ab Olden. Selbst wenn man am Ende der Straße gleich wieder umdreht, hat sich die Fahrt bereits gelohnt. Richtig toll wird es aber erst, wenn man tatsächlich anhält und den steilen, 5 km langen Anstieg hinauf zur Gletscherzunge bewältigt. Es gibt auch einen längeren, nicht ganz so anstrengenden Schotterweg, auf dem eine Art Golfbuggys (die man hier natürlich Trollwagen nennt) des Veranstalters **Oldedalen Skyss** fast bis hinauf zum Gletscher fahren. Buchen kann man die Buggys im **Briksdalsbreen-Besucherzentrum**. Dort, wo sich die beiden Wege oben treffen, stehen dann ehrfürchtig staunende Touristen vor diesem großartigen Wunder der Natur.

Wie bei allen Gletschern hört man gelegentlich ein Ächzen, Knarzen oder Knacken, was bei den Besuchern nervöse Blicke hervorruft. Aus Sicherheitsgründen sind hier keine Gletscherspaziergänge erlaubt. Aber im Besucherzentrum kann man sich nach Schlauchboottouren auf dem Gletschersee erkundigen.

Wer nach **Kjenndalsbreen** will, kann sich auf eine schöne Fahrt freuen, die 21 km durchs Lodalen-Tal führt, das in der Nähe des Briksdalsbreen liegt, aber durch hohe Berge davon getrennt ist. Hier finden sich überraschenderweise keine Touristenmassen. Unterwegs kommt man am eisblauen Gletschersee **Lovatnet** vorbei und kurz darauf an einer Mautstelle. Von dort aus geht es noch 5 km weiter bis zu einem spektakulären Aussichtspunkt.

Rund um Fjærland ausschwärmen

DAS COOLSTE DORF AN DEN WESTLICHEN FJORDEN

Wer durch die Region fährt und nicht weiß, wo das hübscheste Dörfchen liegt, sollte sich unbedingt das entzückende **Fjærland** am Ende des **Fjærlandsfjords** ansehen. Auffallend ist der klassich norwegische Look aus bunten Holzhäuschen vor einer steilen Felswand. Das Dorf selbst ist einen längeren Besuch wert.

Zu Fjærlands charmanten Eigenheiten gehört seine saisonale Wandelbarkeit: Wenn die Tage ab Oktober kürzer werden, verfällt es fast in den Winterschlaf, aus dem es Anfang Mai erwacht, sobald die Fähre wieder verkehrt. Bis 1985 führte

LOENS HIGHLIGHTS

Loen, ein winziges Dorf am Fjord, ist nicht nur das Tor zum Jostedalsbreen und zu den Gletscherzungen von Bødalen und Kjenndalen.

Der **Loen Skylift** ist eine der steilsten Seilbahnen der Welt. Man steigt unten am Fjord ein und ist in ein paar Minuten später 1000 m weiter oben, auf dem Høven. Dort genießt man die grandiose Aussicht und spaziert auf einem der vielen Pfade wieder nach unten, schnallt sich im Winter die Ski an oder lässt sich im Restaurant eine Mahlzeit mit Aussicht schmecken.

Von der Bergstation aus bietet **Loen Activ** eine Klettersteigtour an, bei der man angeseilt auf an der Felswand befestigten Leitern am Høven umherklettert.

ÜBERNACHTEN & ESSEN AM JOSTEDALSBREEN

Jostedal Camping
Einer der spektakulärsten Campingplätze Norwegens. Tolle Infrastruktur und hilfsbereiter Besitzer. €

Jostedal Hotel
Das familiengeführte Hotel, eines der wenigen im Haupttal, hat schöne Zimmer und ein Farm-to-table-Restaurant. €€

Briksdalsbre Fjellstove
Zimmer und Restaurant nahe des Briksdalsbreen-Besucherzentrums; schön ruhig, wenn die Tourbusse abfahren. €€

BUCHSTÄDTCHEN

Fjærland ist in Norwegen als „Buchstädtchen" bekannt. Es gibt zehn Buchhandlungen mit u.a. mehr als 150 000 Secondhand-Büchern. Die meisten Bücher sind in norwegischer Sprache, aber es gibt auch englische Exemplare. Fast alle Buchhandlungen haben von Mai bis Mitte September geöffnet. Im Hochsommer findet **Boknatts** statt, die Sonnwendfeier des Dorfes, bei der die Hauptstraße von Pop-up-Buchläden besetzt ist, die auch nachts offen haben, untermalt von Musik.

In der Nähe des Fähranlegers gibt es bei **Tusund og Ei Natt** (1001 Nacht) ein 15 m langes, sieben Bretter hohes Regal mit englischen Romanen. **Gamleposten** hat auch eine große Auswahl an englischsprachigen Büchern, während **Bok og Bilde** bei der Touristinfo schwerpunktmäßig Thriller führt.

Bøyabreen

keine einzige Straße nach Fjærland, das nur per Schiff erreichbar war. Der frühere US-Vizepräsident Walter F. Mondale, dessen Familie aus der Gegend stammt, eröffnete offiziell die Straße, die von Skei hierherführt.

Unbedingt ansehen sollte man sich das **Norwegische Gletschermuseum**. Das in einem keilförmigen Betonbau untergebrachte Museum erklärt den Besuchern alles Wissenswerte zu Gletschern, Flora und Fauna. Man kann sogar durch einen künstlichen Eistunnel spazieren, Mammutmodelle bestaunen und den Stoßzahn eines Mammuts betrachten.

Danach geht es hinaus in die beeindruckende Landschaft von Fjærland. An der **Touristeninformation** gibt es den Führer *Escape the Asphalt,* der ein Dutzend Wanderungen im Umland aufführt. Die meisten Wanderungen verlaufen auf Strecken, die bis vor Kurzem von Schafhirten genutzt wurden, die ihre Herden auf die Sommerweiden hinauftrieben.

Oder man besucht die zugänglichen Gletscherzungen **Supphellebreen** und **Bøyabreen**. Die zweitere ist spektakulärer und bietet vom Gletschersee aus einen tollen Ausblick. Dafür wurden Eisblöcke aus dem Supphellebreen für die Olympischen Winterspiele in Lillehammer (1994) als Podien verwendet. Wer nicht nur staunen will, probiert die aufregenden Gletscherführungen von **Fjærland Guiding** aus.

ÜBERNACHTEN & ESSEN IN FJÆRLAND

Bøyum Camping
Camping und Hütten 3 km ab Fähranleger in Fjærland. Grandioser Ausblick auf den Bøyabreen-Gletscher. **€**

Hotel Mundal
Das Hotel verströmt den Charme des ausgehenden 19. Jhs.: Antiquitäten, Turmsuite und Fjordblick. **€€€**

Fjærland Fjordstove Hotel
Dieses herrlich altmodische Gästehaus ist mit weißem Holz verkleidet und steht direkt am Fjord. **€€€**

AUSFLUGSFAHRT: GAMLE STRYNEFJELLSVEGEN

Diese atemberaubende 130-km-Strecke bietet eindrucksvolle Ausblicke auf die Berge. Ein Team aus einheimischen und schwedischen Streckenarbeitern brauchte für den Bau der Gamle Strynefjellsvegen (Alte Stryn-Bergstraße) mehr als zehn Jahre. Eröffnet wurde sie im Jahre 1894. Für die Fahrt auf der normalerweise von Juni bis Oktober schneefreien Strecke nimmt man sich am besten vier Stunden Zeit.

Von 1 **Stryn** geht es auf der RV15 nach Osten am Fluss entlang, der vom 2 **Strynevatnet-See** herabfließt. Anschließend folgt man dem Seeufer. Nach 20 km lohnt sich ein Halt im 3 **Nationalparkzentrum Jostedalsbreen** im Dorf Oppstryn. An einer Hinweistafel 17 km hinter dem Zentrum rechts auf die RV258 abbiegen. Die Fahrt hinauf aufs Hochplateau ist sensationell: Schmale Wasserfälle stürzen zu Tal und donnernde Schmelzwasserflüsse begleiten die Straße. Von der Plattform oberhalb des 4 **Videfossen** bietet sich ein toller Ausblick. Nach weiteren 9 km auf der Gamle Strynefjellsvegen erreicht man das 5 **Sommerskizentrum Stryn**, ein außerhalb der kurzen Saison von Ende Mai–Juli trostloser Ort. Nach dieser langen Bergauffahrt geht es auf der guten, einspurigen Straße vorbei an einer Reihe milchig-türkisfarbener Bergseen und nacktem Fels. Die spärliche Vegetation auf dieser Hochebene klammert sich dicht an den Boden. 10 km nach dem Skizentrum fährt man über die Wasserscheide und die Straße führt nun sanft bergab zur RV15. Links abbiegen und dann auf einer zweispurigen Straße am 6 **Breidalsvatn-See** vorbei durch drei lange Tunnel wieder zurück zum Nationalparkzentrum und schließlich nach Stryn.

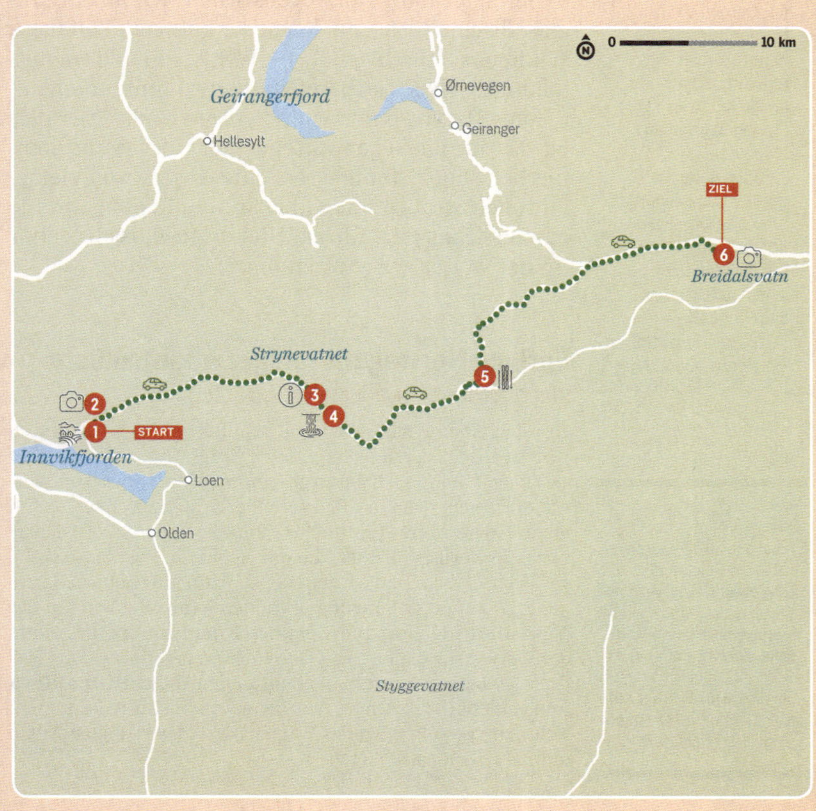

Die Fjord-küste

UNTERWEGS VOR ORT

Die meisten Leute besuchen die Fjordküste vom Meer aus. Die Shuttle-Fähren aus Bergen sowie die Hurtigruten-Fähre legen auf ihrer regulären Route an der Küste an. In Florø gibt es einen Flughafen.

Für Erkundungstouren rund um die größeren Orte benötigt man ein Auto. Die meisten Orte sind durch Straßen angebunden; öffentliche Verkehrsmittel existieren kaum.

TOP TIPP

Ein Besuch an der Fjordküste bietet die Gelegenheit, zur Ruhe zu kommen, weshalb man mind. drei Tage in dieser Region einplanen sollte. Es sieht nicht so aus, aber es dauert eine ganze Weile, bis man die Fjordküste per Auto erreicht. Auch vor Ort benötigt man reichlich Zeit.

Wenn man sich Norwegens Küste auf der Karte ansieht, erkennt man, dass die tief ins Land hineinreichenden Fjorde weit, weit im Westen ihren Anfang haben. Wie die schottischen Highlands ist auch Norwegens Fjordküste eine Welt aus windumtosten Küstenebenen, Leuchttürmen, pittoresken Fischerdörfern, perfekten Stränden und berühmten Surferwellen.

Hier sieht man Norwegens Küste wie im Brennglas: Fischerdörfer, an denen der Zahn der Zeit nagt, Wikingerschiffe, ölgenährter Wohlstand und ein mittelalterliches Kloster im Nirgendwo hinter dem äußersten Rand des norwegischen Festlands. Dies alles ist das ideale Gegenmittel gegen Norwegens sommerliche Touristenmassen, eine Auszeit von vielbefahrenen Straßen und altbekannten Routen, die alle zum gleichen Ort führen. Und dafür muss man nur immer weiter gen Westen fahren.

Entlang Norwegens ruhiger Atlantikküste

KÜSTENKULTUR UND -LANDSCHAFTEN

Um sich einen ersten Eindruck von dieser wenig bekannten Region abseits der üblichen Routen zu verschaffen, sollte man sich zuerst in Florøs **Küstenmuseum** etwas Hintergrundwissen aneignen – von der Plackerei der armen Fischer (Modell einer Fischerhütte von 1900) bis zum Snorreankeret-Display über die Nordseeölfelder, die das Leben an der Küste völlig verändert haben. Danach geht es per Schiff auf die Insel **Kinn**, die man auf einer Führung erkunden kann (Buchung in der Touristinfo in Florø). Die Steinkirche der Insel (12. Jh.) bildet die Kulisse für die lustigen Geschichten des Tourguides. Vor der Rückfahrt klettert man noch auf den Hügel **Kinnaklova** und genießt die Aussicht. An einem windigen Tag kann man sich mal vorstellen, wie es war, sich an dieser wilden Küste durchs Leben zu schlagen.

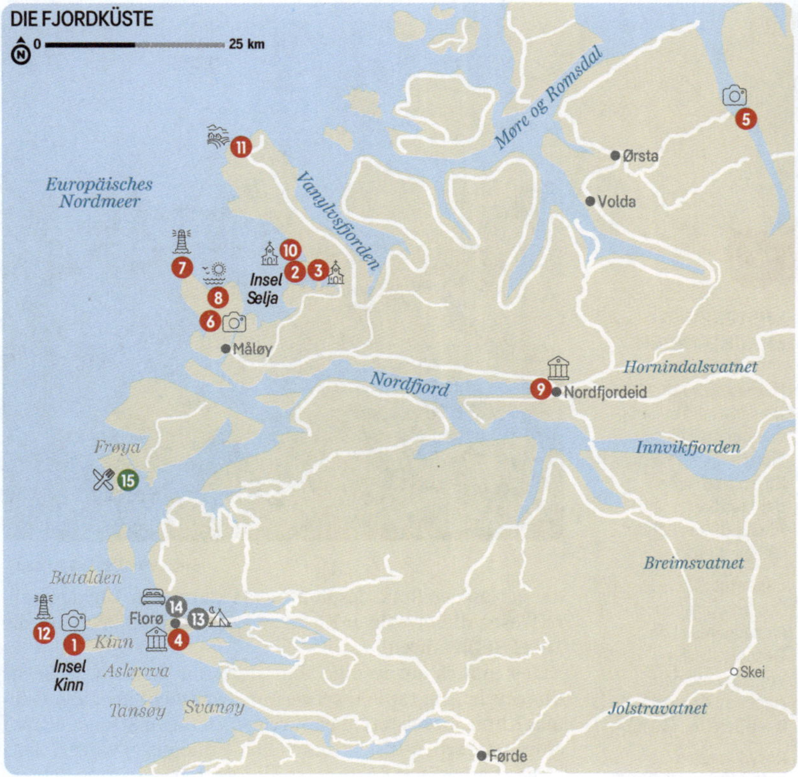
DIE FJORDKÜSTE
0
25 km
Møre og Romsdal
Ørsta
Volda
Europäisches Nordmeer
Vanylvsfjorden
Insel Selja
Måløy
Nordfjord
Hornindalsvatnet
Nordfjordeid
Innvikfjorden
Frøya
Breimsvatnet
Batalden
Florø
Kinn
Insel Kinn
Askrova
Skei
Jolstravatnet
Tansøy
Svanøy
Førde

HIGHLIGHTS
1 Insel Kinn
2 Insel Selja

SEHENSWERTES
3 Kirche St. Sunniva
4 Küstenmuseum
5 Hjørundfjorden
6 Kannesteinen
7 Leuchtturm Kråkenes
8 Refviksanden
9 Sagastad
10 Kloster Selja
11 Vestkapp
12 Leuchtturm Ytterøyane

SCHLAFEN
13 Efinor Camping Krokane
14 Quality Hotel Florø

ESSEN
15 Knutholmen

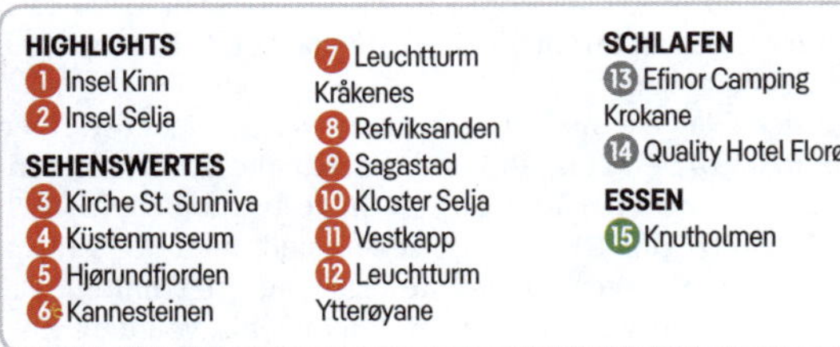

Der 1881 erbaute **Leuchtturm Ytterøyane** gilt ebenfalls als Wahrzeichen der Gegend. Der auf einer abgelegenen Insel 20 km westlich von Florø stehende Turm ist von Kinn aus zu sehen (oder von den Bergen- oder Hurtigruten-Fähren). Einen unvergesslichen Anblick bietet der Leuchtturm, wenn er in einem wilden Wintersturm von hohen Wellen umtost wird.

Reise in Norwegens wilden Westen

WEIT DRAUSSEN

Überall entlang der Fjordküste erhascht man Ausblicke auf Norwegens wilden Westen: Die vom unablässigen Wind leergefegte Landschaft, die stürmische See und die kleinen Dörfer,

KRÅKENES-LEUCHTTURM

Am wildromantischen Kråkenes-Leuchtturm kann man erleben, wie der Atlantik mit aller Macht gegen die norwegische Küste donnert. Das Hauptgebäude ist ein B&B (mit 5 DZ).

Die 42 km lange Rundfahrt auf der RV617 startet in Måløy: einfach den Schildern mit Kråkenes Fyr (Kråkenes-Leuchtturm) folgen. Die Straße verläuft über grasbewachsenes Land und bietet eine atemberaubende Sicht von den Klippen.

Blick von Vestkapp aus

WEITERE ERKUNDUNGEN

Hjørundfjorden
Dieser wenig bekannte, aber grandiose Fjord liegt auf halber Strecke zwischen der Fjordküste und Ålesund – ein echter Geheimtipp.

Sagastad
Das hervorragende Museum feiert die Geschichte der Wikinger mit dem Nachbau des Myklebust-Schiffes (30 m).

Refviksanden
Refviksanden (1,5 km langer Sandstrand) wurde 2010 zu Norwegens bestem Strand gekürt. Nahe der Straße zum Kråkenes-Leuchtturm.

Kannesteinen
10 km westlich von Måløy steht der durch Instagram bekannte Fels, der wie eine Walschwanzflosse aus dem Meer ragt.

die sich an den Rand des Kontinents klammern. Um das wahre Wesen dieser wilden Küste zu erleben, sollte man auf die **Insel Selja** fahren.

Hier gibt es nur wenige Touristen, was definitiv zu Seljas Charme beiträgt. Die Insel verfügt zwar nicht über angenehmes Klima, begeistert aber durch einen tollen Strand, der auf einer tropischen Insel größtes Lob einheimsen würde. Selja beweist mit seiner Küste, dass die Geschmäcker unterschiedlich sind. Europas Hardcore-Kaltwassersurfer haben diesen Küstenstreifen zu ihrem Lieblingsspielplatz erkoren und sind völlig hingerissen.

Auf der felsigen Insel stehen die unvergesslichen Ruinen des **Klosters Selja** (11. Jh.) und der **Kirche der hl. Sunniva** (12. Jh.). Seit über 1000 Jahren pilgern Gläubige hierher. Von der Spitze des 40 m hohen Turms sieht man den ganzen Küstenabschnitt. Vorsicht, steife Brise – gut festhalten. Die Insel ist in einer Viertelstunde mit dem Schiff von dem Küstenort Selje aus zu erreichen. Aufpassen, dass man das Schiff für den Rückweg nicht verpasst. Weitere Informationen gibt es in der Touristinfo am Hafen.

Obwohl sich schon Selja wie das Ende der Welt anfühlt, sollte man noch 32 km weiter bis nach **Vestkapp** fahren. Trotz des Namens ist dies nicht der westlichste Punkt Norwegens. Dennoch ist der Blick aufs Meer fantastisch.

ÜBERNACHTEN & ESSEN AN DER FJORDKÜSTE

Efinor Camping Krokane
Auf einer abgeschiedenen Halbinsel östlich von Florø campen; außerdem kann man Hütten und Boote mieten. €

Quality Hotel Florø
Hotel am Wasser mit Blick auf den Hafen. Beste Zimmer und ein Fischrestaurant. €€

Knutholmen
Einer der besten Orte für frischen Fisch. Meeresfrüchteplatte probieren und die Fischkutter bestaunen. €€€

Åndalsnes

Ganz egal, aus welcher Richtung man Åndalsnes anfährt: Die Vorstellung, dass man unterwegs zu einem ganz besonderen Ort ist, drängt sich förmlich auf. Von Osten und Südosten kommend, fährt man durch das prächtige Romsdalen. Vom Süden aus kommt man die Trollstigen herunter, eine der dramatischsten Bergstraßen Norwegens.

Ein Bewusstsein für die Schönheit der Umgebung scheint in dem Ort allgegenwärtig zu sein, was vielleicht daran liegt, dass er im Zweiten Weltkrieg von Bomben zerstört wurde: Vom Hotelzimmer bis zu öffentlichen Plätzen, bei allem wurden daran gedacht, einen Ausblick auf die Landschaft zu ermöglichen. Es macht Spaß, am Meer entlangzuspazieren oder sich in hübschen Cafés die Zeit zu vertreiben. Überall fühlt man sich willkommen.

Viele Einheimische lieben es, die Umgebung zu erkunden, und zeigen einem als Experten ihre Heimat.

UNTERWEGS VOR ORT

Åndalsnes ist klein und lässt sich gut zu Fuß erkunden. Aber für so ziemlich alles andere ringsumher braucht man ein Fahrzeug. Mit dem Auto kommt man überallhin.

TOP TIPP

Statt mühsam eine Route durch die Region zusammenzustellen, wählt man besser Åndalsnes als Basislager. Es lohnt sich, die Trollstigen oder die Rauma-Eisenbahn auszuprobieren, egal in welche Richtung. Bei jeder Rückkehr nach Åndalsnes spürt man das norwegische Kleinstadtfeeling mit den Attraktionen rundherum.

Auf Åndalsnes' höchste Felswand klettern

AN STEILEN FELSEN

Åndalsnes ist zwar klein, hat unter Bergsteigern aber einen bedeutenden Ruf, da in den umliegenden Bergen und Tälern zahllose Kletterrouten zu finden sind. Am berühmtesten ist **Trollveggen**, eine steile Klippe, die 1100 m vom Raumadalen-Talboden aufragt. Das ist beinahe doppelt so hoch wie der bekannte Preikestolen („Predigtstuhl";S. 179).

Europas höchste senkrechte Bergwand wurde 1965 zum ersten Mal bestiegen. Trollveggen war im Film *Mission: Impossible – Dead Reckoning Teil Eins* mit Tom Cruise zu sehen. Doch bereits vor der Trollveggen erinnert die Landschaft an eine Filmszene: Der Teil von Romsdalen kurz vor Åndalsnes taucht in *Harry Potter und der Halbblutprinz* auf.

Das Felsklettern hier darf man nicht auf die leichte Schulter nehmen: Unabhängig vom eigenen Können sollte man nicht so verrückt sein, auf das Wissen und die Erfahrung der Einheimischen beim **Norsk Tindesenter** (Norwegisches

HIGHLIGHTS
1 Trollveggen

KURSE & TOUREN
2 Kløvstien
3 Nesaksla (Berg)
4 Norsk Tindesenter
5 Romsdalseggen
6 Romsdalsstigen-Klettersteig
7 Stigfossen

SCHLAFEN
8 Åndalsnes Vandrerhjem
9 Grand Hotel Bellevue
10 Hotel Aak

AUSGEHEN & FEIERN
siehe 9 Kjellar'n
siehe 9 Sødahl-Huset

HIGHLIGHTS ESSEN & AUSGEHEN

Sødahl-Huset
Das fabelhafte Kleinstadtcafé ist kunterbunt eingerichtet, veranstaltet Bierverkostungen, bietet Livemusik und hausgemachte regionale Küche. Geführt von drei wunderbaren Frauen.

John Kofoed Fishing Trips
John Kofoed lädt zu dreistündigen Angeltouren auf dem Romsdalsfjord (68 Fischarten!). Danach brät man Steinbutt, Kabeljau oder Kohlfisch am Lagerfeuer.

Kjellar'n
Am Samstagabend treffen sich alle in der Kellerbar des Grand Hotels Bellevue .

Bergsteigerzentrum) zu verzichten. Wenn es ums Klettern geht, ist man hier richtig aufgehoben. Wer am Trollveggen klettern will, sollte vor der Anreise Routen, Zeitplan und Ausrüstung mit dem Norsk Tindesenter besprechen. Das Bergsteigerzentrum liegt neben der Talstation der Romsdal Gondola. Darin befindet sich u. a. Norwegens höchste Kletterwand (21 m) mit 60 unterschiedlichen Routen. Angeboten werden Kletterkurse für Anfänger, Privatkletterkurse und geführte Touren. Professionelle Bergsteiger sollten sich auch den Kletterführer *Klatring i Romsdal* (300 kr) zulegen, der wichtige Informationen zum Fels- und Eisklettern auf Norwegisch und Englisch enthält.

Durchs spektakuläre Hinterland von Åndalsnes

MIT DEN FÜSSEN AUF DEM BODEN BLEIBEN

Åndalsnes ist auch spannend für alle Nichtkletterer. In der Stadt starten unzählige Wanderwege in alle Richtungen: Man könnte tagelang hier bleiben und jeden Morgen einen anderen Weg wählen. Die meisten Touren sind nicht für Anfänger gedacht, da man oft steil bergauf marschieren muss.

Wer seine Kniegelenke schonen möchte, spaziert rund um den See von Åndalsnes. Oder nimmt den **Kløvstien-Weg**, der in Isterdalen beginnt und als gemütliche Wanderung durch den Wald im Tal führt. Wer noch Kraft hat, testet seinen Fitnesslevel auf dem Weg hinauf nach **Stigfossen**.

Eine der dramatischsten Wanderungen der Gegend führt auf dem **Romsdalseggen** entlang, einem rauen Grat mit grandiosem Ausblick auf Åndalsnes, die Trolltinder-Berge, Trollveggen und das Rauma-Flusstal. Die anspruchsvolle Tour (10 km) überwindet 970 m und dauert acht Stunden. Eine weitere klassische Bergtour führt auf das 1550 m hohe **Romsdalshorn**. Wer eine aufregende Tour mit weniger Risiko sucht, probiert den **Romsdalsstigen-Klettersteig** aus.

Direkt neben Åndalsnes erhebt sich der **Nesaksla** 715 m über den Meeresspiegel. Die Gipfeltour dauert zwei Stunden und führt teilweise über von nepalesischen Sherpas errichtete steile Steinstufen. Belohnt wird man am Gipfel vom 360°-Panoramablick.

Romsdalseggen

SKIFAHREN

In Åndalsnes dreht sich zwar fast alles ums Klettern und Wandern, aber auch unter Skifahrern kennt man den Ort, der durch unberührten Pulverschnee und Fjordblicke überzeugt. Skifahren ist hier allerdings eher ungezähmtes Tourengehen mit Aufstieg und Abfahrt.

Der **Kirketaket** (1439 m) ist ein Romsdalen-Klassiker: Der Aufstieg dauert 3–5 Stunden, oben warten fast senkrechte Hänge, auf denen es 1000 m nach unten geht. Ein typisch norwegisches Ski-Highlight: Abfahrt hinunter bis zum Fjord. Das ist sogar im Frühling und Frühsommer möglich, sobald die Trollstigen-Straße wieder öffnet.

Mehr Informationen unter romsdal.com und fjords.com/isfjorden. Skiführer, siehe skiromsdal.no, oder im Hotel Aak.

ÜBERNACHTEN IN ÅNDALSNES

Åndalsnes Vandrerhjem
Tolles Hostel mitten im Grünen mit schlichten Zimmern. Es wird ein ordentliches Frühstück serviert. **€**

Grand Hotel Bellevue
Historisches Berghotel, geschmackvoll renoviert. Der Ausblick aus jedem Zimmer ist grandios. **€€€**

Hotel Aak
Der Aufenthalt in diesem historischen Berghotel lohnt sich: fantastischer Bergblick und tolle Aktiviäten. **€€€**

Rund um Åndalsnes

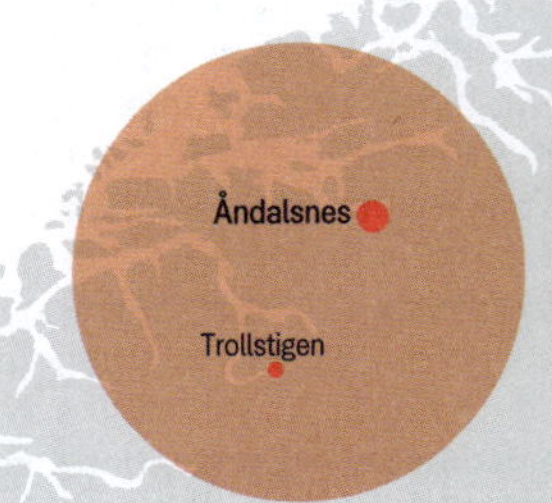

Åndalsnes zieht viele Abenteuerlustige an, aber aufgrund seiner wunderbaren Lage ist hier für jeden Reisenden etwas geboten.

UNTERWEGS VOR ORT

Nur mit eigenem Fahrzeug lässt sich die Trollstigen authentisch erleben. Öffentliche Verkehrsmittel fahren hier nicht, auch wenn gelegentlich (im Sommer öfter) ein Reisebus zu sehen ist. Mit einem Auto kann man auch die weitere Umgebung erkunden. Gen Osten kommt man mit der Rauma-Eisenbahn weiter; sie verläuft parallel zur E136.

TOP TIPP

Die Website nasjonale turistveger.no/en/routes/geiranger-trollstigen bietet fantastische Infos zur Fahrt auf der Trollstigen, inkl. Fotos, praktischen Tipps und Hinweisen zu Sehenswürdigkeiten.

Åndalsnes ist umgeben von einer spektakulären, wahrhaft dramatischen Landschaft, die selbst an Norwegens nördlichen Fjorden ihresgleichen sucht. Hoch aufragende steile Felswände reihen sich hier aneinander. Nirgendwo wird dies so deutlich wie an der Trollstigen, einer von Norwegens meistgerühmten und unglaublichsten Fahrtstrecken.

Im Osten senkt sich Romsdalen von den hohen Gipfeln hinab in die völlig anders geartete Region von Zentralnorwegen. Bei so vielen landschaftlichen und geologischen Attraktionen ist es kein Wunder, dass Åndalsnes und Umgebung Reisende mit Entdeckernatur anziehen.

Fahrt auf der Trollleiter

UNTERWEGS AUF DER TROLLSTIGEN

Die **Trollstigen**, eine sich in Schlangenlinien gen Himmel schraubende Straße, ist das berühmteste Stück Asphalt Norwegens. Die 1936 nach acht Jahren Bauzeit fertiggestellte Trollleiter (FV63) ist ein Wunderwerk der Straßenbaukunst und erklimmt auf elf Haarnadelkurven und einer Steigung von 8 % den Berg. Nach heftigen Regengüssen stürzen Wasserfälle den Hang hinab und verpassen den Autos eine Dusche. Die Straße ist mehr oder weniger einspurig, sodass während der Fahrt mit Staus und Überholmanövern zu rechnen ist.

Oben am Pass wurden eine der Schwerkraft trotzende Plattform und einige Aussichtspunkte aus rostendem Stahl und Beton errichtet – ein beeindruckender Kontrast zur kargen Felslandschaft rundherum. Die gefährlich über die Felswände hinausragende Aussichtsplattform erlaubt Ausblicke direkt hinab in den Abgrund, bei denen schon mal der Magen rebelliert. Erbaut wurde sie vom Architekten Reiulf Ramstad. Inzwischen ist sie eine der berühmtesten Stätten an den Norwegischen Landschaftsrouten. Unbedingt ansehen!

Trotz einer Länge von nur 55 km empfiehlt es sich, für die Fahrt mindestens einen halben Tag einzuplanen. Erstens geht es nur langsam voran und zweitens sollte man möglichst an

Trollstigen

allen Aussichtspunkten anhalten. Am besten fährt man die Straße in beide Richtungen – so entgeht einem nichts.

Die Straße ist meist von Mitte Mai bis Oktober befahrbar. Auf oder nahe der Trollstigen gibt es keine öffentlichen Verkehrsmittel.

NORWEGISCHE LANDSCHAFTS-ROUTEN

Die Trollstigen zählt zu den 18 landschaftlich reizvollen Strecken, die von Norwegens Straßen- und Tourismusbehörde ausgewählt wurden. Die **Norwegischen Landschaftsrouten** (nasjonaleturistveger.no/en) umfassen insgesamt 1850 km und verkörpern die spektakuläre Vielfalt Norwegens.

Die Architekten errichteten gewagte moderne Konstruktionen, die den Ausblick an den meisten spannenden Orten deutlich verändert haben. Zu den Landschaftsrouten zählen u.a. die Sognefjellet-Straße in Zentralnorwegen, zwei Strecken am Hardangerfjord, die Insel Senja, die Atlanterhavsveien („Atlantikstraße") am Kristiansund, die Inselgruppe der Lofoten und die Gamle Strynefjellsvegen zwischen Grotli in Oppland und Videseter in Sogn og Fjordane.

WEITERE EPISCHE LANDSCHAFTEN

Die **Rauma-Eisenbahn** (S. 130) zwischen Dombås und Åndalsnes ist ein Abbild von Åndalsnes und Umgebung. Auf dieser Zugstrecke lässt sich die Landschaft auf wunderbare Weise erleben, ohne dass man sich selbst anstrengen muss.

Geirangerfjord

UNTERWEGS VOR ORT

An den Fähranlegern in Geiranger und Hellesylt kann man in den Bus umsteigen, der außerhalb des Sommers unregelmäßig verkehrt. Wie fast überall in der Fjordregion verlässt man sich besser aufs eigene Auto, mit dem man gemütlich die schöne Gegend erkunden kann.

Der Geirangerfjord gilt als König der norwegischen Fjorde: Das Weltnaturerbe aus himmelhohen Steilhängen, herabdonnernden Wasserfällen und dunkelblauem Wasser sucht seinesgleichen. Es stimmt, dass im Sommer viel los ist und man am Aussichtspunkt oder an den Ausflugsschiffen lange anstehen muss. Aber das ändert nichts an der atemberaubenden Schönheit dieser Fjordlandschaft.

Dieses Meisterwerk der Natur sollte man aus der richtigen Perspektive betrachten. Der Geiranger ist einzigartig in Norwegens Fjordregion, da er eine Vielzahl von Aktivitäten ermöglicht, bei denen man die herrliche Naturlandschaft erleben kann: Angeboten werden Schiffsfahrten, Kajaktouren, Wanderungen in alle Richtungen, Mountainbike-Touren und noch viel mehr. Am besten probiert man gleich mehrere aus, denn dabei lernt man jeweils eine andere Seite dieses außergewöhnlichen Fjords kennen.

TOP TIPP

Im Hochsommer, wenn sich vor den Ausflugsbooten Schlangen bilden und ein Riesentrubel herrscht, lässt man den Geirangerfjord besser links liegen. Im Spätfrühling und Frühherbst ist weniger los, und die Sicht ist klar, auch wenn das Wetter etwas wechselhafter ist.

Geirangerfjord vom Wasser aus

WELTBERÜHMTE SCHIFFSFAHRTEN

Ursprünglich war die **Hellesylt–Geiranger-Fähre** eine normale Fährverbindung für die Einheimischen, die von Hellesylt nach Geiranger nicht ewig mit dem Auto fahren wollten. Inzwischen ist die Fähre weltberühmt. Die Fährkosten sind günstiger als ein Ticket für das Ausflugsschiff. Da die Fähre einmal längs den Fjord entlangfährt, genießt man an Bord den Geirangerfjord in all seiner Pracht.

Startpunkt ist **Hellesylt**, das von einem donnernden Wasserfall durchschnitten wird. Die Touristinformation bietet reichlich Material.

Zu Beginn der Fahrt ist die aufregende Landschaft noch mit anderen Fjorden vergleichbar. Aber nach einer knappen halben Stunde biegt das Schiff nach Osten in den enger werdenden Arm des **Geirangerfjords** ab und man passiert eine

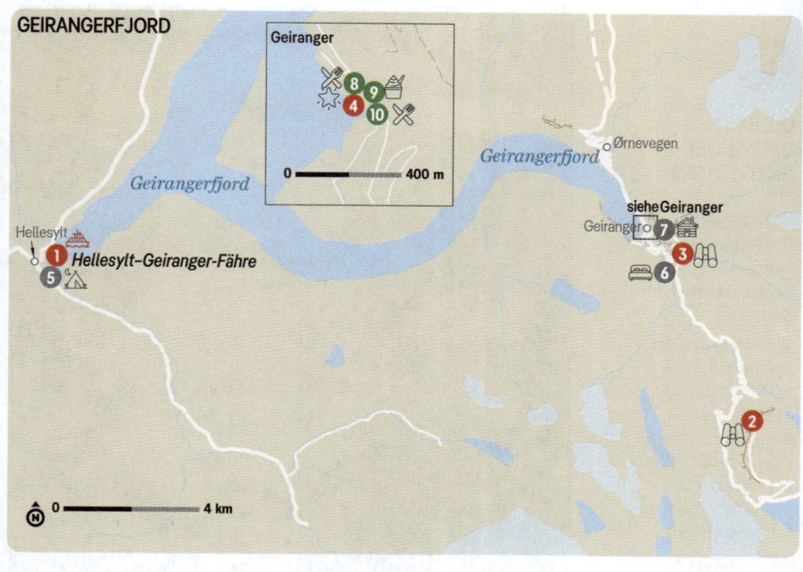

Sehenswürdigkeit nach der anderen: In dieser unvergesslichen Stunde verrenkt man sich den Hals, während man mit offenem Mund nach oben starrt und sich fragt, ob die Speicherkarte des Fotoapparats ausreicht. Zu den tollsten Motiven zählen die Wasserfälle „Sieben Schwestern“, „Freier“ und „Brautschleier“. Der Kapitän der Fähre macht auf diverse Attraktionen aufmerksam und erzählt in herrlich onkelhaftem Ton jeweils ein wenig dazu. Er berichtet aber auch über das Unglück von 1934, als ein Erdrutsch einen Tsunami auslöste, der eine Ortschaft verwüstete.

Besonders in den Sommermonaten empfiehlt es sich, so früh wie möglich hierherzukommen. Denn zur Mittagszeit bilden sich lange Warteschlangen, sodass man einige Stunden warten muss, um an Bord zu gehen.

Als Verlängerung der Fährfahrt oder als umfangreichere Alternative bietet sich eine Ausflugsfahrt mit dem **Geiranger Fjordservice** an. Die 1½-stündige Standardfahrt findet im Sommer bis zu fünf Mal täglich statt, im April und Oktober nur einmal täglich und von November bis März gar nicht. Die Fahrt ist teurer als auf der Fähre, dauert aber auch länger.

GEIRANGERFJORD FÜR FOODIES

Geiranger Sjokolade
Ein sensorisches Highlight: Man folgt dem Duft der Schokolade bis zu Bengt Dahlbergs Schokomanufaktur in einem alten Bootshaus.

Brasserie Posten
Die Gerichte werden aus regionalen Zutaten und nach heimischen Rezepten zubereitet. Tolle Lage. Unbedingt die Geiranger-Platte probieren.

Olebuda & Cafe Olé
In Geirangers altem Gemischtwarenladen gibt es oben hausgeräuchteres Ziegenfleisch und Lachs, unten ein gemütliches Café.

DIE BESTEN GEIRANGER-AKTIVITÄTEN

Kajakfahren
Der Geiranger Fjordservice bietet Seekajakfahrten ab Geiranger an.

Wandern rund um Geiranger
Ab Geiranger gibt es 18 ausgeschilderte Wanderungen (1,5–5 km). Eine Wanderkarte bekommt man in der Touristinformation (10 kr).

Wanderung nach Skageflå
Mit dem Ausflugsschiff des Geiranger Fjordservice nach Skageholа und von dort steil bergauf zum Ausblick (45 Min.).

Mountainbiken über Hellesylt
Tolle Aussicht über Hellesylt. Übersichtskarte in der Touristinformation.

RPBAIAO/SHUTTERSTOCK ©

Flydalsjuvet

Lieblingsaussichtspunkt

DER GEIRANGERFJORD VON OBEN

Wer den Fjord von unten erkundet hat, sollte nun für das Postkartenmotiv nach oben fahren. Der **Dalsnibba** (1500 m) bietet die spektakulärste Aussicht auf den Geirangerfjord, besonders vom **Geiranger Skywalk** aus (Gitterboden und Glaswände). Die 5 km lange Zufahrtsstraße (150 kr pro Auto) ist ab der RV63 ausgeschildert.

Doch das berühmte Panoramafoto, mit dem der Geirangerfjord beworben wird, wurde nicht hier, sondern am überhängenden Felsen **Flydalsjuvet** aufgenommen, der an der Straße nach Stryn liegt, die von Geiranger ca. 5 km steil bergauf führt. Den genauen Ort der Aufnahme erreicht man nur über einen 150 m langen, abgesperrten, rutschigen Pfad am Abgrund. Man sollte wirklich besser den normalen Ausblick hinter der Absperrung genießen, selbst wenn zahllose Touristen den riskanten Abstieg ausprobieren.

ÜBERNACHTEN AM GEIRANGERFJORD

Hellesylt Camping
Wer die erste Fähre ab Hellesylt erreichen will, kann hier direkt am Fjord campen. **€**

Westerås Farm
Hoch gelegener Hof mit Apartments, Holzhütten und tollem Restaurant in einer Scheune aus dem 17. Jh. **€€**

Hotel Utsikten
Das Utsikten (seit 1893) bietet fantastische Ausblicke auf Stadt und Fjord und hat nette Zimmer. **€€€**

Ålesund

Ålesund ist eine hübsche Kleinstadt mit „Am-Ende-der-Welt"-Gefühl. Der im unwirklich-subarktischen Licht von Norwegens mittlerem Norden schimmernde Ort zieht sich über eine Reihe von (Halb-)Inseln, die in den Atlantik hineinragen.

Das heutige Ålesund wurde aus der Asche des Feuers geboren, das 1904 die gesamte Stadt zerstörte. Das kompakte, nette Zentrum umschließt kleine, miteinander verbundene Häfen und schmiegt sich an hohe Hügel. Ålesund ist bekannt für seine herrliche Jugendstilarchitektur. Im Gegensatz zu anderen großen norwegischen Städten besticht es mit einer gemütlichen Atmosphäre und lässt sich leicht zu Fuß erkunden. Von oben betrachtet fasziniert der Kontrast zwischen urbaner Perfektion und wildem Meer, schneebedeckten Bergen und endlosem Meer.

Da der Ort zudem Norwegens größte Kabeljauflotte beherbergt, lässt sich hier vortrefflich frischer Fisch speisen.

Der Blick von oben

NORWEGENS SCHÖNSTE DÄCHER

Der Blick auf Ålesund, der sich vom **Aussichtspunkt Kniven** (auf dem Hügel Askla, gleich östlich vom Zentrum) bietet, ist exemplarisch: Norwegens Tourismusbehörde präsentiert entsprechende Fotos in ihren Kampagnen gerne an prominenter Stelle, was wirklich nachvollziehbar ist.

Von oben wirkt Ålesund geradezu magisch, einfach zu schön, um wahr zu sein. An einem klaren Sommertag erinnern die Stufengiebel und Pastellfarben der Stadt an ein idealisiertes Gemälde einer skandinavischen Hafenstadt. Wenn die Sonne dagegen im Herbst zwischen Sturmwolken nur kurz hervorlugt, ergibt sich vor den fernen Inseln inmitten des dunklen Meeres und vor Gipfeln, die von den Wolken halb verdeckt werden, ein völlig anderes Bild. An einem finsteren Wintertag, wenn die Stadt unter einer Schneedecke liegt oder im Dämmerlicht schimmert, wirkt Ålesund wie eine magische

UNTERWEGS VOR ORT

Ålesund hat beste Flugverbindungen (regelmäßige Flüge nach Bergen, Oslo, Trondheim, Stavanger; außerdem Flüge nach Amsterdam, Kopenhagen und London).

Die Hurtigruten-Fähre macht auf der nördlichen Route einen Abstecher nach Geiranger (Mitte April–Mitte Okt.). Abfahrt am Hurtigruten-Fähranleger von Ålesund.

Busfahrten von und nach Ålesund dauern ewig. Ein eigenes Auto ist besser geeignet. Einfach vor Ort parken und zu Fuß die Stadt erkunden. Alle Sehenswürdigkeiten sind vom Zentrum aus in fußläufiger Entfernung erreichbar.

TOP TIPP

Ålesund ist weit vom nächsten Ort entfernt, was zu seinem Charme beiträgt. Wer nur Ålesund besichtigen will, kann die Stadt auf einem Zwischenstopp der Hurtigruten-Küstenfähre erkunden, anstatt die lange Anfahrt oder einen teuren Flug auf sich zu nehmen.

HIGHLIGHTS
1 Jugendstil Senteret
2 Kniven-Aussicht

SEHENSWERTES
3 Hellebroa
4 St Olavs Plass

SCHLAFEN
5 Hotel 1904
6 Hotel Brosundet
7 Quality Hotel Ålesund

ESSEN
8 Restaurant Apotekergata No 5
9 Sjøbua
10 XL Diner

BESTER FISCH IN ÅLESUND

Restaurant Apotekergata No 5
Das Restaurant im Hotel Brosundet serviert u.a. fermentierte Forelle und *lutefisk* (in Lauge gekochter Stockfisch). Noble Umgebung und exzellenter Service. **€€€**

XL Diner
Hier steht der Kabeljau im Mittelpunkt (Salzkabeljau und Kabeljauzunge aus der Pfanne). XL Diner rühmt sich zu Recht der besten Fischsuppe. **€€€**

Sjøbua
Himmlische Hummersuppe am Hafen. **€€€**

Feenstadt, die von tausend blinkenden Laternen beleuchtet wird. Den Aussichtspunkt erreicht man auf zwei Wegen: Am besten erklimmt man die 418 Stufen, die steil nach oben führen. Von der Lihauggata in der Fußgängerzone am Kongens-Tor geht es vorbei an der Rollo-Statue in einer halben Stunde auf den Gipfel hinauf. Es ist egal, wie lange man für den Aufstieg braucht. Hauptsache, man bleibt oft stehen und genießt den wechselnden Ausblick.

Es führt auch eine Straße hinauf: Man nimmt die Røysegata östlich des Zentrums und folgt den Schildern mit der Aufschrift „Askla" bis zum Gipfel.

Jugenstil-Ålesund

EIN LEBENDIGES ARCHITEKTURMUSEUM

Keine andere norwegische Stadt gibt ein architektonisch so einheitliches Bild ab wie Ålesund. Als die Stadt 1904 niederbrannte, war in Europa Jugendstil angesagt. Das Feuer zerstörte innerhalb von 24 Stunden 850 Gebäude. So kam es, dass die Stadt, u.a. mit deutscher Hilfe, im Jugendstil neu errichtet wurde. Der Jugendstil wurde von der Natur inspiriert, was sich an den typisch organischen Formen und blumigen Ornamenten ablesen lässt. Die Jugendstilelemente sind in Ålesund etwas zurückhaltender als andernorts. Typisch sind Rundbögen und asymmeterische, geschwungene Formen.

Die Erkundungstour beginnt man am besten in der **Jugendstil-Senteret**. Diese ehemalige Apotheke ist ein schönes Beispiel für die Kunst des Jugendstils: Die fast komplett original erhaltene Inneneinrichtung, darunter eine geschwungene Treppe und ein Speisezimmer mit floralen Mustern, ist ebenso bemerkenswert wie die hervorragende 14-minütige Multimediastory *Aus der Asche zum Jugendstil*!

Für einen Überblick über Ålesunds Stilgeschichte spaziert man durch die **Kongens gate** (besonders Nr. 19 und 25). Das Steinhaus von Nr. 10b ist Ålesunds schmalstes Haus. Am **St. Olavs plass** kann man eine Pause einlegen und die dekorativen Formen bewundern. Der Ausblick vom **Hellebroa** umfasst einige schöne Steinhäuser und die beeindruckenden Fassaden der ehemaligen Lagerhäuser am Meeresarm Ålesundet.

KONSTANTIN YOLSHIN/SHUTTERSTOCK ©

Ålesund

BESTE SOMMER-FESTIVALS

Ålesunder Schiffsfestival
Im Juli ist Ålesunds Hafen voller Schiffe. Die Aussicht vom Pier und von weiter oben ist herrlich.

Jugendfest
Auf Westnorwegens größtem Musikfestival treten regionale und internationale Bands auf (2. Hälfte Aug.).

Norwegisches Food-Festival
Street-Food, Spezialmenüs, berühmte Köche und Kochkurse für Kinder Ende Aug.; matfestivalen.no).

ÜBERNACHTEN IN ÅLESUND

Hotel 1904
Ålesunds ältestes Hotel verbindet architektonische Jugendstilelemente mit klaren, modernen Linien. €€

Quality Hotel Ålesund
Schickes, modernes Hotel am Hurtigrutenhafen. Die tollen Zimmer mit Meerblick sind das Highlight. €€€

Hotel Brosundet
Von Architekten entworfene Schönheit am Wasser mit Holzbalken, Ziegelmauern und braunem Samt. €€€

Rund um Ålesund

Hier trifft Westnorwegen auf den windgepeitschten Atlantik: Der endlose Horizont hinter Ålesund ist das wilde Gegenstück zu den Inlandfjorden.

UNTERWEGS VOR ORT

Wer nicht viel Zeit hat, braucht ein eigenes Fahrzeug, um die Region zu erkunden. Mietwagenfirmen gibt es in Ålesund und am dortigen Flughafen.

TOP TIPP

Man kommt nur langsam vorwärts. Mit Fährverbindungen und kurvenreichen Straßen braucht man selbst für kurze Strecken stundenlang.

Ålesund wirkt weit draußen auf seiner kleinen Halbinsel wie eine abgeschlossene Welt. Doch es ist das Tor zu Attraktionen, die teils noch weiter entfernt liegen.

Kurvenreiche Straßen führen bergauf, bergab an tiefen Fjorden vorbei. Die Inseln weit im Westen zeigen, dass man hier wirklich am Atlantischen Ozean, am Rande Norwegens angekommen ist. Die Insel Runde, eine der bedeutendsten Vogelbeobachtungsziele in Europa, sowie Kristiansund, die Insel Averøy und die wilde, windgepeitschte Atlanterhavsveien („Atlantikstraße") machen einen mehrtägigen Aufenthalt in der Region unumgänglich.

Mit dem Fernglas auf die Insel der Vögel

SEEVÖGEL UND LANDSCHAFT AUF DER INSEL RUNDE

Wenn man auf der langen, kurvigen Brücke nach **Runde** fährt, einem grünen, fast baumfreien Stück Land, betritt man eine von Wind und Wellen geformte Welt mit felsigen Stränden und aufragenden Klippen. Die Bewohner der großen Seevögelkolonien sind den menschlichen Einwohnern von Runde (gut 100) zahlenmäßig weit überlegen: Neben den Papageitauchern, von denen hier ca. 60 000 von April bis Juli nisten, leben hier Basstölpel (März–Okt.), Trottellummen (April–Aug.) und die sich langsam erholende Seeadlerpopulation.

In den vergangenen Jahrzehnten ist die Zahl der Seevögel stark zurückgegangen. Doch wenn man zur richtigen Jahreszeit kommt, lohnt sich die Wanderung hinauf zu Norwegens südlichsten Vogelfelsen, um dort im Abendlicht die heranfliegenden Papageitaucher zu beobachten. Das **Runde Miljøsenter** (Umweltzentrum) bietet Führungen zu den Vogelfelsen an, inkl. Fischsuppe, Dokumentarfilm und Tour durch die Ausstellung. Man kann das Treiben der Seevögel auch auf einer Bootstour zum Fuß der Klippen beobachten. Um nichts zu verpassen, kann man auf Runde sogar übernachten. Nahe

ANDREI ARMIAGOV/SHUTTERSTOCK ©

Papageitaucher auf Runde

des Startpunkts für die Wanderung zu den Vogelfelsen gibt es einen Campingplatz. Wer es komfortabler haben möchte, bucht eine der Ferienwohnungen des Umweltzentrums. Nicht vergessen: Lebensmittel vor der Fahrt auf die Insel kaufen.

Norwegens traditionellste Hafenstadt

KRISTIANSUND ERKUNDEN

Die klassische norwegische Hafenstadt **Kristiansund** erstreckt sich über drei Inseln. Einst dominierte hier der Fischfang, heute ist das Erdölgeschäft vorherrschend. Das ursprüngliche Aussehen hat sie sich aber bewahrt. Da sie abseits der Hauptstraßen zwischen den westlichen Fjorden, Zentralnorwegen und Trøndelag liegt, kommen kaum Touristen hierher.

Vor der hübschen Altstadt sollte man das raue, heruntergekommene Hafenviertel **Mellemværftet** erkunden. Mit Schmieden, Werkstätten und Arbeiterunterkünften erinnert es atmosphärisch an das 19. Jh. In der ganzen Stadt finden sich Gestelle, auf denen eingesalzener Kabeljau trocknet. Ein großer Teil der weltweiten *Klippfisk*-Produktion (Klipp- bzw. Stockfisch) findet in und um Kristiansund statt.

SUNNMØRE-MUSEUM

Von Ålesund sind es nur 4 km bis zum Volkskundemuseum. Das **Sunnmøre-Museum** liegt auf dem Gelände eines Handelszentrums, das für Westnorwegens Wirtschaft vom 11. bis 16. Jh. von immenser Bedeutung war.

Man kann an über 50 traditionellen Gebäuden und 40 historischen Bootsnachbildungen vorbeispazieren, darunter ein Schiff aus der Wikingerzeit und ein Handelsschiff aus dem Jahr 1000. Das ebenfalls hier ansässige **Mittelaltermuseum** zeigt Relikte aus der Zeit des Handelszentrums, das einst Händler aus ganz Norwegen und benachbarten Ländern besuchten.

ÜBERNACHTEN RUND UM ÅLESUND

Skjerneset Bryggecamping
Diese umgebauten *rorbuer* (Fischerhütten) auf der Insel Ekkilsøy sind wunderbar altmodisch. €

Sveggvika
Gästehaus mit stilvoll-schlichten Zimmern in einem restaurierten Stockfischlager aus den 1920er-Jahren. €€€

Håholmen Havstuer
Ehemaliges Fischerdorf auf kleiner Insel. Zimmer in Cottages aus dem 18. und 19. Jh. €€€

AUSFLÜGE AB KRISTIANSUND

Wer eine Weile in Kristiansund bleibt, kann einen Abstecher nach Süden (26 km) zur **Stabkirche von Kvernes** (1300) mit ihrem fantastischen Innenraum (Schiffsmodell, Altartafel aus dem 15. Jh.) machen.

Ein weiterer Ausflug führt zur Insel **Grip** (von Kristiansund 14 km per Schiff). Einst lebten hier Kabeljaufischer (ca. 1000 Pers.). Der letzte Bewohner verließ Grip 1974. Die hübschen pastellfarbenen Häuser, die Stabkirche (15. Jh.) und der Leuchtturm Bratthårskollen sind besonders sehenswert. Vom Piren-Schiffsanleger in Kristiansund fährt von Ende Mai bis Ende August täglich ein Schiff zur Insel. Dort verbringt man 1½ Stunden; Hin- und Rückfahrt dauern jeweils 1 Stunde.

Aussichtspfad, Eldhusøya

Kristiansunds Zentrum wurde im Zweiten Weltkrieg bombardiert. Der Wiederaufbau erfolgte mit wenig Fantasie. Ein gegenläufiges Beispiel ist die 1964 von Odd Østbye errichtete **Kirkelandet-Kirche**. Von außen beeindruckt die Kupfer-Beton-Hülle, während das Innere von 320 Buntglasfenstern beleuchtet wird.

Doch das alte Kristiansund ist nicht ganz verschwunden: **Gamle Byen**, die pittoreske Altstadt (17. Jh.) auf der Insel **Innlandent** umfasst zahllose holzverschalte Gebäude. **Lossiusgården** am Ostende gehörte im 18. Jh. einem wohlhabenden Kaufmann. Das rund 300 Jahre alte **Dødeladen Café** ist auch ziemlich beliebt. Gamle Byen erreicht man mit der Sundbåten-Fähre ab dem Piren-Pier. Oder man spaziert über die Heinsgata-Brücke.

AUSFLUGSFAHRT: ATLANTERHAVSVEIEN

Die sich an der sturmgepeitschten Atlantikküste entlangschlängelnde und die Regeln der Straßenbaukunst ignorierende Atlanterhavsveien („Atlantikstraße") muss man gesehen haben. An manchen Stellen scheint sie über dem Wasser zu schweben. Das Herzstück der Strecke von Vevang nach Averøya umfasst nur 8 km, aber es gibt noch viele weitere sensationelle Abschnitte.

Die meisten Leute starten in **1 Bud**. Hier befindet sich eine Festung des Ergan-Küstenwalls sowie das Drågen Smokehouse, wo Petter Aune frisch Lachs auf heimischen Hölzern und Kräutern räuchert (zuschauen, verkosten, kaufen!). 10 km nördlich von Bud lohnt sich ein Stopp an der verglasten Aussichtsplattform **2 Askevågen**.

Am Strand entlang geht es an Seitenstraßen vorbei, die zu winzigen Häfen führen. Dann weiter an einem dramatischen, windumtosten Straßenabschnitt (spannend während eines Herbst- oder Wintersturms, herrlich im sommerlichen Sonnenschein). Die Straße führt durchs ruhige **3 Farstad** und dann nach **4 Vevang**. Hier wird klar, warum sie als Wunder der Ingenieurskunst gilt: Von den acht Brücken, die 17 Eilande zwischen Vevang und Averøya verbinden, ist die **5 Storseisundet** am eindrucksvollsten. Die der Schwerkraft trotzdende Straße windet und schlängelt sich von Eide zur Insel Averøya. Sie tauchte zudem in zahllosen Luxusauto-Werbefilmen auf und spielte im James-Bond-Thriller *Keine Zeit zu sterben* (2021) eine Hauptrolle. An der Strecke locken zahlreiche Aussichtspunkte, darunter der Aussichtspfad von **6 Eldhusøya**, einer Insel südwestlich von Averøya. Und kurz darauf ist man schon in **7 Kristiansund** angekommen.

ALXPIN/GETTY IMAGES ©

Oben: Farbenfrohe Häuser in Trondheim (S. 222); rechts: Felsformationen, Leka (S. 243)

Trøndelag

FESSELNDE GESCHICHTE UND REGIONALE SPEZIALITÄTEN

Geologie, ein einstiges Schlachtfeld, industrielles Erbe und lokale Erzeugnisse: In Trøndelag gilt es, Historisches zu entdecken und die Gegenwart zu genießen.

Auf halbem Weg gen Norden, wo Norwegen schmaler wird, liegt Trøndelag, sozusagen Norwegen en miniature: eine fjordgespickte Küste, schneebedeckte Gipfel und idyllisches Ackerland.

Das 1000-jährige Trondheim, die stolze Hauptstadt der Region, präsentiert sich mit einem imposanten gotischen Dom, ist aber auch durch und durch modern – mit vielen Studenten, einer lebhaften Nachtszene und Sternerestaurants mit frischer nordischer Küche.

Apropos Kulinarik: 2022 wurde Trøndelag zur Europäischen Region der Gastronomie gekürt und damit für die vielen kleinen Lebensmittelproduzenten in dieser „Speisekammer Norwegens" gewürdigt. Sterne-Etablissements, aber auch einfache Restaurants servieren hochwertige Küche aus den frischesten Zutaten. Diese kann man bei einem Ausflug (über die E6) auf die Halbinsel Inderøy in Hofläden auch selbst kaufen.

Die Region könnte auch zu Recht „Norwegens Geburtsstätte" genannt werden: In Stiklestad, dem Schauplatz von Norwegens folgenreichster Schlacht und einem Wendepunkt in der Geschichte des Landes, wurde der Grundstein der Nation gelegt. Und an der Küste der winzigen Insel Leka zeugen 60 Mio. Jahre alte Felsformationen von der Trennung der Kontinente.

In Trøndelag erzählt man sich Geschichten über jene Industrien, die Norwegens Wirtschaft einst florieren ließen, von der Kabeljaufischerei an der Namdalen-Küste bis zum Kupferbergbau in Røros, einer UNESCO-Welterbestätte.

DIE WICHTIGSTEN ZIELE

TRONDHEIM
Altstadt mit fotogenen Pfahlbauten.
S. 222

RØROS
UNESCO-geschützte alte Bergbaustadt.
S. 234

NAMSOS
Rockiges Eingangstor zu Küstenattraktionen.
S. 238

Erste Orientierung

Trøndelag liegt zwischen den spektakulären Fjorden im Westen und der faszinierenden Arktis. Öffentliche Verkehrsmittel fahren die größeren Orte an, aber für abgelegenere Ziele empfiehlt sich ein Auto.

FÄHRE

Trondheim und Rørvik sind Stopps der Hurtigruten-Küstenfähre. Zwischen Namsos, Rørvik und Leka verkehren unregelmäßig Passagierboote, und eine regelmäßig ablegende Autofähre verbindet Leka mit Gutvik auf dem Festland.

AUTO

Die E6 bahnt sich ihren Weg durch die Region und nähert sich zwischen Trondheim und Stinkjer der Küste. Die Küstenstraße Kystriksveien beginnt in Steinkjer und führt zu Küstenstädten weiter im Norden.

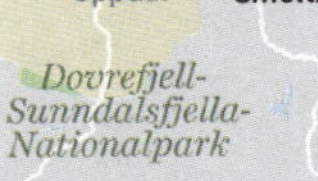

Rondane-Nationalpark

0 — 100 km

Namsos, S. 238

Namsos ist das quirlige Tor zu Nord-Trøndelags schönsten Inselorten und stolze Wiege eines einzigartigen norwegischen Rockmusik-Genres.

Trondheim, S. 222

Ein von der bewegten Geschiche des Landes zeugender gotischer Dom steht in einer der schönsten Städte Norwegens neben spleenigen Vierteln.

Røros, S. 234

Malerische Häuser säumen die Straßen dieser von der UNESCO geschützten Stadt mit ihren geheimnisvollen Kulturdenkmälern und einem jahrhundertealten Wintermarkt.

JELENA SAFRONOVA/SHUTTERSTOCK ©

Bakklandet (S. 225)

Perfekte Tage

Trondheim, die größte Stadt in Trøndelag, hat Besuchern viel zu bieten. Aber die Geschichte der Region entfaltet sich in den Orten an der Küste, in den landesweit bedeutenden Stätten – und in den kulinarischen Produkten.

Wochenendtrip

- In **Trondheim** (S. 222) die monumentale Westfassade des gotischen **Nidarosdoms** (S. 222) bewundern, über die alte Stadtbrücke ins kopfsteingepflasterte **Bakklandet** (S. 225) bummeln und im berühmten **Fagn** (S. 229) speisen. Mit dem Zug geht es nach **Røros** (S. 234), um die schönen Holzhäuser zu bestaunen und im **Rørosmuseet Smelthytta** (S. 234) die über 330-jährige Geschichte des Kupferbergbaus kennenzulernen.

Einwöchiger Aufenthalt

- Nach der Erkundung von Trondheim erfährt man in **Stiklestad** (S. 231) alles über die Schlacht, die König Olav das Leben kostete und Norwegen veränderte. Weiter geht es nach **Namsos** (S. 238), Stadt der Rockmusik, und mit dem Schnellboot aufs wilde kleine **Leka** (S. 243). Auf der Radtour um die Insel sieht man 60 Mio. Jahre alte Felsformationen, derentwegen Leka zum geologischen Nationaldenkmal erklärt wurde.

Beste Reisezeit

FRÜHLING
Die Blumen blühen, und rund um den **Verfassungstag** am 17. Mai wehen überall Nationalflaggen. Die größte Feier zu diesem Anlass steigt in Trondheim.

SOMMER
Es gibt viele Musik- und Kulturfeste, und die Norweger feiern die längeren Tage mit *friluftsliv* (Leben an der frischen Luft).

HERBST
Die kühleren Temperaturen und Herbstfarben sind perfekt fürs Wandern. Auf der Speisekarte stehen Lamm, Wild, Pilze und Wurzelgemüse.

WINTER
Die Nächte werden länger, es wird deutlich kühler, und in der Welterbestadt Røros findet der **Rørosmartnan** mit Verkaufsbuden, Tanz und Musik statt .

Trondheim

UNTERWEGS VOR ORT

Trondheim S, der wichtigste Bahnhof, ist eine halbe Stunde vom Flughafen entfernt.

Stadtbusse halten an oder nahe der Ecke Munkegata/Dronningens gate. Die Tram Gråkallbanen fährt von St. Olavs Gate gen Westen nach Lian. Der Ticketkauf ist über die AtB-App (atb.no/en/app-atb) möglich.

Im gesamten Stadtgebiet kann man mit der Trondheim-Bysykkel-App Fahrräder ausleihen.

Für das Auto wird im Zentrum eine Maut fällig, die Parkgebühren sind hoch. Ladestationen für E-Autos und Parkplätze siehe trondheimparkering.no.

Trondheim ist zweifellos eine der fotogensten Städte Norwegens. Bunt bemalte Häuser säumen die Ufer der Nidelva, die sich durch die Stadt zum weiten Trondheimsfjord schlängelt, der Turm des mit Skulpturen geschmückten gotischen Doms ragt aus der Silhouette der Stadt heraus. Der Ort mit seinen historischen Bauten ist heute die drittgrößte Stadt Norwegens; einige prächtigen Gebäude zeugen noch vom einstigen Status Trondheims, dessen Geschichte in Museen und Kunstgalerien erzählt wird.

Heute präsentiert sich die Stadt mit stilvollen Cafés und Bars, einer innovativen Gastro-Szene und zukunftsweisenden kulturellen Einrichtungen in jugendlichem Gewand. Dazu tragen auch die vielen Studenten bei: Fast ein Fünftel der Bevölkerung besucht die renommierten Hochschulen der Stadt.

Dabei muss sich Trondheim gar nicht anstrengen. Es ist ein reines Vergnügen, durch die Straßen zu flanieren oder zu radeln, sei es durch malerische Viertel mit schrulligen Läden oder am Fluss entlang.

Erzbischöfe, Heilige & Aristokraten

TRONDHEIM ERZÄHLT NORWEGENS GESCHICHTE

Die historische Bedeutung der Stadt, einst als Nidaros gegründet, erkennt man an ihren alten Kirchengebäuden. Wer sie besucht, taucht in die Geschichte Norwegens ein.

Im Jahr 1035 wurde an der Grabstätte des heiligen Olav, der in Norwegen das Christentum eingeführt hatte und 1030 als König bei der Schlacht von Stiklestad ums Leben gekommen war, eine schlichte Holzkapelle errichtet. Fast 1000 Jahre und mehrere Anbauten später ist der **Nidarosdomen** (Nidarosdom) der nördlichste gotische Kirchenbau der Welt. Seine imposante Westfassade schmücken 76 Skulpturen historischer Persönlichkeiten und eine Fensterrose aus 10 000 Einzelteilen. Der zuvor finstere gotische Innenraum des Doms wird

TOP TIPP

Der Bahnhof Trondheim S liegt in Midtbyen, ebenso die meisten Sehenswürdigkeiten, Läden, Restaurants und Bars. Im Süden liegt Bakklandet, im Westen das Wandergebiet Bymarka und im Osten das noble Solsiden.

SAIKO3P/SHUTTERSTOCK ©

Gamle Bybro (S. 225)

seit 2020 von einem preisgekrönten Lichtsystem akzentuiert. Im Sommer können Besucher die 176 schmalen Stufen des Turms erklimmen, um Trondheim von einem einzigartigen Aussichtsplatz zu überblicken.

Im benachbarten **Erkebispegården** (Erzbischöflichen Palast) aus dem 12. Jh. befindet sich das **Museum des Erzbischöflichen Palastes** mit Artefakten, die in den 1990er-Jahren bei Ausgrabungen entdeckt wurden, darunter Originalskulpturen vom Nidarosdom, die von Wind und Wetter gezeichnet sind. Ein faszinierender Film erzählt von den meisterlichen Handwerkern, die an der Restaurierung des Doms mitgewirkt haben. Die **Riksregaliene** (Reichsregalien), die 1818, nach Norwegens Abspaltung von Dänemark, angefertigt wurden, sind in einem stimmungsvoll beleuchteten Kellergewölbe im Westflügel des Palasts ausgestellt. Zu den unschätzbaren Exponaten gehören goldene, mit Edelsteinen besetzte Kronen und eine bestickte rote Samtrobe mit Hermelinsaum.

Stiftsgården, die offizielle königliche Residenz in Trondheim, ist ein im 18. Jh. erbautes Haus in der Munkegata. Auf die 4000 m² dieses prächtigen Gebäudes, des größten Holzpalasts Skandinaviens, verteilen sich mehr als 100 Zimmer. Im Sommer können Besucher an einer 45-minütigen Führung teilnehmen und durch den beschaulichen Garten flanieren.

RESTAURIERUNG DES NIDAROSDOMS

Nach 132 Jahren war die Restaurierung des Nidarosdoms 2001 offiziell abgeschlossen, aber noch immer sind ca. 60 Mitarbeiter, darunter 25 Handwerker wie Steinmetze, Schmiede und Stuckateure, in der Werkstatt beschäftigt. Das Team macht Abgüsse aller dekorativen Elemente, damit in Zukunft exakte Kopien hergestellt werden können, wenn eines beschädigt wird. Angesichts der 5000 Einzelelemente ist das eine gewaltige Aufgabe, und die Arbeitsplätze sind wohl noch einige Zeit sicher – der Abguss von einem Fünftel der Elemente hat bereits 25 Jahre gedauert.

SCHLAFEN IN TRONDHEIM

Trondheim Vandrerhjem
Das moderne, saubere Hostel 2 km oberhalb von Midtbyen hat freundliches Personal und eine tolle Aussicht. **€**

City Living Sentrum
Mitten im Zentrum gibt es hier einfache, gepflegte Zimmer und eine große Gästeküche statt viel Schnickschnack. **€**

Nidaros Pilegrimsgård
Im ruhigen Gästehaus zwischen Nidarosdom und Nidelva sind auch Nicht-Pilgern willkommen. **€€**

HIGHLIGHTS
1 Nidarosdomen

SEHENSWERTES
2 Erkebispegården
3 Gamle Bybro
4 Jødisk Museum Trondheim
5 Kristiansten Festning
6 K-U-K
7 Rockheim
8 Skansen
9 Stiftsgården
10 TKM Bispegata
11 TKM Gråmølna

SCHLAFEN
12 Britannia Hotel
13 City Living Sentrum
14 Nidaros Pilegrimsgård
15 Scandic Bakklandet

ESSEN
16 Brør
17 Fagn
18 Grano
19 Koie Ramen
20 To Rom og Kjøkken
21 Una Pizzeria e Bar

AUSGEHEN & FEIERN
22 Baklandet Skydsstasjon
23 Café Le Frère
24 Café Løkka
25 Cowsea
26 Habitat
27 Jacobsen og Svart
28 Onkel Svanhild
29 ØX Tap Room
30 Trondhjem Mikrobryggeri

UNTERHALTUNG
31 Antikvariatet
32 Bar Moskus
33 Byscenen
34 Trondheim Spektrum

VERKEHRSMITTEL
35 Boats to Munkholmen
36 Trampe

Bakklandet & Trondheim von oben

KOPFSTEINPFLASTER UND FJORDBLICKE

Der Spaziergang durch die kopfsteingepflasterten Straßen von **Bakklandet**, an den farbenfrohen Holzhäusern entlang, ist ein echtes Vergnügen.

Vom Nidarosdomen ist es ein kurzer Spaziergang zum Fluss und zur alten Stadtbrücke, **Gamle Bybro**, die Carl Adolf Dahl 1861 neu gestaltete. Die Brücke mit den rot gestrichenen schmiedeeisernen Bögen führt nach Bakklandet und bietet einen fotogenen Blick auf die bunt bemalten Holzhäusern an den Ufern der Nidelva. Im hübschen Stadtviertel Bakklandet locken dann viele Cafés, Boutiquen und Restaurants. Zu den Highlights hier gehören das gemütliche Café **Baklandet Skydsstation** (S. 227) und die Cafébar **Antikvariatet** (S. 227) mit Livemusik – links davon gibt es einen Aussichtsplatz für die Holzhäuser an der Nidelva.

Am Fuß des Brubakken, gleich oberhalb der *Radio-Otto*-Skulptur für den Trondheimer Komponisten Otto Nielsen, kann man nervenstarken Einheimischen dabei zusehen, wie sie mithilfe des einzigen Fahrradlifts der Welt, **Trampe** genannt, den Hügel erklimmen. Mutig genug, es selbst zu probieren? Gleich daneben gibt es eine Trondheim-Bysykkel-Station.

Für einen unvergleichlichen Blick über Trondheim erklimmt man den Brubakken-Hügel und folgt der Straße bis zur **Kristiansten Festning**. In der weiß getünchten Festung aus dem 17. Jh. ist ein nur im Sommer geöffnetes Museum untergebracht, die Aussicht ist aber ganzjährig zu bewundern.

DIE BESTEN KUNSTSTÄTTEN

TKM Bispegata
Das Haupthaus des Trondheim Kunstmuseum präsentiert eine Dauerausstellung und Wechselausstellungen moderner Kunst.

TKM Gråmølna
Die TKM-Zweigstelle in Solsiden zeigt temporäre Ausstellungen und Werke des norwegischen Künstlers Håkon Bleken.

K-U-K (Kjøpmannsgata Ung Kunst)
Diese Galerie präsentiert junge Künstler und bietet auch Originalwerke zum Kauf an.

Trondheim vom Fluss aus

KAJAKTOUR AUF DER NIDELVA

Ein Paddeltörn die Nidelva hinunter bietet einen ganz anderen Blick auf die Stadt. Je nach Jahreszeit sind am Ufer Angler zu sehen, die im Fluss nach Lachsen fischen, nahe dem Stadtzentrum erhebt sich links der mächtige Nidarosdom, während zur Rechten die Kristiansten Festning über der Stadt thront. Das Highlight aber ist die Fahrt unter der alten Stadtbrücke hindurch, an den farbenfroh bemalten Häusern an den Ufern vorbei und begleitet vom Plaudern der Kneipenbesucher auf der Terrasse darüber. Endpunkt der Tour ist der Skansen-Gasthafen westlich des Stadtzentrums.

Trondheim Kajakk bietet verschiedene Touren, auf eigene Faust oder mit Guides; der klassische

DER PILGERWEG

Seit seiner Heiligsprechung im Jahr 1031 gehen Wallfahrer auf dem *Pilegrimsleden* (Pilgerweg) zur Grabstätte des heiligen Olav im Nidarosdom. Alles über die Schlacht, bei der Olav fiel, erfahren Pilger wie Nicht-Pilger in **Stiklestad** (S. 231).

SCHLAFEN IN TRONDHEIM

Quality Hotel Prinsen
Das große Hotel in der Kongens gate mit dezentem Botanik-Design bietet sehr komfortable Betten. €€

Scandic Bakklandet
Das zentralste Scandic-Hotel in Trondheim hat elegante Zimmer mit spleeniger Kunst und ein gutes Frühstücksbüfett. €€€

Britannia Hotel
Unaufdringliche Opulenz, vom Fünf-Sterne-Service an der Rezeption bis zu den Wasserfallduschen. €€€

TRONDHEIMS TOP-FESTIVALS

Trondheim Jazz Festival
Bei dem alljährlichen Festival gibt es seit über 40 Jahren an vier Tagen im Mai Jazz auf mehreren Bühnen der Stadt.

Olavsfest
Norwegens beliebtester Heiliger wird eine Woche lang mit Konzerten, Vorträgen und Ausstellungen beim Nidarosdom geehrt.

Trøndersk Matfestival
Das Trøndelag-Kulinarikfestival im August präsentiert rund um den Torvet die besten Lebensmittel und Getränke der Region.

Pstereo
Im August steigt das zweitägige Festival für Pop-, Rock- und Elektro-Musik im Marinen-Park.

JELENA SAFRONOVA/SHUTTERSTOCK ©

Kajakfahrer auf der Nidelva (S. 225)

Ausflug dauert rund zwei Stunden. Der Treffpunkt liegt hinter Fußballplätzen versteckt, die Navi-App kann einen womöglich in die Irre führen – deshalb einfach Bus 1, 2 oder 10 von der Prinsens gate zum Valøyvegen nehmen, danach geht es über den Bostadvegen zu Fuß weiter.

Ein Inselabenteuer

PICKNICK AUF MUNKHOLMEN

Die mysteriöse, 1,5 km von der Küste entfernte kleine Insel **Munkholmen** war schon Wikinger-Ausgrabungsstätte, Benediktinerkloster, Gefängnis und Festung. Im Sommer bietet sich eine Bootsfahrt hierhin an, um zu wandern, zu schwimmen und geruhsam zu picknicken.

Die stündlichen Führungen erzählen von der wechselvollen Geschichte von Munkholmen; zu sehen sind auch das feuchte Verlies und die militärischen Einrichtungen, die aus der Besatzungszeit im Zweiten Weltkrieg stammen.

Es gibt einen kleinen Strand am Fjord, und eine große Wiese lädt mit Blick auf die Stadt zum Relaxen ein. Wer kein Picknick dabeihat, kann im Café zu Mittag essen. Boote legen

GUT ESSEN IN TRONDHEIM

Jacobsen og Svart
Von Koffeinliebhabern virtuos zubereiteter Kaffee in stilvollem, aber unprätentiösem Ambiente.

Onkel Svanhild
Das fröhliche Café mit Bäckerei bietet Kaffee, Tee von Palais des Thés und köstliches Gebäck.

Café Le Frère
In dem Eckcafé ist der Kaffee schön stark; durch die Panoramafenster kann man die Leute auf der Straße beobachten.

von Mai bis September in **Ravnkloa** am Ende der Munkegata ab. Fahrkarten für die etwa 15-minütige Fahrt kann man am Kiosk bekommen.

Trøndelags Geschichte

DAS FREILICHTMUSEUM SVERRESBORG

Das **Sverresborg Trøndelag Folkemuseum** bei den Ruinen von König Sverres' Hügelburg aus dem 12. Jh. ist eines der besten Museen seiner Art in ganz Norwegen.

Die riesige Ausstellung „Bilder des Lebens" zeichnet anhand von Spielsachen, Kleidung und alten Fahrzeugen das Leben in der Region chronologisch nach. Auf dem Gelände stehen Gebäude aus ganz Trøndelag, von Häusern der Samen bis zur fensterlosen **Stabkirche Haltdalen** von 1170. Im städtischen Bereich gibt es Läden, ein Café, eine Apotheke und eine Zahnarztpraxis. Die Burgruine selbst bietet Ausblick über ganz Trondheim.

Bus 11 nehmen, der von der Kongens gate in Richtung Stavset fährt, und dann an der Haltestelle Trøndelag Folkemuseum aussteigen.

Die Sounds der Stadt

MUSIKMUSEEN UND LIVE-GIGS

Das interaktive **Rockheim** mit Instrumenten, Audiostationen und der Rockheim Hall of Fame erzählt die Geschichte der norwegischen Popmusik. Hier arbeiten sich die Besucher vom 6. Stock nach unten vor. Norwegens nationales Musikmuseum **Ringve** ist traditioneller und besitzt 2000 Instrumente, von wohlbekannten bis längst vergessenen. Es befindet sich in Lade, mit Bus 20 zu erreichen.

Wenn die Museen Lust auf Livemusik gemacht haben, ist man in Trondheim genau richtig. Tickets für Konzerte in der Arena **Trondheim Spektrum** sind im Voraus zu buchen; hier treten prominente Musiker wie 50 Cent und Röyksopp auf. Im **Byscenen**, einer Konzerthalle an der Kongens gate, geben Künstler wie Mayhem und Sigrid Konzerte mit bis zu 1500 Zuschauern. Auch in intimerem Rahmen wird Livemusik geboten. In der Bar des **Antikvariatet** finden regelmäßig Jazz- und Akustik-Gigs statt, die **Bar Moskus** hat ein vielfältiges Programm mit Blues, Americana und Jazz, und im **HAVET** gibt es Konzerte von Hip-Hop bis Funk. Für die Termine lädt man sich die Broadcast-App herunter, dann das kostenlose Veranstaltungsblatt suchen oder die Website broadcast.events anklicken.

TRONDHEIM INSPIRIERT

Edith Serine Thomassen (pottemaker.no) ist eine Trondheimer Töpferin, die in einem Atelier im Sverresborg Trøndelag Folkemuseum arbeitet. Ihre Werke sind von der Küste und vom Meer inspiriert. Hier sind ihre Tipps für inspirierende Plätze in und rund um Trondheim.

Skansen
In dem Gasthafen mit Segelbooten kann man gut bei Kaffee oder Bier relaxen, schwimmen und spazieren gehen.

K-U-K
Die zentrale Galerie präsentiert seit 2021 junge Künstler. Ich lasse mich gern von den Wechselausstellungen inspirieren.

Museet Kystens Arv
Das herrlich gelegene Museum eine Stunde außerhalb von Trondheim widmet sich dem traditionellen Bootsbau.

GUT ESSEN IN TRONDHEIM

Koie Ramen
Die Gäste sitzen auf Barhockern an langen Tischen und genießen herzafte Ramen-Bowls und Gyoza. €

Brør
Das lebhafte Bar-Restaurant bietet leckere Burger und Tacos mit reichhaltigen Beilagen. €

Baklandet Skydsstation
Trondheims berühmt-gemütliches Café in einem Holzhaus aus dem 18. Jh. serviert Klassiker wie Fischsuppe. €€

SPAZIERGANG: STRASSENKUNST IN ILA

Der westliche Stadtteil Ila war 2018 Zentrum von Trondheims Gatekunstfestival (Straßenkunstfestival), von dessen Wandmalereien noch einige zu sehen sind. Vom **1 Bahnhof Skansen geht man** durch den Ila-Park Richtung Mellomila. Nach bunten Holzhäusern und modernen Wohngebäuden steht links der farbenfrohe **2 Bird in Kaos** von Pablito Zago. Dann nimmt man den Durchgang direkt gegenüber (zwischen dem gelben und dem roten Haus), geht in Richtung Zaun und dann links, wo gegenüber Millos 600 m^2 großes Bild **3 What You Don't See/ Quello Che Non Vedi** („Ilapia" genannt) zu sehen ist. Links befindet sich die **4 Galleri Dropsfabrikken**, die in einer ehemaligen Bonbonfabrik zeitgenössische Kunst zeigt. Danach folgt man dem Weg nach links und biegt dann rechts ab. Bald taucht links hinter einer Kleingartenanlage (Ilens Hage) Ivan Blažetić Šumskis traumhaftes Wandgemälde **5 Seeds of Future** auf. Zurück auf der Mellomila nimmt man die erste Straße rechts, mit dem Fluss zur Linken, und geht zum Durchgang zwischen zwei Gebäuden rechter Hand. Diese **6 Straßenkunstgalerie** präsentiert einige Original-Gemälde des Festivals, z.B. von Skurktur und Birgers Oterutleie. Dann kehrt man zurück zum Fluss, über die kleine Brücke und am kleinen **7 Ila-Strand** entlang. Nach den malerischen Hütten von **8 Ilsvikøra** tritt man den Rückweg über die Mellomila zur Kleists gate an. In einer Gasse auf der rechten Seite versteckt sich Ståle Gerhardsens herzerwärmendes **9 Ta Vare På De Rundt Deg** („Kümmere dich um deine Mitmenschen"). Auf der Ilevollen geht es zurück nach Skansen, dabei passiert man die **10 Statue von König Sverre Sigurdsson**, einem Herrscher aus dem 12. Jh.

Ilabekken-Stadtspaziergang

WANDERPFAD AM FLUSSUFER

Ein kurzer, aber steiler Aufstieg führt zum **Ilabekken**, einem Flüsschen mit einem Plankenweg am Ufer, der zum **Waldschutzgebiet Bymarka** verläuft. Von Ilaparken ist der 1,5 km lange Pfad über Hanskemakerbakken zu erreichen. Kurz nach der Laden- und Restaurantzeile ist linker Hand der Weg Richtung Bymarka ausgeschildert. Er führt an rauschenden Wasserfällen vorbei, eine Instagram-würdige Treppe hoch und in einen wilderen Waldabschnitt hinein. Immer am Fluss entlang erreicht man dann den Speichersee Theisendammen. Im Sommer lockt ein Bad im See, oder man wandert um ihn herum – das wären weitere 2 km. Wer nicht den ganzen Weg zurückgehen möchte, nimmt ab Schiøtz' vei Bus 11, der bis ins Stadtzentrum fährt.

Das jüdische Trondheim

ERINNERUNG UND BLICK IN DIE ZUKUNFT

In Trondheim steht eine von nur zwei Synagogen in Norwegen. Sie ist zwar noch für Feierlichkeiten und Gottesdienste in Verwendung, gehört heute aber zum **Jødisk Museum Trondheim** (Jüdisches Museum Trondheim) an der Arkitekt Christies gate. Die Ausstellung im Untergeschoss (fast ausschließlich in Norwegisch) dokumentiert anhand von Fotos und persönlichen Habseligkeiten das Leben und die Traditionen jüdischer Familien in Trondheim. Oben erzählt „Hjemme. Borte. Holocaust i Trondheim" („Zu Hause. Fort. Holocaust in Trondheim") die persönlichen Geschichten einiger Juden, die im Holocaust umgebracht wurden. Ein ergreifender Film zeigt Interviews mit Überlebenden. Draußen widmet sich eine Ausstellung den sportlichen Leistungen der norwegnischen Juden. An vielen Stellen in der Stadt sind im Boden **Stolperstine** aus Messing eingelassen, die an die Opfer der NS-Verbrechen erinnern.

Ein Abend in Solsiden

GUT ESSEN UND FRÖHLICH FEIERN

Die ehemaligen Werftlagerhallen in **Solsiden**, der „Sonnenseite", sind heute ein Ausgehviertel. Solsiden liegt östlich von Bakklandet, und ab der Bakke bru (Bakke-Brücke) gibt es hier mehrere Lokale, um etwas zu trinken und zu essen. **Cowsea** bietet Sushi, Burger und Mörder-Cocktails an, und

DARUM LIEBE ICH TRONDHEIM

Gemma Graham, Autorin

Trondheim ist zu Fuß machbar, einladend und voller Geschichte – meine Lieblingsstadt in Norwegen. Von der imposanten Kristiansten Festning bis zur netten Kellerbar ØX Tap Room, Trondheim hat einen unbekümmerten Charme, der dazu verleitet, mehr über die Stadt zu erfahren, die das Land geprägt hat und sich gleichzeitig wie ein zweites Zuhause anfühlt.

Nichts hat mich mehr für Trondheim eingenommen als die Paraden, die am Verfassungstag durch die Stadt ziehen. Obwohl der Wind pfiff und Regen die Feiernden durchnässte – viele trugen die Nationaltracht *bunad* –, wurde ich herzlich eingeladen, mitzufeiern. Mit Eiscreme und „Hipp-hipp-hurra"-Rufen haben wir den Elementen getrotzt.

ESSEN IN TRONDHEIM

Grano
Hervorragende italienische Pizzas in einer lebhaften Ecke unweit des Bahnhofs. €€

To Rom og Kjøkken
Erstklassiger Service und Menüs aus lokalen Zutaten – zur Wahl stehen drei, fünf oder sieben Gänge. €€€

Fagn
Spitzenköche kreieren in dem Sternerestaurant und im mit dem Bib Gourmand ausgezeichneten Bistro darüber Leckeres. €€€

DIE BESTEN CRAFTBIER-BARS

Habitat
Pflanzengeschmückte Bar mit 26 Zapfhähnen für Craftbiere, u.a. der Trondheimer Brauerei Monkey Brew, und mit tollen Pizzas.

ØX Tap Room
In der unterirdischen Bierkneipe berauscht sich eine bunte Gästeschar an der großen Auswahl an hauseigenen Bieren.

Trondhjem Mikrobryggeri
Das allseits beliebte Lokal mit Bierhallenflair schenkt bis zu acht hauseigene Hopfensäfte aus.

NOWACZYK/SHUTTERSTOCK ©

Wasserfall, Ilabekken (S. 229)

samstags legt ein DJ bis in die frühen Morgenstunden auf. Das senfgelbe **Café Løkka** ist eine altbekannte Institution in Trondheim; hier gibt es Burger, Salate und Sandwiches sowie Milchshakes und Cocktails. Weiter in Solsiden selbst befinden sich auf dem Werftgelände mehrere mittelmäßige Fast-Food-Lokale, die man am besten meiden und stattdessen einen kleinen Umweg machen sollte, um in der **Una Pizzeria e Bar** italienische Klassiker zu verspeisen.

Eine schwimmende Sauna

SAUNAS, POOLS UND MUSIK

HAVET im Osten der Stadt ist ein 4-in-1-Vergnügungskomplex mit Sauna, Pools, Veranstaltungsbühne und einer Bar. Man bucht eine 2,5-stündige Saunasession (gemeinsam oder privat) in einer der fünf ARK-Saunen mit Meerespools, Outdoor-Duschen und Stegen, von wo aus man in das erfrischende Wasser im Hafen eintauchen kann. Ein besonderes Erlebnis für das Wochenende ist die abendliche DJ-Session in der 100-sitzigen Árdna-Sauna. Es gibt auch einen Badesteg mit Sprungturm. Das Ambiente ist „industriell cool" (mit Blick auf einen Schrottplatz), das macht aber nichts, weil man zu sehr mit dem Schwitzen beschäftigt ist.

Rund um Trondheim

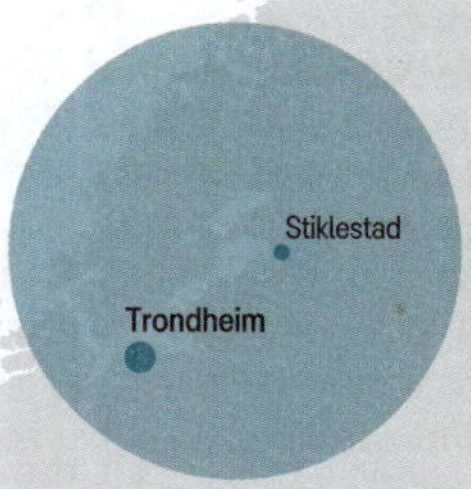

In der fruchtbaren Umgebung Trondheims sind die Aromen der Region und ein entscheidender Moment in Norwegens Geschichte zu entdecken.

Nicht weit von Trøndelags Hauptstadt entfernt liegt Stiklestad. Der Ort wäre wohl nach wie vor hauptsächlich für sein fruchtbares Ackerland bekannt, wenn da nicht im 11. Jh. eine Schlacht stattgefunden hätte. Sie ermöglichte die endgültige Christianisierung des Landes und die Reichswerdung Norwegens. Viele Historiker bezeichnen Stiklestad als den Schauplatz, an dem das moderne Norwegen möglich wurde.

Weiter nördlich bestimmen noch Bauernhöfe das Bild der Region. Die Halbinsel Inderøy im Bezirk Innherred ist perfekt, um den Fuß vom Gas zu nehmen und gemächlich den Goldenen Umweg (*gyldne omvei*) zu fahren. An der reizvollen Route, die sich sehr gut zum Radfahren eignet, liegen Bauernhöfe, Hofläden, Kunstgalerien und malerische Kirchen.

Wallfahrt nach Stiklestad

NORWEGENS BERÜHMTESTES SCHLACHTFELD

Kaum ein Ort ist für die Entwicklungsgeschichte Norwegens bedeutungsvoller als **Stiklestad**. Die Schlacht, die hier im Jahr 1030 stattfand und bei der König Olav II. ums Leben kam, setzte Ereignisse in Gang, die zum Ende der Wikingerzeit und zur Christianisierung des Landes führen sollten. Das **Stiklestad Nasjonale Kultursenter** präsentiert die Ausstellung „Stiklestad 1030“, die mit Fundstücken aus der Wikingerära, lebensgroßen Dioramen und einem düsteren Soundtrack die Ereignisse vor und kurz nach der Schlacht in einen Zusammenhang stellt.

Das Gelände davor wirkt wie ein Freilichtmuseum. Die **Stiklestad-Stabkirche** wurde im 12. Jh. an der Stelle errichtet, wo der Legende nach König Olav gefallen war. Im Inneren erzählen Fresken des norwegischen Künstlers Alf Rolfsen die Geschichte der Schlacht. Die Gebäude im **Stiklestadir**-Abschnitt – darunter ein nachgebautes Langhaus der Wikinger und ein Gästehaus – veranschaulichen den Übergang von der Wikingerzeit zum Mittelalter.

(Fortsetzung auf S.233)

UNTERWEGS VOR ORT

Für die Halbinsel Inderøy und den Goldenen Umweg von Süden her in Røra (Hinweisschild „Den Gyldne Omvei“) von der E6 abfahren. Von Norden kommend ist die Abfahrt 6 km nach Steinkjer in Vist. Die gesamte Inselumrundung beträgt gut 50 km. Der nächste Bahnhof ist Røra, zwischen Røra und Straumen fahren gelegentlich Busse, ebenfalls von Steinkjer aus. Für Reisepläne und Ticketkauf die AtB-App herunterladen.

Stiklestad liegt 5 km abseits der E6 in Verdal. Züge verkehren von Trondheim bzw. Steinkjer bis Verdal, die restlichen 4,5 km sind zu Fuß zurückzulegen (Busse nur sporadisch). Notfalls am Bahnhof Verdal ein Taxi nehmen (150–200 kr).

☑ TOP TIPP

Züge aus Trondheim halten bei, aber nicht in Stiklestad und Inderøy. Hin- und Rückfahrt vorab planen!

RADTOUR: HIGHLIGHTS AUF DEM GOLDENEN UMWEG

Der Goldene Umweg (*Den Gyldne Omvei*), ein Abstecher von der E6 zwischen Levanger und Steinkjer, führt um die Halbinsel Inderøy herum (hier gibt es Hersteller hochwertiger Produkte, Hofläden und Galerien). Vom **1 Bahnhof Røra** geht es mit – vorab reservierten – Fahrrädern von Visit Innherred (en.visitinnherred.com) zunächst 8 km am Borgenfjorden entlang nach Straumen. Erster Halt ist **2 Nils Aas Kunstverksted**, die die Lebensgeschichte und Werke von einem der berühmtesten Bildhauer Norwegens präsentiert. Im **3 Muustrøparken** befinden sich weitere zehn Aas-Werke. Dann radelt man auf dem RV761 gen Norden, und nach fast 5 km ist man am **4 Gulburet**. Der Hofladen bietet lokale Produkte wie Käse, Honig und frisch gebackenes Brot, zudem befindet sich ein gemütliches Café unterm Dach. Auf dem RV761 geht es 7 km weiter zur **5 Gangstad Gårdsysteri**, einer zauberhaften Molkerei mit preisgekröntem Käse und Eiscreme (Schokoladentraum probieren). Danach macht man einen Abstecher zur **6 Hustad-Kirche** (12. Jh.), oder man fährt auf dem Nessetveien 11,5 km zum **7 Kjerknesvågen Kai**, einem Jachthafen, in dem die historische *Jekta Pauline* liegt. Nach weiteren 2,5 km ist der Bauernhof **8 Berg Gård** erreicht, wo es einen Hofladen, eine Aquavitbrennerei und Hoftiere gibt. Für ein besonderes Abendessen erklimmt man den Hügel zum **9 Øyna Kulturlandskapshotell**, in dessen Restaurant (herrliche Aussicht!) saisonale Küche aus Inderøy-Produkten serviert werden. Nach der Übernachtung in einem der luxuriösen Zimmer steht am nächsten Morgen die Rückfahrt zum Ausgangspunkt an.

Gulburet

(Fortsetzung von S. 231)

Das **Folkloremuseum** besteht aus einer Reihe von Gebäuden aus dem 17. bis 19. Jh., darunter Molåna, ein *trønderlån* (langes, schmales Haus) aus dem 18. Jh., das in den Sommermonaten als Café genutzt wird.

Das ganze Jahr über können Besucher kostenlos über das Gelände streifen, am meisten los ist aber zwischen Juni und August, wenn im Rahmen des „Wikingersommers" Handwerksvorführungen und Aktivitäten für Familien geboten werden. Im Juli steigt auch das Kulturfest **Olsokdagene** (Olsok-Tage). Wer eine Übernachtungsmöglichkeit sucht, kann sich im **Scandic Stiklestad** im Gebäude des Nasjonale Kultursenter ein Zimmer nehmen.

VOM KÖNIG ZUM HEILIGEN

Nach einem Wikingerzug, zu dem er mit zwölf Jahren aufgebrochen war, wollte Olav Haraldsson Norwegen christianisieren und König werden. Doch seine Feinde zwangen ihn 1028 zur Flucht. Als er 1030 die Macht zurückgewinnen wollte, waren seine Männer in Stiklestad den mit den Dänen verbündeten Bauern zahlenmäßig zwei zu eins unterlegen. Olav wurde getötet (sein Leichnam wurde nach Nidaros heute Trondheim gebracht). Bald schon häuften sich Berichte über angebliche Wunder an Orten, wo er sich aufgehalten hatte. Als man seinen Sarg nach einem Jahr öffnete, war sein Leichnam nicht verwest. Olav wurde im Jahr 1035 heiliggesprochen

Røros

UNTERWEGS VOR ORT

Von Oslo ist man per Flugzeug in weniger als einer Stunde in Røros, die Zugfahrt von Trondheim (2,5 Std.) ist aber schöner (per Bus etwas länger, aber ebenso malerisch) und ein perfekter Tagesausflug. Mit dem Auto sind es ab Trondheim zwei Stunden.

Das bezaubernde Røros liegt 150 km südöstlich von Trondheim inmitten kahler, teils bewaldeter Bergrücken und gehört mit seinen einzigartigen Bauwerken zum UNESCO-Welterbe.

Über drei Jahrhunderte lang war es das Zentrum des norwegischen Kupferbergbaus, das Geld der Minenbesitzer floss in die Errichtung schöner holzverkleideter Häuser und einer überdimensional großen Kirche. Angesichts der makellos erhaltenen Häuser aus dem 18. Jh., in denen Cafés, Galerien und Künstlerateliers untergebracht sind, könnte man meinen, es handele sich um ein Freilichtmuseum.

Im Kontrast dazu steht die geschützte Abraumhalde der ehemaligen Kupferhütte, heute Teil eines faszinierenden Museums über die Geschichte der mühsamen Schufterei, auf der der Wohlstand der Stadt beruhte. Für Røros ist robustes Schuhwerk angebracht, denn die Straßen sind teilweise – passend zu den industriellen Ursprüngen – holprig.

TOP TIPP

Røros' Hauptattraktionen konzentrieren sich auf wenige Straßen (Kjerkgata und Mørkstugata sind die wichtigsten) und gut zu Fuß zu erkunden. Der Aufstieg vom Zug- und Busbahnhof zur Smelthytta hoch ist jedoch anstrengend.

Die Geschichte von Røros' Kupferbergbau

DAS RØROSMUSEET SMELTHYTTA

Nach Zeugnissen von Røros' industriellem Erbe muss man nicht lange suchen. Am oberen Ende der Mørkstugata steht die **Hyttklokka**, die Glocke, die einst den Anfang und das Ende der Arbeitsschicht in der Schmelzhütte signalisierte. Über die Straße und das offene Gelände namens **Malmplassen** (Erzplatz) gelangt man zum Rørosmuseet **Smelthytta**, einem höhlenartigen Museum, das selbst einst eine Schmelzhütte war und heute die mehr als 330-jährige Geschichte von Røros' Kupferberbau erzählt. Maßstabsgetreue animierte Modelle und Live-Demonstrationen illustrieren die anstrengende Arbeit im Berg und in der Schmelzhütte.

Hinter dem Museumsgebäude führt eine hözerne Brücke zur unter Denkmalschutz stehenden **Slegghaugan** (Abraumhalde). Die riesigen, kohlegrauen Schlackehalden sind ein bizarres Kulturdenkmal, nachdem man einen dieser Hügel bestiegen

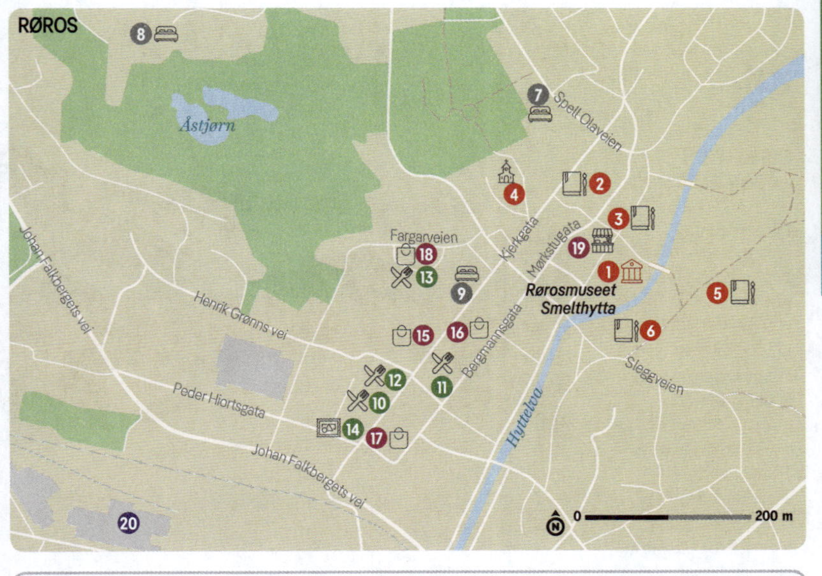

hat, bietet sich ein herrlicher Blick auf die Stadt. Der Weg zwischen dem Fluss und der Abraumhalde führt zum **Sleggveien**, einer kurzen Straße mit torfgedeckten Bergarbeiterhäuschen. Einige davon stehen im Sommer zu bestimmten Zeiten Besuchern offen (Informationen auf rorosmuseet.no); ihre rustikalen Fassaden bieten einen guten Eindruck vom damaligen Leben, auch wenn sie geschlossen sind.

Die Kirche Bergstadens Ziir

SYMBOL FÜR RØROS' EINSTIGEN WOHLSTAND

Der 50 m hohe schwarz-weiße Turm der **Røros Kirke** mit ganzen 1600 Sitzplätzen ist ein Zeugnis vom Reichtum der Stadt im 18. Jh. Die 1784 fertiggestellte Kirche, auch unter dem Namen Bergstadens Ziir („Zierde der Grubenstadt") bekannt, ist samstags ein paar Stunden geöffnet, dann können Besucher das taubenblaue Interieur besichtigen. An den Wänden hängen Porträts bedeutender Persönlichkeiten der Stadtgeschichte, außerdem gibt es zwei Orgeln (eine Barockorgel

DIE BESTEN LÄDEN IN RØROS

Lille Røros
Kleiner Shop voller bunter Haushaltswaren, Geschenke, Bilder und Accessoires in der Kjerkgata.

Lysgaard Keramikk
In dem überraschend großen Laden gibt es Tonteller, Tassen, Kerzenhalter, Vasen und Dekos in allen Farben.

Røros Brukt & Antik
Ein Schatzkästchen mit antiken und Secondhand-Ton- und -Glaswaren sowie Möbeln in einem Haus aus dem 19. Jh.

Amneusgården
Souvenirs und Krimskrams, teils mit Røros-Motiven, sowie Spielzeug und Bücher über die Lokalgeschichte in dem ehemaligen Amnéus' Boghandel.

ADELHEID SMITT/ALAMY STOCK PHOTO ©

Røros

von 1742 und eine von Berg & Ryde aus dem Jahr 2012). Die Ehrenloge ziert das Wappen des Bergbauunternehmens – auf diese Art und Weise wurde in dieser Kirche auf das bedeutende Unternehmen aufmerksam gemacht.

Links von der Kirche befindet sich die **Familiengruft** von Peder Hiort, der im 18. Jh. ein wohlhabender Direktor der Kupferwerke von Røros und großzügiger Spender für den Bau der Kirche war.

Ein Wintermarkt per königlichem Erlass

SHOPPEN UND KULTUR AUF DEM RØROSMARTNAN

Wer Ende Februar in Røros ist, kann zusammen mit rund 70 000 anderen Besuchern fünf Tage lang Verkaufsstände, gutes Essen, Geschichtenerzähler, Volktanz und ausgelassenes Feiern erleben. Der Wintermarkt **Rørosmartnan** findet auf einen Erlass von König Oscar I. seit 1854 statt. Vom zweitletzten Dienstag im Februar bis zum darauffolgenden Samstag (früher Freitag) säumen mehr als 200 Stände Kjerkgata, Mørkstugata und die umliegenden Straßen. Einige Gäste kommen noch immer von weit her mit Schlitten angereist, so wie es früher die Händler taten.

SCHLAFEN IN RØROS

Erzscheidergården
Hervorragender Service und Frühstück mit Lokalprodukten in einem rustikalen Hotel aus dem 17. Jh. €€

Vertshuset Røros
Individuell gestaltete Zimmer in zwei Gebäuden (eines davon eine alte Wollfabrik) auf halber Höhe der Kjerkgata. €€

Røros Hotell
Komfortable Gästezimmer, Pools und ein Spielplatz machen das große Hotel ideal für Familien. €€€

Wie zu erwarten sind während des Markts Übernachtungsmöglichkeiten in der Stadt so wertvoll wie Goldstaub. Wenn man keine Unterkunft findet, macht von Trondheim aus mit dem Zug oder Bus einen Tagesausflug nach Røros.

Künstlerische Inspiration in Røros

ATELIERS UND GALERIEN

Einige norwegische Künstler von Rang – darunter der berühmte Harald Sohlberg – haben das malerische Røros in ihren Werken verewigt. Es gibt hier zwar keine Künstlergemeinde im traditionellen Sinn, aber die Stadt hat eine starke künstlerische Tradition, und in den engen Gassen drängen sich viele Galerien und Künstlerateliers.

Die **Potteriet Røros**, die einen Teil der früheren Brødrene Krogs Ullvarefabrikk (Wollwarenfabrik) einnimmt, fertigt Töpferwaren an, die von traditionellen regionalen Designs inspieriert sind. Modernere Objekte sind in verwittertem Kupfergrün glasiert. **Lysgaard Keramikk** ist im Besitz von Per Lysgaard, dessen Keramikkreationen von farbenfrohem Geschirr bis zu außerirdischen Formen, Keramikhüten, Mosaiken und Objekten mit Unterwassermotiven reichen.

Røros Kunstformidling, eine traditionelle Galerie in einem großen Eckgebäude am Fuß der Kjerkgata, verkauft Werke renommierter heimischer Künstler, Decken von Røros Tweed und andere lokale Textilien. **Kunst og Kaos**, eine kleinere Galerie in der Mørkstugata, präsentiert Arbeiten zeitgenössischer Künstler und Künstlerinnen wie Julie Ebbing.

GUT ESSEN IN RØROS

Trygstad Bakeri
Hier gibt es Kuchen, aber auch Pizzas **€**

Kaffestuggu
Leckere Klassiker wie *smørbrød* (belegte Brote) und herzhafte Suppen in zauberhaftem Ambiente. **€€**

Vertshuset Røros
Das elegante Restaurant serviert lokale Produkte wie Rentier-Entrecôte mit Røros-Pilzen. **€€€**

Grillhuset Røros
In diesem hoch geschätzten Restaurant in einer früheren Metzgerei gibt es ein saisonales Drei-Gänge-Menü mit hochwertigem Fleisch. **€€€**

Trygstad Bakeri

Namsos

UNTERWEGS VOR ORT

Flugzeuge von Widerøe verkehren vom Airport Trondheim Værnes zum Flughafen Namsos (30 Min.) 4 km außerhalb des Zentrums. Regelmäßig fahren Busse von Steinkjer (1¼ Std.) nach Namsos, mit Zugverbindung nach Trondheim S (2 Std.; Fahrplan siehe atb.no). Namsos liegt am FV17, der 14 km nördlich von Steinkjer von der E6 abzweigt.

Namsos ist gut zu Fuß zu erkunden, für die Museen bietet sich aber Bus 609 an, der an allen Museen hält. Für den Ticketkauf die AtB-App installieren.

TOP TIPP

Namsos erstreckt sich über etwa 5 km am Ufer des Namsenfjords, das eigentliche Zentrum (mit Schnellbootkai, Busbahnhof, Hotels, Läden und Restaurants) liegt rund um das Namsos Storsenter im Osten. Flughafen und Campingplatz befinden sich westlich des Stadtzentrums.

Mit nur 15 000 Einwohnern ist Namsos eine Kleinstadt, die 1845 gegründet wurde. Sie spielte eine große Rolle in der Holzindustrie und – überraschend bei der geringen Größe – für Norwegens Rockmusikszene. In Namsos ereigneten sich mehrere verheerende Brände: zwei im späten 19. Jh. und einer nach der Bombardierung im Zweiten Weltkrieg. Als Folge davon ist die Architektur der Stadt nicht sonderlich inspirierend, aber die Lage an der Mündung des Flusses Namsen mit dem sich davor anschließenden Namsenfjord umso mehr.

Namsos ist der wichtigste Knotenpunkt für die umliegenden Ortschaften im Bezirk Namdalen. Es gibt viele Läden sowie ein Kulturzentrum, eine Galerie für zeitgenössische Kunst und ein paar kleine Museen. Für Touristen ist die Stadt eine gute Ausgangsbasis für die wunderschöne Namdalen-Küste und die umliegende Natur.

Volkssagen & Holzindustrie

LOKALGESCHICHTE IN IN NAMSOS' MUSEEN

Das **Namdalsmuseet** ist ein Freilichtmuseum mit 24 Gebäuden aus der ganzen Region, darunter ein Schulhaus und eine Schmiede. Im Sommer sind für ein paar Wochen die Gebäude geöffnet, dann gibt es auch Familienaktivitäten und Führungen. Das Gelände ist ganzjährig zugänglich, aber Führungen außerhalb der Saison sind im Voraus zu arrangieren.

Einfach Bus 609 nach Buret nehmen, dann 850 m zum **Norsk Sagbruksmuseum** (Norwegisches Sägewerkmuseum) gehen. Vor dem Zweiten Weltkrieg gab es bei Namsos sieben Sägewerke. Dieses hier, Spillum Dampsag & Høvler, hatte eine eigene Schreinerei und stellte als erstes im Land Fertighäuser her. Draußen sind die Trockenanlage und die Sägerei zu sehen. Im Besucherzentrum gibt es Ausstellung über die Industrie, den Gründer des Sägewerks und darüber, wie das Holz flussabwärts geflößt und verarbeitet wurde, ehe es zum Verkauf nach Nordnorwegen verschifft wurde – eine Zeit lang mit dem Frachtschiff *Anna Karoline*. Es gibt Führungen, man kann sich aber auch auf eigene Faust umsehen.

HIGHLIGHTS
1 Namdalsmuseet

SEHENSWERTES
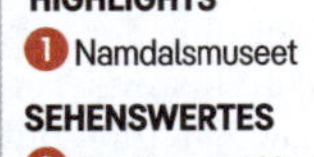
2 Kunstmuseet Nord-Trøndelag

AKTIVITÄTEN

3 Bjørumsklompen
4 Oasen

SCHLAFEN
5 Scandic Rock City
6 Tinos Hotell

ESSEN
7 Mintage Sushi
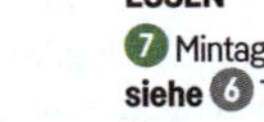
siehe 6 Tinos Restaurant

AUSGEHEN & FEIERN
8 Hamstad Bakericafe
9 Onkel Oskar

Kultur an der Küste

ZEITGENÖSSISCHE KUNST IM KUNSTMUSEET NORD-TRØNDELAG

Das **Kunstmuseet Nord-Trøndelag**, ein nüchtern-weißer Gewölberaum innerhalb des Kulturhus i Namsos (Kulturzentrum), präsentiert seine Sammlung in verschiedenen Ausstellungen von zeitgenössischen Künstlern wie Anja Carr. Der hervorragende Museumsshop verkauft Drucke, Postkarten und Bücher, und die stilvolle **Barrique Vinbar** ist bei Veranstaltungen geöffnet. Im Kulturhaus befindet sich auch ein Theater und eine Bibliothek, deren Mitarbeiter auch mit touristischen Informationen aufwarten. Es befindet sich in der Nähe des AMFI-Einkaufszentrums, rund 1 km vom Namsos Storsenter entfernt.

Namsos von oben

EIN KURZER STADTSPAZIERGANG

Die kurze, aber schöne Wanderung auf den **Bjørumsklompen** (114 m) mitten in der Stadt wird mit einem tollen Blick auf Namsos belohnt. Auf den Gipfel führen zwei Wege, die beide eine halbe Stunde in Anspruch nehmen. Die erste Route ist mit dem roten „T“ des Den Norske Turistforening (DNT) ausgeschildert. Sie beginnt beim Scandic Rock City und führt

ESSEN & AUSGEHEN

Hamstad Bakericafe
Die alteingesessene Bäckerei bietet ofenfrisches Brot sowie Brötchen, Teilchen und Kuchen. €

Mintage Sushi
Das beliebte monochrome nordisch-asiatische Fusion-Restaurant serviert köstliches Sushi. €€

Tinos Restaurant
Im Restaurant des Tinos Hotell gibt es italienische Klassiker wie Pizza, Lasange al forno und Tiramisu. €€

Onkel Oskar
Altmodischer Pub mit Ledersesseln drinnen und luftiger Terrasse.

NAMSOS: ROCK CITY

Rund um Namsos sind einige Anspielungen auf Rockmusik zu finden: das Scandic Rock City, eine Gitarristenskulptur an der Kirkegata und sogar ein Wandgemälde am REMA1000-Supermarkt mit der Aufschrift „ We built this city on rock and roll". Nach dem Zweiten Weltkrieg gingen viele junge Männer als Matrosen weg, doch sie kamen, beeinflusst von Elvis, Little Richard und Co., zurück und kreierten einen neuen Sound: *Trønderrock*. Aus Namsos kamen erfolgreiche Bands wie Prudence, die in den 1970er-Jahren Kultstatus hatten. Alles über Namsos als einstige Musikhochburg ist im Sommer im **Trønderrockmuseet** im Rock City (neben dem Scandic) zu erfahren.

Scandic Rock City

via Skolegata auf einen Waldweg und dann über einige bedenkliche felsige Stufen auf den Gipfel. Die andere Route ist eine von Bäumen gesäumte Asphaltstraße mit felsigen Klippen an einigen Stellen – an der Kirkegata nimmt man die Abzweigung links, den Fjellvegen hoch.

Oben stehen Bänke mit Blick auf die unten liegende Stadt, über den tiefblauen Namsenfjorden und in Richtung der Berge in der Ferne. Es gibt ein Gästebuch, Tafeln mit historischen Fotos und einen schicken, 2016 errichteten Glaspavillon mit stationärem Feldstecher, durch den man die Straßen unten heranzoomen kann. Auch ein Grill steht zur Verfügung – das Grillgut ist jedoch selbst mitzubringen.

BADEAUSFLUG DER BESONDEREN ART

SCHWIMMEN IM FELS

Die Bezeichnung „Oase" ist zwar leicht übertrieben, aber das Schwimmbad **Oasen** ist mit Sicherheit einer der skurrilsten Orte, um ein Bad zu nehmen. Das in einen Steilhang gebaute Hallenbad hat das Flair eines Schurkenverstecks aus James-Bond-Filmen, und während man ein paar Bahnen im Rückenschwimmen absolviert, starrt man auf den nackten Fels. Das Bad verfügt über ein 50-Meter-Becken, einen Sprungturm, Sauna, Whirlpool und ein kleineres beheiztes Kinderplanschbecken. Tickets für den 90-minütigen Aufenthalt sind über die Website der Kommune Namsos (namsos.kommune.no/oasen-namsos) im Voraus zu buchen. Das Oasen-Schwimmbad ist auf jeden Fall ideal für verregnete Tage oder zum Entspannen nach einem langen Ausflug.

SCHLAFEN IN NAMSOS

Namsos Camping
Einfacher, aber gepflegter Campingplatz mit Hütten an einem kleinen Badesee, 4,5 km vom Zentrum. €

Tinos Hotell
Traditionelles Hotel in Familienhand mit großen Zimmern und sehr freundlichem, hilfsbereitem Personal. €€

Scandic Rock City
Typischer Scandic-Standard mit dezentem Rockmusik-Dekor in einem weißen Kubus beim Einkaufszentrum. €€

Rund um Namsos

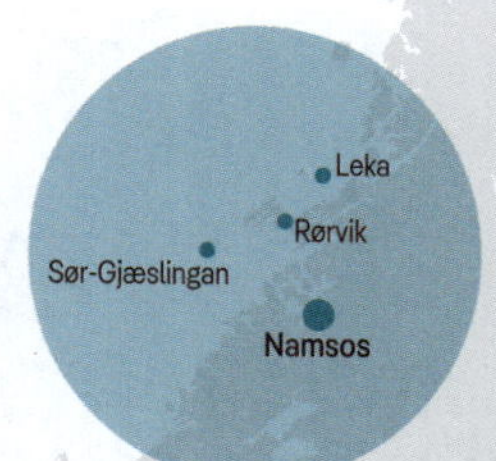

Seit Urzeiten besiedelte Küstendörfer und eine 60 Miio. Jahre alte malerische Insel, auf der Gestein aus der unteren Erdkruste zutage tritt .

Die schönsten Abschnitte der Namdalen-Küste liegen hinter Namsos. Die kleine Hafenstadt Rørvik war im späten 19. und frühen 20. Jh. ein Handelszentrum, ihre heutige Bedeutung verdankt sie jedoch ihrem Küstenmuseum in einem irgendwie unpassenden modernen Gebäude. Rørvik ist auch das Tor zum denkmalgeschützten Fischerdorf Sør-Gjæslingan.

Weiter die Küste hoch liegt das winzige, aber geologisch interessante Leka, Teil des UNESCO-Geoparks Trollfjell, mit 50 markierten Wegen und steinzeitlichen Felszeichnungen. Vor etwa 60 Mio. Jahren spielten sich hier mächtige geologische Prozesse ab, deshalb kann man an einigen Stellen der Insel Gestein aus der unteren Erdkruste sehen.

Die Geschichte von Namdalens Küste

DAS KYSTMUSEET NORVEG IN RØRVIK

Das **Kystmuseet Norveg** (Norwegisches Küstenmuseum) umfasst mehrere Stätten in und um **Rørvik** und erzählt anschaulich die Geschichte und Kultur der Namdalen-Küste. Das markante Hauptgebäude, **Norveg**, das in den Hafen hineinragt, erinnert in seiner Form an riesige Segel. Im Inneren befinden sich Exponate aus 10 000 Jahren Siedlungsgeschichte, eine Galerie mit Wechselausstellungen und eine 2023 eröffnete Abteilung über den Lachsfang.

Vom Hauptgebäude führt eine Brücke zum **Berggården**, einem eleganten, weiß getünchten Handelsposten mit Laden aus dem 19. Jh. Ein paar Räume wurden restauriert und können im Sommer bei einer Führung besichtigt werden, die im Eintritt für Norveg enthalten ist.

Tagesausflug nach Sør-Gjæslingan

ABGELEGENES FISCHERDORF UNTER DENKMALSCHUTZ

Das heute unter der Obhut des Kystmuseet Norveg stehende einstige Fischerdorf **Sør-Gjæslingan** besteht aus mehreren Eilanden und Schären, die ungefähr 50 km südwestlich von Rørvik den Elementen der Norwegischen See ausgesetzt sind. Auf diesem abgelegenen Archipel drängen sich traditionelle

UNTERWEGS VOR ORT

Mit dem Auto dauert die Fahrt auf dem FV769 von Namsos nach Rørvik rund zwei Stunden, inklusive der Fähre von Hofles nach Lund. Von Namsos via Gutvik nach Leka zur Fähre sind es 2¾ Stunden.

Hurtigbåt (Schnellboote) von Vidar Hop Skyssbåter (vidarhop.no) befahren mindestens einmal täglich die Route Namsos–Rørvik–Leka (Skei). Im Sommer machen sie manchmal Halt in Sør-Gjæslingan (1 Tag zuvor telefonisch bestätigen lassen). Für Fahrten am Wochenende außerhalb der Hochsaison nach Leka ebenfalls telefonisch nachfragen.

An der Anlegestelle auf Leka gibt es weder Taxis noch Busse – ohne Auto muss man laufen. Das Hotel-Restaurant Leka Brygge verleiht Fahrräder.

TOP TIPP

Wer länger als einen Tag auf Leka verbringen möchte, sollte Proviant mitnehmen (v.a. in der Nebensaison).

SASHA ALTERANT/SHUTTERSTOCK ©

Leka

ESSEN & AUSGEHEN RUND UM NAMSOS

Kafé Norveg, Rørvik
Das luftige Café im Kystmuseet Norveg serviert Sandwiches, opulente selbst gebackene Kuchen und Kaffee. €

64° Nord, Rørvik
In dem stilvollen Bar-Restaurant im Havnesenteret gibt es sättigende Mahlzeiten wie saftige Burger und Fish & Chips. €€

Café Flora, Leka
Dieses Juwel in schöner ländlicher Umgebung bietet Sandwiches und Steinofenpizzas. €€

weiß, gelb und rot gestrichene Holzhäuser aneinander. In vielen davon wohnten vor über 100 Jahren bis zu 6000 Fischer, die hier im Winter zusammenkamen, um in den damals noch üppigen Fischgründen reiche Ernte einzufahren.

Neben den geführten Bootstouren (die unterwegs auch an einer Fischzuchtanlage Halt machen), die vom Kystmuseet Norveg organisiert werden, sind an den Wochenenden zwischen Ende Juni und Mitte August auch Tagesausflüge mit öffentlichen Booten möglich (entweder samstags ab Rørvik oder sonntags ab Namsos). Die Besucher können zwar auch auf eigene Faust im felsigen, vom Meer umspülten Dorf umherwandern, aber die Geschichte von Sør-Gjæslingan wird erst auf einer 30-minütigen Führung richtig zum Leben erweckt. Tickets dafür gibt es im historisch gestalteten Laden, in dem auch Souvenirs und Snacks verkauft werden. Einige der rustikalen *rorbuer* (Fischerhütten) können in den Sommermonaten für Kurzaufenthalte gemietet werden. Sie sind online auf der Website kystmuseetnorveg.no zu buchen.

SCHLAFEN RUND UM NAMSOS

Kysthotellet Rørvik
Einfache Zimmer, einige mit Naturmotiven an den Wänden, fünf Gehminuten von der Anlegestelle der Expressboote. €€

Leka Motell og Camping
Zeltplätze, Ferienwohnungen, Familienhütten und Steinhäuschen. Die beste Aussicht haben die Wohnmobilplätze. €

Leka Brygge
Helle, moderne Apartments und schicke Hütten mit Glasfront an einem privaten Kai mit Boots- und Fahrradverleih. €€

Leka auf zwei Rädern

SCHÖNE UND INFORMATIVE INSELTOUR

Mit seiner abwechslungsreichen, aber relativ ebenen Landschaft eignet sich das kleine **Leka** perfekt für die Erkundung mit dem Fahrrad. Vom Hafen aus führt eine 28 km lange, sanft hügelige Rundtour zu den Hauptattraktionen der Insel, und unterwegs bieten sich viele Möglichkeiten für kurze Spaziergänge. Die Route sollte man am besten im Uhrzeigersinn absolvieren.

Der erste Haltepunkt ist das **Leka Steinsenter** (im Leka Motell og Camping), dessen kostenloses kleines Museum über die Formation und die Geologie der Insel informiert. Ein Stück weiter bietet sich ein Abstecher zum **Årdalssand** an. Dieser abgeschiedene Sandstrand ist über einen Feldweg zu erreichen. Etwas später führt die Radtour an der **Solsemhula** (Solsemhöhle) vorbei, in der Felsmalereien aus der Steinzeit – die ersten, die jemals in Nordeuropa entdeckt wurden – zu bewundern sind. In den Monaten Juli und August bietet das Unternehmen **Leka Opplevelser** Führungen durch die Höhle an.

Auf der östlichen Seite der Insel wird das Terrain allmählich wilder – eine faszinierende Landschaft aus außergewöhnlichen roten und gelben Felsen und Steinen, die sich vor langer Zeit im Inneren der Erde befunden haben. An der Stelle des **Ørnerovet** („Adlerraub") ist hoch oben auf dem Berg eine Markierung angebracht. Dort, so wird erzählt, wurde im Jahr 1932 die dreieinhalbjährige Svanhild Hansen abgelegt, nachdem sie von einem Adler entführt worden war. Im Anschluss führt die Straße durch grünes Weideland, mit den Bergen im Hintergrund. In der Ortschaft Husby biegt man nach links ab, um zum **Herlaugshaugen**, dem drittgrößten Wikingergrabhügel in Norwegen, zu gelangen. Die Weiterfahrt führt schließlich in die Kulturlandschaft **Skeisnesset**, ein weitläufiges, felsiges Heidemoor, das von zahlreichen Wegen durchzogen ist. Hier sind Grabhügel aus dem 6. Jh. und friedlich grasende Schafe zu sehen.

DIE MÄCHTIGE JEKT

400 Jahre lang waren für Norwegens Küstenhandel – hauptsächlich Stockfisch – schnelle Frachtschiffe, *jekts*, unterwegs. Die einzige erhaltene norwegische *jekt*, die *Anna Karoline*, ist im **Jektefartsmuseet** (S. 248) in Bodø zu besichtigen.

WANDERROUTEN AUF LEKA

Familieloypa
Familienfreundlicher knapp 2 km langer Rundweg durch Skeisnessets Heidemoor.

Løva on Solsem
Ein knapp 1 km langer, steiler Weg durch Wald und über kahlen Fels mit Blick auf West-Leka.

MOHO
Auf der anstrengenden Rundwanderung (3 km) ist die untere Erdkruste zu sehen.

Von Haug auf den Lekamøya
Abwechslungsreicher mittelschwerer Rundweg (2 km) zum legendären Berg.

Herlaugsløypa
Lekas längste Tour führt 11 km über die offene Berglandschaft.

Nordland

NORWEGENS GRÖSSTE HITS

Nordland bietet die perfekte Mischung aus landschaftlich reizvollen Fahrstrecken, einsamen Inseln, aufregender Tierwelt und zeitlosen Dörfern an der Küste.

Nordland liegt dort, wo Norwegen schmal wird und sich der Arktis nähert. Erschlossen wird die Provinz durch zwei bemerkenswerte Straßen. Der Kystriksveien folgt der ausgefransten Küstenlinie; er ist ein Triumph der menschlichen Vorstellungskraft und der Ingenieurskunst. Immer wieder muss man von der Straße auf Fähren wechseln, die Reisende von einem tollen Ausblick auf das Europäische Nordmeer zum nächsten geleiten. Die Europastraße 6 (E6) bahnt sich einen geraderen Weg durch eine magische Landschaft. Zwischen beiden Straßen liegt eine der größten Eiskappen Norwegens, der wilde Nationalpark Saltfjellet-Svartisen mit seinen Gletschern.

Vieles von dem, was Nordland so besonders macht, spielt sich an der Küste ab. Es beginnt im Süden im Hinterland von Brønnøysund mit den Inselgruppen Træna und Vega, die eher den Einheimischen als internationalen Reisenden bekannt sind. Weiter nördlich ragen die Lofoten mit natürlicher Erhabenheit in den Himmel; an ihren Küsten liegen idyllische Dörfer.

Vesterålen kann zeitweilig mit der Schönheit seines nächsten Nachbarn mithalten und bietet weitere Pluspunkte: Wildtiersafaris, eine virtuelle Reise ins All, Hundeschlittenfahrten und eine fantastische Küstenwanderstrecke. Am Ende einer einst stillen Straße liegt Nyksund, ein typischer Star der norwegischen Küste: wunderschön erbaut, in einer tollen Landschaft gelegen und belebt durch eine Geschichte von bemerkenswerter menschlicher Widerstandskraft und Inspiration.

DIE WICHTIGSTEN ZIELE

BODØ
Kultur und wilde Natur. S. 248

LOFOTEN
Ein großartiger Archipel. S. 251

VESTERÅLEN
Wale beobachten und andere Abenteuer. S. 257

NATIONALPARK SALTFJELLET-SVARTISEN
Überall Gletscher. S. 264

BRØNNØYSUND
Zauberhaftes Kleinstadt-Norwegen. S. 269

LAURI LOHI/SHUTTERSTOCK ©

Links: Papageitaucher (S. 258); oben: Lofoten (S. 251)

Erste Orientierung

Nordland besteht aus einem langen schmalen Landstreifen zwischen Nordmeer und der schwedischen Grenze. Alle Routen zwischen dem nördlichen und dem südlichen Norwegen führen durch Nordland.

Vesterålen, S. 257

In Nordlands abenteuerlichster Ecke dreht sich alles um Wale, Papageitaucher, Raumfahrt, königliche Wanderungen und ein wiedererstandenes Dorf.

Lofoten, S. 251

Auf der schroffen Inselkette heben sich Fischerdörfer von der Kulisse gezackter Gipfel ab.

Bodø, S. 248

Europas Kulturhauptstadt 2024 kombiniert Kultur mit rauer Natur, z.B. dem Gezeitenstrom Saltstraumen, der hohe Geschwindigkeiten erreicht.

AUTO

Zwei Hauptverkehrsstraßen durchqueren Nordland in Nord-Süd-Richtung. Kystriksveien ist schöner, langsamer und von Fähren unterbrochen. Die ebenfalls landschaftlich reizvolle, stärker befahrene E6 verläuft weiter landeinwärts.

FÄHRE

Das Fährschiff Hurtigruten kann genutzt werden, um sich entlang der Nordland-Küste zu bewegen; an den meisten Tagen legt es mindestens einmal in Brønnøysund, Sandnessjøen, Nesna, Ørnes, Bodø, Stamsund, Svolvær, Stokmarknes, Sortland, Risøyhamn und Harstad an.

Nationalpark Saltfjellet-Svartisen, S. 264

Der Park beiderseits des Polarkreises und sein wildes Hinterland harren der Erkundung.

Brønnøysund, S. 269

Der schönste Küstenort in Nordland besticht durch die Dramatik seiner natürlichen Umgebung mit einem üppigen Garten und einem Restaurant in der Nähe.

Nationalpark Saltfjellet-Svartisen (S. 264)

Perfekte Tage

Weil Nordland so langgestreckt ist, fällt es leicht, in Schwung zu bleiben und in kurzer Zeit längere Strecken zurückzulegen.

Fünf großartige Tage

- Los geht es in **Brønnøysund** (S. 269) auf dem **Kystriksveien** (S. 266) Richtung Norden und zwar so, dass man auf dem Weg nach **Bodø** (S. 248) rechtzeitig zum Gezeitenstrom am **Saltstraumen** (S. 249) eintrifft. Von hier setzt man mit der Fähre auf die **Lofoten** (S. 251) über und verbringt ein paar Tage mit dem Besuch schöner Dörfer wie Henningsvær, Nusfjord und Å. In Reine eröffnet sich Norwegens beste Aussicht.

Den Massen entgehen

- Nach einer Übernachtung in **Brønnøysund** (S. 269) einige Tage draußen im **Vega-Archipel** (S. 271) verbringen. Ein paar Tage den Windungen des **Kystriksveien** (S. 266) folgen mit Abstechern zum **Nationalpark Saltfjellet-Svartisen** (S. 264) und nach **Lovund** (S. 273). Von **Bodø** (S. 248) geht es nach **Vesterålen** (S. 257), um **Wale** (S. 257) und **Papageitaucher** (S. 258) zu beobachten, bevor man in **Nyksund** (S. 260) untertaucht.

Beste Reisezeit

FRÜHLING
Eine tolle Zeit im nördlichen Norwegen. Die Tage werden wärmer, und die Einheimischen freuen sich auf den Sommer.

SOMMER
Beste Reisezeit in Nordland mit (meist) milden Temperaturen. Alles ist geöffnet, und es besteht die größte Chance für schöne Tage auf den Lofoten.

HERBST
Wenn der Winter näher kommt, schwinden die letzten Farben aus der Landschaft. Ruhigere Straßen und klare Tage überzeugen im Frühherbst.

WINTER
Schlechtes Wetter ist nie weit, aber auch herrliche klare Wintertage. Viele Straßen bleiben offen, Whale-Watching in Vesterålen ist seltener.

Bodø

UNTERWEGS VOR ORT

Bahnhof, Fähranleger und Hurtigruten-Terminal liegen alle an der Ostseite des Hafens, die Expressboote mit Ziel Svolvær starten am Sentrumsterminalen, unweit des Hotels Scandic Havet.

Lokale Busse fahren zum Flughafen von Bodø, etwa 3,5 km vom Stadtzentrum, und zu den Hauptattraktionen des Gebiets; für Bustickets muss man die App Billett Nordland downloaden. Zum Saltstraumen geht es mit den öffentlichen Bussen 200 und 300 in etwa 40 Minuten. Aber es kann schwierig sein, die Anfahrt auf die Gezeiten abzustimmen. mit dem eigenen Auto ist man unabhängiger.

TOP-TIPP

In und um Bodø kann es sehr windig sein, besonders zwischen Oktober und März. Wer den Saltstraumen sehen möchte, sollte nicht nur die Gezeiten, sondern auch die Wettervorhersage im Blick haben, denn die Brücke und der Pfad ans Ufer sind sehr exponiert.

Vom Ufer in Bodø aus betrachtet, erheben sich die Lofoten am Horizont wie schroffe Festungswälle eines mythischen Meereskönigreichs. Doch Bodø ist weit mehr als das Tor zu den Lofoten.

Die ins klare Licht des Nordens getauchte Stadt liegt günstig am Ende vieler Straßen. Bis hierhin reicht Norwegens Schienennetz, und sie ist der nördlichste Punkt des Kystriksveien, zweifellos eine der schönsten Straßen Europas. Nicht weit entfernt liegen nicht nur die Lofoten, sondern auch der legendäre Saltstraumen, die weltweit größte Gezeitenströmung.

Bodø selbst hebt sich durch einen ganz eigenen Reiz von seiner Umgebung ab. Erbaut in der Zeit nach dem Zweiten Weltkrieg, hat das Stadtzentrum in den letzten Jahren ein preisgekröntes Konzerthaus und eine Bibliothek hinzugewonnen, die im Mittelpunkt der Europäischen Kulturhauptstadt 2024 stehen.

Fische und fliegende Maschinen

REISE IN BODØS VERGANGENHEIT

Nicht weit vom Flughafen Bodø finden sich zwei eindrucksvolle Museen, die detailliert Geschichten von Handel und Forschungsreisen in Nordnorwegen und darüber hinaus erzählen.

Das **Jektefartsmuseet** wurde 2019 eröffnet. An den felsigen Ufern des Saltfjorden in Bodøsjøen schützt das Gebäude aus dunklem Holz die *Anne Karoline*, das letzte der *jekts* (breite Lastensegler aus Holz) in Nordland. Vier Jahrhunderte lang brachten die *jekts* Stockfisch (S. 253) aus dem Norden nach Bergen. Zu dieser Zeit war diese Ware für die Wirtschaft des Landes bedeutsamer als es heute das Erdöl ist. Der Transport des kostbaren Guts ging mit großen Risiken einher: Das Museum erzählt erschütternde Geschichten von Menschen, die auf See ihr Leben verloren.

Gut 1 km näher am Zentrum ist das **Norsk Luftfartsmuseum** (Norwegisches Luftsfahrtmuseum) in einem

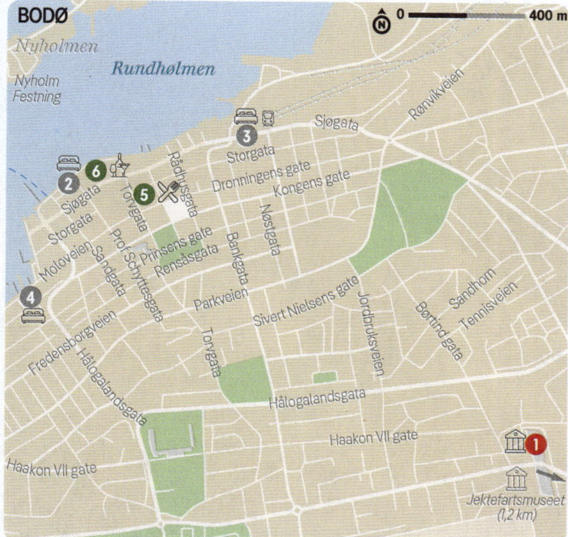

SEHENSWERTES
1 Norsk Luftfartsmuseum

SCHLAFEN
2 Scandic Havet
3 Smarthotel
4 Thon Hotel Nordlys

ESSEN
5 Craig Alibone

AUSGEHEN & FEIERN
6 Hundholmen Brygghus

gewaltigen Gebäude in Form eines Propellers untergebracht. Die 10 000 m² große Ode an die Luftfahrt steckt voller Flugzeuge, darunter die ikonische Spitfire; die Ausstellungsstücke erzählen von bahnbrechenden Flügen wie die des ersten norwegischen Piloten Hans Dons und Roald Amundsens Nordpolerkundung per Luftschiff 1926 ab. Besuchende können der Physik des Fliegens auf die Spur kommen, in einer Cessna sitzen und auf einen ausrangierten Kontrollturm klettern, um zuzusehen, wie Flugzeuge den Airport ansteuern.

Saltstraumen

DER WELTWEIT MÄCHTIGSTE GEZEITENSTROM

Auf der Fahrt durch Ackerland und Nadelwälder auf dem FV17 südlich von Bodø deutet nichts auf den weltweit stärksten Gezeitenstrom in unmittelbarer Nähe in **Saltstraumen** hin. Selbst an dem 150 m breiten Sund, der Saltenfjorden mit Skjerstadfjorden verbindet, erscheint alles ruhig. Aber nicht täuschen lassen: Dies ist eins von Norwegens ungewöhnlichsten Naturphänomenen.

Der **Gezeitenstrom** setzt ungefähr alle sechs Stunden ein, immer wenn Ebbe und Flut wechseln. Vor der Fahrt dorthin empfiehlt es sich, bei der Touristeninformation in Bodø eine

GUT ESSEN IN BODØ

Craig Alibone
Tagsüber Patisserie, abends Champagnerbar: Das Café serviert kunstvolle dekadente Kuchen, Trüffel und Macarons. €

Hundholmen Brygghus
Umfangreiche Bierkarte im schummrigen Gastropub, dazu Kneipenklassiker und norwegische Gerichte. €€

Kafe Kjelen
Auf einer Landzunge mit Blick auf die Gezeitenströmung serviert das Café u.a. *møsbrømetse* (Fladen mit braunem Käse, Zucker und geschmolzener Butter). €€€

ÜBERNACHTEN IN BODØ

Smarthotel
Schlichte, kompakte Zimmer mit schickem, abgespecktem Styling in einem Budgethotel gegenüber vom Bahnhof. €€

Thon Hotel Nordlys
Einige der bequemen Zimmer in dem Hotel am Hafen sind mit Polarlicht-Motiven dekoriert. €€

Scandic Havet
Scandics Standardangebot im schneeweißen Turm, aber die Dachterrassenbar ist perfekt, um aufs Meer zu sehen. €€€

EUROPÄISCHE KULTURHAUPTSTADT 2024

Unterstützt von Stormen, Kulturhaus und Bibliothek von Weltrang, und mit einem großen Programm an Kulturangeboten, darunter Rock- und Klassikfestivals, wurde Bodø 2024 die erste Europäische Kulturhauptstadt nördlich des Polarkreises. Das Jahresprogramm, **ARCTICulation**, umfasst über 600 Veranstaltungen von Theater und Kunst der Samen bis zu lokalen gastronomischen Erlebnissen und einem Lichtfestival im Winter. Zu sehen sind Pop-up-Kunst und -Kultur in der Stadt selbst, Nordlands einzigartige Landschaft bildet den Hintergrund für viele weitere Events. Die Organisatoren sind sehr darauf bedacht, die Kulturangebote nach dem Ende von Bodø 2024 aufrechtzuerhalten. Updates unter bodo2024.no.

ANDREI ARMIAGOV/SHUTTERSTOCK ©

Gezeitenströmung Saltstraumen (S.249)

Gezeitentabelle zu holen oder online einzusehen. Der erste Eindruck zählt. Wenn man zur richtigen Zeit dort ist, dann geht man auf die Saltstraumbrua und wartet.

Wenn die Gezeiten wechseln, sieht man zuerst kleinere Wirbel, dann bilden sich winzige Strudel. Mit wachsender Dynamik verwandelt sich der Sund plötzlich in eine aufgewühlte, brodelnde Wassermasse, wenn 400 Mio. m^3 Wasser durch den Kanal schießen. Wie immer bei Naturereignissen variiert die Intensität der Strudel. Wer Pech hat und einen schlechten Tag erwischt, erlebt vielleicht kaum mehr, als wenn das Wasser etwas heftiger aus der heimischen Badewanne abläuft. An guten Tagen ist es ein faszinierendes Schauspiel. Wenn man die Ausmaße des Gezeitenstrom gesehen hat, sollte man ans Ufer hinunterzugehen, um den unmittelbaren Kitzel auf Wasserniveau zu spüren.

Stella Polaris (stella-polaris.no) und **Explore Salten** (exploresalten.no) bieten Touren mit dem Schlauchboot zum Sund ab Bodø an, vorbei an hoch aufragenden Bergen und, mit etwas Glück, unter einem oder zwei kreisenden Seeadlern. Dank der starken Motoren dieser Boote schießen die Skipper geschickt durch das schäumende Wasser. Adrenalinhaltiger kann man dieses Phänomen nicht erleben.

Lofoten

Willkommen an einem der schönsten Orte der Welt. Vom ersten Moment an erscheinen die Felssilhouetten der Lofoten zu schön, um wahr zu sein. Wie eine mystische Naturfestung à la Tolkien steigen die unglaublich hohen Berge steil vom Ufer auf.

Durchdrungen von den Fischertraditionen in Norwegens sagenumwobenen Küstengemeinden geht es auf den Lofoten nicht nur um erstaunliche natürliche Erhabenheit. An den schmalen Gestaden und in den tiefen Tälern liegen wunderbare Dörfer mit Wikingergeschichten, Wanderwegen und einem hübschen, von bunten Holzhäusern umrahmten Hafen. Große Gestelle zum Trocknen von Kabeljau verleihen der vielfältigen Szenerie eine seltsame Schönheit. Und obwohl die Aussicht manchmal von Meeresstürmen verdunkelt wird, verlieren die Lofoten nie ihre dramatische, wilde Schönheit. Am besten bleibt man so lange wie möglich hier.

Langsame Annäherung per Schiff

DAS WASSER ZUR PERFEKTION ÜBERQUEREN

Man kann mit dem Auto auf die Lofoten fahren, aber wenigstens einmal im Leben sollte man das **Schiff** nehmen, denn die Annäherung auf dem Wasser ist eine der schönsten, die man sich vorstellen kann. Das Erlebnis kann je nach Route unterschiedlich ausfallen, aber einiges bleibt stets gleich: An einem klaren Tag wirken die Lofoten unglaublich hoch und schroff, als seien sie die Erscheinung eines norwegischen Atlantis mit Türmen und Bollwerken, die sich direkt aus dem Ozean erheben. Wenn die Sonne im Westen steht, wird die Gestalt der Inseln durch deren Silhouette akzentuiert. Und wenn die Sonne im Osten ist, hebt sie oft Einzelheiten der bunten Häuser hervor, die sich ans Ufer klammern. In jedem Fall ist es eine der großartigsten Bootsfahrten in Europa.

Es gibt drei Hauptrouten vom Festland auf die Lofoten. Von Bodø verkehren eine Personenschnellfähre nach Svolvær (3½ Std.) und eine Autofähre nach Moskenes (3½ Std.) über Røst und Værøy. Eine weitere Option ist die Autofähre

UNTERWEGS VOR ORT

Die Hauptinseln der Lofoten sind über Brücken oder Tunnel miteinander verbunden. Die meisten Straßen bleiben auf Meereshöhe. Mit dem Auto lässt sich die Gegend am besten erkunden, denn die Busverbindungen abseits der E10 sind unregelmäßig.

Busse befahren die E10 von der Fähre Fiskebøl–Melbu im Norden bis Å im Südwesten. Besonders nützlich ist die Linie 23-760, die mehrmals täglich verkehrt. Fahrpläne siehe reisnordland.no/lofoten.

Der Radreiseführer *Hjulgleder* gibt es in der Touristinfo.

TOP-TIPP

Etwas ganz Besonderes ist ein Besuch, wenn die Mitternachtssonne die Lofoten in dauerndes Tageslicht taucht (28.5.–14.7.), oder während der Polarnacht, wenn Nordlichter häufig auftreten (5.12.–7.1.).

DIE BESTEN LOFOTEN-FESTIVALS

Codstock
Henningsvær ist Mitte Mai fischverrückt: Drei Tage Kochen, Fischen und Seemannslieder von Gastmusikern.

Verfassungstag
Lofotens Einwohner sind sehr stolz auf ihre Identität; am 17. Mai zeigen sich die Einheimischen bei Partys und öffentlichen Feiern in traditioneller Tracht.

Weltmeisterschaften im Kabeljau-Angeln
Jedes Jahr im März fahren Svolværs beste Fischer hinaus; Gäste können überall im Dorf Aktivitäten zu Fischthemen und Essen genießen.

Skutvik–Svolvær (2½ Std., nur im Sommer). Außerdem durchquert die Küstenfähre Hurtigruten die Lofoten auf ihren täglichen Fahrten mit Halt in Bodø, Stamsund, Svolvær und Sortland (Vesterålen).

Bei schlechtem Wetter lohnt die Reise nicht. Sturmwolken können einen spektakulären fotografischen Hintergrund abgeben, aber die See ist bei der Überfahrt sehr rau.

Svolværgeita erklimmen

SVOLVÆRS BESTER AUSSICHTSPUNKT

Die meisten Besucher sind zufrieden, einfach einen Kaffee oder einen Cocktail zu trinken und die Aussicht von einem Café mit Blick auf den Hafen in sich aufzunehmen. Aber wer sich angesichts der Lofoten-Kulisse zu Höherem berufen fühlt, sollte die Felsformation **Svolværgeita** in Erwägung ziehen.

„Die Ziege" genannt wegen der beiden Granitspitzen, die den Hörnern einer Ziege ähneln, ist Svolværgeita von überall in Svolvær zu sehen; der Blick von oben schmückt jede zweite Postkarte, die im Ort verkauft wird. Im Sommer kann man die Aussicht persönlich genießen, solange man nicht an Höhenangst leidet und überdies einen halben Tag Zeit hat.

Wir empfehlen dringend, einen Führer zu engagieren, z. B. bei **Northern Alpine Guides** in Kabelvåg. Wer sich für den

ÜBERNACHTEN IN SVOLVÆR

Fast Hotel Svolvær
Die Zimmer sind spartanisch, aber die Lage der Budgetoption mit Selbst-Check-in ist gut. €

Svinøya Rorbuer
Die Sammlung moderner und traditioneller *rorbuer* auf der anderen Seite der Svinøyabrua gehört zu den besten. €€€

Thon Hotel Lofoten
Das rundum verglaste Hotel am Hafen bietet fantastische Ausblicke aus den oberen Etagen. €€€

Alleingang entscheidet, läuft nach Nordosten entlang der E10 in Richtung Narvik. Hinter dem Jachthafen geht es links in den Nyveien, dann scharf rechts in den Øvreværveien und links in den Blåtindveien. Der Weg beginnt gleich hinter dem Basketballplatz für Kinder. Es ist ein steiler Aufstieg, der sich aber lohnt, wenn Svolvær, der Fjord und die fernen Berge zu Füßen liegen. Wir können nur davon abraten, wie viele andere von einem Gipfel zum anderen zu springen.

Eine noch bessere Aussicht eröffnet sich, wenn man hinter Svolværgeita in einer weiteren guten halben Stunde den Gipfel des Fløya (590 m) besteigt.

Von Dorf zu Dorf fahren

DEN PERFEKTEN LOFOTEN-AUSSICHTSPUNKT ENTDECKEN

Nichts ist typischer für die Lofoten als die Reihen bunt bemalter *rorbuer* (Fischerhütten), dicht zusammengedrängt an felsigen Küsten und rund um kleine Häfen. Besucher planen am besten einige Tage ein, um einfach jede gewundene Straße entlangzufahren und jeden verfügbaren Umweg einzuschlagen, um den schönsten Dorfblick zu finden. Wir zählen hier unsere Favoriten auf, aber es gibt auch sonst viel zu entdecken.

Am Ende einer Straße, die kaum zwischen die steilen Felswände und den Fjord zu passen scheint, ist das angesagte **Henningsvær** nicht nur ein hübscher Anblick. Annähernd u-förmig um den langgestreckten Hafen gruppiert, präsentiert sich das Dorf mit schicken Boutiquen und Cafés; an vielen Stellen lohnt es sich zu fotografieren. Hinter dem Hafen liegt das womöglich malerischste Fußballfeld der Welt, **Henningsvær Stadion** am Ende von Hellandsøya. Der mit Flutlichtanlage ausgestattete Platz ist völlig den Elementen ausgesetzt.

Auf der Insel Flakstadøy findet sich mit **Nusfjord** ein weiterer, allerdings sehr anderer Lofotenschatz. Die Straße von der E10 führt durch eine herrliche Landschaft 6 km weit nach Nusfjord, einem der hübschesten Dörfer in Nordnorwegen. Vor der See geschützt im Windschatten hoher Berge gelegen, stehen fast 40 rote Holzhäuser – *rorbuer,* eine Trankocherei, eine alte Sägemühle – rund um Nusfjords winzigen Hafen. Am geschlossenen Südwestende des Hafen geht es den Felshang hinauf zum klassischen Nusfjord-Aussichtspunkt. Zurück im Dorf wartet der jahrhundertealte Dorfladen mit altmodischen Büchsen, Flaschen und Schachteln.

Auf Moskenesøy im Süden bietet sich von der E10 gleich südlich von **Reine** eine der weltweit spektakulärsten Aussichten: bizarre Berge, bunte Fischerhütten, tief eingeschnittene Felsen und die eisblaue See; ein Parkplatz ist vorhanden.

STOCKFISCH 101

Überall auf den Lofoten sieht man Reihen riesiger Holzgestelle, die dazu dienen, durch Luftrocknung aus Kabeljau *tørrfisk* (Stockfisch) herzustellen. Einst die Existenzgrundlage der lokalen Wirtschaft, wird diese Delikatesse immer noch nach alter Methode gefertigt. Der Kabeljau wird ausgenommen und im Februar an die Gestelle gehängt, wo er bis Mai der salzhaltigen Luft der Lofoten ausgesetzt ist. Anschließend reift der Fisch weitere zwei bis drei Monate, bevor er nach Qualität für verschiedene Märkte sortiert wird.

Im Nobelrestaurant **Børsen** in Svolvær wird Stockfisch serviert. Auch das **Lofotomat** in Henningsvær ist eine gute Option. In Å gibt es das **Lofoten Tørrfiskmuseum**.

ÜBERNACHTEN RUND UM SVOLVÆR

Moskenesstraumen Camping
Wunderbarer Campingplatz auf einer Felskuppe südlich von Å; flache, grasbewachsene Plätze zwischen Felsen und Hütten. €

Nusfjord Rorbuer
Die schlichten *rorbuer* sind getreue Vertreter der traditionellen Fischerhütte; alle sind komfortabel. €€

Eliassen Rorbuer
Tolle Sammlung von 26 *rorbuer* in Hamnøy bei Reine mit renovierter Innenausstattung; einige mit toller Aussicht. €€

WARUM ICH DIE LOFOTEN LIEBE

Anthony Ham, Autor

Im Gegensatz zu Norwegens weltberühmten Fjorden besitzen die Lofoten eine wilde, ungezähmte Schönheit. Düstere Felswände, die abrupt vom Ufer aufsteigen, das stürmische Meer, das den Archipel umgibt, die ruhigen Wanderungen im Hinterland. Herrlich im perfekten Sonnenschein, nehmen die Lofoten einen ganz neuen Charakter an, wenn sich vor der Küste ein Sturm zusammenbraut, mit seinen Böen einen eisbedeckten Gipfel verhüllt oder die dichtgedrängten Häuser rund um einen Hafen durchschüttelt. Jenseits der Lofoten liegt das Nordmeer, und die Bewohner der Inseln waren immer den widrigen Elementen ausgesetzt.

Lofoten (S. 251)

Und am südlichsten Zipfel von Moskenesøy ist **Å** (manchmal als **Å i Lofoten** ausgeschrieben) ein Ort, für den die Postkarte erfunden wurde: Kahle, steil ansteigende Felswände ragen über malerischen, grasgedeckten Hütten auf. Es gibt viele Gründe zum Verweilen, aber die Bäckerei in einem Gebäude von 1844 serviert köstliche *kanelsnurr* (Zimtschnecken), die genauso gut schmecken, wie ihr Name klingt.

Den Wikingern der Lofoten begegnen

IN GESCHICHTEN EINTAUCHEN

Aufgrund der abgeschiedenen Häfen und festungsartigen Bergen scheinen die Lofoten maßgeschneidert für Wikingersagen. Dankenswerterweise gibt es ein Museum, das die Geschichte auf wunderbare Art erzählt.

Auf einer Bergkuppe hoch über einer Schleife der E10, 14 km von Leknes auf **Vesvågøy**, versetzt das **Lofotr Viking Museum** Besucher ein Jahrtausend zurück in die goldene Ära des Wikingerzeitalters. Warum hier? Weil Archäologen 1981 im nahe gelegenen Borg ein bemerkenswertes, 83 m langes Langhaus eines Wikingerführers entdeckten. Es war das größte seiner Art, das je in Skandinavien gefunden wurde.

ÜBERNACHTEN RUND UM SVOLVÆR

Henningsvær Bryggehotell
Erstklassiges Heritage-Hotel mit Blick auf den Hafen, gemütlichen Zimmern und edlem, mattgrauem Dekor. €€€

Nyvågar Rorbuhotell
In Storvågen bietet Nyvågar todschicke Hütten am Meer. Die *rorbuer* sind attraktiv und voll ausgestattet. €€€

The Tide
Gut ausgestattete *rorbuer* mit moderner Einrichtung und ein kleines, ultra-stylishes Hotel in Sørvågen. €€€

Die Ausstellung im Hauptmuseum berichtet von der Entdeckung und zeigt einige der mit Edelsteinen verzierten Schätze und Artefakte, die zusammen mit dem Gebäude gefunden wurden, darunter Amulette aus Goldblech, Schmuck und Keramik. Aber das wirkliche Highlight wartet im Innern des nachgebauten Langhauses, wo als Wikinger verkleidete Museumsmitarbeiter jene Zeit zum Leben erwecken und traditionelle Web- und Stricktechniken demonstrieren. Auf dem Gelände gibt es einen 1,5 km langen Pfad, der zum Ufer führt, wo der Nachbau eines Wikingerschiffs liegt.

Per E-Mail kann man vorab beim Museum ein Wikingerfestmahl buchen: ein Abend mit Essen und Geschichtenerzählen im Langhaus. Anfang August ist das Museum Schauplatz eines Wikingerfestivals mit Markt, Konzerten, Spielen und mehr.

Von Unstad nach Eggum wandern

UNTERWEGS AUF EINER EINSAMEN LANDZUNGE

Es ist erstaunlich, wie wenige Fahrzeuge von der E10 abbiegen, um das Herz der Lofoten erkunden. Die Straße nach **Unstad** ist ruhig und windet sich einen sanften Anstieg hinauf, vorbei an weißen Holzhäusern oberhalb der stillen Gewässer der Fjorde. Auf den Straßen geht es sehr ruhig zu, aber das ist kein Vergleich zu der wunderbaren 9 km langen Wanderung (einfach ca. 2 Std.).

Unstad und **Eggum** sind winzige Siedlungen, die sich an die Westküste der Lofoten schmiegen, dem Seewind ausgesetzt. Der Weg ist überwiegend flach, abgesehen von einem etwas kniffligen Abschnitt, an dem man vielleicht den Kettenhandlauf nutzen sollte, um die Balance zu halten. Die Aussicht ist wild und windgepeitscht, es geht vorbei an mehreren Landzungen, einem einzelnen Leuchtturm, einem grandiosen Meerespanorama und den Ruinen einer Festung. Etwa 1,5 km vor Eggum kommt die Skulptur *Head*, Teil der Serie *Skulpturlandskap* des Schweizer Bildhauers Markus Raetz, in Sicht. Das ungewöhnliche Werk zeigt 16 verschiedene Formen, wenn man es umrundet.

Künstlerische Lofoten

EIN RUNDGANG DURCH DIE GALERIEN

Es gibt Zeiten, in denen die Lofoten wie eine einzige große Künstlerkolonie erscheinen. Svolvær ist ein echtes Zentrum für etablierte Kunstgalerien und Museen, die norwegische und internationale Künstler gleichermaßen präsentieren. Direkt am Torget (dem Hauptplatz) zeigt **Nordnorsk Kunstsenteret** das Werk der besten zeitgenössischen Künstler der

ZWEITBESTE LOFOTEN-BLICKE

Nach Reine, Nusfjord und Svolværgeita sind dies einige der schönsten Aussichtspunkte auf den Inseln.

Ramberg
Ein weißer Sandbogen an einer glitzernden blaugrünen Bucht vor schneebedeckten, arktischen Gipfeln an der Nordküste von Flakstadøy.

Flakstad
Flakstads Zwiebelturmkirche aus dem 18. Jh. ist großartig, besonders vor dem düsteren Hintergrund eines sturmgepeitschten Nordmeers.

Südlich von Å
Fantastischer Blick auf die Insel Værøy und, mit etwas Glück, den mächtigen Gezeitenstrom, der zwischen beiden Inseln entsteht. Wenn er gerade nicht zu sehen ist, bietet sich ein Bootsausflug an.

ESSEN RUND UM SVOLVÆR

Bacalao
Zwangloses Restaurant mit Bar am Hafen von Svolvær; Sandwiches, Burger und eine reichhaltige Fischsuppe. €€

Børsen
Spezialität in Svolværs Toplokal ist Lofoten-Stockfisch, serviert im stimmungsvollen Speisesaal auf Svinøya. €€€

Havet Restaurant & Bar
Vorabbuchung erforderlich für das smarte Sørvågen-Restaurant mit Seafood-orientierter Karte im Hotel The Tide. €€€

WANDERUNGEN AUF DEN LOFOTEN

Glomtind
Erreichbar von der Straße zwischen E10 und Henningsvær, ist der Aufstieg auf den Glomtind (419 m) eine anstrengende 1½-Stunden-Tour mit tollem Ausblick. Das letzte Stück zum Gipfel ist sehr steil.

Festvågtind
Auch in der Nähe von Henningsvær gibt es auf der Tour (hin & zurück 3 St.) auf den Festvågtind (541 m) einige steile Abschnitte mit losem Gestein, den Badesee Heiavatnet und schöner Aussicht auf Henningsvær und Umgebung.

Kvalvika & Ryten
Hinter Ramberg an der Straße nach Å den Schildern nach Fredvang, dann nach Torsfjorden folgen. Auf dem deutlich markierten kurzen Weg geht es nach Kvalvika, dann folgt der harte Aufstieg (3 St.) auf den Ryten (543 m).

Region und veranstaltet die Biennale **Lofoten International Art Festival (LIAF)**. Eine weitere sehenswerte Privatgalerie in Svolvær ist **Galleri Dagfinn Bakke**. In Storvågen feiert die **Gallery Espolin** Leben und Werk eines der größten norwegischen Künstler, Karre Espolin Johnson, dessen Radierungen zusammen mit einer Dokumentation über sein Leben und einem Bibliothekszimmer mit seinen Illustrationen ausgestellt sind.

Insbesondere Henningsvær ist Standort von einigen Galerien und Ateliers, unter denen die **KaviarFactory** hervorsticht. In dem Gebäude aus den 1950er-Jahren wurde bis Ende der 1990er-Jahren Kaviarcreme produziert, heute dient es als moderner Ausstellungsraum für gefeierte internationale Künstler. Jüngste Schauen waren Ai Weiwei und Olafur Eliasson gewidmet. Der Standort direkt am Wasser zeigt die Lofoten-Landschaft, durch Panoramafenster eingerahmt, umso dramatischer.

Im **Lofoten Glass** in Kabelvåg kann man sich für einen Workshop für Glasbläserei anmelden oder die Galerie und Boutique nach Souvenirs durchstöbern.

Auf dem Weg in den Süden des Archipels lässt sich das Sightseeing um Galeriebesuche ergänzen. Wer sich für Glas interessiert, für den bietet sich ein Abstecher zur **Glasshytta** in Flakstad auf Flakstadøy an. In Reine zeigt die **Galleri Eva Harr** Arbeiten der norwegischen Künstlerin Eva Harr.

Hamsunsenteret

ERINNERUNG AN EINEN NOBELPREISTRÄGER

Wenn man die Fähre von Skutvik nach Svolvær nimmst, sollte man unbedingt das **Hamsunsenteret**, etwa auf halbem Weg zwischen E6 und Skutvik auf der RV81, besuchen. Das Zentrum in einem aufsehenerregenden Turmgebäude erinnert an das Leben von Knut Hamsun, der 1920 den Literaturnobelpreis gewann und zugleich literarischer Gigant und wegen seiner Unterstützung für NS-Deutschland eine umstrittene Figur war. Im Zentrum wird beides thematisiert.

LITERARISCHE REISEN

Für eine Reise zu den früheren literarischen Giganten Norwegens bietet sich zum Start das **Petter Dass Museum** (S. 272) bei Sandnessjøen an. Nahe Lillehammer befinden sich Bjørnstjerne Bjørnsons Haus **Aulestad** (S. 120) und Sigrid Undsets früheres Wohnhaus (S. 120); beide gewannen den Nobelpreis.

ESSEN ANDERSWO AUF DEN LOFOTEN

Bakeri
Bei einem Besuch in Å hier unbedingt Halt machen; die historische Dorfbäckerei verkauft leckere *kanelsnurr*. **€**

Lorchstua Restaurant
Das viel gelobte Kabelvåg-Restaurant serviert lokale Spezialitäten mit speziellem Dreh in formeller Atmosphäre. **€€€**

Fiskekrogen
Elegantes Henningsvær-Restaurant; es gibt z.B. eine herzhafte Fischsuppe. **€€€**

Vesterålen

Die Lofoten-Inseln mögen die meiste Aufmerksamkeit bekommen, aber Vesterålen, gleich nördlich davon, ist ein ebenso großartiges Ziel, das einige großartige Erlebnisse zu bieten hat. Auch hier gibt die Landschaft eine wunderschöne Kulisse ab, die wilder ist als bei ihrem südlichen Nachbarn.

Es ist die Vielfalt, die Vesterålen definiert. Je nach Jahreszeit können Reisende Wale beobachten, auf königlichen Fußspuren wandern, eine virtuelle Reise ins All unternehmen, auf der Suche nach Papageitauchern in See stechen, eine Küstenlinie von herber Schönheit entlangfahren oder die Zeit in einem einst verlassenen Dorf verbringen, das gegen alle Widerstände wieder zum Leben erweckt wurde.

Bis heute ist Vesterålen keine bekannte Destination. Aber das bedeutet, dass die Straßen hier ruhiger sind und dass es Orte gibt, an denen noch das Norwegen vor der Ankunft der Touristen spürbar ist.

UNTERWEGS VOR ORT

Vesterålens größte Ortschaft Harstad besitzt Flug-, Fähr- und Straßenverbindungen zum Rest von Norwegen. Fähren verkehren auch zwischen Andenes und Senja (nur im Sommer) sowie Melbu und Fiskebøl (nach Svolvær und Lofoten). Von Andenes gibt es auch Flugverbindungen nach Tromsø über Narvik oder Bodø.

Vor Ort benötigt man ein eigenes Fahrzeug; Busse fahren nur unregelmäßig.

TOP TIPP

Wenn möglich, eine Woche bleiben. Es gibt sehr viel zu sehen. Am Ende des Aufenthalts sollte man nicht denselben Weg zurückfahren: Es lohnt sich die wenig frequentierte Fähre von Andenes nach Senja zu nehmen.

Wale beobachten vor Vesterålen

AUF WALSAFARI GEHEN

Es gibt einen Grund, warum jeder die Luft anhält, wenn ein Pott- oder Buckelwal unmittelbar aus dem Wasser auftaucht. Wenige Anblicke in der Natur sind elektrisierender, als einen der sanften Giganten aus der Nähe zu sehen, wenn die große Schwanzflosse über dem Wasser verharrt, bevor sie wieder abtaucht. Vielleicht hat es mit der Tatsache zu tun, dass Wale schon so lange als gefährdet gelten, aber trotzdem noch überleben. Oder es könnte an ihrer erstaunlichen Größe, Wendigkeit und Anmut liegen. Wir sind in den Gewässern von Andenes sogar an einem schlafenden Wal entlanggefahren: Er war um ein Vielfaches länger als das Boot – es war ein Erlebnis von großer Schönheit.

Die Hauptsaison für **Walsafaris** ist der Sommer (Ende Mai–Sept.), dann legen fast täglich Boote von Andenes und Stø auf Langøya ab. Die Fahrten dauern normalerweise 1½–3 Stunden, aber auch längere Trips (5 Std.) sind möglich. In anderen Jahreszeiten sind Exkursionen eher seltener und werden

SEHENSWERTES

1 Andenes
2 Andøya Coast
3 Bleiksøya
4 Nyksund
5 Raumschiff Aurora
6 Stø

ANBIETER VON PAPAGEITAUCHER-SAFARIS

Puffin Safari
Der lokale Anbieter (puffinsafari.no) im Küstenort Bleik, dem nächstgelegenen Abfahrtsort zur Bleiksøya, ist vielleicht die beste Wahl.

Whale 2 Sea
Der Ausstatter (whale2sea.no) in Andenes bot früher Ausflüge zum Schnorcheln mit Papageitauchern an; nachfragen, ob sie wieder angeboten werden.

Wild Ocean
Der Anbieter in Andenes wird von Vogelbeobachtern geführt, die sich auskennen (wildocean.no).

manchmal wegen schlechten Wetters abgesagt. In den Sommermonaten bekommt man sehr wahrscheinlich majestätische Pottwale und möglicherweise Grindwale zu sehen.

Im Winter, wenn große Heringsschwärme die Gewässer vor Andenes aufsuchen, dann sind Orcas (Schwertwale), Buckel- und Finnwale nicht fern. Wer im Winter anreist, sollte vorab unbedingt den Anbieter kontaktieren, weil nur zwei Fahrten pro Woche angeboten werden.

Im Sommer bieten die meisten Veranstalter ihren Passagieren für den Fall, dass sie keine Wale sehen, eine kostenlose Exkursion am nächsten Tag an.

Auf Papageitauchersafari

IKONEN DER ARKTIS

Alle lieben Papageitaucher. Mit ihren melancholischen, clownesken Aussehen gehören die kleinen Meeresvögel zu den großartigen Überlebenskünstlern der arktischen Gewässer, die lange Reisen von einem unwirtlichen Ozean zum nächsten unternehmen. Beim Anblick der Vögel kann man sich ein Lächeln kaum verkneifen. Es ist, als sei eine zum Leben erwachte Comic-Figur in einer der unbarmherzigsten Umgebungen dieses Planeten ausgesetzt worden. Papageitaucher

ÜBERNACHTEN IN ANDENES

Andenes Camping
Einfacher Campingplatz 3,5 km außerhalb der Stadt auf einer Wiese am Meer. Es gibt eine Gemeinschaftsküche. €

Fargeklatten
Zimmer im restaurierten Haus aus dem 18. Jh. mit Antikmöbeln; moderne Apartments an anderer Stelle der Stadt. €€

Hotell Marena
Die zwölf Zimmer in diesem Boutiquehotel sind die besten in Andenes. €€

sind robuster als sie aussehen; das älteste bekannte Exemplar wurde 43 Jahre alt.

Papageitaucher sind an vielen Stellen zu sehen, häufig spielen sie auf den Touren nur eine Nebenrolle. Auf einer Safari nach **Bleiksøya**, einem Naturschutzgebiet mit der größten und bedeutendsten Papageitaucherkolonie in Nordeuropa, stehen die Vögel im Mittelpunkt: Über 80 000 Paare nisten hier im Sommer. Boote fahren in Andenes oder Bleik ab; von Andenes dauert die Fahrt länger als von Bleik.

Ausflüge ab Bleik dauern gewöhnlich 1½–2 Stunden, und obwohl man auf Bleiksøya nicht an Land gehen kann, bekommt man Tausende Papageitaucher und garantiert auch Seeadler zu sehen. Auf der Insel leben außerdem große Populationen von Kormoranen, Gryllteisten, Tordalken und Basstölpeln; die lärmigen, guanodurchtränkten Kolonien am Fels bieten ein faszinierendes Spektakel, das genauso aufregend ist wie der Anblick der Papageitaucher.

ANBIETER VON WALSAFARIS

Whale Safari
Whale Safari (whalesafari.no) in Andenes ist der größte Anbieter, im Sommer mit bis zu drei Fahrten täglich. Vor dem Ablegen gibt es eine Führung durch das Walzentrum. Kaffee, Tee und Suppe sind inklusive.

Whale 2 Sea
Der Veranstalter (whale2sea.no) in Andenes setzt kleinere Boote ein und bietet auch kürzere Ausflüge an, um Seehunde und Vögel sowie Orkas, Buckel- und Finnwalen (im Winter) zu beobachten. Nach Schnorcheln mit Orkas im Winter und Papageitauchern im Sommer fragen.

Arctic Whale Tours
In Stø veranstaltet Arctic Whale Tours (arcticwhaletours.com) ganztägige Safaris, um Wale, Delfine sowie Seevögelkolonien zu sehen.

Reisen ins Weltall

EIN AUSFLUG MIT DEM RAUMSCHIFF AURORA

Wer hätte gedacht, dass man in einer ruhigen Ecke von Nordnorwegen morgens Wale beobachten und nachmittags (allerdings virtuell) ins Weltall reisen kann?

Südlich von Andenes an der Straße nach Bleik, angelehnt an einen kahlen Fels, lädt Norwegens populäres Weltraumzentrum zu einem einzigartigen Erlebnis ein. Von hier schicken Norwegens Wissenschaftler Raketen in die Höhe, um die Aurora Borealis (Polarlicht) zu erforschen. Infos zu ihren Projekten vermitteln eine 16-minütige Videopräsentation und weitere Exponate, die mit ausgezeichneten Erklärungen auf Englisch versehen sind.

Das wirkliche Highlight des Zentrums ist aber die virtuelle Mission mit dem **Raumschiff Aurora**, die ein bis zwei Stunden dauert. Von Sicherheitsanweisungen bis zum verwirrenden Aufgebot an Messskalen, Instrumenten und Knöpfen und der typischen Klaustrophobie bei Weltraumreisen in einer kleinen Blechbüchse ist alles dabei. Man kann sogar eine eigene virtuelle Rakete steigen lassen. Der Platz an Bord muss vorab reserviert werden.

Fahrt entlang der Andøya-Küste

DIE WILDE WESTKÜSTE ENTDECKEN

Die Westküste von **Andøya** ist ein Grund, warum Eile beim Besuch von Vesterålen nicht angesagt ist. Wer einen halben

ÜBERNACHTEN & ESSEN AUF ANDØYA

Stave Camping
Toller Campingplatz in Stave mit grandioser Aussicht; Strandsauna und 38 °C heißen Hot Tubs im Freien. **€**

Midnattsol Camping
Ein guter Campingplatz am Nordeingang des Dorfes mit schönem Blick von den meisten Stellplätzen. **€**

Lysthuset
Das beste unter den begrenzten Speiselokalen in Andenes; das Café ist ok, das Restaurant ausgezeichnet. **€€**

KLEINE CLOWNS

Papageitaucher sind überall in der Arktis zu finden, besonders gut zu beobachten sind sie in **Svalbard** (S. 302), **Runde** (S. 214) und auf der Insel **Lovund** (S. 273), wo von Mitte April bis Mitte August etwa 200000 Papageitaucher brüten.

Tag zur Verfügung hat, sollte ihn definitiv nutzen, um diese Norwegische Landschaftsroute abzufahren.

Von Andenes Richtung Süden verlässt man den RV82 und folgt den Schildern nach Bleik. Ab hier hat man die Straße möglicherweise ganz für sich; bis auf den Hochsommer ist oft kilometerweit kein anderes Auto zu sehen. Die Straße folgt der Küstenlinie auf einem schmalen Landstreifen zwischen Meer und Felsen. Nach einem Schwenk Richtung Süden öffnet sich die Landschaft zu einer schmalen Küstenebene mit dem hübschen kleinen Bleik; vom Ufer blickt man auf die vorgelagerte Insel Bleiksøya, dahinter erstreckt sich bis Grönland nur noch das offene Meer.

Hinter Bleik führt die Straße landeinwärts vorbei an Seen und Bergen, bevor sie nahe der winzigen Ortschaft **Stave** wieder auf die Küste stößt; ein Abstecher führt zum **Aussichtspunkt Hestvika**. Von Stave bis zur Südspitze der Insel verläuft die Straße entlang der kahlen, aber schönen Küste; im äußersten Süden liegt ein mit Moltebeeren bewachsenes Moorgebiet.

Auf dem Rückweg Richtung Norden von Risøyhamn nach Andenes auf dem RV82 durchquert man eine Moorlandschaft, die an die schottischen Highlands erinnert. Am Straßenrand sind riesige Torfhügel zu sehen, die abgebaut und getrocknet wurden und nur darauf warten, in Gartenzentren in aller Welt gebracht zu werden.

Alternativ kann man die überwiegend flache Strecke mit dem **Fahrrad** zurücklegen. Wer das Rad bei Fargeklatten in Andenes ausleiht, kann bis nach Sortland fahren und es von dort mit dem Bus zurück nach Andenes schicken.

AURORA BOREALIS

Aurora Borealis oder Polarlicht wird durch Ströme geladener Teilchen der Sonne, dem sog. Solarwind, verursacht, die vom Magnetfeld der Erde in die Polarregionen gelenkt werden. Weil das Feld sich rund um die magnetischen Pole abwärts biegt, zieht es die aufgeladenen Teilchen in Richtung Erde. Die Interaktion mit den Elektronen in Stickstoff- und Sauerstoffatomen in der oberen Atmosphäre setzt Energie frei, wodurch das Polarlicht entsteht. In Zeiten hoher Aktivität kann eine einzige Aurora 1 Bio. Watt an Strom mit einer Stärke von 1 Mio. Ampere erzeugen.

Nyksund und die Wiederauferstehung

EIN VERLASSENES DORF WIRD WIEDERGEBOREN

Wer sich zum malerischen norwegischen Dorf noch eine besondere Geschichte wünscht, wird **Nyksund** mögen. Anfang der 1970er-Jahren war das Dorf wie so viele entlegene Gemeinden in Skandinavien für kurze Zeit vollkommen verlassen, als die letzten Geschäfte, das Postamt und die Bäckerei, schlossen. An einem der exponiertesten Abschnitte von Langøyas Küste gelegen, wurde es 1975 von einem gewaltigen Sturm heimgesucht, und der letzte Bewohner, der Schmied Olav Larsen, gab auf. Das Dorfleben verstummte. Schafe und Vandalen zogen ein.

ÜBERNACHTEN IN NYKSUND & STØ

Holmvik Brygge
Das Gästehaus plus Café rechtfertigt den Abstecher nach Nyksund. Alles stammt aus lokalen Ressourcen. €€

Expedisjonen
Restaurant und Kaffeebar in Nyksund; auch einige Zimmer mit weißen Holzwänden und schönem Ausblick. €€

Gunnartangen Rorbuferie
Fünf gemütliche Hütten für Selbstversorger mit Blick auf den ruhigen Hafen in Stø. €€

Polarlicht, Nordland

Ende der Geschichte? Keineswegs. In den folgenden Jahrzehnten setzten Künstler und andere Leute den Wiederaufbau (und die Wiederbesiedelung) des Dorfes in Gang. Verfallene alte Häuser und die wenigen Wirtschaftsgebäude von Nyksund wurden restauriert. Rund um den zauberhaften geschützten Hafen, entstand nach und alles, was Nyksunds Erbe bewahrt und seine Geschichte erzählt: Gästehäuser, Kunstgalerien, kleine Läden und ein Museum.

Einer der Verantwortlichen ist Ssemjon Gerlitz, der deutsche Besitzer des Gästehauses **Holmvik Brygge** (nyksund.com). Seit mehr als zehn Jahren lebt er ganzjährig in Nyksund und hat es sich zur Lebensaufgabe gemacht, Überreste des alten Dorfes zu entdecken und in das Gästehaus zu integrieren. Besonders zwei Aspekte halten ihn hier: Die Verlockung der Stille mit nichts als dem Rhythmus von Wind und Wellen und

MUSEEN IN VESTERÅLEN

Nyksund Museum
Nyksunds kleines Museum zeigt lokale Artefakte und Vorher-Nachher-Fotos der Stadt.

Hvalsenteret
Das Walzentrum bietet interessante Fakten zu den sanften Giganten mit Walskeletten als Highlight.

Hurtigrutenmuseet
Die Küstenfähre Hurtigruten wurde 1893 in Stokmarknes gegründet; das Museum erzählt ihre Geschichte.

Norsk fiskeindustrimuseum
Die frühere Heringstrankocherei dokumentiert das Leben des Fisches – von der Tiefsee bis er auf den Küchentisch kommt.

ANDERSWO AUF DEN VESTERÅLEN ÜBERNACHTEN

Sortland Camping og Motell
Etwa 1,3 km vom Zentrum entfernt mit Campingplatz, Motelzimmern und herzhafter nordnorwegischer Küche. €

Hurtigrutens Hus Turistsenter
Freundliche Unterkünfte in Stokmarknes, u.a. Hütten und Zimmer. €€

Sortland Hotell
Das gemütliche Haus an der Hauptstraße der Stadt hat helle moderne Zimmer mit Parkettboden. €€

ANDERE AKTIVITÄTEN AUF DEN VESTERÅLEN

Elchsafari
Andøy Friluftssenter (andoy-friluftssenter.no) veranstaltet Elchsafaris, Spaziergänge in der Wildnis und Tiefseeangeln von seiner Basis in Buksnesfjord, 63 km südlich von Andenes.

Hundeschlitten
Husky-Andøy (husky-andoy.com) organisiert Fahrten mit dem Hundeschlitten; im Sommer haben die Schlitten Räder. Auch Wanderungen und Klettertouren.

Robbensafari
Stø's Arctic Whale Tours (arcticwhaletours.com) steuert eine nahe Seehundkolonie an, oft als Bestandteil seiner Ausflüge zur Vogel- und Walbeobachtung.

Seekajak fahren
Alljährlich im Juli ist das sechstägige Arctic Sea Kayak Race die ultimative Herausforderung. Auch weniger intensive Touren mit dem Seekajak sind möglich.

Elche, Lofoten

eine Verbundenheit mit den Fischern früherer Zeiten („Jeder rostige Nagel, den ich herausziehe, wurde von jemandem hineingehämmert, der hier gelebt und gearbeitet hat.").

Nyksund behält sein Kleinstadtflair – nur eine Handvoll der Einwohner überwintert hier, und auch im Sommer leben kaum 40 Leute im Dorf. Wenn ein Sturm aufkommt, erscheint Nyksund – ein zusammengedrängter Haufen bunter Häuser rund um den Hafen, erreichbar nur über eine steile Zufahrtsstraße – der Gnade des wilden Nordmeers ausgeliefert. Aber es ist ein besonderer und ergreifend schöner Ort.

Kulinarische Spitzenleistung in Kvitnes Gård

EINS DER BESTEN RESTAURANTS IN NORWEGEN

Auf halbem Weg zwischen den Vesterålen und den Lofoten wartet in **Kvitnes Gård** eines der bemerkenswertesten kulinarischen Erlebnisse Norwegens. Es liegt versteckt an den Ufern eines kleineren Fjords, umgeben von Dörfern und auf einem Bauernhof gelegen, der sich seit 1855 im Besitz derselben

DIE BESTEN FESTIVALS AUF DEN VESTERÅLEN

Arctic Arts Festival
Harstads Arctic Arts Festival ist eine ganze Woche im Juni voll Musik, Theater und Tanz.

Sommer-Melbu Festival
Das Festival auf Hadseløya ist eins der lebendigsten in Nordnorwegen mit Musik, Theater und Kunstausstellungen.

Sortland Jazz
Findet im September statt und ist ein würdiges Mitglied von Norwegens Jazzfestival-Zirkus.

Familie befindet. Dieser wunderbare Ort ist Restaurant und Reiseziel zugleich. Es ist das Werk von Halvar Ellingsen, der zu den am häufigsten ausgezeichneten norwegischen Küchenchefs zählt. In Kvitnes Gård ist er zu seinen Wurzeln zurückgekehrt, hat aber nichts von seinem experimentierfreudigen, innovativen Geist verloren.

Das mit weißem Holz verkleidete Gebäude ist bereits Teil des Erlebnisses. Das Dekor ist edel und altmodisch; das gilt auch für das Restaurant und die Gästezimmer. Gemüsebeete und Tierställe vermitteln ein anhaltendes Gefühl eines funktionierenden Bauernhofs und einer Verbindung zwischen dem Essen und dem Land, auf dem es wuchs.

Wer das Glück hat, einn Tisch zu buchen – Vorabreservierung erforderlich –, bekommt ein vielgängiges Menü serviert, in dem die Zutaten aus heimischer Produktion stammen. Die Rezepte beziehen die uralten Traditionen von Vesterålen ein und wechseln mit den Jahreszeiten und den verfügbaren Zutaten. So könnten holzgeräucherter Heilbutt oder Lachs, Milchzicklein oder gepökeltes Lamm, Moltebeeren, Aal in Aspik und im Salzmantel gebackener Kabeljau auf den Tisch kommen.Im Sommer muss man Monate im Voraus reservieren: Kvitnes Gård wurde erst 2020 eröffnet, hat sich aber bereits einen internationalen Ruf erworben.

REISEN AN DIE SPITZE EUROPAS?

Harstad (S. 286), Vesterålens größte Stadt, liegt nahe der Grenze zwischen Nordland und Troms und ist eine gute Übergangsstelle für Reisen zwischen den Vesterålen oder Lofoten und dem äußersten Norden. Eine Fähre fährt auch weiter nach **Tromsø** (S. 278).

Dronningruta (Königinnenweg)

AUF DER DRONNINGRUTA

Der Weg der Königin ist ein etwa 15 km langer Rundweg zwischen den Orten Stø und Nyksund, der in fünf bis acht Stunden zu bewältigen ist; die anspruchsvolle Strecke ist mit dem roten Buchstaben T markiert. Unterwegs lohnt sich der Aufstieg auf den Finngamheia (448 m), auch wenn der ganz schön anstrengend ist; die Aussicht von dort oben ist unglaublich. Es gibt auch eine relativ flache Route, die der Küste folgt. Und der Name? 1994 wanderte Norwegens Königin Sonja auf dieser Strecke. Bei der Sortland-Touristinfo gibt es eine kostenlose Broschüre.

Nationalpark Saltfjellet-Svartisen

UNTERWEGS VOR ORT

In den meisten Fällen braucht man ein Fahrzeug, um sich den Parkgrenzen zu nähern, besonders von Mo i Rana. Von Westen kommend erreicht man über den RV17 den Bootshafen nördlich des Fahrzeugübergangs in Forøy; von Osten erfolgt der Zugang über die E6 oder RV77. Wenn man den Zug nimmt, steigt man an der Strecke Fauske–Trondheim in Lønsdal aus.

TOP TIPP

Außer für erfahrene und völlig autarke Skilangläufer gibt es nur ein kleines Zeitfenster im Juli und August (abhängig von den Bedingungen), um den Park zu erkunden. Ansonsten bleibt nur, den Blick von der Straße oder Fähre zu genießen.

Der Nationalpark Saltfjellet-Svartisen gleich nördlich des Polarkreises, der mit der dunklen Gewalt eines aufkommenden Sturms auf dem Land liegt, ist ein besonderer Ort. Die tiefen Grautöne einer wolkenverhangenen eisigen Landschaft wandeln sich, wenn die Sonne durchbricht und schroffe Gipfel und Gletscherzungen der Svartisen-Eiskappe, Norwegens zweitgrößtem Gletscher, zum Vorschein kommen.

Bei einem Abstecher von der Küstenfähre Hurtigruten oder entlang des Kystriksveien ist der Park einfach ein imposanter Anblick. Am schönsten ist die Aussicht direkt nördlich der Fährüberfahrt nach Forøy. Man kann aber auch weiter vordringen, einen Ausflug in den Park machen, um auf Gletschern zu wandern oder nach Wildtieren Ausschau zu halten. Dann erschließen sich auch die entlegeneren östlichen Ausläufer des Parks, in denen sich kahle Hochmoore bis zur schwedischen Grenze erstrecken.

Einem Gletscher näher kommen

ZUM RAND EINER EISKAPPE WANDERN

Die zwei **Svartisen-Gletscher** beiderseits der Polarkreises sind epische Naturerscheinungen. Ein Großteil der Eisfelder liegt etwa 1500 m über dem Meeresspiegel, einige Gletscherzungen reichen bis in enge Täler hinab; dort sind es die am niedrigsten gelegenen Gletscher in Europa. An manchen Stellen ist das Eis mehr als 600 m dick. Zur Erinnerung: Es war das schiere Gewicht der Gletscher, das über Millionen Jahre die Fjorde geschaffen hat – eines Tages, wenn wir längst nicht mehr da sind, könnte es hier genauso sein.

Man kann beide Gletscher besichtigen, jeder bietet ein anderes Erlebnis. Die westliche Seite ist spektakulärer, aber gute Sicht hat man nur aus der Entfernung am Kystriksveien, insbesondere nach der Fährüberfahrt Kilboghamn–Jetvik in Richtung Norden. Die meisten Leute absolvieren den Besuch im Rahmen einer kurzen Bootsfahrt (bald nach der Ausfahrt aus dem Straumdatunnelen auf Schilder achten, die

SEHENSWERTES
1 Grønligrotta
2 Lønsdal
3 Mo i Rana
4 Nationalpark Saltfjellet-Svartisen-
siehe 1 Setergrotta
5 Svartisen

SCHLAFEN
6 DNT Blakkådalshytta Hut
7 Graddis Fjellstue og Camping

für Bootsausflüge werben), Wanderer werden bei der Annäherung von Osten mehr Freude haben.

Der östliche Gletscher, **Østisen**, ist von **Mo i Rana** aus zu erreichen. Vom Flughafen sind es rund 20 km die Svartisdalen-Straße hinauf. Am Ende der Straße hat man zwei Möglichkeiten. Eine besteht darin, eine der Fähren zu nehmen, die in den Sommermonaten viermal täglich den **Svartisensee** (Svartisvatnet) überqueren, danach etwa 3 km weit zur Gletscherzunge Austerdalsisen zu wandern. Dort zeigt sich, dass es eine Sache ist, einen Gletscher aus der Ferne zu bewundern, aber eine ganz andere, vor dem mächtigen, eindrucksvollen Eiskörper zu stehen.

Die andere Option am Ende der Straße von Mo i Rana ist eine Wanderung hinauf zur Hütte **DNT Blakkådalshytta** nahe dem Bergsee Pikhaugsvatnet, der von verschneiten Gipfeln und Eis eingerahmt wird. Auf dieser Route eröffnen sich viele andere Möglichkeiten, darunter Tageswanderungen das Glomdal hinauf oder zum Flatisen-Gletscher.

Vom Eis umschlossenes Bergmassiv

DAS SALTFJELLET-PLATEAU

Über seine spektakuläre Randzone hinaus zieht der Nationalpark Saltfjellet-Svartisen nicht viele Besucher an; wer die weiten Hochebenen des **Saltfjellet-Massivs** erkundet, kann sich wie ein wirklicher Wildnisforscher fühlen.

DEN POLARKREIS ÜBERQUEREN

Theoretisch lässt sich der Polarkreis (66°33'N) überall überqueren, aber an zwei Stellen ist es ganz besonders. Die E6 überquert den Breitengrad zwischen Mo i Rana und Fauske in einem weiten verschneiten Tal, in dem sich das kommerzielle Polarsirkelsenteret befindet. Wer auf dem Kystriksveien unterwegs ist, überquert den Polarkreis an Bord der Fähre Kilboghamn–Jektvik: Man achte auf die silberne Weltkugel auf einer Landzunge im Osten und die Ansage des Kapitäns.

ROADTRIP

Unterwegs auf dem Kystriksveien

Norwegen hat sehr viele Naturschönheiten zu bieten, vor allem auf dem Kystriksveien lassen sich viele beeindruckende, spektakuläre Landschaften erkunden. Diese Strecke (2–4 Tage einplanen) verläuft entlang schmaler Buchten, vorbei an Inseln und manchmal werden auch Fähren benötigt. Nicht umsonst wird sie zu den landschaftlich schönsten Küstenstraßen der Welt gezählt.

1 Brønnøysund

Das hübsche kleine Brønnøysund gilt in dieser Gegend bereits als größere Stadt. Aber in Wahrheit ist sie eher ein kleiner Fleck in dieser Landschaft der weiten Horizonte. Eine Welt der Inseln und des Wassers umgibt die malerische Stadt mit Holzhäusern und grünen Gärten. Von vielen Stellen am Kystriksveien zu sehen, ist der Felsen Torghatten eines der markantesten Naturdenkmäler Nordnorwegens.

Die Fahrt: Auf dem Weg von Brønnøysund nach Norden ist es nicht weit (92 km) zur ersten Fähre; sie fährt von Horn nach Andalsvågen, die nächste von Forvik nach Tjøtta.

2 Sandnessjøen

Das letzte Wegstück nach Sandnessjøen verläuft zwischen der Gebirgskette Syv Søstre (Sieben Schwestern) im Osten und den Inseln im Westen. Abgesehen von der Fußgängerzone auf der Hauptstraße überzeugt Sandnessjøen vor allem durch sei-

EINAR/GETTY IMAGES©

Syv Søstre (Sieben Schwestern)

ne schöne Umgebung. Es ist ein hübscher Ort mit einem geschäftigen Fährbetrieb.

Die Fahrt: Nördlich von Sandnessjøen überspannt die bogenförmige Helgelandsbrua den Fjord. Von hier zur Fähre Levang–Nesna geht es durch die Berge. Hinter der Fähre folgt die Straße dem Ranafjord landeinwärts, führt zurück nach Westen und schwenkt wieder nach Norden. Von Sandnessjøen nach Stokkvågen sind es 107 km.

3 Stokkvågen

Einmal blinzeln und schon hat man Stokkvågen verpasst, aber das macht nichts, denn es liegt an einem der spektakulärsten Abschnitte der Route. In der Nähe sind die Ruinen einer früheren NS-Festung in Grønsvik und unzählige Plätze, um anzuhalten und die Aussicht zu genießen.

Die Fahrt: Es bleibt spektakulär von Stokkvågen über die Fähre Kilboghamn–Jektvik, die den Polarkreis überquert, zu den Gletschern des Nationalparks Saltfjellet-Svartisen und auf dem ganzen Weg nach Storvik (149 km).

4 Storvik

Der Ort Storvik ist ein unerwarteter Anblick in der Arktis: eine hübsche Küstenstadt mit weißem Sandstrand, den man eher in den Tropen vermuten würde. Ein kleiner Strandspaziergang macht Spaß.

Die Fahrt: Hinter Storvik verläuft die Straße eine Weile im Binnenland; sie passiert Nadelwälder, Ackerland und die Gezeitenströmung Saltstraumen vor dem letzten Stück nach Bodø (96 km).

5 Bodø

Wenn Bodø schließlich erreicht ist, wirst du nach Luft schnappen. Wer keine Lust hat, umzudrehen und die Strecke umgekehrt noch mal abzufahren, sollte lange genug bleiben, um die Reize von Bodø, die Europäische Kulturhauptstadt 2024, mit seinen schönen Museen zu erkunden. Und der Blick vom Ufer auf die Lofoten sollte genügend Inspiration für die nächste Tour geben.

ATTRAKTIONEN NAHE DEM NATIONALPARK

Grønligrotta
Die beleuchtete Höhle liegt 22 km nördlich von Mo i Rana; es gibt eine Führung (30 Min.) an einem unterirdischen Fluss.

Setergrotta
Die Höhle liegt 21 km nördlich von Mo i Rana, man erreicht sie von der E6. An manchen Stellen wird es richtig eng.

Polarsirkelsenteret
Im Polarkreiszentrum gibt es neben einem Souvenirladen eine Videopräsentation über Arktis und eine Gedenkstätte für slawische Zwangsarbeiter, die für die NS-Besatzer Straßen bauen mussten.

IJPHOTO/SHUTTERSTOCK ©

Wanderweg, Saltfjellet-Massiv (S. 265)

Ganz im Osten des Parks erheben sich die eisigen Gipfel des Bergmassivs über das Saltfjellet-Hochplateau. Die Ausgangspunkte der Wanderwege sind über den RV77 zu erreichen, der dem südlichen Hang des Junkerdalen folgt, oder man kommt mit dem Zug hierher und bittet um einen Halt in Lønsdal (zwischen Fauske und Trondheim).

Obwohl es auch andere Unterkunftsmöglichkeiten gibt, suchen viele Besucher den **Graddis Fjellstue og Camping** (graddis-fjellstue.no) auf, das Bergcamp mit einem Campingplatz ist seit über 150 Jahren in Familienbesitz. Von hier sind es nur noch wenige Kilometer bis zur schwedischen Grenze. Unterwegs befinden sich Schilder, die auf alte Zäune und Opferplätze der Samen hinweisen, von denen einige aus dem 9. Jh. stammen. In dieser Region leben einige Wildtierarten wie Vielfraß, Eurasischer Luchs und Elch; in dem Gebiet gibt es zudem ein Zuchtprogramm für Polarfüchse. In der Nähe steht auch der etwa 1000 Jahre alte Nadelbaum **Methusaleh**.

Vor Antritt einer Trekkingtour sollte man sich unbedingt vorab ausführlich informieren, schließlich ist diese Gegend eins der am wenigsten besuchten Wanderziele in Norwegen.

MEHR GLETSCHER

In Norwegen gibt es ausgezeichnete Gelegenheiten für Gletscherwanderungen, u.a. **Hardangervidda** (S. 133), **Folgefonna** (S. 164) und **Jostedalsbreen** (S. 195). Nahe dem Letzteren in Fjærland befindet sich das ausgezeichnete **Norwegische Gletschermuseum** (S. 198).

ÜBERNACHTEN NAHE DEM NATIONALPARK SALTFJELLET-SVARTISEN

Graddis Fjellstue og Camping
Das gemütliche kleine Gästehaus draußen im Saltfjellet-Moor hat einfache, kuschelige Zimmer und Camping. €

Fjordgaarden Mo
Unweit vom Bahnhof von Mo i Rana gelegen; einfache Zimmer. €€

Meyergården Hotell
Das älteste Hotel in Mo i Rana hat viel Charakter und schicke, moderne Zimmer. €€

Brønnøysund

Von den Ortschaften, die man auf dem Kystriksveien durchfährt, können nur wenige mit der Naturlandschaft mithalten. Eine Ausnahme ist Brønnøysund, ein Ort, an dem man die Reise gerne unterbricht.

Von oben gesehen ist Norwegens Küste tief zerklüftete mit zahllosen Buchten, Inseln, Felsen und sehr viel Wasser. Das kompakte Brønnøysund mit knapp 5000 Einwohnern liegt auf einer schmalen Halbinsel und wird von vielen Inseln und Schären sowie Wasser umgeben, im Hintergrund erheben sich felsige Berge. Diese typisch norwegische Küstenstadt ist über eine Brücke mit einigen der Inseln verbunden. Typisch sind auch die roten Holzhäuser, die es in Norwegen so häufig zu sehen gibt. Im Hafen der Handelsstadt liegen oft die Schiffe der Hurtigruten vor Anker, zudem ist auch ein attraktiver Jachthafen vorhanden. Das Hinterland von Brønnøysund ist sehr grün.

UNTERWEGS VOR ORT

Die meisten Reisenden erreichen Brønnøysund mit dem Mietwagen oder der Küstenfähre Hurtigruten. Weitere Optionen sind die täglich verkehrenden Busse von Mosjøen oder Sandnessjøen oder ein Flug mit Widerøe von Trondheim, Oslo und Bergen. Aber um die Umgebung zu erkunden, braucht man ein Fahrzeug; in Brønnøysund gibt es praktisch keine Mietwagenfirmen.

Vierundzwanzig Stunden in Brønnøysund

KLEINSTADTNORWEGEN

Die beste Ankunftszeit in **Brønnøysund** ist der späte Nachmittag, wenn die Tagesausflügler die Stadt verlassen haben und der Straßenverkehr zur Ruhe gekommen ist. Dann kann man einen Bummel durch die Straßen der Stadt so richtig genießen. Kleine Läden und bunte Holzhäuser mit Blumenbeeten säumen die Haupt- und Seitenstraßen. An einem Sommerabend führt der Weg am besten ans Wasser, um den herrlichen Blick aufs Meer zu bewundern.

Auf der Insel Torget – 15 km südlich von Brønnøysund – erhebt sich der Berg **Torghatten**, der für ein etwa 35 m hohes, 20 m breites und rund 160 m langes Loch in seiner Mitte berühmt ist. Wer in Brønnøysund übernachtet, sollte am nächsten Morgen früh aufstehen und sich den Torghatten von der See aus betrachten. Vorher sollte man sich in der Touristeninformation der Stadt Karten besorgen und

TOP TIPP

Wenn man im Sommer auf dem Kystriksveien unterwegs ist und in Brønnøysund übernachten will, sollte man im Voraus buchen. Es gibt nicht viele Unterkünfte und die vorhandenen sind im Sommer längst ausgebucht, besonders im Juli und August.

HURTIGRUTEN-MINIKREUZFAHRT

Einen alternativen Blick auf Torghatten eröffnet eine spektakuläre Mini-Kreuzfahrt auf der Hurtigruten, für die die Touristeninformation Tickets verkauft. Die Küstenfähre legt um 17 Uhr in Brønnøysund ab und passiert Torghatten auf dem Weg nach Süden – die Aussicht vom Schiff gilt weithin als die beste, denn die Insel wird umrundet. Die Fahrt geht weiter Richtung Süden nach Rørvik in Trøndelag; dort bleibt man eine Stunde, um den Ort zu erkunden und das großartige **Küstenmuseum Norveg** zu besuchen. Für den Rückweg geht man an Bord der nächsten Fähre Richtung Norden und erreicht um 1 Uhr wieder Brønnøysund.

ALTRENDO IMAGES/SHUTTERSTOCK ©

Torghatten (S. 269)

sich beraten lassen. Ein Wanderweg führt zum Gipfel hinauf (20 Min.), von dort oben genießt man den tollen Blick auf die Stadt und nach Westen in Richtung Nordmeer.

Nach dem Gipfelsturm auf den Torghatten winkt als Belohnung ein Mittagessen in **Hilders Urterarium**, das ungefähr 6 km nördlich von Brønnøysund liegt. Wenn man etwas Zeit hat, dann lohnt sich ein kleiner Spaziergang durch Hildes Kräutergarten, in dem rund 400 verschiedenen Kräuter wachsen. Die romantische Hintergrundkulisse bildet ein altes Gehöft. Das Essen selbst ist ein Gaumenschmaus aus saisonalen Zutaten, lokal erzeugten Produkten und kompetenter Kochkunst; serviert wird in einem rustikalen Speisesaal.

Rund um Brønnøysund

Træna
Lovund
Kystriksveien-Küstenroute
Sandnessjøen
Vega
Brønnøysund

Ausflüge rund um Brønnøysund führen in eine der faszinierendsten Gegenden der norwegischen Küste mit natürlicher Schönheit und erstaunlichen menschlichen Siedlungen.

Während einer Fahrt auf dem Kystriksveien im Sommer bekommt man eher weniger Norweger zu sehen. Der Grund: Hier sind viele internationale Besucher unterwegs, beispielsweise zur UNESCO-Welterbestätte Vega mit ihrer faszinierenden Geschichte oder zu den Sieben Schwestern bei Sandnessjøen. Auch das Inselhüpfen im Nordmeer ist bei ausländischen Gästen sehr beliebt. Dagegen sind im Hinterland von Brønnøysund kaum internationale Traveller unterwegs; deshalb ist diese Destination maßgeschneidert für ein sehr norwegisches Urlaubserlebnis.

Dieser Abstecher vom stark frequentierten Kystriksveien ist sehr empfehlenswert, auch weil man dabei sehr viel über Land und Leute in diesem Landstrich erfahren kann

Reise zu Europas nördlichen Ausläufern

EINE EINZIGARTIGE UNESCO-STÄTTE

Der **Vega-Archipel** hat etwas Besonderes, das man allerdings nicht so leicht benennen kann. Zum einen ist es die Lage: Ein Blick auf die Landkarte zeigt, das die Vega-Inseln in der Nähe des Polarkreises an Europas äußerem Rand liegen. Die Menschen leben hier auf nachhaltige Art und Weise in einer der unwirtlichsten Ecken Europas. Die Kulturlandschaft mit ihrer über 1500-jährigen langen Agrargeschichte hat der Inselgruppe die Aufnahme in die UNESCO-Welterbeliste eingebracht. Im Mittelpunkt steht Zusammenleben von Mensch und Eiderente. Traditionell werden hier seit langer Zeit die Daunen der Eiderenten gewonnen und verarbeitet. Mehr Infos dazu siehe verdensarvvega.no.

Hinzu kommen die atemberaubende Landschaft, die Fischerdörfer, die mit Grassoden gedeckten roten Häuser und die tiefen Blautöne des Meeres, die mit der Landschaft in Dunkelgrün kontrastieren. Der Hauptinsel sind über 6500 Schären

UNTERWEGS VOR ORT

An Norwegens Nordlandküste rund um Brønnøysund und Sandnessjøen ist ein eigenes Fahrzeug unerlässlich. Zu den Inseln Vega, Træna und Lovund kann man vom Festland mit einer Autofähre übersetzen. Widerøe fliegt von Oslo, Trondheim, Bodø und anderen Orten nach Brønnøysund und Sandnessjøen, unregelmäßig fahren Busse die Küste entlang. Die Küstenfähre macht ebenfalls in Brønnøysund und Sandnessjøen fest. Fahrpläne unter hurtigruten.no.

TOP TIPP

Am besten plant man mindestens vier Tage für diese Gegend ein.

vorgelagert, die zusammen den Vega-Archipel bilden. Auch Wildvögel lieben diese urwüchsige Landschaft; 228 Arten wurden hier bereits gezählt.

Die Anreise erfolgt von Brønnøysund nordwärts bis Horn zur Autofähre (1½–2¾ Std.) nach Vega oder, aus Richtung Norden kommend, ab Tjøtta (2¼ Std.). Expressboote fahren ebenfalls von/nach Brønnøysund (45 Min.) und Sandnessjøen (1½ Std.). Die Annäherung an die Hauptinsel ist wie die Ankunft an einem magischen Ort. An Bord befinden sich fast ausschließlich Norweger.

HIGHLIGHTS NAHE SANDNESSJØEN

Dønnmannen
Der Dønnmannen (858 m) ist ein anspruchsvoller Gipfel; die 8 km lange Strecke (hin & zurück) eignet sich nur für fitte Wanderer. Der Weg beginnt in Hagen.

Petter Dass Museum
Das avantgardistische architektonische Prunkstück in Alstahaug, südlich von Sandnessjøen, ist dem norwegischen Dichter Petter Dass (1647–1707) gewidmet.

Kulturbadet i Sandnessjøen
Wer mit Kindern anreist, sollte das Schwimmbad in Sandnessjøen besuchen. Es gibt beheizte Indoor-Becken und eine grandiose Wasserrutsche.

Wandern in den Bergen bei Sandnessjøen

DIE SIEBEN SCHWESTERN

Entlang vom Kystriksveien gibt es überraschend wenig Gelegenheiten zum Wandern, aber in Sandnessjøen ist das glücklicherweise ganz anders.

Der Gebirgszug **Syv Søstre (Sieben Schwestern)** südlich der Stadt besteht aus einer Kette kahler Gipfel von 910 bis 1072 m Höhe. Alle paar Jahre gibt es einen Wettbewerb, bei dem Extremsportler alle sieben Berge in möglichst kurzer Zeit zu bezwingen versuchen: Der Rekord steht bei bemerkenswerten 3 Stunden und 54 Minuten.

Ob man alle sieben erklimmt (wofür die meisten fitten Wandernden 15–20 Std. benötigen) oder nur einen, sollte man dorthin mit dem Auto oder mit dem Taxi auf dem RV17 nach Breimo oder Sørra (rd. 4 km südl. von Sandnessjøen), fahren. Dann der Beschilderung folgen und weitere 2 km zum Fuß der Berge fahren. In Breimo oder Sørra gibt es Parkplätze.

Der Aufstieg auf den **Botnkrona** (1072 m), den höchsten der Gipfel, ist für die meisten einigermaßen fitten Wandernden in 3–4 Stunden zu bewältigen (einfache Strecke); für jeden der anderen Gipfel ist mit2–3 Stunden zu rechnen (einfache Strecke). Nicht vergessen, dass der Aufstieg jedes Mal sehr anstrengend ist: Bei jedem Berg bewältigt man fast 1000 Höhenmeter, aber es gibt – wenn auch wenige – flache Abschnitte zum Verschnaufen. Natürlich sollte man ab und zu eine Pause einlegen und die Aussicht genießen.

Vor dem Start besorgt man sich in der Touristinfo Karten und Routenbeschreibungen. Am besten kauft man die ausgezeichnete Karte Alstahaug (1:50 000). Die Wege sind mit roten Punkten markiert, so dass man sich kaum verlaufen kann. Bevor man Sandnessjøen verlässt, sollte man die Touristinfo in Kenntnis über das Vorhaben setzen – eine reine Vorsichtsmaßnahme. Außerdem sollte an reichlich Trinkwasser

ÜBERNACHTEN AN DER NORDLAND-KÜSTE

Sandnessjøen Camping
Etwa 10 km südlich von Sandnessjøen. Fantastische Aussicht, viele Stellplätze und einfache Hütten. €

Torghatten Camping
Diese hübsche Option hat einen kleinen Strand am See und liegt nicht weit vom Torghatten-Gipfel entfernt. €

Sandnessjøen Guesthouse
Gästehaus mit schlichten, altmodischen Zimmern und vernünftigen Preisen. €

gedacht werden und sich über das kommende Wetter informieren. Wer es nach oben geschafft hat und dafür eine Urkunde zugeschickt bekommen möchte, trägt sich in das jeweilige Gipfelbuch ein, füllt die Kontrollkarte aus und hinterlässt sie bei der Touristinfo.

Den Træna-Archipel erkunden

EINE VERGESSENE INSELWELT

Wem Vega gefallen hat, der wird **Træna** lieben. Dieser Archipel zieht noch weniger Touristen an als Vega; nur fünf der 1000 Schären sind bewohnt.

Als erster Halt bietet sich die Insel **Husøy** an, sie hat die meisten Einwohner und Unterkünfte; weiter geht es zur Nachbarinsel **Sanna**: Sie ist knapp 1 km lang und wird von einer niedrigen Bergkette durchzogen, deren höchster Gipfel der **Trænstaven** (318 m) ist. Am anderen Ende der Insel befindet sich die kathedralenähnliche **Kirkehelleren-Höhle**. Im Juli wird hier das viertägige **Trænafestivalen** veranstaltet, eins der abgelegensten Musikfestivals in Europa.

Die Fähren nach Husøy starten ein- bis zweimal täglich ab Bodø, Sandnessjøen und Mo i Rana.

MEHR UNESCO-STÄTTEN

Norwegen besitzt acht UNESCO-Welterbestätten. Darunter sind die **Stabkirche Urnes** (S. 193) am Ufer des Lusterfjords, der **Geirangerfjord** (S. 208), Bergens Hanseviertel **Bryggen** (S. 142) und die ehemalige Bergbaustadt **Røros** (S. 234).

Papageitaucher auf Lovund entdecken

EIN RUHIGER RÜCKZUGSORT

Norwegens Inseln sind zum Glück weniger überlaufen als das Festland. Wenn **Lovund** (250 Ew., 47 ha) über eine Brücke mit dem Festland verbunden wäre, dann würde das wohl das Ende dieser stillen und friedlichen Insel bedeuten. Stattdessen ist sie aber nur mit der Fähre (2 Std.) zu erreichen. Die Ortschaft liegt im Schatten des Inselbergs Lovundfjellet (623 m). Jedes Jahr am 14. April wird der **Lundkommardag** gefeiert; er markiert die Rückkehr von etwa 200 000 Papageitauchern. Deshalb gilt Lovund auch als die Vogelinsel in Nordnorwegen. Übernachten kann man im ausgezeichneten **Lovund Hotell**.

ÜBERNACHTEN AUF VEGA & TRÆNA

Vega Camping
Die Lage am Wasser macht den einfachen Campingplatz zu einem der schönsten in Norwegen; mit Bootsverleih. **€**

Vega Havhotell
Abgelegenes Refugium mit, tadellosen Zimmern und Eiderenten. **€€**

Træna Rorbuferie
Die ockerfarbenen *rorbuer* mit schlichten Möbeln bieten eine schöne Aussicht und glückselige Einsamkeit. **€€€**

ÜBERNACHTEN AN DER NORDLAND-KÜSTE

Clarion Collection Hotel Kysten
Schönes Hotel in Sandnessjøen mit Blick aufs Wasser, stilvollen Zimmern und Abendbüfett. **€€**

Scandic Syv Søstre
Großes, modernes Hotel mit ausgezeichnetem Frühstück und schöner Aussicht. **€€**

Thon Hotel Brønnøysund
Moderne Zimmer, gutes Frühstück und weiter Blick: die beste Übernachtungsoption in Brønnøysund. **€€**

SERGEYDOLYA/SHUTTERSTOCK ©

Oben: Nordkap (S. 290); rechts: Buckelwal, Tromsø (S. 278)

Der hohe Norden

MAJESTÄTISCHE POLARREGION

In eine unberührte Landschaft vordringen, die ein reiches kulturelles Erbe und unzählige Abenteuer bereithält.

Es fällt nicht schwer, sich den hohen Norden als eine karge Tundra vorzustellen – einsam, kalt und lebensfeindlich. Während sie heute – mit weniger als 250 000 Einwohnern – die am spärlichsten besiedelte Gegend Norwegens ist. Gleichzeitig ist sie eine Region mit vielfältigen Landschaften und Traditionen, die sich mehr als 10 000 Jahre zurückverfolgen lassen. In den Provinzen Troms und Finnmark haben Reisende schon immer ein Zuhause gefunden, von den frühen Siedlern und Wikingern bis zum Urvolk der Samen und den russischen Pomoren.

Ein großer Teil dieser Gegenden wurde im Zweiten Weltkrieg verwüstet, doch hat sich vieles von dem alten Norwegen in manchen Ecken erhalten, die es zu finden gilt. Heute spielt das kulturelle Erbe eine wichtige Rolle für die hier lebenden Menschen. Das Volk der Samen widmet sich der Rentierzucht, die Fischerei spielt immer noch eine große Rolle, außerdem sind in dieser stillen Region außergewöhnliche Aktivitäten möglich, sei es Skifahren unter dem Polarlicht oder Trekking unter der Mitternachtssonne.

In der südlichen Provinz Troms erheben sich Berge hoch über dem Meer und ragen weit in den Himmel. In der Finnmark breiten sich Hochebenen aus, so weit der Blick reicht, begrenzt von der stürmischen Barentssee und Russland im Osten. Eine grenzenlose Region, die von Reisenden bisher größtenteils unentdeckt geblieben ist.

DIE WICHTIGSTEN ZIELE

TROMSØ
Hauptstadt im Norden des Polarkreises.
S. 278

ALTA
Landschaft und Geschichte.
S. 287

VADSØ
Abgeschiedenheit und Wildnis.
S. 294

Erste Orientierung

Die herrlichen Straßen durchs weite Land sprechen dafür, die Wege im Auto zurückzulegen. Fähren verbinden die wichtigen Küstenstädte miteinander, die Hauptorte sind auch per Flugzeug erreichbar. Busse sind rar, Züge gibt es nicht.

AUTO

Die E6 ist Norwegens Hauptverkehrsader und erschließt den Hohen Norden. Will man in den Süden des Landes, führen Umwege über Finnland oder Schweden manchmal schneller zum Ziel.

FÄHRE

Das Fährsystem in Norwegen ist gut ausgebaut. Fähren von Hurtigruten fahren täglich alle wichtigen Küstenziele an. Fährfahrten ins Landesinnere sind dagegen oft zeitraubend.

Tromsø, S. 278
Die Universitätsstadt, bekannt für ihre Arktis-Forschungen, bietet Zugang zu entlegenen Bergen und Fjorden.

Alta, S. 287
Von Norwegens Hauptstadt der Nordlichter gelangt man gut in den Westen von Finnmark und zum Nordkap, dem nördlichsten Punkt Europas.

Vadsø, S. 294
Auf der Halbinsel Varanger gelegen, ist die Stadt im Osten der Provinz Finnmark ein guter Ausgangspunkt für Reisen zu abgelegenen Dörfern und in die Natur.

ROLF E. STAERK/SHUTTERSTOCK ©

Rentiere bei Hamningberg (S. 297)

Perfekte Tage

Zeit muss man im hohen Norden haben. Die Entfernungen sind groß, vor allem wenn die Reise in eine unberührte Natur führt.

Nur eine Woche

- Die Zeit vergeht schnell beim Erkunden von **Tromsø** (S. 278), bevor die Fahrt über Lyngen nach Alta führt. Im **Alta-Museum** (S. 287) sind steinzeitliche Felszeichnungen zu sehen, dann setzt sich die Fahrt auf Küstenstraßen in den Norden von Magerøya bis ans **Nordkap** (S. 290) fort. Von dort geht es südwärts nach **Kautokeino** (S. 293), wo die Kultur der Samen und Juhls Sølvsmie in der Finnmarksvidda zu entdecken sind.

Mehrere Wochen

- Die gesamte Region lässt sich auf dem Weg nach **Vadsø** (S. 294) bereisen. Auf der Fahrt nach **Hamningberg** (S. 297) sind Weißschwanz-Seeadler zu sehen. Eine schöne Zwischenstation ist **Vardø** (S. 296), die östlichste Stadt und bedeutender Fischereihafen Norwegens. Ein Weg folgt dem Flusslauf des **Pasvikelva** (S. 300), der Norwegen von Russland trennt, zur Hauptstadt der Samen, **Karasjok** (S. 291).

Beste Reisezeit

FRÜHLING
Nach der Polarnacht bricht eine wunderbare Zeit zum Skifahren in den Bergen an, am besten im April.

SOMMER
Der Sommer ist ideal für einen Roadtrip, um die Landschaft und Tierwelt kennenzulernen. Im Juni wird es überall voll.

HERBST
Der Herbst ist kurz, die Straßen weniger stark befahren. Es wird kühler, aber man kann noch gut Wandern und Campen.

WINTER
Im Dezember gibt es **Polarlichter**, Walbeobachtungen haben im Januar, Hundeschlittenrennen im Februar Hochsaison.

Tromsø

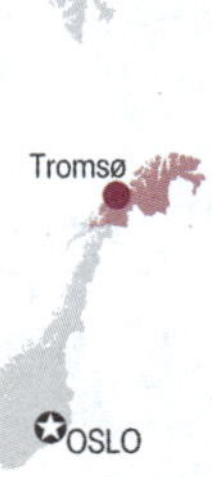

UNTERWEGS VOR ORT

Wer mit dem Auto nach Tromsø kommt, sollte die EasyPark-App zum Bezahlen der Parkgebühren nutzen: Parksünder werden eher unnachsichtig behandelt. In der Stadt ist alles gut zu Fuß erreichbar, manche Seitenstraßen sind ziemlich steil. Im Winter sind Schuhspikes unerlässlich, da die Gehwege häufig vereist sind.

TOP TIPP

Wer es nicht erwarten kann, ein Polarlicht zu sehen, sollte die Fjellheisen-Seilbahn (295 kr mit Rückfahrt nach 17 Uhr) nehmen. In einer Höhe von 421 m über dem Meeresspiegel öffnen sich weite Ausblicke über Tromsø. Am besten nach 18 Uhr hinauffahren und unter norway-lights.com nach aktuellen Vorhersagen schauen.

Im 19. Jh. war Tromsø eine Hauptstadt der Mode, Kulinarik und europäischen Kultur – bekannt als „Paris des Nordens". Wie viele Küstenstädte war es ein florierender Fischereihafen, heute ist es ein Zentrum der Arktisforschung mit einem lebhaften studentischen Bevölkerungsanteil. Die Nähe zu den Bergen macht die Stadt zu einem Paradies von Aktivsportlern, im Winter zieht sie Skifahrer an. In klaren Winternächten sind tanzende Nordlichter hoch über der Stadt zu sehen, weit draußen in den Fjorden versammeln sich Orcas und Buckelwale.

Das Stadtzentrum selbst ist anheimelnd. In der Polarnacht glitzert Schnee unter der Straßenbeleuchtung, die eine märchenhafte Stimmung verbreitet. Ganzjährig pulsiert das Nachtleben abseits der Fußgängerzone Storgata und im Stadtteil Vervet in Hafennähe. In schicken Bars werden Cocktails und heimisches Bier serviert, in den Restaurants wird eine traditionelle gehobene Küche gepflegt.

Die Magie des Meeres

ZIEHENDE WALE, HOCHFLIEGENDE ADLER

Zwischen November und Januar kommen Buckelwale, Orcas und Minkwale in die Fjorde des hohen Nordens, um sich an den reichen Beständen wandernder Heringsschwärme gütlich zu tun. **Walbeobachtungstouren** werden in unterschiedlichen Booten unternommen und bieten Reisenden seltene Gelegenheiten, diese sanften Riesen mit eigenen Augen und aus großer Nähe zu sehen.

Mehrere Anbieter veranstalten tägliche Touren ab dem Fährhafen nahe Nerstranda, fünf Gehminuten vom Haupthafen entfernt. Ein ganzer Tag sollte unbedingt eingeplant werden, da die Ausflüge – je nach den Rastplätzen der Wale – bis zu acht Stunden dauern können. Genauere Eindrücke gewähren die Hybridboote von Brim Explorer; sie werden elektrisch betrieben, sobald man sich den Walen nähert. So

DAS TOR ZUR ARKTIS

Die Stadt lässt sich leicht zu Fuß entdecken, im Winter am besten mit Schuhspikes, da die Straßen glatt sind. Busse der Linien 24, 40 und 42 fahren regelmäßig vom Flughafen unterhalb des Parkplatzes ab und benötigen 15–20 Min. bis zur Haltestelle Wi-To (41 kr). Gebührenpflichtige Parkplätze gibt es in der Stadt.

Ein Spaziergang auf der Storgata führt zur **1 Tromsø Domkirke** (Domkirche von Tromsø), die 1861 entstand. Im nahen **2 Risø** gibt es den besten Kaffee mit Zimtbrötchen in der Stadt. Ein kurzes Stück ist es zum **3 Hafen**, wo neben Fischerbooten auch Forschungsschiffe vor Anker liegen. Für viele Seereisende ist hier die letzte Station vor Spitzbergen. Am Hafen entlang setzt sich der Weg zum **4 Polarmuseum** fort. Eingerichtet in einem Lagerhaus (19. Jh.), ist es der beste Ort, mehr über die Geschichte der Polarregion zu erfahren. Das Museum behandelt die Tradition des Fallenstellens ebenso wie die Entdeckungsreisen Nansens und Amundsens. An den Lagerhäusern vorbei führt der Weg weiter durch das Viertel **5 Vervet**.

Beim Weitergehen über die Tromsøbrua (Tromsø-Brücke) ist die **6 Ishavskatedralen** (Eismeerkathedrale) nicht zu verfehlen; sie entstand 1965, ihre modernistische Form ist durch die nahen Berge inspiriert worden. Das Glasmosaik der Ostfassade stellt die Wiederkehr Jesu dar, die Westseite wird von einer futuristischen Orgel und eiszapfenförmigen Kronleuchtern dominiert. Am Hafen bietet sich ein Saunagang in der **7 Sauna Pust** (nach vorheriger Reservierung) am Ende eines schwimmenden Pontons an – der mit einem eisigen Bad im Meer beendet wird.

WARUM ICH TROMSØ LIEBE

Hugh Francis Anderson, Autor

Ich bin wegen der Berge nach Tromsø gekommen und wegen der Menschen geblieben. Die größte Stadt im hohen Norden besitzt viel kleinstädtischen Charme. Ich bin aus den gleichen Gründen hier wie viele andere auch: Nähe zur Natur mit unendlichen Möglichkeiten für Skitouren im Winter und zum Wandern, Campen und Geländelaufen im Sommer. Was mich aber am meisten überraschte, war das lebendige und moderne Stadtleben: eine Kulinarik von Weltrang, fantastisches heimisches Bier, regelmäßige Ausstellungen in den Galerien, Live-Musik und ein absolutes Highlight jedes Jahr im Januar, wenn das **Internationale Filmfestival von Tromsø** die Regie übernimmt.

Orcas (S. 278), Tromsø

gewähren sie allen Beteiligten eine schonendere und sanftere Begegnung.

Es ist eine fantastische Möglichkeit, die Szenerie rund um Tromsø zu genießen, Touren führen Richtung Skjervøy, wo häufig Wale auf Nahrungssuche sind. Zwei- bis vierstündige Überfahrten führen an der Lyngen-Halbinsel vorbei, wo schneebedeckte Berggipfel beinahe 2000 m hoch aus dem Meer aufragen. Bei näherem Hinsehen sind Weißschwanz-Seeadler auf der Jagd nach Fischen und kleineren Seevögeln des Fjords zu beobachten.

Ein Tag im Museum

VON DEN SAMI ZU DEN WIKINGERN

Nahe am südlichen Ende von Tromsøya zeigt das **Universitätsmuseum von Tromsø** gut aufbereitete und dokumentierte Ausstellungen zum traditionellen und modernen Leben der Samen, kirchliche Kunstwerke und Ausstattungsstücke sowie eine kleine Abteilung zu den Wikingern. Im Untergeschoss gibt es etwas über Gesteinsarten des Nordens und andere, nachdenkenswerte Themen zu lernen, z. B. die Rolle des Feuers, die Folgen der globalen Erwärmung und der Verlust von Naturräumen.

Die Nachbildung einer „Nordlichtmaschine", einer sogenannten Terrella, vermittelt im Kleinen die Schönheit einer Aurora borealis. Highlights sind auch eine traditionelle Grassodenhütte *(gammen)* der Samen, in der im Sommer kostenlos Kaffee ausgeschenkt wird, und mehrere Sanduhren, die den Pfarrer mahnen sollten, die Predigt nicht zu sehr in die Länge zu ziehen (Buslinie 37).

Rund um Tromsø

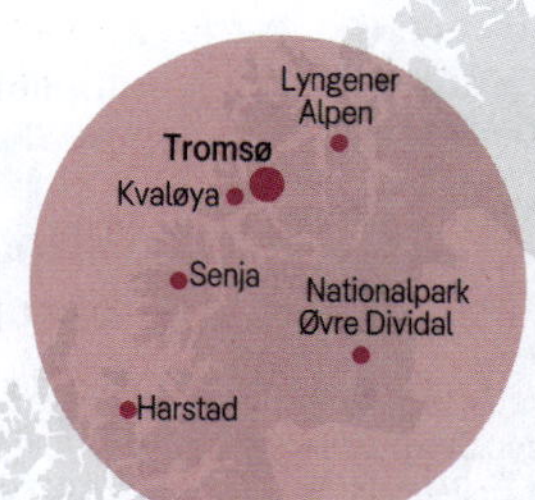

Die Landschaft rund um Tromsø ist ein faszinierendes Gebiet für alle, die ein großes Abenteuer suchen.

Von Tromsø aus ergibt sich ein leichter Zugang zu fernen Fjorden, hohen Berggipfeln und dichten Wäldern. Im Westen ist die Insel Kvaløya ein Revier zum Skifahren und Wandern. Im Süden liegt Senja; obwohl sie die zweitgrößte Insel des Landes ist, wird sie selten besucht und oft als Miniaturnorwegen bezeichnet. Im Westen ist der Nationalpark Øvre Dividal leicht zugänglich. Mit uralten Birken- und Fichtenwäldern, Seen und Bergen ist er ein ganzjähriges Ziel für Abenteuerreisende. Im Süden ist Harstad von kulturhistorischer Bedeutung und das Tor zu den Inselgruppen Versterålen und Lofoten.

Mit Rentieren und Elchen, die über die Straßen wandern, ist jederzeit zu rechnen! Im Winter sind Schneeketten Pflicht.

UNTERWEGS VOR ORT

Es gibt ausgezeichnete Fährverbindungen in Troms. Die Hurtigruten-Fähre benötigt von Harstad nach Tromsø sechs Stunden, eine reizvolle Art, die Küste zu sehen, überdies eine großartige Option für Reisende ohne eigenes Auto. Die besten Eindrücke lassen sich aber in einem Leihwagen sammeln, mit dem jene magischen Orte abseits der gewohnten Wege erreicht werden können.

Eine Fahrt rund um die Walinsel

LAND DER ABENTEUER

Die Insel **Kvaløya** ist über die Sandnessundbrua, die Brücke im Westen von Tromsøya, zugänglich. Auf der Fahrt Richtung Süden führt eine Biegung nach rechts bei Eidkjosen auf den Kaldfjord zu. Auf südlicher Seite des Fjords finden sich unzählige Plätze zum Anhalten, um die Aussicht auf den **Kaldfjorden** zu genießen; in westlicher Richtung ist der Store Blåmann, der höchste Berg der Insel, an seiner Rückenflossenform leicht zu erkennen.

Zahlreiche Möglichkeiten für herrliche Sommerwanderungen oder Winterskitouren ergeben sich entlang **Kattfjordeidet** (bei Henrikvik links abbiegen). Von dort führen kurvenreiche Straßen an Nordfjordbotn vorbei nach Sommarøy mit vielen Ausblicken auf den Nordatlantik und einer Fährverbindung nach Senja, die vom nahen Brensholmen zu erreichen ist. Ein schönes Ziel ist Ersfjord für Kaffee und Kuchen im Bryggejentene, einem rustikal eingerichteten Café.

Weiter nördlich ist die Abgeschiedenheit von Kvaløya wahrnehmbar; die Fahrt führt am Kaldfjord entlang und über Storvatnet zum Grøtfjord. Mit seinem Sandstrand und einer westlichen Sicht ist es ideal, um Polarlichter zu beobachten und die Mitternachtssonne zu genießen.

Die Weiterfahrt auf Tromvik zu führt an vielen Startplätzen für Wanderungen und Skitouren am Grøtfjorden vorbei.

TOP TIPP

Im Sommer und Winter sind die entlegeneren Ziele nur mit einem eigenen Auto zu erreichen.

SKITOUREN IN TROMSØ

Skitourengeher sollten gut vorbereitet in die Berge aufbrechen. Tromsø Ski Guides bietet in der Wintersaison Bergführungen und Trainingskurse an. Wer unabhängig unterwegs sein will, findet im englischsprachigen Handbuch *Ski Touring in Troms* von Espen Nordahl die beste Einführung.

Um sich sicher in den Bergen zu bewegen, ist ein Lawinentraining zwingend notwendig – wie auch die Varsom-App, die täglich aktualisiert wird und Vorhersagen zu Schneebrett- und Lawinengefahren bietet. Im Notfall die Nummer +47 113 wählen oder die Hjelp-113-App herunterladen, die Positionsdaten an den Rettungsdienst sendet, sobald sie aktiviert ist.

An der Kreuzung verläuft eine unbefestigte Straße nach links zum hübschen Fischerdorf Rekvik, wo sich der Startpunkt zum Skamtinden-Wanderweg befindet.

Skitouren in den Alpen des Nordens

HOHE GIPFEL

Wenige Orte besitzen eine so faszinierende Landschaft wie die **Halbinsel Lyngen**. Wer nach Verschmelzung mit der Natur strebt, findet sie hier. Die massiven alpinen Gipfel aus dunklem Gabbrogestein gehören zu dem einstmals riesigen Kaledonischen Gebirgsgürtel, der sich von Spitzbergen bis nach Schottland erstreckte und der sich vor ungefähr 400 Mio. Jahren gebildet hatte.

Die herrliche Bergwelt kommt zuerst auf der kurzen Fährüberfahrt von Breivik nach Svensby, in der Mitte der Halbinsel, zur Geltung. Breivik liegt 45 Autominuten östlich von Tromsø. **Svensby** steht auf der Liste aller Skifahrerdestinationen ganz weit oben.

Der höchste Berg der Region ist der **Jiehkkevárri** (1834 m). Von einem massiven Gletscher bedeckt, wird er auch der Mont Blanc des Nordens genannt. Es gibt zahlreiche Skigebiete, die alles von sanften Neigungen bis zu extremen Abhängen bieten – fantastische Ausblicke inklusive.

Während des Sommers ist rund um den Hauptort der Halbinsel, **Lyngseidet**, das Wandern und Wildcamping sehr beliebt. Unter norgeskart.no sind Karten und Wanderrouten zu finden. Im Osten der Insel sind oft Wale zu sehen, die zur Nahrungssuche in den Norden des Lyngenfjord kommen. Walsafaris oder Kajaktouren sind möglich.

Skifahren und Wandern im Nationalpark Øvre Dividal

WUNDERLAND DER RENTIERE

Der **Nationalpark Øvre Dividal** ist südöstlich von Tromsø auf einer schönen zweistündigen Autofahrt – zunächst bis Frihetsli und dort bis ans Ende einer unbefestigten Straße (Mautgebühr 90 kr) – zu erreichen; es gibt Parkplätze und Toiletten. Im Winter wird die Straße nicht instand gehalten, zum 1 km entfernten Startpunkt des Wanderweges gelangt man am besten auf Skiern.

Die Wanderung beginnt am Fluss Divielva, der das Tal breit durchfließt. Ein Pfad verläuft südlich ins Tal. Im Sommer geben die alten Fichten- und Birkenbestände ein magisches Bild zum Geräusch des

ZU DEN LOFOTEN

Harstad liegt nahe der Grenze zur Provinz Nordland und den Lofoten im Westen, ein idealer Ausgangspunkt zur Fortsetzung der Reise. **Svolvær** (S. 252), der Hauptort der Lofoten, ist in etwa zwei Stunden mit dem Auto zu erreichen.

TOP-FAVORITEN IM HOHEN NORDEN

Aurora Spirit Distillery
Preisgekrönter Whisky aus der nördlichsten Brennerei der Welt.

Blåivatnet
Eine leichte Wanderung zu einem faszinierend leuchtend blauen See.

Lyngen Experience Lodge
Ein luxuriöses Refugium am Ullsfjorden.

UMOMOS/SHUTTERSTOCK ©

Lyngen-Alpen

strömenden Wassers ab. Im Winter ist das Tal von Stille erfüllt und der Fluss im Eis erstarrt. Folgt man den roten Markierungen 6 km weit, biegt der Weg nordwärts zur Dividalshytta ab, einer Hütte mit 16 Betten des Den Norske Turistforening (DNT). Mitglieder bekommen einen Schlüssel; man muss sich vorab unter dnt.no. anmelden. Nahe der Hütte gibt es auch genügend Zeltplätze. Die erste Tagesstrecke ist 8 km lang.

Oberhalb der Baumgrenze setzt sich der Weg in weite Hochebenen und hohe Berge fort. Dies ist ein angestammtes Weideland der Samen, Rentierherden sind im Sommer und Winter zu sehen. Auf einer Höhe von 915 m führt der Weg über einen namenlosen Berg; links ist der herrliche Litle Jerta (1279 m), rechts der Jerta (1428 m) zu sehen. Die Talwanderung führt durch die Berge am Stuora (1152 m) und an einer Vielzahl kleiner Seen vorbei zur Dærtahytta zum Übernachten in der Hütte oder zum Zelten. Dieser Wegabschnitt ist 24 km lang.

Die letzte Tagesstrecke ist mit 26 km die längste und führt durch eine Moor- und Seenlandschaft sowie in 200 m Höhe über einen Bergsattel nördlich des Storfjellet (1045 m) nach Frihetsli zurück. Der Abstieg ist steil, aber gut markiert, der Rückweg verläuft durch dichte Wälder am Fluss Kvennelva bis zur Straße zurück, die zum Parkplatz führt.

SKIFAHREN IN LYNGEN

Finn Hovem, Skiführer, Lawinenbeobachter für Varsom.no und Geschäftsführer von Hallo Lyngen, erzählt von Skitouren in den Lyngen-Alpen.

Backcountry Basics
Obwohl es in Lyngen auch ein paar „leichte“ Berge gibt, ist es kein ideales Revier für Anfänger. Man sollte stets auf Lawinenvorhersagen achten und am besten einen Bergführer buchen.

Storgalten
Ein klassischer Berg am nördlichen Ende der Halbinsel, mit Auto und Segelboot erreichbar. Mit dem Panorama über zwei Fjorde und einigen Möglichkeiten für lange Abfahrten bis hinunter zum Meer, ist diese Tour Pflicht!

Jiehkkevárri
Der höchste Berg der Lyngen-Alpen, der samische Name bedeutet „Gletscherberg“. Nur mit guter Kondition und bei günstigen Bedingungen.

SCHÖNE AUSBLICKE IN TROMS

Grøtfjord
Leicht zugänglicher Strand mit genügend Parkplätzen. Im Sommer und Winter gibt es überwältigende Ausblicke.

Skamtind
Die anspruchsvolle Wanderung führt auf 882 m hoch; das Panorama reicht über Kvaløya bis zum Atlantik.

Sommarøy
Charmanter Fischerort mit weißsandigen Stränden und Ausblicken auf kleine Inseln und klares, blaues Wasser.

WANDERUNG

Mehrtägige Tour durch ein Miniatur-Norwegen

Senja liegt zwei Stunden im Süden von Tromsø, sie ist die zweitgrößte Insel Norwegens. Ihr Name stammt aus dem Altnordischen und bedeutete „zerteilt". Alpine Gipfel und bezaubernde Seen gibt es zu entdecken. Die Insel erkundet man auf einer mehrtägigen, 70 km langen Wanderung Senja på Langs. Zum Startpunkt kommt man am besten mit dem eigenen Auto, für die Rückfahrt nimmt man ein Taxi.

1 Bukkemoveien

Zu Beginn wandert man durch dichte Birkenwäldern und fragt sich vielleicht: Wo sind die Berge? Das Rauschen von Wasser begleitet den Weg von Lysvatnet in westlicher Richtung bis in das dicht bewachsene Nord-Heggedalen, eine Märchenlandschaft. Dungspuren entlang der markierten Route weisen auf Rotwild und Elche hin, Vogelgezwitscher ist zu hören.

Die Wanderung: Der Weg ist über die gesamte Route markiert (rote Punkte), die ersten sind bereits beim Start am Lysbotn Kraftwork am Ende der Straße zu erkennen. Hier ist der Weg deutlich sichtbar, trotzdem ist es ratsam, auf die roten Farbmarkierungen an Bäumen und Felsen zu achten. Nach 6½ km wird die Heggedalshytta erreicht, eine offene Hütte zum Zelten. Hier können Wanderer haltmachen oder ins Sør-Heggedalen zum Zelten weitergehen.

IMAGEBROKER.COM/SHUTTERSTOCK ©

Nationalpark Ånderdalen

2 Heggedalshytta

Der Weg führt aus den Wäldern heraus und hinein in die aufregende Bergwelt der Insel. Das Gelände steigt allmählich an, bald kommt der Istinden in Sicht; es lohnt sich, den Weg zu verlassen und zum Gipfel (851 m) zu wandern. Dort öffnet sich ein Panoramablick über die Fjorde im Westen und die Täler im Süden, durch die sich die Wanderung anschließend fortsetzt.

Die Wanderung: Sie weicht von der südlichen Route ab und führt zuerst westwärts nach Tromdalen. Auf einer Höhe von 370 m führt der Weg am langen blauen Langdalsvatnet entlang und nähert sich dem Istinden. Vom Gipfel abwärts verläuft der Weg bis zu einer Biegung, die nach Osten zum Kapervatnet führt. Dieser Abstieg ist steil und – falls es noch früh im Jahr ist – mit dem Queren des Flusses verbunden.

3 Nationalpark Ånderdalen

Die hohen Berge liegen nun zurück. Der Nationalpark ist ein Naturwunder aus uralten Nadelwäldern, Moorgebieten und Seen. Am weiten Åndervatnet kann ein Zelt aufgeschlagen werden. Unterkunft gewährt auch die neugebaute Ånderbu-Hütte am Ostufer des Sees.

Die Wanderung: Der Weg umrundet Kapervatnet, bevor er auf Åndervatnet zu ansteigt. Von dort führt ein weiterer Aufstieg um das felsige Blåfjellet herum und südwestlich an Lutvatnet entlang. Für Angler ein Paradies (Genehmigungen im Voraus unter inatur.no)

4 Olaheimen

Das Ziel – 70 km quer durch ein Miniaturnorwegen – ist fast erreicht, ausgedehnte Wälder und Moorflächen bestimmen das Bild, sobald das Ende des Wanderwegs im kleinen Ort Olaheimen näherkommt.

Die Wanderung: Die Route ist auf dem Weg hinunter nach Olaheimen gut markiert. Taxis sind wegen der Abgeschiedenheit der Insel nicht regelmäßig unterwegs, also am besten frühzeitig bei Senja Taxi anrufen (+47 48182010).

Eine Stadt mit langer Geschichte

WIKINGERSIEDLUNG UND MITTELALTERLICHER BAUERNHOF

Im Süden von Troms liegt **Harstad**, die zweitgrößte Stadt nördlich des Polarkreises. Neben ihrer historischen Bedeutung ist sie als Tor zu den Inselgruppen Vesterålen und Lofoten ein lohnendes Ziel. 3000 Jahre alte Bronzewerkzeuge und -waffen wurden auf der Halbinsel Trondenes nahe dem Stadtzentrum gefunden. Hier lag in der Wikingerzeit eine Siedlung und ein Versammlungsplatz, im Mittelalter war es eine Festung. Das **Trondenes Historical Centre** bewahrt dieses reiche Erbe; auf der **Medieval Farm** (24. Juni–13. Aug.) wird das Leben im 12. Jh. nachgestellt.

Zehn Gehminuten vom Stadtzentrum entfernt steht die **Kirche von Trondenes**, die vor fast 600 Jahren entstand. Sie ist die nördlichste Steinkirche des Mittelalters und birgt faszinierende gotische Gemälde und eine Orgel aus dem 18. Jh.

Auf dem Seeweg sind Überfahrten (3 Std.) mit der Schnellfähre (tgl. 2-mal, am Wochenende 4-mal) von Tromsø nach Harstad möglich; eine wunderbare Art, die vielgestaltige Küstenlinie von Troms vom Meer aus kennenzulernen.

FJELLVETT-REGLENE

In einem Land mit so tief verwurzelter Naturverbundenheit lernen schon Kinder die neun Regeln aus dem Norwegischen Bergkodex, die jeder kennen sollte. (detaillierte Informationen unter dnt.no.)

1. Wanderung planen und andere von der gewählten Route informieren.
2. Die geplante Route an die eigenen Fähigkeiten und Kondition anpassen.
3. Auf Wetterbericht und Lawinenwarnung achten.
4. Auf schlechtes Wetter und Frost einstellen.
5. Ausrüstung so packen, damit man sich selbst und anderen helfen kann.
6. Eine sichere Route wählen. Lawinengebiete beachten.
7. Karten und Kompass benutzen.
8. Im Zweifelsfall umkehren.
9. Die Kräfte einteilen und notfalls nach Schutz suchen.

Die Adolfkanone

Weltkriegsgeschütze

Auf einem Hügel im Norden der Kirche von Trondenes stehen vier gigantische 40,6-cm-Geschütze aus dem Zweiten Weltkrieg. Sie dienten dem deutschen Militärstützpunkt, um die Zufahrt zum Erzhafen von Narvik zu bewachen. Ursprünglich für die Kriegsmarine bestimmt, wurden sie Teil der Küstenbefestigungen des Atlantikwalls, sie besaßen eine Reichweite von 56 km, ihre Geschosse wogen bis zu 1035 kg. Eines dieser Geschütze der Trondenes-Festung ist noch funktionstüchtig. Die Festung ist heute ein Denkmal für die sowjetischen Kriegsgefangenen, die die Anlagen errichteten. Die Geschütze können besichtigt und erkundet werden, ebenso deren Mechanismus und das Innere des 21 m langen Geschützrohrs. Führungen (350 kr pro Pers.) finden täglich von Juni bis September statt.

FÄHRE NACH SENJA

Die Fähre von Brensholmen zum südlichen **Botnham** benötigt etwa 30 Minuten, eine schöne Art, nach **Senja** (S. 281) zu reisen. Die Fahrpläne wechseln je nach Jahreszeit und sind auch unter fylkestrafikk.no zu finden.

ESSEN & AUSGEHEN IN HARSTAD

Umami
Dieses Lokal wurde 2017 als bestes Restaurant Nordnorwegens ausgezeichnet, ein Muss für Foodies. €€€

Bark
Am Hafen mitten in der Stadt werden die besten Erzeugnisse der Region zubereitet, dazu gibt es gute Weine. €€€

Tapp Bar
Ein kurzer Weg führt vom Hafen hierher. Das Bier wird in der Harstad Bryggeri, nur zehn Minuten entfernt, gebraut. €

Alta

Mit etwas mehr als 20 000 Einwohnern ist Alta die nördlichste bewohnte Stadt der Erde und zugleich das Tor nach Westfinnmark. Die Stadt selbst ist klein, war jedoch seit jeher ein Sammelpunkt für Menschen und Kulturen des Nordens, darunter Samen, Kvenen und Norweger. Das Alta-Museum zeugt von den menschlichen Zeugnissen in der Region, z. B. die bis zu 6200 Jahre alten Petroglyphen – ein Unesco-Welterbe. In den 1970er-Jahren widersetzten sich die Samen dem Bau des Alta-Staudamms, der Teile ihrer Weidegründe zerstörte. Obwohl erfolglos, lenkte dieser Protest die Aufmerksamkeit der Welt auf die Landrechte dieses Urvolks Nordnorwegens und brachte einen politischen Wandel. Alta ist keine schöne Stadt, vielmehr ist sie wegen ihrer Nähe zur Finnmarksvidda, dem größten Hochplateau Norwegens, nur eine Etappe für Naturfreunde mit vielfältigen Sportmöglichkeiten im Sommer und Winter.

UNTERWEGS VOR ORT

In Alta selbst kann auf ein eigenes Auto verzichtet werden, nicht aber für Fahrten in die Umgebung. Es gibt Parkplätze im Stadtzentrum abseits von Hesteskoen bei Biltema.

Bewundernswerte Steinzeitkunst

LEBENSNAHE BILDER AUS DER LETZTEN EISZEIT

Das hervorragende **Alta-Museum**, ein archäologisches Freilichtmuseum, befindet sich in Hjemmeluft, am westlichen Stadtrand, und zeigt Ausstellungen zur Kultur der Samen, zum Kupferbergbau am nahen Kåfjord und zu kulturellen und politischen Konflikten der Volksgruppen. Die Anzahl der jungsteinzeitlichen Petroglyphen dieser Welterbestätte der Unesco wird auf rund 4000 geschätzt. Sie sind 2000–6200 Jahre alt.

Durch die Landhebung nach der letzten Eiszeit befinden sich die ältesten Zeichnungen heute in einer höheren Lage. Die Felsbilder zeigen Jagdszenen, Fruchtbarkeitssymbole, Bären, Elche, Rentiere und Boote mit Fischern. Es gibt zwei Besichtigungsrouten. An einem 1,2 km langen Holzsteg entlang wurden viele Felszeichnungen ockerfarben hervorgehoben; der längere Rundweg (3 km) führt an ungefärbten Zeichnungen vorüber, die nur bei genauem Hinsehen zu erkennen sind. Die Petroglyphen von Alta wurden in den 1970er-Jahren entdeckt und 1985 in die Welterbeliste der Unesco aufgenommen.

TOP TIPP

Die beste Zeit für Alta ist im März zum alljährlichen **Borealis-Winterfestival**. Gäste können illuminierte Eisskulpturen in den Straßen sehen, Live-Musik und Theater erleben oder beim berühmten Hundeschlittenrennen, dem Finnmarksløpet, dabei sein.

EINE UNTERKUNFT DER BESONDEREN ART

Im **Sorrisniva Igloo Hotel** sind alle Zimmer, einschließlich der Betten, vollständig aus Eis, wie auch eine Kapelle, eine Hochzeitssuite und eine hinreißende Eisbar mit wundersamen Skulpturen, die beleuchtet werden. Das nördlichste Igluhotel der Welt wird von heimischen Künstlern und Bildhauern jedes Jahr neu erschaffen. Sobald die Quecksilbersäule sinkt, entsteht das Hotel aus dem Nichts, indem 250 t Eis und 7000 m³ Schnee verarbeitet werden; sie werden dem nahen See Sierravann und dem Alta-Fluss entnommen. Der Iglu steht auf einer Fläche von 2500 m², er ist für Übernachtungsgäste und Tagesbesucher (12–20 Uhr) vom 20. Dezember bis 7. April geöffnet. Das Sorrisniva liegt 17 km südlich von Alta.

INGER ERIKSEN/SHUTTERSTOCK ©

Sorrisniva Igloo Hotel

Hundeschlittenrennen von Alta

MIT HUNDEN DURCH DEN SCHNEE

Als Austragungsstätte des längsten Hundeschlittenrennens Europas ist Alta der ideale Ort, ein Beförderungsmittel kennenzulernen, das es in der Arktis seit dem 10. Jh. v. Chr. gibt. Die beste Zeit für Hundeschlittentouren sind die Monate im Spätwinter und Frühling, in den Sommermonaten gibt es an vielen Orten die Möglichkeit, auf Rädern statt auf Kufen unterwegs zu sein.

Die **Holmen Husky Lodge** ist ein Familienbetrieb, die Huskytouren dauern 2½ bis 5 Stunden. Das Wintererlebnis der Hundeschlittentouren wird im Sommer durch Führungswagen auf Rädern ersetzt. Verschiedene Unterkünfte sind vorhanden, darunter ein *lavvu* (Zelt der Samen), über dem mit Glück Polarlichter tanzen.

Ein Tag auf dem Hundeschlitten kann mit einem kulinarischen Erlebnis verbunden werden: Das gehobene Restaurant **Trasti og Trine** ist auf regionale Erzeugnisse aus den Bergen, dem Wald und See spezialisiert. Außerdem werden Kochkurse angeboten (ab 152 kr).

Der atemberaubende Anblick von Nordlichtern über dem Alta-Fluss oder eine Übernachtung im nördlichsten Eishotel ist in **Sorrisniva** – in der Arctic Wilderness Lodge und dem Igloo Hotel– möglich. Zudem werden Hundeschlittenfahrten, Eisschnitzen und Schneeschuhlaufen angeboten.

Rund um Alta

Die wilde Nordküste wird von Fischerdörfern gesäumt und von Fjorden zerfurcht, im Landesinnern erstreckt sich ein weites Hochplateau.

Die Landschaft nimmt in der Westfinnmark eine völlig andere Gestalt an. Auf der Reise nach Norden verschwinden die dichten Wälder, auf einsamen Küstenstraßen wird das eindrucksvolle Nordkap erreicht, wo man auf den weiten Nordatlantik blickt. Auf Magerøya sind Vogelbeobachtung und Angelsport beliebt, im nahen Honningsvåg finden im Sommer regelmäßig Konzerte und Festivals statt.

Südlich von Alta liegt die Finnmarksvidda, eine der größten Hochebenen Europas – ein Trainingsgelände für Nord- und Südpolarexpeditionen. Es ist die Heimat der Samen und das Weidegebiet der Rentierherden. Die samische Hauptstadt Karasjok liegt im Südosten des Hochplateaus, das nahe Kautokeino ist ein Zentrum ihrer Kunst und Kultur.

UNTERWEGS VOR ORT

Ein Auto ist unverzichtbar, um Westfinnmark zu erkunden. Weite Fahrtstrecken und große Entfernungen zwischen den Ortschaften machen das Busfahren zur beschwerlichen Prozedur. Die Verkehrsregeln werden hier von der Natur bestimmt, u.a. von wandernden Rentieren. Im Winter müssen sich Autofahrer auf schwierige Bedingungen einstellen und langsam fahren.

Geschichte und Wanderungen in Honningsvåg

DAS TOR ZUM NORDKAP

Das charmante Küstenstädtchen **Honningsvåg** ist zwar klein, aber sehr lebendig. Am Ende des Zweiten Weltkrieg wurde die Stadt zerstört; die neugotische Kirche von Honningsvåg (1885) blieb als einziges Bauwerk erhalten. Nach dem Krieg wurde die Stadt wieder aufgebaut, im **Nordkappmuseet** am Hafen wird diese Zeit in faszinierenden Details dokumentiert. Im Hafen legen die Fähren der Hurtigruten an.

Eine Wanderung zum Gipfel des **Storfjellet** (310 m) bietet einen fantastischen Blick auf Stadt und Hafen. Obwohl stellenweise ziemlich steil, macht die Nordkapptrappa den Aufstieg um einiges leichter.

Abseits der Sjøgata gibt es im **Sjøgata-Pub** Bier aus eigener Brauerei. Oberhalb davon steht das **Perleporten Kulturhus**, das im Juni beim Musiktheater „Our Northernmost Life", im August beim Oggasjakka-Musikfestival und im September beim Nordkapp-Filmfestival viel Unterhaltung bietet.

TOP TIPP

Von Alta ist es eine hinreißende 3½-stündige Fahrt am Porsangerfjorden entlang bis nach Magerøya und ans Nordkap, Europas nördlichsten Punkt.

EIN ROADTRIP ZUM NORDKAP

Diese Autofahrt im Frühling oder Sommer ist eine Reise zum nördlichsten Punkt Europas. Obwohl sie an einem Tag bewältigt werden kann, sind zwei oder drei Tage angenehmer. Von **1 Alta** führt die E6 über weite Ebenen auf **2 Olderfjord** zu, dort schließt sich die links abzweigende E69 an. Dann stehen 125 km über schöne kurvenreiche Küstenstraßen bevor, für die man sich Zeit lassen sollte – wie auch für die Ausblicke über den Porsangerfjorden im Osten. Der lange **3 Nordkapptunnelen** (fast 7 km) ist zu durchfahren, dann steigt das Gelände Richtung Magerøya an und führt an der Weggabelung links weiter bis zum **4 Nordkap**. Der nördlichste Punkt Europas ist ein viel bereistes Ziel: von einer 307 m hohen Klippe blickt man aufs Nordpolarmeer, der Nordpol liegt näher als Oslo. Bis 1956 gab es keine Straße, Reisende kamen per Boot nach Hornvika und wanderten 3 km nach Nordkapp, die kleine Kommune ist leicht zu Fuß erreichbar. Der Rückweg führt nach **5 Skarsvåg**, dem nördlichsten Fischerdorf Europas. Täglich finden Touren für Angelsportler statt, die Kabeljau, Heilbutt und Königskrabben fangen können. In Daniels Hus wird herzhaftes Essen serviert. Eine 30-minütige Fahrt führt westlich durch eine hügelige Tundra mit dunklen Tümpeln in das Fischerdorf **6 Gjesvær**. Es ist der Startpunkt einer zweistündigen Vogelsafari, die dreimal täglich in das **7 Naturschutzgebiet Gjesværstappan** führt. Hier ist eine der größten Papageitaucherkolonien heimisch; eine schöne Art, den nördlichsten Punkt Europas vom Meer aus zu erleben. Dann ist es Zeit südwärts Richtung **8 Honningsvåg** zu fahren.

Auf Skiern über die Finnmarksvidda

DAS GRÖSSTE HOCHPLATEAU NORWEGENS

Die **Finnmarksvidda**, Norwegens größte Hochebene, erstreckt sich über 22 000 km², liegt 300–500 m hoch und macht gut ein Drittel der Provinz Finnmark aus. Die beste Art, dieses weite Land zu erleben, ist natürlich auf Skiern. Es gibt mehrere Routen; die 85 km lange **Finnmark på langs** führt an vier Tagen von Stilla nach Ássebákt. Eine Tour, die auf der Wunschliste vieler Wintersportfans ganz oben steht und am besten zwischen Januar und Mai unternommen werden sollte.

In **Stilla**, eine halbe Stunde mit dem Taxi von Alta entfernt, beginnt die hügelige, 15 km lange Tour zur Berghütte Jotka Fjellstua. Dort kann man schlafen und essen, in der Nähe auch zelten (nicht vergessen, die Temperaturen können auf –30 °C fallen).

Der zweite Tag ist der längste und umfasst 30 km zur Mollisjok Fjellstue. Der Weg folgt Sektionen des Finnmark-Skilanglaufparcours und ist mit der Überquerung des Lesjavri, des größten Sees der Region, verbunden. Nach einem Essen und Saunagang können Wanderer in **Mollisjok** übernachten (unbedingt frühzeitig buchen).

Am dritten Tag geht es auf Skiern etwa 25 km von Mollesjoka zur **Ravnastua**. Der allmählich ansteigende Weg führt in ein schönes, aber exponiertes Gelände, in dem die Bedingungen harsch sein können. Bei der Abfahrt kommt allmählich der Wald in Sicht, dort findet man bei **Ravnstua Fjellstua** eine warme Mahlzeit und ein Bett.

Der vierte und letzte Tag bringt eine Skitour (ca. 14 km) von der Ravnastua zur samischen Hauptstadt Karasjok. Die Route führt durch die dichten Birkenwälder von Karasjokdalen und endet in **Ássebákt** an der Fernstraße 92. Dort geht es mit dem Taxi zurück oder auf Skiern 15 km am Fluss Karasjohka entlang, der gefrorene Flusslauf führt auf Karasjok zu, wo Busse (Linien 60, 63) nach Alta fahren.

Karasjok: Hauptstadt der Samen

SAMISCHER PARLAMENTSSITZ

In Kautokeino leben zwar mehr Samen, dennoch gilt **Karasjok** (nordsamisch Kárásjohka) als die „Hauptstadt" Norwegisch-Lapplands. Im schönen **samischen Parlamentsgebäude** (Sámediggi) ist viel über die Samen zu erfahren. Beim Näherkommen fällt zuerst die zeltartige Verkleidung aus sibirischer Lärche in die Augen. Im Innern befindet sich die **Vandrehallen**, eine große Eingangshalle mit Bibliothek, inspiriert vom Nachthimmel und Polarlicht. Die Bibliothek birgt Norwegens

DIE BESTEN UNTERKÜNFTE IN HONNINGSVÅG

Nordkapp Camping
Der Campingplatz, ein Familienbetrieb etwas außerhalb von Honningsvåg, ist perfekt als Rastplatz auf einem Roadtrip. Wer komfortabler übernachten möchte, findet hier auch Hütten. **€**

The View
Eine luxuriösere Option oberhalb der Stadt, deren Gäste den namengebenden Panoramablick sowie Zugang zu Sauna und Spa genießen. **€€€**

Nordkappferrier Gjesvaer
30 Minuten entfernt, sind in Gjesvær Apartments in ruhiger Abgeschiedenheit zu bekommen. Ideal für Gäste, die das Alleinsein lieben. **€€€**

WEITERE ZIELE RUND UM ALTA

Sørøya
An der Westküste von Magerøya liegt die Insel Sørøya, einer der stillsten Winkel Norwegens.

Hammerfest
In dieser Stadt kann eine lebenslange Mitgliedschaft im „Eisbärenclub" erworben werden.

Havøysund
Eindrucksvolle Landschaften sind auf einer Fahrt nach Havøysund zu erleben.

FINNMARKSLØPET

Der Finnmarksløpet ist das längste Hundeschlittenrennen Europas, es führt an 5–6 Tagen über 1200 km durch die Finnmarksvidda. Mit 160 Gespannen und mehr als 1500 Hunden ist es ein überwältigendes Spektakel und ein Beweis menschlicher und tierischer Ausdauer. Das Rennen beginnt in Alta, durchquert die Finnmark nach Kirkenes und führt nach Alta zurück. Schlittenhundeführer setzen bis zu 14 der leichten und zähen Alaskan Huskys ein, die während des Rennens täglich 10 000 Kalorien benötigen. Seit 1981 findet es alljährlich Anfang März statt – es lohnt sich, die Reise darauf abzustimmen.

Nordkap (S. 290)

größte Sammlung samischsprachiger Bücher, außerdem sind interessante historische Stücke zu entdecken, darunter eine Rentierhaut mit der Unterschrift König Olavs zur Eröffnung der ersten Parlamentssitzung 1989. Auf den Fluren sind Porträts und Kunstwerke von Astrid Aasen, Kåre Kivijärvi und Synnøve Persen zu sehen. Ein Kunstwerk in Blau auf einer Betonplatte im Plenarsaal versinnbildlicht die 39 Wahlbezirke im Siedlungsgebiet der Samen. Führungen beginnen um 13 Uhr (Di, Mi und Do).

Kultur und Lebensweise im Samen-Museum

DIE TRADITIONEN DER SAMEN KENNENLERNEN

Das **Samen-Museum** (De Samiske Samlinger) in Karasjok erlaubt wunderbare Einblicke in das traditionelle Leben der Samen. Im Hauptgebäude bringen Ausstellungen die Trachten, Lebensweise, Werkzeuge, *duodji* (Künste) und Musik nahe, darunter der Joik (S. 294), eine der ältesten Formen von Gesang, von dem die Samen glaubten, dass er ihnen von arktischen Feen und Elfen verliehen worden sei.

ESSEN IN HONNINGSVÅG

Honni Bakes
In der zentral gelegenen französischen Bäckerei gibt es Kaffee, frisches Brot, Gebäck und hausgemachte Schokolade. €

Arctic Sans
In dieses Restaurant kommen viele Einwohner; eines der besten Lokale im Ort. €€

Corner Spiseri
Das älteste Restaurant der Stadt. Hier bekommt man Kabeljauzungen. €€

Draußen wird anhand mehrerer traditioneller Gebäude veranschaulicht, wie die Samen vor dem Zeitalter moderner Technik in dieser Region lebten. Tiefsttemperaturen von −51 °C sind hier bereits gemessen worden – es ist bewundernswert, wie widerstandsfähig und erfindungsreich die hier lebenden Menschen in ihrem Umgang mit der Natur waren und unter solch extremen Bedingungen überleben konnten. Der Eintritt kostet 150 kr pro Person.

Silberschmiede und Rentierherden in Kautokeino

DAS WINTERWEIDELAND DER SAMI

Kautokeino, die traditionelle Winterweide der Waldsamen (die sich von den Seesamen unterscheiden), wirkt anders als Karasjok, wo Zugeständnisse an die norwegische Kultur gemacht wurden, ausgeprägt samisch. Wer bis hierher gekommen ist, darf **Juhls Sølvsmie** nicht versäumen. Die zauberhafte Silberschmiede mit Galerie befindet sich in einem hochgelegenen Haus mit Blick über den Kautokeinoelva, abseits der E45, die durch die Stadt verläuft. Der dänische Künstler Frank Juhls und seine deutsche Frau Regine trafen sich 1959 durch Zufall in Kautokeino. Von der samischen Kultur und der Schönheit der Finnmarksvidda begeistert, bauten sie eine Hütte und restaurierten wertvolle Schmuckstücke der Samen. Mit den Jahren wurde die Hütte größer; heute ist es ein organisch geformtes Haus, das mit der Landschaft verschmolzen zu sein scheint. Der Eingang führt durch die Silberschmiede, wo heimische Kunsthandwerker wunderschöne Schmuckstücke fertigen. Das untere Stockwerk birgt überraschende orientalische Kunstobjekte, die das Paar in den 1970er-Jahren sammelte; vielleicht kann man Regine, inzwischen 85 Jahre alt, bei der Arbeit an einem riesigen Mosaik sehen, das zu ihrem Lebenswerk geworden ist. Die Mitwirkenden, viele von ihnen Samen, sind äußerst fachkundig und begleiten gern Gäste auf inoffiziellen Führungen.

Im **Kulturzentrum Kautokeino**, Heimstätte des einzigen samischsprachigen Theaters Norwegens, finden ganzjährig Aufführungen statt. Eine Fülle von Kunst und Geschichte ist zu entdecken. Die wechselnden Öffnungszeiten sind am besten per E-Mail oder Telefon zu erfragen, alle Informationen werden auf Samisch gegeben. Das Kulturzentrum liegt am Rand der Stadt auf dem Weg nach Karasjok.

EINE KURZE GESCHICHTE DES NORDKAPS

Auf 71° nördlicher Breite liegt das Nordkap, jahrhundertelang eine Landmarke der Seefahrer. Die Samen nannten es Knyskanes, 1553 gab ihm der britische Nautiker Richard Chancellor auf einer Expedition, die eine Route durch die Nordostpassage nach Asien suchte, den Namen North Cape. Mit dem Aufkommen des Handels wurde es zu einem Referenzpunkt der Seeleute, der moderne Massentourismus nahm 1873 seinen Anfang, als Oskar II., König von Norwegen und Schweden in Personalunion, die Oscarsäule enthüllte.

ÜBERNACHTEN IN KARASJOK

Karasjok Camping
An einem Hang gelegen, ist es der perfekte Rastplatz auf einem sommerlichen Roadtrip. Es gibt auch Hütten. **€**

Engholm Husky Lodge
Eine luxuriöses Hüttenerlebnis etwa 6 km außerhalb der Stadt; mit Hundeschlittentouren. **€€€**

Jergul Astu
Schlichte, aber rustikale Hütten in herrlicher Natur außerhalb der Stadt gelegen. **€**

Vadsø

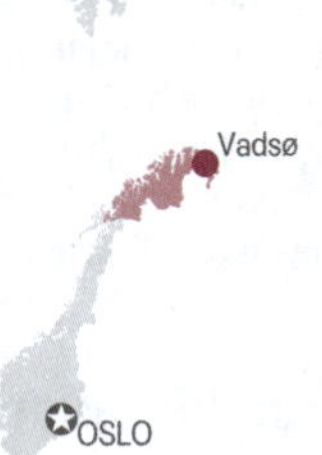

TOP TIPP

Die E6 durchquert als Fernstraße Norwegen, einen größeren Reiz hat aber eine Fahrt auf der FV98 (bei Lakselv abbiegen), die sich bei Tana wieder mit der E6 vereinigt. Sie gilt als schönste Straße Norwegens.

EINE KURZE GESCHICHTE DES JOIK

Das Joiken ist eine traditionelle Art des Volksgesangs der Samen, bei dem eine Person, ein Ort oder ein Tier durch Gesang vergegenwärtigt oder in Erinnerung gerufen wird. Es ist eine der ältesten Gesangsformen in Europa. Der Joik dient unterschiedlichen Zwecken wie der Geschichtenerzählung, Ehrung verstorbener Angehöriger, dem Ausdruck von Selbstachtung und Liebe. Weil die Schamanen den Joik als ritueller Gesang verwendeten, wurde er unterdrückt. Aber der Joik ist als wichtiger Bestandteil der Kultur der Samen erhalten geblieben.

Sie ist eine der entlegensten Gebiete Europas: Am nördlichen Ufer des Vergangerfjorden liegt die Varanger-Halbinsel, die sich in die Barentssee erstreckt. Im Herzen dieser nordöstlichsten Gegend Norwegens liegt Vadsø, eine kleine, aber lebendige Stadt mit etwa 5000 Einwohnern, das Tor zur Ostfinnmark. Wie viele andere Küstenorte im hohen Norden erlebte sie im 19. Jh. eine Blütezeit als Fischerei- und Handelshafen, ein Siedlungsgebiet der Kvenen, einer kleinen Volksgruppe, die von finnischen Fischern und Bauern abstammt. Wegen ihrer Nähe zu Russland war die gesamte Halbinsel im Zweiten Weltkrieg für die Deutschen von strategischer Bedeutung, Vadsø wurde wie viele andere Orte im Norden beim Rückzug der Wehrmacht zerstört. Heute ist Vadsø die Hauptstadt der Provinz Finnmark und Austragungsort von Festivals und Events. Außerdem ist es eine beliebte Destination für Outdoor-Aktivitäten.

Scheckente

RISTO RAUNIO/SHUTTERSTOCK ©

Ein Spaziergang durch die Straßen von Vadsø ist die beste Art, die Stadt kennenzulernen. Im **1 Kulturpark** auf der Insel Store Vadsøya ist etwas über die ersten Siedler der Region zu erfahren; hier sind Reste einer mittelalterlichen Siedlung sowie etliche Ruinen aus dem Zweiten Weltkrieg, wie Geschützstellungen, Bunker, Gräben und die **2 Kokkenes Batteri**, zu sehen. Nahebei ragt der **3 Ankermast** auf, Mitte der 1920er-Jahre als Haltestation für Luftschiffexpeditionen in die Polarregionen errichtet. Auf der Forschungsreise von Roald Amundsen, Umberto Nobile und Lincoln Ellsworth, die im Luftschiff *Norge (N-1)* über den Nordpol nach Alaska führte, diente er 1926 erstmals als Ankerplatz. Zwei Jahre später startete Nobiles Luftschiff *Italia*, der die Reise zu wiederholen versuchte, aber scheiterte. Amundsen nahm an der Rettungsexpedition teil und kam ums Leben. Das Varanger-Gebiet ist ein Paradies für Vogelfreunde, im Frühjahr zeigen sich hier manchmal Scheckenten.

Über die Brücke und nach rechts führt der Weg zu **4 Esbensengården**, einem herrschaftlichen Kaufmannshaus, das mit Stallungen und Bedientenwohnungen Mitte des 19. Jhs. entstand; hier wird die Geschichte der Kvenen dokumentiert. Das benachbarte **5 Tuomainengården** ist ein historisches finnisches Bauernhaus (1840) mit Bäckerei, Sauna und Hufschmiede. Beide Anwesen gehören zum Varanger-Museum. Ein Weg (10 Min.) führt nordwärts zum **6 Vadsø-Museum** (Kulturgeschichte der Kvenen in Norwegen). Der 2½ km lange **7 Kjærlighetsstien-Weg** im Westen der Stadt bietet herrliche Ausblicke über den Vergangerfjord.

Rund um Vadsø

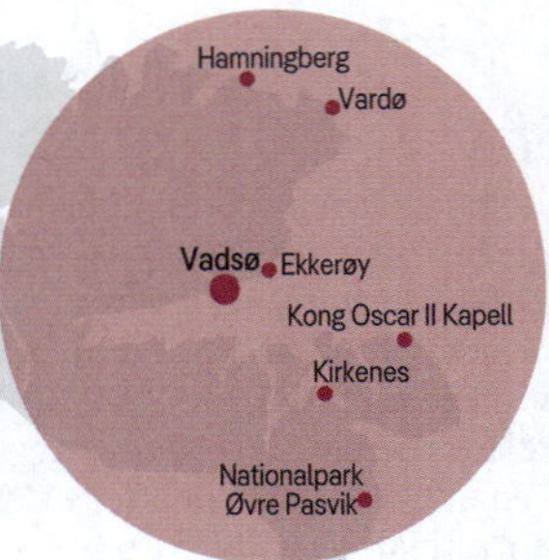

Hinter Vadsø erstreckt sich die Ostfinnmark, eine abgelegene arktische Landschaft.

UNTERWEGS VOR ORT

Wie in ganz Finnmark ist es auch hier schwierig, ohne eigenes Auto die Region zu erkunden. Mietwagen gibt es in Tromsø oder Alta.

An einer einspurigen Straße, vor einer schroffen Bergkulisse liegt Hamningberg, ein verlassenes Dorf, heute ein Ferienort. Vardø ist die östlichste Gemeinde in Norwegen und war im 17. Jh. Schauplatz von Hexenverbrennungen. Rentierherden weiden entlang der Küstenstraße, Weißschwanz-Seeadler lassen sich vom Meerwind tragen. Landeinwärts liegen die sanften Konturen der Berge im Nationalpark Varanger, weiße Sandstrände begrenzen die klaren blauen Gewässer rund um das Vogelschutzgebiet auf Ekkerøy.

Im Osten weist Kirkenes enge historische Verbindungen zu Russland auf. Man kann dem Lauf des Grenzflusses Pasvikelva bis in den äußersten Nordosten Norwegens folgen oder in den entlegenen Nationalpark Øvre Pasvik wandern.

TOP TIPP

Im entlegensten Landesteil Norwegens sind Reisende ohne ein eigenes Auto (und Insektenschutzmittel!) verloren.

Eine Tour durch die östlichste Stadt Norwegens

HEXENPROZESSE, STRASSENKUNST UND MEHR

Einige Überraschungen hält **Vardø** bereit, wo sich eine reiche und wechselvolle Geschichte mit moderner Straßenkunst verbindet. Die Insel ist durch den 2,9 km langen Ishavstunnelen mit dem Festland verbunden. Der Ort liegt in der arktischen Klimazone, die Durchschnittstemperaturen in den wärmsten Monaten (Juli & Aug.) liegen bei etwa 9 °C. Parkplätze befinden sich an der Strandgata beim Hafen. Von dort führt der Weg über eine Brücke zum **Pomorenmuseum**, das die faszinierende Geschichte der Pomoren bewahrt, russischer Händler und Fischer, die Vardø und Varanger bereisten. Ein kurzer Spaziergang führt zum ausdrucksvollen, wenn auch unheimlichen **Steilneset-Mahnmal**, das den 91 Opfern der Hexenverfolgung im 17. Jh. gewidmet ist. Auf dem Weg dorthin ist eine sehr schöne Wandmalerei zu sehen. Diese Gemälde wurden von Künstlern an den Seitenwänden verlassener und leerstehender Häuser beim Komafest 2012 geschaffen.

Der markierte Spazierweg führt dann zur **Vardøhus Festning**. Diese nördlichste Festung der Welt wurde 1738 errichtet

WESTEND61 GMBH/ALAMY STOCK PHOTO ©

Berlevåg (S. 299)

und ist frei zugänglich. Von der Uferstraße ist die russische Halbinsel Rybačij am Ende des Varangerfjords zu sehen. Ein Rundgang ist interessant, die Informationen sind meist in norwegischer Sprache. Fünf Gehminuten entfernt findet man den **Nordpol Kro**, das älteste Gasthaus Nordnorwegens, in dem schon der Polarforscher Fridtjof Nansen 1889, einige Jahre vor seiner wagemutigen Nordpolexpedition mit der *Fram*, zu Gast war.

Durch wilde Natur nach Hamningberg

REISE ZUM ÄLTESTEN FISCHERDORF FINNMARKS

Der kleine Ort **Hamningberg** liegt ganz am Ende der Varanger-Halbinsel an der Barentssee. Die 45 km lange, größtenteils einspurige Route führt durch eine spektakuläre Landschaft vorbei an steilen zerklüfteten Meeresklippen und gewaltigen Felsen. Stets weht ein heftiger Nordwind. Wale suchen zur Nahrungssuche die Gewässer auf. Auch Adler und Rentiere sind hier häufig zu beobachten. In Hamningberg gibt es am Ortseingang einen großen Parkplatz. Von dort geht es zu Fuß an alten Fischerhäusern vorbei, die der Zerstörung während des Krieges entgangen sind. Am ältesten sind die Torfhütten, die einst für den Handel mit den Pomoren dienten.

Vögel beobachten in Ekkerøy

LEICHTE WANDERUNGEN UND EINSAME STRÄNDE

Etwa 15 km westlich von Vadsø an der E75 liegt eine schmale Landenge, die zum Fischerort **Ekkerøy** führt. Unter der

HEXENWAHN IN VARDØ

Das Mahnmal von Steilneset erinnert an die 91 Opfer von Hexenprozessen in Vardø, die zwischen 1600 und 1692 stattfanden. Oft wurden diese Menschen von den Nachbarn der Hexerei beschuldigt. Meistens waren es Frauen, aber auch Männer wurden der Verbindung zu bösen Mächten bezichtigt. Im Domen, dem Hexenberg 2 km südlich der Stadt auf dem Festland, liegt eine Höhle, in der es zu Satansbeschwörungen gekommen sein soll.

In der Gedenkhalle wird an die Opfer der Hexenverfolgungen mit einer Installation und einer Texttafel erinnert. Alle 91 Frauen und Männer wurden auf dem Scheiterhaufen verbrannt. Der Rundgang ist eine berührende Erfahrung, die ein dunkles Kapitel in der Geschichte der Finnmark wachruft.

EINZIGARTIGE ARKTISCHE KLIMAZONE

Der **Nationalpark Varanger** ist ein Naturwunder mit artenreichen Hochebenen, Mooren und Tälern. Die arktische Landschaft wurde vor der letzten Eiszeit geformt und ist einzigartig in dieser Region. Im Winter kann der Park auf Skiern, im Sommer auf Fußwanderungen durchquert werden. Wer allein aufbricht, sollte mit Arktiswanderungen vertraut sein; die meisten Wege des Parks sind nicht markiert, die Orientierung ist nur mit Kompass und Karten möglich.
In Zusammenarbeit mit Visit Varanger organisieren örtliche Anbieter geführte Wanderungen in allen Schwierigkeitsstufen, damit diese eindrucksvolle Natur vielen zugänglich ist.

Große Raubmöwe, Ekkerøy

Mitternachtssonne wirken die weißsandigen Strände und die klaren blauen Buchten eher mediterran als arktisch. An den nördlichen Landzungen der einstigen Insel führen mehrere markierte Wanderwege durch das Naturschutzgebiet, wo seltene Vögel zu sehen sind. Der Wanderweg führt zum Ekkerøy Fuglefjell mit noch größerem Vogelreichtum. Dann geht es zur östlichsten Spitze mit Blick auf den Varangerfjorden.

Leben im Grenzland von Kirkenes

KULTURELLER AUSTAUSCH UND GRENZGESCHICHTE

Das ist es: auf demselben Längengrad wie Kairo, so weit im Osten wie Finnland und nur 15 km von der russischen

WINTERABENTEUER RUND UM VADSØ

Königskrabben
Auf einer Tour werden Königskrabben gefangen und gekocht; es gibt viele davon in den Gewässern von Kirkenes.

Hundeschlitten
Das Schneehotel von Kirkenes veranstaltet tägliche Huskytouren für alle, die der Kälte trotzen wollen (Okt.–April).

Schneemobil
Mit dem Schneemobil durch die Polarnacht auf der Jagd nach Nordlichtern.

Grenze – und am Endpunkt der Hurtigruten-Fähre. An diesem Ort ist auch die E6 zu Ende, die südwärts bis nach Oslo hinunter verläuft.

In den Straßen von **Kirkenes** ist es keine Seltenheit, die russische Sprache zu hören: Die Stadt liegt lediglich 8 km von der russischen Grenze entfernt und war jahrhundertelang ein Schnittpunkt für Kultur und Handel zwischen diesen beiden Völkern. Tatsächlich war es vor dem Ukrainekrieg norwegischen und russischen Grenzanwohnern innerhalb von 30 km noch möglich, ungehindert von einem Land ins andere zu reisen.

Im **Grenselandmuseet** erfährt der Besucher sehr viel über dieses Grenzgebiet, u. a. über die Ereignisse im Zweiten Weltkrieg. Die Savio-Sammlung des Museums zeigt charaktervolle Holzschnitte des samischen Künstlers John Andreas Savio (1902–1938), in denen sich die Spannung zwischen indigenem Leben und Naturgewalt ausdrückt. In der Stadtmitte ist das Russendenkmal zu sehen, das an die Befreiung der Region durch sowjetische Truppen 1944 erinnert. Führungen finden (nach vorheriger Reservierung) zur **Andersgrotta** statt, einem unterirdischen Bunker, der während 328 verheerender Luftangriffe Schutz gewährte.

Kirkenes ist Zielhafen der Hurtigruten-Fähre, die täglich nach Süden ablegt. Darauf abgestimmt fährt ein Bus in die Stadt und zum Flughafen.

ESSEN IN & RUND UM KIRKENES

Silja Wara ist im Pasvik-Tal nahe Kirkenes aufgewachsen. Sie lebt und arbeitet heute in der Stadt und gibt Empfehlungen zu gutem Essen und Trinken in Kirkenes.

Aurora Restobar
Das ist *die* Adresse zum Essengehen, es gibt heimische und internationale Gerichte. Die Atmosphäre ist untypisch für eine kleine Stadt in Nordnorwegen.

Boris Gleb
Im Sommer werden Bootsfahrten von Barents Safari angeboten – auf dem Pasvikelva geht es zur Grenzstation Boris Gleb an der Grenze zu Russland.

Bugøynes Bistro
Bugøynes ist ein schönes Fischerdorf und liegt 100 km von Kirkenes entfernt; heimische Fischgerichte gibt es im Bugøynes Bistro.

Sibirische Taiga im Nationalpark Øvre Pasvik

DER ENTLEGENSTE NATIONALPARK NORWEGENS

Der kleine **Nationalpark Øvre Pasvik** (119 km^2) liegt im Pasvikdalen. Neben Seen und Tundra-Torfmooren gibt es hier einen sehr großen Bestand an unberührtem Taiga-Wald. In der warmen Jahreszeit machen bösartige Mückenschwärme den Warmblütern das Leben zur Hölle.

Etwa 100 km südlich von Kirkenes und 265 km südlich von Vadsø liegt dieser wunderbare Park im Dreiländereck Norwegen-Finnland-Russland. Wegen der abgeschiedenen Lage kommen nur wenige Touristen in diese Gegend, die aber eine der erstaunlichsten Landschaften nördlich des Polarkreises ist. Sie besitzt die größte Population von Braunbären und große, alte Nadelwaldgebiete – eine Reise hierher liegt wirklich fern von allem Gewohnten.

Obwohl das Reisen ganzjährig möglich ist, strahlt die Gegend im Sommer eine besondere Magie aus. Im Besucherzentrum Svanhovd ist einiges über die Arbeit zur Arterhaltung im Nationalpark zu erfahren. Viele markierte Wanderwege

HIGHLIGHTS IM WESTLICHEN VARANGER & BEI VADSØ

Båtsfjord
In Norwegens betriebsamer Fischereihauptstadt bieten sich viele Gelegenheiten, Vögel zu beobachten.

Berlevåg
Die Kraft desNordpolarmeers ist in der nördlichsten Stadt Festlandnorwegens zu spüren.

Kongsfjord Gjestehus
Entspannung vor dramatischer Meereslandschaft in einem alten entlegenen Bauernhaus.

EINE REISE AN DIE GRENZE

Nirgends können sich Reisende so fern von allem fühlen wie auf einem Roadtrip entlang der russischen Grenze. Der östlichste Punkt Norwegens ist nur im Sommer mit dem Auto erreichbar. Von **1 Kirkenes** führt die E105 auf die Grenzstation Storskog zu. Links abbiegend verläuft die FV8860 am **2 Jarfjorden** entlang. Für die wilde Landschaft mit dichten, bis tief in die Täler hängenden Wolken sollte man sich viel Zeit nehmen. Auf der Weiterfahrt nach Osten geht die Straße nach gut einer halben Stunde in eine holprige Schotterpiste über. Nach 1 km wird der **3 Pasvikelva** erreicht; mitten durch den Fluss verläuft die Grenze, auf der anderen Seite ist der rot-grüne russische Grenzpfosten zu sehen. Fluss und Ufer dürfen nicht befahren oder betreten werden. Über dem Wald ragen russische Grenztürme auf, nach weiteren 8 km ist die **4 Kong Oscar II Kapell** (König-Oskar-II.-Kapelle) erreicht. Nach langwierigen Streitigkeiten wurde sie im Jahr 1869 zur Grenzmarkierung gebaut, ein bemerkenswertes Bauwerk inmitten der wilden Natur. Nach nur einer kurzen Fahrt mit dem Auto endet die Straße. Ein Parkplatz, eine Feuergrube und Toiletten ermöglichen aber ein ungewöhnliches Nachtlager. Obwohl die Umgebung zum größten Teil militärisches Sperrgebiet ist, lädt der **5 Sandstrand** zu einer Pause mit weitem Blick auf die Barentssee ein. Der östlichste Punkt Norwegens ist ein faszinierendes Highlight.

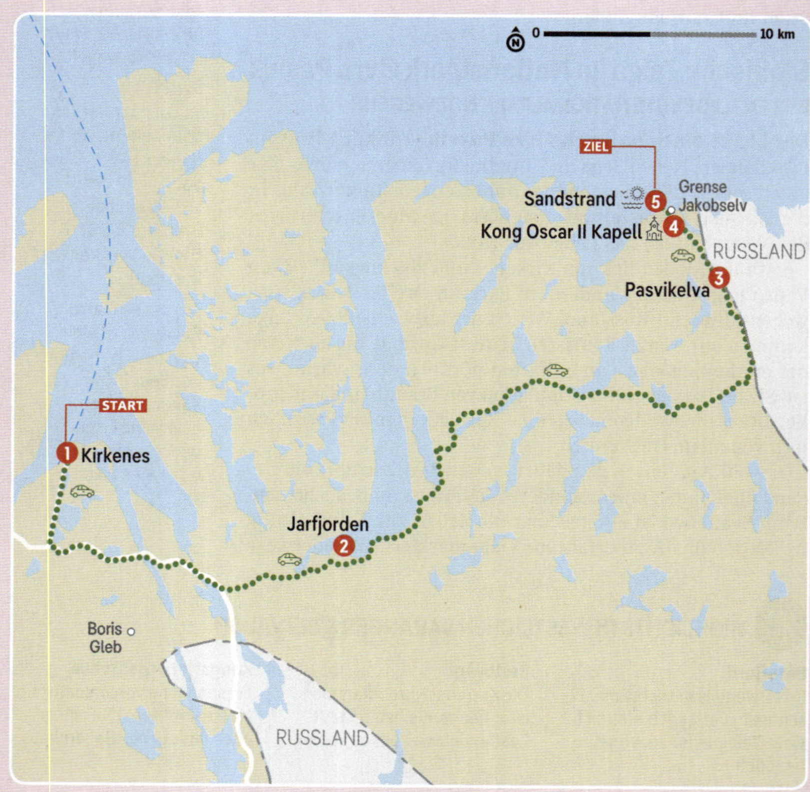

Jarfjorden

durchziehen den Park, ein Highlight ist die 5 km lange Wanderung nach Treriksrøysa, das nördlichste Dreiländereck Europas und auch der Welt. Von Grensefossen führt ein markierter Wanderweg westwärts. Über das Moorgebiet verlaufen Plankenwege, die am besten mit wasserfesten Wanderschuhen zu begehen sind.

Eine gut begehbare Route liegt auch abseits des Fahrweges, der 1½ km südlich von Vaggatem südwestwärts abzweigt und nach 9 km an einem Parkplatz nahe dem nordöstlichen Ende des Sees Sortbrysttjørna endet. Dort führt ein markierter Pfad 5 km weit südwestwärts an mehreren reizvollen Seen, Flach- und Torfmooren vorbei bis zur Wandererhütte Ellenvannskoia an einem großen See, dem Ellenvatn.

Im Hochsommer schwirren Millionen von Stechmücken umher – Insektenschutzmittel ist aus diesem Grund absolut unverzichtbar.

RENTIERHÜTER IM GRENZLAND

Sápmi, früher Lappland genannt, ist das angestammte Siedlungsgebiet des Urvolks der Samen, es umfasst die nördlichen Gebiete von Norwegen, Schweden, Finnland und Russland. Als Nachkommen der Nomadenvölker Nordeuropas führen die Samen ihre Abstammung bis in die letzte Eiszeit zurück. Viele Jahrtausende lang folgten sie den ziehenden Rentierherden.

Heute leben knapp 80 000 Samen in Sápmi. Rentierhüter verbringen mehrere Monate in der unwirtlichen Umgebung zusammen mit ihren Herden. Die Tiere liefern nicht nur Nahrung, sondern auch Material für Kleidung und Unterkunft. In dieser Eigenschaft sind sie von sakraler Bedeutung in der samischen Kultur. Rentierfleisch ist sehr beliebt und in vielen Supermärkten und Restaurants der Region zu finden.

Spitzbergen (Svalbard)

EISIGE LANDSCHAFT UND BERGBAUGESCHICHTE

Eine atemberaubende Wildnis aus Schnee und Eis lockt Unerschrockene zu Expeditionen ins Unbekannte.

Spitzbergens (Norwegisch: Svalbard) raue Schönheit lockt Reisende an, die arktisches Feeling spüren möchten. Hier lebten schon Polarforscher und wetterfeste Bergleute an der Seite von Eisbären.

Das eisige Archipel zwischen dem 74. und 81. nördlichen Breitengrad wurde 1596 von einer niederländischen Expedition unter Willem Barentsz auf der Suche nach der Nordwestpassage entdeckt. Geschichten von Gewässern voller Wale, Walrossen und Seehunden machten schnell die Runde. Es entbrannte auch ein Rennen, wer in der Arktis zuerst seine Flagge hissen konnte. Polarforscher wie Roald Amundsen nutzten Spitzbergen als Basislager für Expeditionen noch weiter nach Norden. Heute betreibt Norwegen nur noch ein einziges Bergwerk (Grube 7), das aber 2025 ebenfalls schließen soll.

Forschung und Tourismus stehen nun im Vordergrund. Kreuzfahrtschiffe und Billigfluglinien haben dafür gesorgt, dass Spitzbergen nicht mehr am Ende der Welt liegt. Aber Abenteuerlust sollte man immer noch mitbringen, denn es gibt viele Ausflugsmöglichkeiten in die eisige Wildnis. Der Tourismus wird hier strikter begrenzt als auf dem Festland, um das vom Klimawandel bedrohte Ökosystem zu schützen. Deshalb stehen rund 65 % der Landfläche unter Schutz. Die Grundregel „hinterlasse keine Spuren" ist von enormer Bedeutung. Das Sysselmesteren (Gouverneursbüro) ermahnt Besucher: „Es ist nicht möglich, ein unsichtbarer Tourist zu sein – aber wir freuen uns, wenn Sie es versuchen."

DIE WICHTIGSTEN ZIELE

LONGYEARBYEN
Ehemalige Bergbaustadt, nun Abenteuermetropole.
S. 306

NY-ÅLESUND
Forschungsstation und die nördlichste Stadt der Welt.
S. 316

FLORIDASTOCK/SHUTTERSTOCK ©

Links: Nordlichter über Longyearbyen (S. 306); oben: Eisbär, Spitzbergen

Erste Orientierung

Nur ein kleiner Teil der geschützten, 61000 km² großen Landfläche Spitzbergens steht für Touristen offen. Flüge landen in Longyearbyen, der größten Siedlung des Archipels. Für Erkundungen der Umgebung werden geführte Touren angeboten – für einen Tag oder auch länger.

Ny-Ålesund, S. 316
Weltberühmte Arktis-Forschungsstation, bekannt für bahnbrechende dramatische Expeditionen – der nördlichste Ort, von dem man eine Postkarte schicken kann.

Longyearbyen, S. 306
Spitzbergens „Großstadt" mit gemütlichen Unterkünften, gutem Essen, kulturellen Attraktionen und Überbleibseln des historischen Bergbaus.

SCHIFF
Da es keine Straßen zwischen den Siedlungen gibt, bedeuten Reisen von Longyearbyen normalerweise eine organisierte Schiffstour. Die Saison dauert von Mai bis September. Je nach Wetterlage kann bereits die Schiffstour ein Abenteuer sein.

SCHNEEMOBIL
Im Winter sind die Schneemobile (*snøscooter*) ein wichtiges Verkehrsmittel für die Einheimischen. Man kann so zu benachbarten Siedlungen fahren. Besucher können sich je nach Schneelage bis Anfang Mai Touren anschließen.

Globaler Saatgut-Tresor (S. 310)

Perfekte Tage

Longyearbyen ist ein spannendes Standquartier, aber Spitzbergens wahre Schönheit liegt außerhalb. Die beliebtesten Ausflüge sind schnell ausgebucht. Deshalb in der Hochsaison frühzeitig buchen.

Tipps für Longyearbyen

- In **Longyearbyen** (S. 306) besucht man das **Svalbard-Museum** (S. 306) als Einführung in die Natur und Geschichte der Inselgruppe. Im Winter lockt eine **Schlittenhund-Exkursion** (S. 311); im Sommer sind die Polarriesen auf einer **Walross-Safari** (S. 312) ein Erlebnis. Ganzjährig erzählt **Gruve 3** (S. 308) vom Leben der Bergleute. Abends wartet ein Bier im **Karlsberger Pub** (S. 310).

Spitzbergen in fünf Tagen

- Nach **Longyearbyen** (S. 306) führt ein Tagesausflug nach **Ny-Ålesund** (S. 306) in den Fußstapfen des Polarforschers Roald Amundsen. Einsamkeit verspricht eine Tour mit Übernachtung im Hotel **Isfjord Radio** (S. 315). Wie wäre es zwischen den Sauna-Gängen mit einem Bad im Nordpolarmeer? Nordische Delikatessen gibt es im **Huset** (S. 310, für den Abschlussabend buchen).

Beste Reisezeit

FRÜHLING
Im März feiern die Einheimischen die Rückkehr der Sonne über den Horizont. Die Tage werden länger.

POLARSOMMER
Von Mai bis August scheint die Mitternachtssonne 24 Stunden lang. Schiffstouren sind sehr beliebt.

HERBST
Die Herbstfarben prägen die Tundra von September bis Anfang Oktober. Eine gute Zeit, um Kabeljau zu angeln.

POLARNÄCHTE
Von November bis Ende Januar ist es dunkel. Das kann trostlos sein, aber mit etwas Glück sieht man Nordlichter.

Longyearbyen

UNTERWEGS VOR ORT

5 km außerhalb der Stadt landen täglich Flüge von Oslo (3 Std.) und Tromsø (1½ Std.). Busse bringen die Gäste zur Unterkunft.

Die Stadt lässt sich gut zu Fuß erkunden. Die 2 km zu einigen Unterkünften (v.a. Gjestehuset 102) können sich zu Fuß bei Minustemperaturen lang anfühlen. Fahrgelegenheiten bieten Svalbard Buss og Taxi und Longyearbyen Taxi.

In der Stadt kann man sich frei bewegen, denn Eisbären kommen nur selten hierhin. Außerhalb stehen Warnschilder. Hierhin sollte man nur mit einem bewaffneten Guide gehen. Der Angriff eines Eisbären kann tödlich enden!

TOP TIPP

Pantoffeln oder warme Socken für drinnen mitnehmen. Die alte Tradition, die Schuhe an der Haustür auszuziehen, wird in jedem Hotel und in den Museen strikt eingehalten. Das erinnert an die Zeit, als die Bergleute ihre Unterkünfte frei von Kohlenstaub halten wollten.

Longyearbyen wurde 1906 von dem amerikanischen Bergbaumagnaten John Monroe Longyear gegründet. Die Stadt am Adventfjorden hat sich seither stark entwickelt. Sie liegt zwar näher zum Nordpol als zu Oslo, dennoch sorgt die bunte internationale Bevölkerung dafür, dass man sich eher wie in einem europäischen Skiresort fühlt. Rund 2500 Menschen aus mehr als 50 Ländern leben in Spitzbergens größter Siedlung. Die Zahl kann sich fast verdoppeln, wenn die Passagiere eines Kreuzfahrtschiffs an Land gehen.

Longyearbyens industrieller Uferstreifen und die Arktis-feste Architektur sind nicht wirklich attraktiv. Aber eine Reihe von abwechslungsreichen Restaurants und Bars sowie einige wenige Museen machen Longyearbyen zu einer hervorragenden Basis für die Ekundung der umliegenden Täler und Berge. Touranbieter fahren in die nähere Umgebung, aber auch in die Weiten des eisigen Archipels. Die meisten Touren starten in Longyearbyen und können im Touristenbüro gebucht werden.

Das Archipel verstehen

LONGYEARBYENS MUSEEN

Eine ausführliche Erkundung der Inselgruppe beginnt im **Svalbard-Museum**. Es liegt im selben Gebäude wie das University Centre. Hier erfahren Besucher alles über Jagd, Walfang, Tierwelt, Geologie und die Auswirkungen des Klimawandels. Es gibt auch Wechselausstellungen, z. B. zur Klimaforschung und zur Geschichte der Demokratie in Longyearbyen.

In Ufernähe befindet sich das **North Pole Expedition Museum**. Auf zwei Stockwerken geht es um das Drama und die Tragödien der Nordpolexpeditionen. Oben geht es vor allem um die Expedition des Luftschiffs *Norge* sowie das verunglückte Luftschiff *Italia*. Dieses Desaster löste die größte Such- und Rettungsaktion aus, die die Arktis jemals erlebt hatte. Auch mehrere Retter, darunter Roald Amundsen, kamen dabei ums Leben.

(Fortsetzung auf S. 308)

ZEICHEN DER VERGANGENHEIT IN LONGYEARBYEN

Startpunkt ist vor dem Einkaufszentrum **1 Lompensenteret**. Von hier geht es zum **2 Gruvearbeideren**, einer Bergarbeiterskultpur von Tore Bjørn Skjølsvik. Auf der Tafel steht „Wir haben Longyearbyen aufgebaut". Geradeaus geht es am Touristenbüro rechts, dann links und die zweite Straße rechts bis zum **3 Denkmal für John Monroe Longyear**, den Gründer der Stadt. Nach links geht es zur hölzernen **4 Sykehustrappa** (Krankenhaustreppe), den Resten des ersten Hospitals. Hier feiern die Einheimischen im März die Rückkehr der Sonne. Weiter geht es zur einladenden **5 Svalbard Kirke**, die rund um die Uhr geöffnet ist. Geradeaus liegt das **6 Kriegerdenkmal** für die Bergarbeiter, die im Zweiten Weltkrieg in der Schlacht um Spitzbergen gefallen sind. Etwas weiter steht die 1949 errrichtete **7 Glocke**, die an die Schichtglocke in Røros erinnert. Die **8 Longyearbyen-Sonnenuhr** mit einem Schattenzeiger in Eisbärform kann bei Sonnen- und Mondlicht genutzt werden. In der grünen Box auf dem Geländer gibt es mehr Infos dazu. Es geht wieder zurück zum Lompensenteret. Für eine längere Runde geht es nach links und 400 m weiter zum **9 Friedhof**. Ein Stück weiter liegt das ehemalige Bergarbeiterzentrum **10 Huset**, heute ein Restaurant. Rechts lockt das **11 Eisbärschild** zu einem Selfie. Am Huset befindet sich das **12 Einar-Sverdrup-Denkmal**, das dem Helden aus dem Zweiten Weltkrieg und Chef von Store Norske gewidmet ist. Die Straße führt nach links. Hoch am Berghang liegen die Reste von **13 Grube 2**. Zurück nach Lompensenteret sind es 2 km.

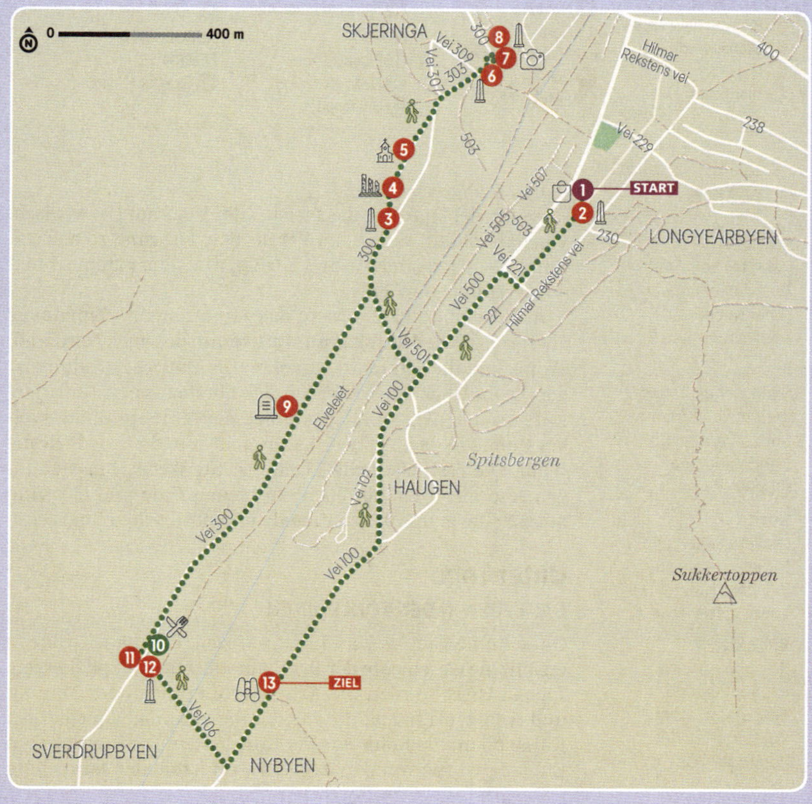

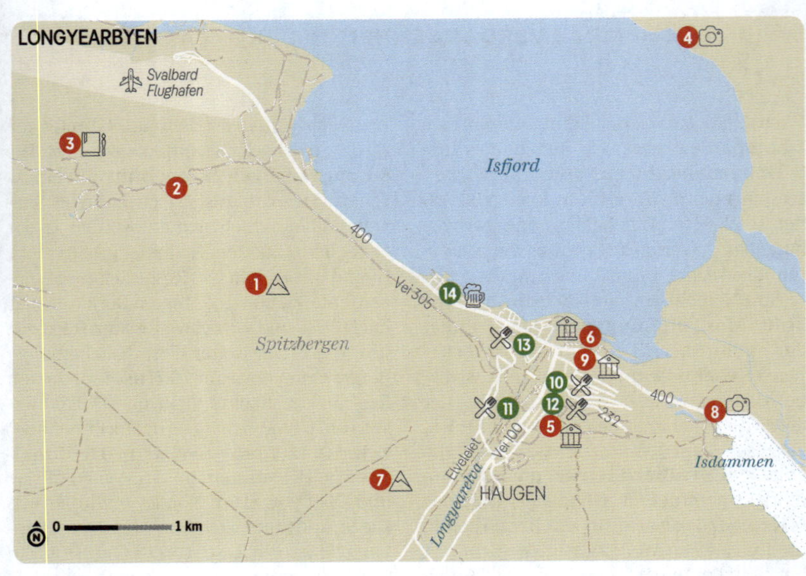

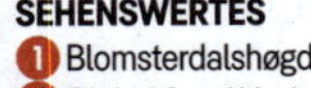

SEHENSWERTES
1 Blomsterdalshøgda
2 Global Seed Vault
3 Gruve 3
4 Hiorthamn
5 Nordover
6 North Pole Expedition Museum
7 Platåfjellet
8 Eisbärschild
9 Svalbard-Museum

ESSEN
10 Fruene
11 Nuga
12 Stationen
13 Vinterhagen

AUSGEHEN & FEIERN
14 Svalbard Bryggeri

GUT ESSEN

Stationen
Relaxtes Lokal mit klassischer norwegischer Küche und Hausmannskost. €

Fruene
Sandwiches, Tagesgerichte und warme Suppen in dem Café-Chocolatier und Textilladen. €

Nuga
Leckere Sushi- und Nudelgerichte im Svalbard Hotell | The Vault; reservieren. €

Vinterhagen
Regionale Küche mit Rentier- und Seehundsteak im Wintergarten des Polarrigg. €€€

(Fortsetzung von S. 306)
Es gibt viel Material, das meiste allerdings auf Norwegisch. Von daher lohnt es sich, im Voraus eine Führung zu buchen. Eintrittskarten sind für drei Tage gültig, falls man nochmal wiederkommen möchte.

Im November 2022 öffnete das Kunstzentrum **Nordover** als Teil des **Nordnorsk Kunstmuseum**, das auch Nordland, Troms und die Finnmark abdeckt. Die Dauerausstellung ist den beeindruckenden Werken des norwegischen Künstlers Kåre Tveter (1922–2012) gewidmet, der seine stimmungsvollen Gemälde der hiesigen Landschaft aus dem Gedächtnis schuf. Die restliche helle Fläche ist für Wechselausstellungen reserviert. Es gibt auch ein kleines Café und ein Kino mit 32 Sitzen, das internationale und nordische Filme zeigt.

Unter Tage

DAS LEBEN IN DEN KOHLEMINEN

Ohne Kohle gäbe es kein Longyearbyen. **Gruve 3** (Grube 3) erzählt die Geschichte der Bergbauindustrie auf Spitzbergen. Thematisiert werden die Arbeitsbedingungen der Männer und wenigen Frauen, die für die Store Norske Spitsbergen Kulkompani die Kohle aus der Erde holten. Die Stechuhr am Eingang wurde von den Arbeitern im Laufe der Jahrzehnte stark abgenutzt. Aber es wurden auch Fossilien mit Dinosaurier-Fußabdrücken gefunden. Nach einem Besuch der Kantine werden dicke Overalls, Handschuhe und ein Helm übergestreift, um gut 1 km in die nasskalte Mine zu laufen. Beleuchtung bringen nur die Stirnlampen. Auf dem Weg geht es an Werkstätten vorbei, die Guides erzählen von tragischen Unfällen, die vor der Schließung der Zeche 1996 passierten. Man kann auch in einen der engen Arbeitsplätze kriechen, um die Arbeit und die Risiken besser zu verstehen – nichts für klaustrophobische Besucher.

Spitzbergens Bernsteinnektar

LONGYEARBYENS HARTUMKÄMPFTE BRAUEREI

Ein Gesetz von 1928 verbot die Alkoholproduktion und schränkte den Verkauf auf Spitzbergen ein. Aber Robert Johanson war es leid, seinen Alkohol immer illegal zu Hause zu brauen. Vier Jahre lang reichte er jeden Monat bei der norwegischen Regierung eine Petition ein, um das Gesetz zu ändern – mit Erfolg! 2011 wurde die **Svalbard Bryggeri** (Spitzbergen-Brauerei) gegründet, 2015 wurde die Eröffnung gefeiert.

Bei einer Führung erfährt man Johansens oftmals komische Geschichte. Auch die jetzigen Alkoholregeln werden erläutert und es gibt Kostproben. Zur Auswahl stehen fünf Craftbiere, z.B. das Spitsbergen Pilsner, IPA und Stout. Vom Stadtzentrum ist es eine knappe halbe Stunde zu Fuß zur Brauerei. Oben gibt es eine einladende Bar.

Halbtageswanderungen

GEFÜHRTE TOUREN RUND UM LONGYEARBYEN

Wer nicht fit genug für eine lange Polarexpedition ist, kann eine kürzere geführte Wanderung rund um Longyearbyen unternehmen. Eine populäre Route führt auf den 424 m hohen Gipfel des **Platåfjellet**. Von dort schaut man über die ganze Stadt und über den Adventfjorden. Eine weitere Route führt auf den 320 m hohen **Blomsterdalshøgda**. Die Tour führt an den Bergbauresten von Gruve 3 vorbei. Während des Aufstiegs wird auch der Eingang zum beinahe mystischen Globalen Saatgut-Tresor (S. 310) passiert. Wer sich noch intensiver mit der Bergbaugeschichte beschäftigen will, kann die verlassene Bergbausiedlung **Hiorthamn** aufsuchen. Sie liegt von Longyearbyen auf der anderen Seite des Fjords.

Mehrere Routen sind ganzjährig begehbar, aber die Bedingungen können im Winter brutal sein. Angemessene Kleidung und Fitness sind deshalb unerlässlich. Auch Wanderungen, die als „leicht" beschrieben werden, können steile Abschnitte

EISBÄREN

Eisbären sind hier Teil des täglichen Lebens – von den Warnschildern „Gjelder hele Svalbard" (gilt für ganz Spitzbergen) bis zu den Postkarten an jedem Souvenirstand. Und das hat gute Gründe. Rund 3000 der kräftigen Raubtiere leben auf der Inselgruppe. Sie jagen Seehunde auf den Eisflächen, aber sie sind auch anfällig gegenüber den Folgen des Klimawandels. Die Eisfläche auf dem Meer nimmt ab und damit verkleinert sich auch ihr potenzielles Jagdgebiet.

Es ist verboten, Eisbären zu jagen oder zu stören. Einen Bären live zu erleben, ist recht selten. In den Hotels von Longyearbyen sind jedoch einige historische Exemplare ausgestopft zu sehen. Das zeigt, wie sich die Einstellung verändert hat, weil diese bedrohten Bewohner der Arktis inzwischen geschützt sind.

ÜBERNACHTEN IN LONGYEARBYEN

Gjestehuset 102
Schlafsäle und private Zimmer mit blitzsauberem Gemeinschafts-Bad/WC; rund 2,5 km vom Stadtzentrum. **€**

Mary-Ann's Polarrigg
Gemütliche Zimmer mit Gemeinschafts-Bad/WC. Die exzentrische Deko überspielt den Mangel an Luxus. **€€**

Svalbard Hotell | Polfareren
Boutiquehotel im Stadtzentrum mit rustikal-schicken Zimmern und einem Top-Frühstücksbüfett. **€€€**

GLOBALER SAATGUT-TRESOR

Bei Tageslicht sieht der schmale, hohe Eingang zum **Globalen Saatgut-Tresor (Global Seed Vault)** nicht nach viel aus. Aber die Anlage ist von internationaler Bedeutung. Die riesige biologische Bücherei verfügt über rund 900 000 Saatgut-Sorten, die bei konstanten –18 °C etwa 100 m tief im Permafrost gelagert werden. Der Tresor wurde 2008 eingeweiht, um sich gegen die Ausrottung von Saatgut zu wappnen. Es hat auch schon einen Rückruf gegeben, um nach dem Krieg in Syrien dort wieder Pflanzen anzubauen. Der Zutritt ist verboten, aber mehrere Wanderungen und Touren führen für Fotos nah genug vorbei. Nachts taucht die Glasfaser-Kunstinstallation *Perpetual Repercussion* von Dyveke Sanne den Eingang der Anlage in blaugrünes Licht.

PÅL KLEVAN/ALAMY STOCK PHOTO ©

Huset

beinhalten oder ziemlich lang sein. Da alle Wanderungen die Stadt verlassen, ist ein Schutz vor Eisbären unerlässlich.

Arktisches Gourmetessen

EIN ARKTISCHES MENÜ AUSPROBIEREN

Falls die Abgeschiedenheit Spitzbergens Bilder von Essen in Alufolie und einfachen Überlebensrationen hervorruft, wartet vor Ort eine angenehme Überraschung. Ein wirklich ungewöhnliches Essenserlebnis präsentiert das **Huset**. Im „Haus" werden arktische Delikatessen serviert, wie z. B. Seehund- und Alpenschneehuhnfleisch. Dazu wird ein passender Wein aus dem prämierten Weinkeller gereicht. Das Restaurant liegt in der Nähe von Nybyen, rund 2 km vom Stadtzentrum entfernt.

AUSGEHEN IN LONGYEARBYEN

Café Huskies
Kaffee und Tee in heimeliger Atmosphäre; die freundlichen Huskies tummeln sich frei unter den Gästen.

Svalbar
Lebendige Bar mit Cocktails und Musik, was dafür sorgt, dass man noch einen bestellt.

Karlsberger Pub
Bei Einheimischen wie Touristen beliebt; gemütliche, einladende Kneipe mit großer Whisky-Auswahl.

Rund um Longyearbyen

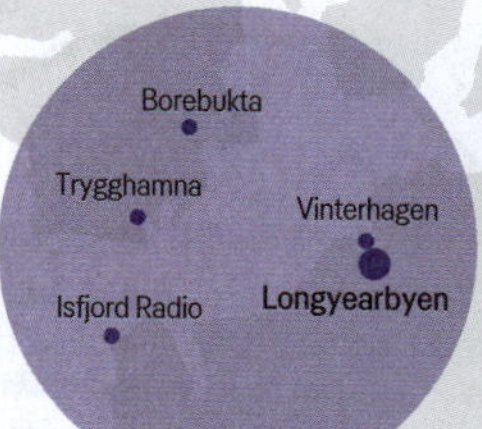

Die Berge, Täler und Fjorde sind auf geführten Wanderungen sowie per Schneemobil, Hundeschlitten und Schiff zu erreichen.

Dies ist das Spitzbergen, für das alle kommen: Mit dem Hundeschlitten durch ein stilles, verschneites Tal gleiten; den Überlebenskampf der Natur an einem der unwirtlichsten Orte der Erde bewundern und die Freude genießen, wenn man auf dem Weg zu immer einsameren Siedlungen von einem Boot aus die eisige Berglandschaft beobachten kann. Viele Ausflüge bleiben im Umfeld von Longyearbyen, andere fahren in den Isfjorden hinaus, um Walrosse zu sichten und Vogelkolonien zu erkunden. Es gibt zahllose atemberaubende Freizeitmöglichkeiten: Skifahren, zelten, mit dem Schneemobil fahren oder einfach die Landschaft und Natur von einem beheizten Boot genießen.

Eisige Hundetage

ABENTEUER AUF DEM HUNDESCHLITTEN

Die Erwartung: eine faszinierende Fahrt über frischen Schnee, geführt von einem Rudel enthusiastischer, athletischer Hunde. Die Realität: organisiertes Chaos, das mehr Spaß macht, als man sich vorstellen könnte.

Es gibt mehrere Husky-Farmen in Longyearbyen (S. 313) und sie bieten alle dieselben mehrstündigen Schnupperangebote. Es gibt auch mehrere Tagesausflüge und Mehrtages-Expeditionen, um Nordlichter und Eishöhlen zu sehen oder im Iglu zu übernachten. Wer sich für eine kurze Tour entscheidet, sollte eine aussuchen, bei der man die Hunde selbst anspannen und führen kann, falls man physisch dazu in der Lage ist. Denn das ist harte Arbeit, aber ein echtes Erlebnis. Wenn es nicht genug Schnee gibt, gibt es auch Wagen mit Rädern. Aber das raue Terrain macht die Fahrt anstrengender als auf einem Schlitten im Schnee. Man sollte seine Kräfte gut einschätzen.

Mit ihren durchdringend blauen Augen und ihrem wölfischen Aussehen sehen die Schlittenhunde durchaus angsteinflößend aus. Aber sie sind an Menschen gewöhnt und freuen sich, wenn sie nach der Arbeit verwöhnt werden. Alle Husky-Farmen sind in Norwegen strikten Tierschutzregeln unterworfen. Mehr Details unter mattilsynet.no.

UNTERWEGS VOR ORT

Alle Touren von Longyearbyen beinhalten den Transport zum und vom Startpunkt. Man wird bei der Unterkunft abgeholt. Je nachdem, wo man wohnt, kann sich die Abfahrt bis zu 20 Minuten verzögern.

Walross-Safaris und Fahrten zum Isfjord Radio finden in der Regel in überdachten, warmen Schnellbooten statt.

TOP TIPP

Natürlich kann man jede freie Minute verplanen, aber ein freier Tag macht Sinn, falls wetterbedingt Pläne geändert werden müssen.

Tonnenschwere Wundertiere

WALROSSE IM FREIEN ERLEBEN

Weil sie vom 17. bis 19. Jh. intensiv gejagt wurden, verringerte sich die Anzahl der Walrosse auf Spitzbergen dramatisch. Aber die massiven Säugetiere feierten ein Comeback, nachdem sie 1952 unter Schutz gestellt wurden. Die Zahlen schwanken, aber das Norwegische Polarinstitut schätzt, dass rund 2000 dieser Tiere auf Spitzbergen leben. Die Chancen sind also gut, einige in ihrer natürlichen Umgebung zu erleben.

Walross-Safaris konzentrieren sich normalerweise auf **Borebukta** im Nordwesten des Isfjorden. Dorthin dauert es rund eine Stunde, vorbei an beeindruckenden Schneegipfeln. An ihrem Lieblingsort hat man reichlich Zeit, um sie zu beobachten, wie sie sich gesellig auf dem Strand oder auf dem Eis rekeln, nach Weichtieren im flachen Gewässer jagen oder sich aus dem Wasser wuchten. Im Boot ist es gemütlich, aber der arktische Wind kann ganz schön beißend sein, wenn man vom Deck aus beobachtet; deshalb entsprechend kleiden.

WALROSSE IN SICHT

Wer nach **Ny-Ålesund** (S. 316) fährt, muss womöglich keinen zusätzlichen Walross-Trip buchen. Poolepynten am Prins Karls Forland ist bekannt für seine Walrosse und liegt direkt auf dem Weg. Oftmals schieben die Anbieter hier auf dem Weg eine kleine Mini-Safari ein.

SPITZBERGENS TIERWELT

Eisbären
Dieses Raubtier ist nicht leicht zu sichten; auf Bootstouren sollte man das Ufer im Auge behalten.

Walrosse
Die Riesen wiegen bis zu einer Tonne und lieben flaches Wasser. Sie suchen dort Weichtiere, Garnelen und Weichschalenkrabben.

Polarfüchse
Die Füchse sind im Winter weiß und im Sommer braun. Zweimal im Jahr findet der Fellwechsel statt (Mai–Juli, Sept.–Dez.).

Eiderenten
Diese Zugvögel nisten neben den Husky-Farmen als Extraschutz gegen die Eier-stehlenden Füchse.

Spitzbergen-Rentiere
Sie leben auf der ganzen Inselgruppe und sind kleiner als jene auf dem Festland.

Durch den Schnee düsen

MIT EINEM SCHNEEMOBIL DIE INSEL ERKUNDEN

Mehr Spaß kann es auf einer motorisierten Maschine nicht geben. Zunächst muss man sich in einen Schneeanzug zwängen und eine Sturmhaube und Stiefel überziehen. Dann geht es im Konvoi auf eine großartige Tour zum gewählten Ziel. Die Schneemobile düsen in den Tälern bei eisigem Wind zwischen den Bergen entlang. Vielleicht geht es zu einer Eishöhle oder entlang der Ostküste oder man verbringt die Nacht in einer Wildnis-Lodge, um echte Einsamkeit zu spüren. Man muss einen Führerschein haben, der auf Spitzbergen anerkannt wird. Zu den Anbietern zählen **Hurtigruten Svalbard**, **Basecamp Explorer** und **Svalbard Adventures**. Für längere Touren ist es hilfreich, schon Erfahrung auf Schneemobilen zu besitzen.

Flügge werden

ZUSCHAUEN, WENN DIE DICKSCHNABELLUMMEN IHR NEST VERLASSEN

Es gibt nur ein sehr kleines Zeitfenster im Juli, um das Phänomen des „Nesthüpfens“ zu erleben. Mit dem Boot geht es dafür in die geschützte Bucht von **Trygghamna**. An Land sieht man, wie die jungen Dickschnabellummen flügge werden und erstmals aus ihren Nestern an den Klippen des Berges Alkhornet hüpfen. Das ist total beeindruckend, aber auch herzzerreißend. Denn rundum lauern schon Polarfüchse, um sich einige

Polarfuchs

Kleine zu greifen. Vor Ort sieht man auch andere Vogelarten, wie z. B. Dreizehenmöwen und Große Raubmöwen. Interessant ist auch die weitere Flora und Fauna.

Arktische Lichterspiele

AUF DER JAGD NACH DEN NORDLICHTERN

Das Erlebnis des unwirklich grünen, roten und blauen Farbenspiels der Nordlichter ist schlicht magisch. Es gibt viele Wege, sie zu entdecken. Als Amateurfotograf lässt sich die Großartigkeit des Schauspiels unter der erfahrenen Anleitung des kleinen Anbieters **Svalbard Photography** voll

RUSSISCHE SIEDLUNGEN

Offiziell ist die Inselgruppe Norwegisch, aber alle Unterzeichnerstaaten des Vertrags von Spitzbergen von 1920 – einer davon Russland – haben das Recht, die natürlichen Ressourcen des Archipels zu nutzen. Es gibt zwei größere russische Siedlungen auf Spitzbergen, die bei Touristen populär sind.

Barentsburg liegt 60 km südwestlich von Longyearbyen und verfügt noch über eine aktive Zeche und ein Hotel. **Pyramiden** hingegen ist eine Geisterstadt aus Sowjetzeit, die verlassen wurde, als die Zeche 1998 schloss.

Bei Redaktionsschluss riet Visit Svalbard aufgrund des Ukraine-Kriegs von Fahrten in diese Siedlungen und von Ausflügen mit russischen Anbietern ab. Man sollte sich bei Visit Svalbard nach dem aktuellen Stand erkundigen.

HUNDESCHLITTEN-ANBIETER

Svalbard Husky
Halb- und Ganztags-Hundeschlittentouren, auch familienfreundlich und zu Eishöhlen.

Green Dog Svalbard
Familiengeführte Husky-Farm mit kurzen und mehrtägigen Ausflügen; Husky-Grönlandhund-Mischungen.

Svalbard Villmarkssenter
Natur-fokussierter Anbieter mit diversen Exkursionen, u. a. ein einwöchiges „Mushing"-Abenteuer im Hundeschlitten.

KOMME ICH ALLEIN ZURECHT?

Viele Reisende möchten lieber unabhängig reisen. Organisierte Touren sind für sie unattraktiv. Spitzbergen ist aber eine einzigartige Gegend mit einzigartigen Risiken. Jeder, der Longyearbyen verlässt, braucht einen Schutz gegen Eisbären, also eine Waffe. Auch wenn entsprechend qualifizierte Besucher eventuell einen Waffenschein bekommen können, ist der Prozess langwierig und strikt. Selbst dann ist das Reisen auf dem Archipel eingeschränkt und „öffentlicher Verkehr" im eigentlichen Sinne existiert nicht. Für die allermeisten Besucher, die nur wenige Tage Zeit haben, ist die Buchung einer geführten Tour die simpelste, unterhaltsamste und sicherste Wahl. Auf sysselmesteren.no finden sich die aktuellen Regeln für Besucher.

GINGER_POLINA_BUBLIK/SHUTTERSTOCK ©

Polarlicht (S. 313)

auskosten. Wer mehr auf den Adrenalinkick steht, fährt vielleicht lieber auf einem Schneemobil von **Better Moments** oder auf einem Hundeschlitten von **Svalbard Husky**. Wenn man lieber im Warmen sein möchte, dann ist der Komfort der „Schneekatze" von **Hurtigruten Svalbard** wahrscheinlich genau das Richtige.

Während der Polarnacht zwischen Mitte November und Ende Januar ist es theoretisch möglich, Nordlichter zu jeder Tageszeit zu sehen. Aber aufgrund der Lage im hohen Norden ist die Sichtung der Polarlichter wahrscheinlich schwieriger als auf dem norwegischen Festland. Wenn es mit der Aurora borealis nicht klappt, dann gibt es noch eine andere

SPITZBERGEN-SOUVENIRS KAUFEN

Barbara Foto & Ramme
Fotos, arktische Plüschtiere und lokales Kunsthandwerk.

Fruene
Hier lockt handgemachte Schokolade. Wie wäre es mit Arctic Chill mit etwas Chili?

Kongsfjordbutikken
Eine Postkarte vom nördlichsten Shop der Welt mit dem berühmten Ny-Ålesund-Poststempel abschicken.

arktische Lichtshow: Direkt vor und nach der vollkommen dunklen Phase gibt es die sogenannte „Blaue Stunde". Dann sorgt die Dämmerung gerade für genug Licht, um die Landschaft leicht blau zu färben.

Luxuriöse Einsamkeit im Hotel Isfjord Radio

EIN ABGELEGENES ABENTEUERHOTEL

Die ehemalige Kommunikationsstation **Isfjord Radio** wurde im Zweiten Weltkrieg von beiden Seiten bombardiert, danach aber wieder aufgebaut. Es ist ein absolut einzigartiges Hotel. Im Winter erreicht man es mit dem Schneemobil, im Sommer mit dem Schiff. Die Boote legen an einem schwimmenden Pier vor den unwirtlichen Klippen an. Dann geht es eine Treppe hinauf zu einer Reihe von Gebäuden und Satellitenstationen, bevor schließlich das schicke Innere des Hotels erreicht wird.

Zunächst gibt es eine kurze Führung über das Gelände mit dem rot-weiß-gestreiften Leuchtturm und zu einigen Relikten, die aus ehemaligen Jagdzeiten stammen. Je nach Aufenthaltslänge können Ausflüge gebucht werden, z. B. mit dem Gummi-Schnellboot oder zu Fuß durch die arktische Tundra. Am Ende eines ereignisreichen Tags sorgt die Sauna für Entspannung. Die ultimative Erfrischung bietet dabei ein kurzes Bad im Nordpolarmeer. Zum Abschluss wartet ein saisonales Gourmet-Menü, z. B. mit Rentierbraten.

Die großen Panoramafenster im Gästebereich sind ideal, um die Natur zu beobachten. Ein Großteil des Geländes rund um die Station ist Teil des **Kapp-Linné-Vogelreservats**, sodass man wahrscheinlich viele Vogelarten, aber auch Rentiere und gelegentlich sogar einen Eisbären sieht. Letztere sind auf der Nahrungssuche sogar schon in Häuser eingebrochen. Es gibt auch die friedliche **Prof. Åkermans Bibliotek**, während draußen der eisige Wind um das Gebäude pfeift.

Isfjord Radio wird heutzutage von Basecamp Explorer (S. 312) geführt, die zahlreiche Exkursionen anbieten.

SPITZBERGENS JAHRESZEITEN

Peder Loso ist ein Schneemobil-Guide und erzählt von den saisonalen Highlights in Spitzbergens Natur. *@pederloso*

Im Spätfrühjahr und Sommer sind die Inseln voller Zugvögel. Diverse Meeressäugetiere, darunter mehrere Walarten und gelegentlich auch Eisbärsichtungen machen Schiffstouren zu den kalbenden Gletscherkanten und Vogelklippen noch attraktiver.

Im Winter kann man die Gletscher und die schneebedeckten Täler mit dem Schneemobil befahren. Das Jahr bietet krasse Gegensätze, was die Lichtverhältnisse angeht. Während der Polarnacht ist es abgesehen von gelegentlichen Nordlichtern stockdunkel, während ab Mai die stetige Mitternachtssonne mit reichlich Licht verwöhnt.

SCHIFFSTOUR-ANBIETER

Better Moments
Breites Angebot: überdachte Gummi-Schnellboote für Walross-Touren, Törns nach Ny-Ålesund und vieles mehr.

Henningsen Transport and Guiding
Anbieter für Tagesausflüge in den Isfjorden; Infos zur Geschichte, Geologie und Natur.

Hurtigruten Svalbard
Auf einem stillen Hybrid-Gefährt zu den Gletschern fahren, die Tierwelt beobachten oder ein Abendessen genießen.

Ny-Ålesund

Am Südufer des Kongsfjorden rühmt sich Ny-Ålesund, die nördlichste ständig bewohnte Siedlung der Welt zu sein. Im frühen 20. Jh. blühte der Ort als Bergbauzentrum auf. Aber eine Reihe tödlicher Unfälle führte zur Schließung der Zechen in den 1960er-Jahren. Schließlich wandte man sich der Forschung zu.

Mit nur 40 dauerhaften Bewohnern – im Sommer sind es wegen der Forschungsprojekte mehr – fühlt sich Ny-Ålesund sehr ruhig und einsam an. Es gibt nur wenige Straßen und Sehenswürdigkeiten. Aber genau diese kleine Welt macht die abenteuerliche Vergangenheit so spannend. Von hier starteten mehrere Expeditionen zum Nordpol, insbesondere die von Roald Amundsen in seinem Luftschiff *Norge* und die von Umberto Nobile mit dem verunglückten Luftschiff *Italia*.

Auf dem Weg nach Ny-Ålesund passiert man Gletscher, die langsam in die eisige See fließen sowie eine bekannte frühere Walfangstation.

UNTERWEGS VOR ORT

Für Einheimische und Forscher gibt es zwar Flüge nach Ny-Ålesund, aber Touristen können nur mit einer geführten Schifftstour anreisen. Hin und wieder gibt es auch längere Skiexpeditionen hierhin.

Better Moments und Hurtigruten Svalbard bieten Schiffstouren zur Siedlung. Die Fahrt ist lang – je Strecke bis zu 4½ Std. Die Zeit in der Stadt ist also begrenzt. Von daher sollte man die Schiffstour als Teil des Abenteuers und nicht als reines Verkehrsmittel sehen. Je nach Wetterlage kann es hohe Wellen geben. Deshalb vorab alle nötigen Medikamente mitnehmen.

In den Fußstapfen der Entdecker

DURCH DIE NÖRDLICHSTE STADT DER WELT BUMMELN

Mit etwas Geschick kann man in der kurzen Zeit in Ny-Ålesund alles Wichtige besichtigen.

Für das kleine, rund um die Uhr geöffnete städtische **Museum** ist eine halbe Stunde ausreichend. Die Ausstellung dreht sich um die Vergangenheit und Gegenwart der Siedlung und um die harschen Realitäten des Bergbaus in 79 Grad nördlicher Breite – die Zwangsjacke ist ernüchternd. Es geht auch um die laufenden Forschungsprojekte sowie die persönlichen Geschichten einiger Dauerbewohner.

Auf der anderen Straßenseite liegt die **Kongsfjordbutikk**. Der Souvenirladen verkauft Plüschtiere, Decken, Tragetaschen und Kleidung. Hier gibt es auch Postkarten und Briefmarken. Draußen befinden sich Picknickbänke mit Stiften, sodass man die Karten gleich hier schreiben und einwerfen kann, um den sehr gefragten Poststempel von Ny-Ålesund zu bekommen. Da sich hier immer eine Schlange bildet, sollte man mit etwa 15 Minuten Wartezeit rechnen.

☑ TOP TIPP

Vor der Ankunft sind alle Internetdienste auf Flugmodus zu stellen. Ny-Ålesund ist eine „funkstille Gemeinde“: WLAN und Bluetooth werden hier nicht genutzt, um eine Beeinträchtigung der sensiblen wissenschaftlichen Instrumente zu vermeiden.

SEHENSWERTES
1 Amundsen-Mast
2 Kantine
3 Bergbauzone
4 Ny-Ålesund-Museum
5 Roald-Amundsen-Denkmal
6 Telegrafenstation

SHOPPEN
7 Kongsfjordbutikk

Für einen Rundgang durch die Stadt und das Lesen der Infotafeln braucht man eine weitere halbe Stunde. Zu den Highlights zählen das **Roald-Amundsen-Denkmal**, die **Telegrafenstation**, wo 1928 Amundsens letzte Meldung auf seiner tödlichen Rettungsmission mit dem Wasserflugzeug *Latham* einging, sowie die **Kantine**, wo die Forscher ihre Mahlzeiten zusammen einnehmen. Es geht auch an einigen internationalen Forschungsstationen vorbei. Die Gebäude stehen nicht offen. In der Ferne (die Eisbärregeln gelten auch hier) sieht man den **Amundsen-Mast**, an dem die *Norge* 1926 festgebunden war, sowie die **Bergbauzone**, die auf einer Infotafel vorgestellt wird.

Wenn noch Zeit bleibt, kann man sich in dem Laden ein Eis gönnen, bevor es zum Boot zurückgeht.

AMUNDSENS ABENTEUER

Die Geschichten von Roald Amundsens Polarexpeditionen werden in ganz Norwegen in Museen aus verschiedenen Blickwinkeln erzählt, z. B. im **Fram-Museum**, Oslo (S. 66), im **Polar-Museum**, Tromsø (S. 279) und im **Norwegischen Luftfahrtsmuseum**, Bodø (S. 248).

WARUM ICH SPITZBERGEN LIEBE

Gemma Graham, Autorin

Das ferne verschneite Inselarchipel klingt nach Abenteuer und weckt deshalb viel Vorfreude. Die Möglichkeit von spannenden Tiersichtungen begeistert mich immer wieder. Ich vergesse niemals, wie ein Polarfuchs eine kleine Gruppe Gänse angriff, als ich über eine stille Straße in Longyearbyen ging. Die Gänse vertrieben mit ihren Flügeln und ihrem aggressivem Geschrei den Angreifer, der gerade im Fellwechsel steckte und sich hungrig davonmachte. Ich fühlte mich wie David Attenborough.

PRAKTISCHES

Die wichtigsten Informationen für die perfekte Reise nach Norwegen im Überblick. Nützliche Tipps, Tricks und Hintergründe zur Orientierung und Vorbereitung.

Nordlichter bewundern, Longyearbyen (S. 306)

Ankunft

Oslo Gardermoen ist Norwegens größter Flughafen, aber es gibt auch von vielen europäischen Städten Direktflüge nach Stavanger, Bergen, Trondheim und Tromsø. Der Flughafen Oslo ist durch öffentlichen Nahverkehr gut angebunden; ein Expresszug fährt zum Flughafen. In der Ankunftshalle gibt es einige Geschäfte und Imbissstände, eine Wechselstube und Geldautomaten.

Visum

Bürger aus EU-Mitgliedsstaaten benötigen kein Visum – egal, wie lange sie bleiben. Für die Einreise ist ein gültiger Personalausweis oder Reisepass erforderlich.

WLAN

Der Flughafen Oslo Gardermoen bietet bis zu vier Stunden kostenlos schnelles Internet. Im ganzen Flughafen sowie an den Schaltern der Autovermieter gibt es Netz, auf den Bahnsteigen kann die Verbindung gestört sein.

Einreise

Wer nicht aus der EU oder einem Schengen-Land kommt, wird manchmal bei der Passkontrolle nach einem Beleg (wie ein Rückflugticket) für die Länge seines Aufenthalts gefragt.

Spitzbergen

Obwohl es zu Norwegen gehört, liegt Spitzbergen außerhalb der Schengen-Zone; Reisende, die ein Visum für Norwegen benötigen, brauchen ein Visum für eine doppelte Einreise ins Festland

Vom Flughafen in die Stadt

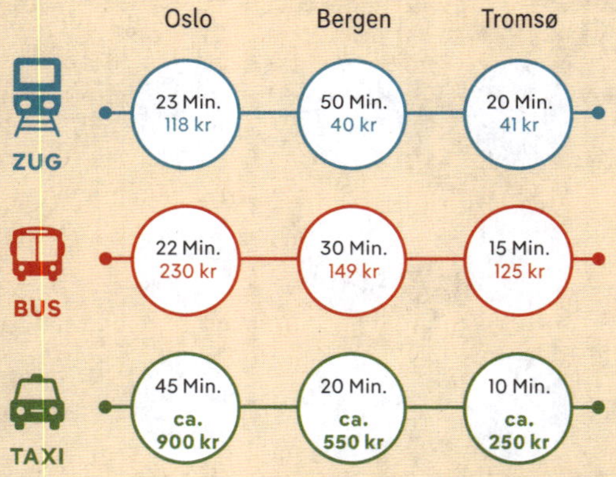

FAST WIE IN DER EU

Norwegen hat immer einem Beitritt zur EU widerstanden – in den Referenden von 1972 und 1994 stimmte eine kleine Mehrheit gegen den Beitritt. Aber wenn es um grenzüberschreitendes Reisen geht, ist die Regierung sehr pragmatisch, sprich: Die meisten Gesetze sind identisch mit denen in der EU. Wer auf der Straße einreist, merkt vielleicht nicht einmal, dass er von Schweden oder Finnland (beide EU-Mitglieder) die Grenze zu Norwegen überquert hat. Es gibt auch keine Einreisekontrollen am Flughafen für Flüge aus EU- oder Schengen-Staaten.

Unterwegs vor Ort

Norwegen besitzt ein ausgezeichnetes Netzwerk aus Straßen, Zügen, Fähren und Inlandsflügen, aber die Entfernungen können groß sein. Die Schiffe von Hurtigruten verkehren zwischen Bergen und Kirkenes.

REISEKOSTEN

Mietwagen
ab 700 kr pro Tag

Benzin
ca. 22 kr/Liter

Laden von E-Autos
550–750 kr/kWh

Zug Oslo–Bergen (einfache Fahrt, einen Monat im Voraus gekauft)
ab 379 kr

Mietwagen

Mietwagenfirmen berechnen normalerweise pro 24 Stunden. Die meisten Autos in Norwegen sind Pkws mit Automatik, immer häufiger gibt es Hybrid- oder E-Autos. E-Autos sind teurer, aber man spart durch die geringeren Tankkosten. Ladestationen findet man unter ladestasjoner.no

Straßenzustand

Norwegens Straßen sind ausgezeichnet, Tunnel und Autofähren helfen bei der Fahrt durch das anspruchsvolle Gelände. Abseits der großen Städte sind zweispurige, kurvige Straßen mit einer Geschwindigkeitsbegrenzung von 80 km/h die Norm, eine Fahrt von A nach B dauert oft länger als geplant.

TIPP

Straßenmaut und Autofähren laufen über ein automatisches Bezahlsystem: Die Mietwagenfirmen belasten die Kreditkarte bei der Rückgabe.

HURTIGRUTEN

Hurtigruten verkehrt seit 1893 entlang der zerklüfteten Küste Norwegens. Ursprünglich war es eine lebenswichtige Fährverbindung zwischen abgelegenen Küstenorten, heute hält sie in 36 Häfen zwischen Bergen und Kirkenes. Inzwischen werden die Reisen als Kreuzfahrten angeboten, mit Gelegenheit zu Ausflügen in einigen Häfen (z. B. zum Geirangerfjord von Ålesund). Man muss kein Komplettpaket buchen – es gibt die Möglichkeit, sich eigene Verbindungen zwischen den Häfen auszusuchen. Infos hurtigruten.co.uk/port-to-port.

UNBEDINGT BEACHTEN

Das Tempolimit liegt in Ortschaften bei 30 bis 50 km/h, auf Landstraßen bei 80 km/h und auf Autobahnen bei 110 km/h.

Alkohol

Die Grenze für den Alkohol im Blut liegt bei 0,2 Promille.

Busse & Züge

Züge fahren Richtung Norden bis nach Bodø, eine Strecke verbindet Narvik mit Nordschweden. Die Busverbindungen auf den Hauptrouten sind schnell und effizient. Obwohl zuverlässig, können Verbindungen auf dem Land unregelmäßig sein. An Wochenenden fahren manchmal keine Busse.

Günstige Fahrkarten

Bei den meisten regionalen Vy Zügen (vy.no; staatseigene Bahngesellschaft) gilt, je früher man bucht, desto günstiger. Es gibt für jede Verbindung nur eine begrenzte Anzahl an *lavpris* (günstige) Tickets, also möglichst früh buchen.

Inlandsflüge

Fliegen ist eine effektive (aber umweltschädliche) Möglichkeit, abgelegene Orte zu erreichen. Wenn es keine praktikable Alternative gibt, SAS (flysas.com) und Norwegian (norwegian.com) haben ein gut ausgebautes Netz mit Inlandsflügen, Widerøe (wideroe.no) fliegt zu kleineren Orten.

Geld

WÄHRUNG: NORWEGISCHE KRONE (PLURAL: KRONER; KR ODER NOK)

Trinkgeld

Auch wenn Trinkgeld immer gerne genommen wird, so wird es nicht erwartet und ist meistens besonders gutem Service in Restaurants und schicken Bars vorbehalten. Trinkgeld für Hotelmitarbeiter und Taxifahrer ist nicht üblich, ist aber ein Dank für besondere Bemühungen. Wer Trinkgeld geben möchte: Der Standard liegt bei 5 bis 15 %.

Kartenzahlung

Inzwischen werden die meisten Einkäufe und Geschäfte in Norwegen mit Karte bezahlt. Einige Betriebe akzeptieren gar kein Bargeld mehr, daher ist eine Debit- oder Kreditkarte für die Reise keine schlechte Idee. Visa und MasterCard werden überall akzeptiert; American Express und Diners Club weniger.

Bargeld

Auch wenn Bargeld immer seltener wird, ein paar Kronen sind ganz nützlich, ob für „Vertrauenskassen“ oder das Schließfach im Museum.

Geldautomaten

Minibanks (Norwegisch für Geldautomaten) sind weit verbreitet, die meisten akzeptieren die bekannten Kreditkarten sowie Cirrus, Visa Electron und/oder Plus Bankkarten.

WAS KOSTET ...

Tagesmiete für ein Fahrrad **ab 275 kr**

Museumseintritt **80–200 kr**

Parken in der Stadt (24 Std.) **200–360 kr**

Flughafen-Express-Bus **125–230 kr**

WIE MAN... Geld spart

In größeren Städten kann man mit einer lokalen Ermäßigungskarte (z. B. der Bergen Card) Geld sparen. Sie gilt zwischen ein bis drei oder vier Tagen und bietet freien Eintritt in Museen und kostenloses Busfahren, dazu kommen noch andere Ermäßigungen. Wer viele Sehenswürdigkeiten besichtigen will, kann damit viel Geld sparen. Man kann sie online kaufen oder auch vor Ort in der Touristeninformation.

LOCAL TIPP

Viele Markthändler bevorzugen eine Bezahlung mit der Vipps Bezahl-App, die aber nur mit einem norwegischen Konto funktioniert. Man sollte also vorher fragen, ob der Händler Bargeld oder PayPal akzeptiert.

STEUERERSTATTUNG

Bei Waren, die mehr als 315 kr (290 kr bei Lebensmitteln) kosten und in Geschäften mit „Tax Free“-Logo gekauft wurden, kann eine Erstattung für die 25 % MVA (MwSt.) gewährt werden, 15 % bei Lebensmitteln. Beim Kauf muss das Tax-Free-Formblatt ausgefüllt werden, bei der Ausreise aus Norwegen zeigt man die versiegelten Waren, Pass und das Formblatt und bekommt die Erstattung. Einige Geschäfte benutzen jetzt ein einfacheres System mit einer App. Genaue Informationen bietet die Broschüre „How to Shop Tax Free“, die es in den Touristeninformationen gibt.

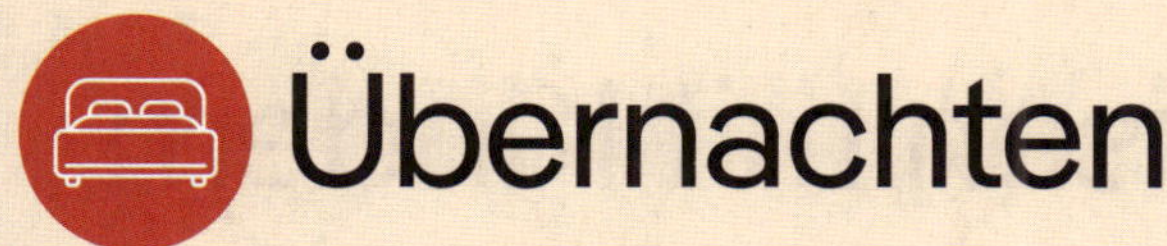

Übernachten

Historische Hotels

Die meisten Unterkünfte in Norwegen gehören zu einer Handvoll pfiffiger, aber typischer Kettenhotels – deswegen ist **De Historiske** (Historische Hotels & Restaurants in Norwegen; dehistoriske.com) etwas ganz Besonderes. Angeboten werden 66 Adressen im ganzen Land, vom opulenten Britannia Hotel in Trondheim bis zu den Svinøya Rorbuer Fischerhütten auf den Lofoten.

DNT Berghütten

Wer die Wildnis Norwegens erkunden möchte, muss oft in einer Berghütte übernachten. **Den Norske Turistforening** (dnt.no) bewirtschaftet 550 Berghütten, die, jeweils eine Tageswanderung entfernt, an dem 20 000 km langen, gut markierten Netz von Wanderwegen liegen. Davon bieten über 400 Hütten auch Schlafmöglichkeiten, die anderen dienen als Gasthäuser oder Schutzhütten.

Eishotels

Norwegen hat vier Eishotels: in Alta, Kirkenes, Tromsø und im Hunderfossen Winter Park bei Lillehammer. Sie sind nur im Winter geöffnet und bieten kunstvolle Eisskulpturen und Zimmer, in denen die Temperatur selten über –5 °C steigt. Wer dort übernachtet, schläft normalerweise auf einem Eisbett mit Renntierfellen und in einem Arktis-geeigneten Schlafsack.

Preiswerte Unterkünfte

Es ist möglich eine Alternative zu den teuren Unterkünften zu finden, wenigstens in einigen Städten. Gut gepflegte, günstige Hostels *(vandrerhjem)* bieten Betten in Schlafsälen sowie Einzel- und Doppelzimmer mit Gemeinschaftsbad. Eine willkommene Alternative sind neue Ketten wie Citybox und Smarthotel. Die stylischen Billig-Unterkünfte bieten ein ausgezeichnetes Preis-Leistungs-Verhältnis, es gibt sie aber nur in großen Städten.

WAS KOSTET EINE NACHT IN…

Bett im Schlafsaal
350 kr

Mittelklasse-Hotel
1400–1900 kr

historischem Hotel
2000–5000 kr

Treueprogramm

Die Mehrzahl der Mittelklasse- und Luxushotels in Norwegen gehört zu Hotelketten und das kann von Vorteil sein. Die meisten Ketten haben Treueprogramme, die kostenlos sind und bei häufigen Aufenthalten kostenlose Übernachtungen bieten. Dazu gehören Scandic Hotels (scandichotels.com), Thon Hotels (thonhotels.com) und Strawberry (strawberryhotels.com), der neue Name für Nordic Choice Hotels.

REISEZEITEN IN NORWEGEN

Die Hauptreisezeit in Norwegen liegt zwischen Mitte Juni und Mitte August und während es früher zu dieser Zeit gute Angebote gab, steigen heute die Preise in die Höhe. In einigen Gebieten beginnt die Saison bereits Mitte Mai und/oder dauert bis Mitte September, dann sind die Preise etwas niedriger. Im Winter geht die Hauptsaison in Nordnorwegen von Dezember bis März mit Skifahren und Fahrten mit Motorschlitten oder Hundeschlitten. Und auch dann gehen die Preise in die Höhe.

Reisen mit Kindern

Norwegen eignet sich wunderbar für eine Reise mit der Familie. Das Land ist weltbekannt für die familienfreundlichen Bedingungen und die meisten Hotels, Restaurants und viele Sehenswürdigkeiten sind auf Familien eingestellt. Man sollte allerdings beachten, dass Autofahrten in Norwegen zwar schön sind, aber oft kurvenreich und lang, sie sollten gut geplant sein.

Kinderbedarf

Selbstverständlich bekommt man überall in Supermärkten, Apotheken und teureren Gemischtwarenläden so wichtige Dinge wie Säuglings- und Babynahrung, Soja- und Kuhmilch und Einwegwindeln. Aber man merkt schnell, dass diese Sachen, wie viele andere hier, viel mehr kosten als zu Hause. Es lohnt sich, einen großen Vorrat mitzubringen, um die Ausgaben niedrig zu halten.

Essen gehen

Kinder sind in den meisten Restaurants gerne gesehen. Viele Lokale bieten Kindermenüs (meistens Hot dogs, Hamburger und Pizza) mit kleineren Portionen und zu reduzierten Preisen. Restaurants ohne Kinderkarte servieren auf Nachfrage meistens gerne kleine Portionen. Die meisten Restaurants besitzen auch eine Wickelmöglichkeit für Kinder und haben Hochstühle.

ÖPNV

Kinder unter sechs Jahren reisen kostenlos (benötigen aber ein Ticket). Zwischen sechs und 17 Jahren reisen Kinder für den halben Preis. Die Züge auf der Strecke Oslo–Bergen haben einen Familienwaggon mit einem Spielbereich.

Familienunterkünfte

Die meisten Unterkünfte haben „Familienzimmer" oder Hütten, in denen bis zu zwei Erwachsene und zwei Kinder übernachten können. Manche Hotels werben damit, dass Kinder kostenlos übernachten. Normalerweise zahlt man pro Zimmer, sodass man die Kosten für ein Frühstück spart.

SPASS HABEN

Wildwasser-Rafting (S. 128)
Ausflüge in Sjoa und anderen Orten.

Hundeschlitten (S. 311)
Von Røros bis Spitzbergen und an anderen Orten im Winter möglich, im Sommer mit Rädern unter den Schlitten.

Walbeobachtung (S. 278)
Wale in Sicht: vor der Nordküste zwischen Andenes und Tromsø.

Hunderfossen Familienpark (S. 118)
Wasserbahnen, Trolle und Märchenschlösser nahe Lillehammer.

Naturgeschichtliches Museum (S. 80)
Dinosaurier, eine Kristallhöhle und das Wunder des Weltraums sind in Oslo zu bestaunen.

Olympia Park (S. 118)
Um Lillehammer locken Simulatoren und Fahrten mit dem Rennbob.

WILDE TIERE & TOLLE NATUR

Norwegens Natur bietet viel Aufregendes für Kinder, dazu gehören auch die Mitternachtssonne im Sommer, das Polarlicht im Winter und die seltsamen, wunderbaren Nordlichter. Außerdem gibt es fantastische Wildtiere, von Eisbären (Foto), Rentieren, Polarfüchsen und Walrössern in Spitzbergen bis zu Moschusochsensafaris (u. a. rund um Oppdal) und Elchsafaris (ab Oppdal, Rjukan und Evje in Süd- und Mittelnorwegen). Der Norden bietet mehrere gute Wildparks für alle, die die Tiere im Freien nicht gesehen haben: Polar Park (in Setermoen) und Namsskogan Familiepark (südlich von Mosjøen).

Sicher reisen

VERSICHERUNGEN

Eine Reiseversicherung ist keine Pflicht, wird in Anbetracht der hohen Kosten empfohlen. Manche Versicherungen schließen „gefährliche Aktivitäten" wie Motorradfahren, Skifahren, Bergsteigen, Motorschlittenfahren und sogar Wandern aus. EU-Bürger mit gültiger Europäischer Krankenversicherungskarte (EHIC) werden gleichrangig wie Norweger behandelt.

Medizinische Versorgung

Norwegen besitzt ein gutes (aber teures) Gesundheitssystem. Die meisten Medikamente gibt es auch in Norwegen, haben aber manchmal einen anderen Namen, man sollte nicht nur den generischen Namen kennen, sondern auch den Markennamen. Bei kleineren Beschwerden können die Apotheker helfen und rezeptfreie Medikamente abgeben.

Insekten

Die größte Plage in Nordnorwegen sind die Kribbelmücken und Mücken, die im Sommer aus den Sümpfen und Seen der Tundra ausschwärmen. Im Hochsommer ist es am schlimmsten, Wanderer sollten die Haut bedecken und brauchen eventuell Kopfnetze. Beim Camping ist ein Moskitonetz unverzichtbar.

WILDE TIERE

Sicheren Abstand zu großen und kleinen Wildtieren halten – wilde Tiere reagieren unter Stress unberechenbar.

LAWINENGEFAHR

Gefahrenstufe 1: Niedrig	Gefahrenstufe 2: Mäßig	Gefahrenstufe 3: Erheblich	Gefahrenstufe 4: Hoch	Gefahrenstufe 5: Sehr hoch
Allenfalls kleine Lawinen.	Sehr große Lawinen sind unwahrscheinlich.	Große Lawinen sind möglich.	Große Lawinen sind zu erwarten.	Zahlreiche sehr große Lawinen werden erwartet.

Wetterumschwung

Das Wetter im Hochland ist berüchtigt für seine Unberechenbarkeit: Eben noch ist es schön, eine Minute später gefährlich. Bevor man eine Überlandwanderung unternimmt, egal ob zu Fuß oder mit Ski, muss man das Wetter und die lokalen Bedingungen prüfen. Plötzliche Schlechtwetterbedingungen können zu jeder Jahreszeit herrschen, eine Gefahr sind auch Lawinen.

ORTSKENNTNISSE

Wer vorhat, etwas in der Wildnis zu unternehmen, sollte sich auf den Rat der Einheimischen verlassen – wenn sie Nein sagen, sollte man nicht gehen. Als Beispiel was passieren kann, dienen die beiden schottischen Skiläufer, die im März 2007 auf dem Hardangervidda Plateau von Schnee und gefrierendem Nebel überrascht wurden und starben. Sie waren aufgebrochen, obwohl einheimische Experten sie gewarnt hatten.

Essen, Trinken & Feiern

Wann?

Frokost (Frühstück; 7–9 Uhr)
Meistens leicht, mit Müsli, Graubrot, Käse und Wurst oder Rührei mit Räucherlachs. Immer mit Kaffee.

Lunsj (Mittagessen; 12–15 Uhr)
Sandwiches, Salate und Suppen sind das übliche Essen.

Middag (Abendessen; 18–22 Uhr)
Die Hauptmahlzeit des Tages kann ein schlichter Burger sein oder ein kulinarisches Erlebnis in einem tollen Restaurant.

Wo?

Cafés Lebenswichtig für koffeinsüchtige Norweger. Die meisten verkaufen Backwaren, *boller* (süße Brötchen) und *kaker* (Kuchen); manche haben auch Sandwiches, Suppen und Salate.

Restaurants
Von schnörkellosen Lokalen mit einfachem Angebot bis zu exklusiven Restaurants mit saisonalen, heimischen Menüs ist alles vorhanden. Auch das Angebot an internationaler Küche ist groß.

Bryggerier (Brauerei/Kneipe) Gute Auswahl an Bier und klassischen Kneipengerichten. Einige Lokale machen mit ihrer Küche Restaurants Konkurrenz.

KULINARISCHES

Barnemeny Kindermenü. Kleinere Portionen der Karte oder Gerichte wie Hamburger und Nudeln.

Retter Gerichte

Småretter Kleine Gerichte

Forretter Vorspeisen

Hovedretter Hauptgerichte

Dagens rett Tagesgericht

Kjøtt Fleisch

Sjømat Meeresfrüchte

Biff Rindfleisch

Kylling Huhn

Fisk Fisch

Torsk Kabeljau

Tørrfisk Stockfisch; ungesalzener Kabeljau, im Freien getrocknet

Bacalao Gesalzener, getrockneter Kabeljau

Reker Krabben/Garnelen

Reinsdyr Rentier

Hvalbiff Walsteak. Lonely Planet unterstützt nicht den Verzehr von Walfleisch; es soll nur erwähnt werden, damit jeder entscheiden kann.

Spekemat Wurstwaren

Ost Käse

Iskrem Eiscreme

Multebær Multebeeren

Jordbær Erdbeeren

Blåbær Blaubeeren

Nøtter Nüsse

Skalldyr Schalentiere

Bløtdyr Mollusken/Weichtiere

Sennep Senf

Hvete Weizen

Vegetarisk Vegetarisch

Vegansk Vegan

Øl Bier

Hvitvin Weißwein

Rødvin Rotwein

Brus Mineralwasser

WIE MAN ... entspannt feiert

Ob es ein Bier in einer Kneipe ist oder ein Zug durch die Bars und Tanzen bis zum Morgengrauen, es gibt für jeden Geschmack etwas. In den Städten findet man abends auch unter der Woche etwas Nettes, aber die größten Partys und Veranstaltungen in Clubs finden freitags und samstags statt. Nachtschwärmer ziehen oft schon früher los als in anderen europäischen Ländern. Normaler Beginn ist 21 Uhr, Kneipen, Bars und Clubs schließen um 3 Uhr oder früher. Norweger kleiden sich smart-casual, man trägt, worin man sich wohl fühlt. Einige wenige Clubs (und praktisch keine Bars oder Kneipen) haben einen Dresscode. Unbedingt einen Ausweis mitnehmen – einige Lokale lassen Besucher erst über 20 Jahren ein; auch wenn die Türsteher nett sind, halten sie sich daran.

WAS KOSTET ...

Bolle (süßes Brötchen) **45 kr**

Filterkaffee **40 kr (oft wird beliebig nachgefüllt)**

Frisches Sandwich vom Bäcker **100–150 kr**

Mineralwasser **50 kr**

Glas Bier **75 kr (0,33 l), 90 kr (0,5 l)**

Glas Wein **115–150 kr**

Essen (Kneipe) **350 kr**

Abendessen im Sterne-Restaurant **3500–6000 kr (mit Wein)**

WIE MAN ... gut & günstig isst

Ein Restaurantbesuch kann in Norwegen ein aufregendes, köstliches Erlebnis sein. Aber es ist auch kein Geheimnis, dass die Kosten für ein Essen im Restaurant außerordentlich hoch sein können. Glücklicherweise gibt es einige bewährte Strategien um die Kosten niedrig zu halten.

Auch wenn das klassische Frühstück eher einfach ist, ist in vielen Hotels (besonders bei Ketten) das Frühstück im Zimmerpreis inbegriffen – das sollte man ausnützen und sich morgens ordentlich satt essen.

Es lohnt sich, ein ausgiebigeres Mittagessen statt des Abendessens einzulegen. Viele Restaurants bieten eine Mittagskarte – vielleicht mit einem Tagesgericht (*dagens rett*) oder einem Zwei-Gang-Menü – zu günstigeren Preisen als abends. Qualität und Service sind nicht geringer, aber dafür die Rechnung. Wer tagsüber unterwegs ist, sollte es wie die Norweger machen und sich ein *matpakke* vorbereiten, ein Lunchpaket mit belegten Broten.

Wer Alkohol trinkt, sollte überlegen, ob er nicht lieber zu einer nicht-alkoholischen Essensbegleitung wechselt. Fast jedes Restaurant bietet alkoholfreie Getränke, die über die üblichen Limonaden hinausgehen. Heimische Säfte passen zu den Menüs und alkoholfreies Bier und Wein sind verbreitet und meistens günstiger als die fröhlich machenden Varianten.

Matpakke

Das bescheidene ***matpakke*** ist einfach nur praktisch. Der Belag ist meistens ganz einfach, eine Scheibe Käse, Schinken oder Erdnussbutter und um Schweinerei zu vermeiden werden die Scheiben mit ***matpapir*** (Butterbrotpapier) verpackt.

ALKOHOL KAUFEN

Trotz der Aufhebung der Prohibition 1927 gehört Norwegen zu den europäischen Ländern mit dem niedrigsten Alkoholkonsum. Das liegt vielleicht an (oder auch trotz) den strengen Reglementierungen von Alkoholverkauf. Die staatlichen Alkoholverkaufsstellen *Vinmonopolet* sind die einzigen Orte neben Bars und Restaurants, in denen man Wein und Spirituosen (und Bier mit mehr als 4,7 Vol.-%) kaufen kann. Bier mit weniger Alkohol und Cider gibt es auch in Supermärkten.

Vinmonopolet hat eingeschränkte Öffnungszeiten. Sie variieren von Geschäft zu Geschäft, aber Kernzeiten sind Montag bis Mittwoch von 10 bis 17, Donnerstag und Freitag von 10 bis 18 und Samstag von 10 bis 15 Uhr. Sonntags ist immer geschlossen. Der Verkauf von Getränken mit wenig Alkohol in Supermärkten endet an Wochentagen um 20, samstags um 18 Uhr.

Egal ob in einem Vinmonopolet, Restaurant oder Bar, man muss über 20 sein um Getränke mit 22 Vol.-% oder höher zu kaufen; nur wer über 18 ist, darf ein anderes alkoholisches Getränk kaufen. Wer unter 25 ist (oder so aussieht), muss seinen Ausweis zeigen.

Es ist kein Geheimnis, dass Alkohol in Norwegen teuer ist. Alle alkoholischen Getränke mit mehr als 0,7 Vol.-% werden besteuert und der Steuersatz ist weit höher als in den meisten Ländern. Man sollte mit ca. 75 kr für 330 ml Bier vom Fass und um 115 kr für ein Glas Hauswein rechnen.

So ist es keine Überraschung, dass jeder für seine Getränke zahlt und das Ausgeben von Runden selten ist. Wer eine tolle Nacht mit Feiern plant, sollte es wie die Norweger machen und *forspill* einplanen – also zu Hause „vorglühen“.

Nachhaltig reisen

Klimawandel & Reisen

Wir können unsere Augen nicht davor verschließen, welche Folgen Reisen haben und wie wichtig nachhaltiges Reisen ist. Lonely Planet bittet alle, auf ihren ökologischen Fußabdruck zu achten. Im Netz gibt es viele Möglichkeiten, den eigenen CO_2-Ausstoß zu berechnen, z. B. resurgence.org/resources/carbon-calculator.html. Viele Fluggesellschaften und Buchungsportale bieten die Möglichkeit, Treibhausgasemissionen durch Unterstützung von klimafreundlichen Initiativen zu kompensieren. Wir werden weiterhin den CO_2-Fußabdruck aller Mitarbeitenden von Lonely Planet ausgleichen, wissen aber auch, dass das eine Schadensmilderung, aber keine Lösung ist.

Warum nicht ein E-Leihwagen?

Norwegen ist weltweit führend, was die Zahl der E-Autos pro Kopf angeht und alle großen Leihwagenfirmen bieten auch E-Autos an. Mit Hilfe der App **ElbilAppen** kann man die Reise planen und erhält realistische Reichweiten.

Auf zu nachhaltigen Zielen

Einen Besuch wert sind Ziele mit der Auszeichnung **Sustainable Destination** (nachhaltiges Reiseziel). Das nationale Programm stellt Städte und Orte heraus, die nachhaltigen Tourismus entwickelt haben. Zu den Zielen gehören die Lofoten, Geirangerfjord und Røros. Mehr Information gibt es bei visitnorway.com

Lecker essen mit „Lebensmittel-Abfall"

Seine Meinung über Essensreste ändert man in Oslos erstklassigem **Rest** (restaurantrest.com), einem Restaurant, in dem Gerichte aus „Abfall"-Zutaten, wie mangelhaftem Gemüse oder Teilen von Tieren, die sonst weggeworfen würden, zubereitet werden.

HANEN (hanen.no) wirbt für Agrotourismus und Hofverkauf und die Mitglieder bieten Urlaub auf dem Bauernhof an und Aktivitäten wie Angeln und Genuss heimischer Erzeugnisse und das überall im Land.

Es gibt ein gutes Leihfahrradnetz in Oslo (oslobysykkel.no), Bergen (bergenbysykkel.no) und Trondheim (trondheimbysykkel.no) mit vielen Ausleihstationen und gut gepflegten Rädern. On-street E-Scooter (hauptsächlich Voi und Ryde) gibt es überall im Land.

ÖPNV NUTZEN

Wer nicht vorhat, die üblichen Touristenwege zu verlassen, kann mit öffentlichen Verkehrsmitteln alle Ziele verlässlich und gut erreichen. Mit der App **Entur** kann man die Reise planen und Tickets kaufen.

FLASCHEN- & DOSENPFAND

Leere Dosen und Plastikflaschen werden in Supermärkten gesammelt, *pant* (Pfand) wird erstattet. Maschinen sammeln die leeren Dosen (meistens an der Tür), den Bon kann man im Geschäft einlösen.

Achtsame Walbeobachtungen

Buckelwale und Orcas ruhiger beobachten. **Brim Explorer** (brimexplorer.com) bietet „stille" Fahrten zur Walbeobachtung ab Tromsø auf einem Elektro-Hybrid-Katamaran an, so wird der Schiffslärm reduziert, der die Kommunikation, den Wandertrieb und das Wohlbefinden der Wale beeinträchtigt.

Echtes Samen Duodji kaufen

Zum Samen *duodji* (Kunsthandwerk) gehören Messer, Schmuck und Kleidung aus Naturmaterialien. Damit es auch wirklich echt ist, kauft man am besten direkt bei Samen oder bei Händlern, die Informationen über die Handwerker geben, wie z. B. Museumsshops.

Lokale Aromen finden

Wer einheimische Produkte probieren möchte, sollte **Bondens Marked** (bondensmarked.no) besuchen. Hier werden nachverfolgbare, kunsthandwerkliche Produkte von Kleinunternehmern angeboten, die ihre Waren zu den Wochenmärkten (u. a. Bergen und Tromsø) bringen.

Den Klimawandel verstehen

Beim Gang in die Tiefen des Eistunnels von Peder Istad im **Klimapark 2469** (klimapark2469.no) im Nationalpark Jotunheimen (S. 121) versteht man 6000 Jahre Geologie und menschliche Besiedlung und die Auswirkungen des Klimawandels.

Das „Jedermannsrecht" erlaubt auch wilde Beeren und Pilze zu sammeln und Blumen zu pflücken.

Norwegens *allemannsretten* („Jedermannsrecht") öffnet das Land für jeden. Man sollte die Regeln auf environment agency.no beachten.

CO_2-Minderung

Norwegens Reiseindustrie will die Treibhausgasemissionen bis 2030 um die Hälfte reduzieren und plant deshalb, den CO_2-Fußabdruck, der durch die Mobilität der Touristen entsteht, jedes Jahr um 10 % zu reduzieren.

INFOS IM INTERNET

environmentagency.no
Weitere Hinweise zum „Jedermannsrecht".

dnt.no
Wandertouren und Hütten.

ladestasjoner.no
Informationen über E-Ladestationen in der Nähe.

LGBTIQ+

Norwegen, ein früher Anwender von Antidiskriminierungsgesetzen und gleichen Rechten bei Hochzeit, Adoption und Kinderwunsch, zählt zu den LGBTIQ+-freundlichsten Ländern. Im April 2022 war es 50 Jahre her, dass Homosexualität in Norwegen nicht mehr strafbar war, und auch wenn es immer noch Gegenden mit Vorurteilen gibt, ist dies ein Land, in dem sich jeder so geben kann, wie er oder sie es möchte.

Pride-Events

Die Regenbogenfahne weht das ganze Jahr über verschiedenen Veranstaltungen von Spitzbergen bis Stavanger. Einen Besuch lohnt im Juni das größte Fest: **Oslo Pride** (oslopride.no) feiert seit 1974 die LGBTIQ+-Gemeinde, heute ist es ein neuntägiges Fest mit Musik, Partys und Workshops. **Bergen** (bergenpride.no) und **Trondheim** (trondheimpride.no) sind Gastgeber der zweitgrößten Events im Juni, beziehungsweise September. Und etwas mehr Licht in den dunklen nordischen Winter bringt im November in Tromsø ein Umzug am 69. Breitengrad bei der **Arctic Pride** (arcticpride.no).

DIE LGBTIQ-GEMEINDE

Da die LGBTIQ+-Gemeinde weitgehend akzeptiert ist, bedeutet das auch, dass es keine speziellen LGBTIQ+-Viertel gibt. Bunt gemischte Besucher feiern in den meisten Bars und Clubs miteinander, aber besonders in den großen Städten gibt es auch eine lebendige LGBTIQ+-Szene. **London Pub** (londonpub.no) und **Elsker** (facebook.com/ElskerOslo) in Oslo, **Fincken** (fincken.no) in Bergen und **Me** (facebook .com/menightclub) in Trondheim sind bekannte LGBTIQ+-Treffpunkte.

Wo Norwegen steht

Jährliche Untersuchungen wie **ILGA-Europe's Rainbow Europe Index** und der **Spartacus Gay Travel Index** erkennen Norwegens tolerante Kultur und den starken gesetzlichen Schutz der LGBTIQ+ an. Folglich steht Norwegen fast ganz oben auf der Liste der Länder, in denen für LGBTIQ+ Leben, Lieben, Arbeiten und Reisen am sichersten ist.

POP-UP EVENTS

Ob man sich als Frau fühlt, divers oder als „Ally", es lohnt sich nach Pop-up Events vom **Karmaklubb*** (karmaklubb.com) Ausschau zu halten. Das Kollektiv veranstaltet an verschiedenen Orten, hauptsächlich in Oslo und Bergen, Clubnächte, Drag-Programme, Filmvorführungen, Talkshows und noch mehr.

GRENZEN DER TOLERANZ

Trotz der toleranten Kultur gibt es Homophobie, Transphobie und Intoleranz. Nach einem terroristischen Angriff auf LGBTIQ+ Treffpunkte wurden 2022 Pride Events in Oslo abgesagt. LGBTIQ+ werden während ihrer Reise keine negativen Erlebnisse haben, könnten aber feststellen, dass der Austausch von Zärtlichkeiten in religiös-konservativen Gegenden auf Ablehnung stößt.

Oslo Fusion

Im September findet das jährliche **Oslo Fusion International Film Festival** (oslofusion.no) mit Filmen, Kurzfilmen und Dokumentationen zu LGBTIQ+ statt. Zu den bisherigen Gewinnern gehört *Finlandia*, eine Dokumentation über die Muxe (Personen dritten Geschlechts) im mexikanischen Bundesstaat Oaxaca.

Barrierefrei reisen

Die großen Städte und Sehenswürdigkeiten in Norwegen sind normalerweise gut auf Reisende mit Beeinträchtigung eingestellt und auch das Reisen mit öffentlichen Verkehrsmitteln ist meistens unkompliziert. Abgesehen davon sind die Informationen auf den Webseiten einzelner Sehenswürdigkeiten oft nur auf Rollstuhlbenutzer bezogen und Reisen muss immer noch gut geplant werden.

In Oslo unterwegs

T-Bane (U-Bahn) Stationen haben Fahrstühle oder Rampen; meistens gibt es ebenerdigen Zugang zu den Zügen. Die Busse sind Niederflurbusse, aber die Straßenbahnlinien 11, 12 und 19 sind nicht barrierefrei.

Flughafen

Norwegische Flughäfen sind alle barrierefrei und die Mitarbeiter bieten Passagieren mit Beeinträchtigungen Hilfe an. Man sollte die Fluggesellschaft und den Flughafen 48 Stunden vor Abflug kontaktieren. Hilfsangebote findet man unter avinor.no

Übernachten

Neuere Hotels sind barrierefrei. Ältere Gebäude haben oft Hindernisse wie keinen barrierefreien Zugang oder keinen Fahrstuhl. Eine Wahl ist die Hotelkette **Scandic** (scandichotels.com) mit 159 Punkten beim Standard Barrierefreiheit.

AUDIOGUIDES

Viele Sehenswürdigkeiten im Land, auch das **Nationalmuseum in Oslo**, bieten Audioguides per App/QR-Code, was für Besucher mit Sehschwäche nützlich sein kann. Die App **Voice of Norway** bietet auch Audio-Stadtführungen zum Runterladen.

Straßen & Gehwege

Straßenübergänge sind abgesenkt; akustische Signale werden schneller, wenn die Lichtzeichen wechseln. In großen Städten sind die Gehwege gepflegt, sonst sind sie oft reparaturbedürftig oder nicht asphaltiert.

Barrierefreie arktische Abenteuer

Tromsø Accessible Tours (tromsoaccessibletours.com) versucht die Arktis für alle zu öffnen. Von Nordlichttouren bis zur Walbeobachtung – der Besitzer Martin kooperiert mit lokalen Firmen um sicherzustellen, dass das Erlebnis für alle passt.

ZUGANG FÜR ALLE

Die Websites der meisten Organisationen und Sehenswürdigkeiten bieten gute Informationen über Möglichkeiten für Rollstuhlfahrer und Personen mit eingeschränkter Mobilität. Bei speziellen Bedürfnissen sollte man am besten vorher die Orte kontaktieren.

MEHR INFOS

Wheelmap (wheelmap.org) Open-source Tool, mit dem man die Barrierefreiheit von Sehenswürdigkeiten, Geschäften, Restaurants erkennt.

Wheelchair Travel (wheelchairtravel.org) Nicht nur für Norwegen, der Blog konzentriert sich auf rollstuhlgerechte Orte und bietet Informationen über barrierefreies internationales Reisen.

Norwegian Association for the Disabled (nhf.no) Organisation, die sich in Norwegen und darüber hinaus um die Rechte von Personen mit Beeinträchtigungen kümmert. Sie veröffentlicht die Disability News (handikapnytt.no); manchmal mit Hinweisen auf kulturelle Events.

Auf **ut.no** findet man im Abschnitt „Forscher" und dem Filter „Passend für Rollstuhl" eine Auswahl an geeigneten Touren, von einfach bis herausfordernd. Die Website ist auf Norwegisch, man benötigt eine Übersetzungsmöglichkeit im Browser.

Sicher wandern in Norwegen

Der Lockruf der Wildnis ist unwiderstehlich in diesem wunderschönen Land. Aber es ist wichtig, vernünftige Vorsichtsmaßnahmen zu treffen wenn man wandert, damit man die Tour sicher und verantwortlich genießen kann.

Gut planen

Bevor man aufbricht, sollte man die Tour auf **ut.no** planen (auf Norwegisch; die Übersetzungsfunktion des Browsers nutzen) und die Wettervorhersagen auf **yr.no** checken. Unbedingt noch jemanden über die geplante Tour informieren, besonders wenn man alleine aufbricht, und sich nach der Tour auch wieder zurückmelden. Immer einen Plan B haben (wie eine kürzere

Alternative) und nie den Rat der Einheimischen ignorieren.

Gut gerüstet sein

Sich passend zum Wetter kleiden und immer ein paar Extra-Sachen dabeihaben. Auf jeden Fall braucht man gute Wanderstiefel, eine Basisschicht (Wolle ist ideal), Fleece- oder Wollpulli, winddichte Jacke und passenden Rucksack. Eine Taschenlampe und etwas, das Licht reflektiert, helfen gefunden zu werden, wenn man sich verirrt hat, außerdem muss man genug Essen und Wasser für die Tour dabeihaben. Immer eine Landkarte und einen Kompass mitführen und vor der Wanderung die Kartenlesekenntnisse noch mal auffrischen. Landkarten von Norwegen findet man auf **dntbutikken.no**

Sich nicht nur aufs Handy verlassen

Während der Wanderung niemals nur aufs Handy verlassen. Manchmal gibt es kein Netz, der Akku kann bei extremen Temperaturen schnell leer sein und Handys können bei Nässe ganz ausfallen.

DER BERG-CODE

1952 veröffentlichte Den Norske Turistforening (DNT; der norwegische Wanderverein) seine *Fjellvettreglene* (Bergregeln) mit dem Ziel, allen zu helfen, die Natur sicher zu genießen. Zusätzlich zu den erwähnten Regeln gibt es seit 2016 die Neun-Stufen-Regel auf **english.dnt.no/the-norwegian-mountain-code**. Neben Informationen zur Sicherheit findet man auch Details zum *allemannsretten* (Jedermannsrecht) und wie man die Natur verantwortungsvoll genießt auf **environment-agency.no**

Eine Landkarte aus Papier ist unerlässlich.

Die Grenzen kennen

Wissen, wie belastbar jedes Gruppenmitglied ist und die Tour danach auswählen. Es ist keine Schande, früher umzudrehen oder Plan B zu nehmen, wenn die Anstrengung zu groß ist oder man merkt, dass man sich übernommen hat. Das trifft besonders zu, wenn die Wetterbedingungen sich verschlechtern.

IM NOTFALL

Wenn man sich verlaufen hat, sollte man nach dem roten DNT „T" Zeichen oder Steinhaufen suchen, die einen Weg kennzeichnen – sie führen zurück auf einen Weg. Wer keine Markierungen findet, sollte nach einem Fluss oder Bach suchen und ihm bergab folgen – oft führt das zu einer Siedlung. Wer sich in einem Notfall befindet und Hilfe benötigt, ruft die Polizei unter **112**.

Kurz & knapp

ÖFFNUNGSZEITEN

Die Öffnungszeiten der Sehenswürdigkeiten sind außerhalb der Hauptsaison (Mitte Juni bis Mitte August) kürzer. Normale Öffnungszeiten sind:

Banken Mo–Fr 9–16 Uhr

Bars 18–3 Uhr

Restaurants 12–15 und 18–23 Uhr

Geschäfte Mo–Sa 10–17 Uhr

Supermärkte Mo–Fr 7–23 Uhr, Sa 7–22 Uhr

Toiletten

Öffentliche Toiletten sind gut gepflegt, aber viele verlangen eine Gebühr (ca. 10 kr) und akzeptieren nur bargeldlose Zahlung. Um Wechselgebühren zu sparen, wählt man am besten Cafés, Restaurants und Bars.

GUT ZU WISSEN

Zeitzone
Mitteleuropäische Zeit

Landesvorwahl
+47

Notruf
Feuer 110;
Polizei 112;
Rettungswagen 113

Bevölkerung
5,5 Mio.

Internetzugang
WLAN ist in Hotels, Cafés, Zügen und einigen Bussen weit verbreitet; ebenso 3G/4G.

Leitungswasser
Norwegens Leitungswasser schmeckt sehr gut; es ist immer sauber, sonst gibt es einen Hinweis.

Strom

220 V, 50 Hz

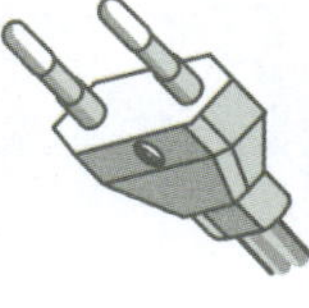

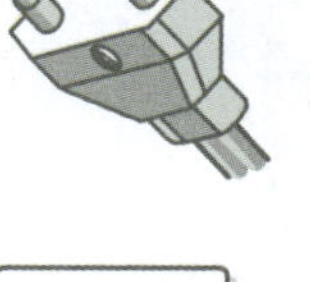

Type C
220V/50Hz

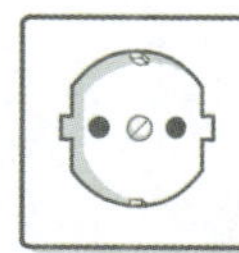

Type F
230V/50Hz

FEIERTAGE

Viele Bars, Restaurants und einige Attraktionen haben an Feiertagen geöffnet, die meisten Geschäfte sind geschlossen. Einige Einrichtungen haben eingeschränkte Öffnungszeiten einige Tage um den Verfassungstag.

Neujahr (Nyttårsdag) 1. Januar

Gründonnerstag (Skjærtorsdag) März/April

Karfreitag (Langfredag) März/April

Ostermontag (Annen Påskedag) März/April

Tag der Arbeit (Første Mai, Arbeidetsdag) 1. Mai

Verfassungstag (Syttende Mai) 17. Mai

Christi Himmelfahrt Kristi Himmelfartsdag) Mai/Juni

Pfingstmontag (Annen Pinsedag) Mai/Juni, achter Montag nach Ostern

Erster Weihnachtstag (Første Juledag) 25. Dezember

Zweiter Weihnachtstag (Annen Juledag) 26. Dezember

Sprache

Norwegen hat zwei Amtssprachen: Bokmål, das unten verwendet wird, und Nynorsk. Sie sind sehr ähnlich und jeder Norweger lernt beide in der Schule.

Nützliches

Hallo. Goddag.
Auf Wiedersehen. Ha det.
Ja. Ja. **Nein.** Nei.
Bitte. Vær så snill.
Danke. Takk.
Verzeihung. Unnskyld.
Entschuldigung. Beklager.
Wie heißt du? Hva heter du?
Ich heiße ... Jeg heter ...
Sprichst du Deutsch? Snakker du tysk?
Ich verstehe nicht. Jeg forstår ikke.

Unterwegs

Wo ist ...? Hvor er ...?
Wo geht es ...? Hvilken retning er ...?
Wie komme ich nach ...? Hvordan kommer jeg til ...?
Kannst du es mir (auf der Karte) zeigen?
Kan du vise meg (på kartet)?

Schilder

Ankomst Ankunft
Avgang Abflug
WC/Toaletter Toilette
Gjestgiveri/Pensjonat Pension
Kamping/Leirplass Campingplatz
Ledig Frei
Vandrerhjem Jugendherberge

Uhrzeit & Datum

Wie spät ist es? Hva er klokka?
Es ist ... Klokka er ...
Halb (9). Halv ti.
Morgen formiddag.
Nachmittag ettermiddag.
Abend kveld.
Gestern i går.
Heute i dag.
Morgen i morgen.

Notfall

Hilfe! Hjelp!
Geh weg! Forsvinn!
Ich bin krank. Jeg er syk.
Ruf an ...! Ring...!
einen Arzt en lege
die Polizei politiet

Essen & Ausgehen

Was empfiehlst du?
Hva anbefaler du?
Prost! Skål!
Das war köstlich. Det var nydelig.

ZAHLEN

1
en *ehn*

2
to *tu*

3
tre *trrey*

4
fire *fi-rreh*

5
fem *fehm*

6
seks *seks*

7
sju/syv
schu/süv

8
åtte *oh-teh*

9
ni *nih*

10
ti *tih*

AUS DEM NORWEGISCHEN
Aquavit, Fjord, Krill, Lemming, Quisling, Ski, Slalom …

Bokmål

Wörtlich „Buchsprache", das ist die Stadt-Norwegische Variante des Dänischen, der Sprache der früheren Machthaber in Norwegen. Es ist Schriftsprache für 80 % der Bevölkerung. Auch wenn viele Norweger im privaten Umfeld einen lokalen Dialekt sprechen, verwenden die meisten in der Öffentlichkeit Bokmål.

Nynorsk

Die andere Schriftsprache ist Nynorsk oder „Neunorwegisch" – im Gegensatz zu Altnorwegisch, der Sprache vor 1500 v. Chr., also vor der dänischen Herrschaft. Sie ist ein wichtiger Teil des kulturellen Erbes Norwegens, da sie die echte norwegische Sprache ist, im Gegensatz zum dänischstämmigen Bokmål.

Nützliche Ausdrücke

Hvordan sier du? – Wie sagt man …?
Versuche, Norwegisch zu sprechen, werden immer positiv gesehen und die Norweger helfen meistens gerne.

En kaffe (med melk), takk. – Ein Kaffee (mit Milch), bitte.
Falls Norwegen ein Nationalgetränk hat, ist es Kaffee. Die meisten Norweger trinken ihn schwarz und stark, aber gegenüber Ausländern, die um Milch und/oder Zucker bitten, wird Nachsicht geübt.

Hvor er toalettene? – Wo sind die Toiletten?
Abgedroschen aber nützlich.

Skal jeg ta av skoene mine? – Soll ich meine Schuhe ausziehen?
Norweger ziehen normalerweise ihre Schuhe aus, wenn sie ein Haus betreten, besonders bei schlechtem Wetter.

WO SPRICHT MAN NORWEGISCH?

Bokmål ist die vorherrschende Sprache der über 4,6 Mio. Norweger. Eine Ausnahme bildet die Minderheit der Samen im Norden, hier wird eine der drei Sprachen aus der finno-ugrischen Gruppe der uralischen Sprachfamilie gesprochen – obwohl fast alle Samen auch Norwegisch sprechen.

STORYBOOK

Mit fünf Reportagen tief in den norwegischen Alltag eintauchen

Nidarosdomen (Nidaros Cathedral; S. 222)

DIE GESCHICHTE NORWEGENS IN 15 ORTEN

Norwegen mag heute der Inbegriff eines friedlichen Landes sein, aber seine Geschichte ist blutgetränkt. Die Geschichte dreht sich um immer wiederkehrende große Themen, von den Wikingern bis zum Kampf um die Souveränität in Skandinavien, von den Bemühungen der Samen bis zu den dunklen Tagen des Zweiten Weltkriegs, von extremer Armut bis zu bis dahin unvorstellbarem Wohlstand.

Obwohl die Geschichte dieses nordischen Volkes weiter zurückgeht als bis zu den Wikingern, erlangte Norwegen erst zwischen dem 8. und 11. Jh. internationale Beachtung als seine Seefahrer die Segel setzten, um nicht nur Europa zu erkunden, Handel zu treiben und zu erobern.Die mächtigen Wikingerhäuptlinge wurden durch den Einfluss einer neuen Religion herausgefordert und König Olav (später Olav der Heilige) sicherte die Christianisierung des Landes, bevor er ins Exil musste und später in der Schlacht von Stiklestad 1030 fiel.

Norwegen verlor im 14. Jh. seine Unabhängigkeit, zuerst an Schweden, später dann als Teil der Kalmarer Union, die jahrhundertelang eine Einheit mit Schweden und Dänemark formte. Im 19. Jh. wuchs der Wunsch nach Unabhängigkeit und nach der Auflösung der Union mit Dänemark. 1814 wurde eine neue Verfassung geschaffen. Es sollte aber noch weitere 91 Jahre dauern bis Norwegen schließlich 1905 seine Unabhängigkeit erhielt.

Norwegen – besonders der Norden – musste verheerende Zerstörungen im Zweiten Weltkrieg erleiden, als es von deutschen Truppen besetzt wurde. Die Entdeckung von Erdöl in der Nordsee in den 1960er-Jahren führte zu einem Wandel im Land: Die Wirtschaft änderte sich und die Gründung des staatlichen Oil Fund sichert den kontinuierlichen Wohlstand für die nächsten Jahre.

1. Alta

PETROGLYPHEN AUS DER STEINZEIT

Es gibt Hinweise auf eine menschliche Besiedlung des arktischen Nordens seit etwa 9000 v. Chr. Um 4000 v. Chr. erreichten Steinzeit-Bewohner das Gebiet um das heutige Alta und man kann die erstaunlichen Spuren sehen, die diese Leute in der Landschaft hinterließen. Die Klippen rund um das Alta Museum – eine Unesco-Weltkulturerbestätte – sind mit etwa 6000 Schnitzereien verziert, die zwischen 6000 und 2000 Jahren alt sind und in den 1960er-Jahren wiederentdeckt wurden. Eingeritzt in den Fels, zeigen die faszinierenden Petroglyphen Szenen aus dem Leben in der Steinzeit und Tiere wie Bären, Kormorane und Fische, aber auch Menschen und Boote.

Mehr über Alta auf S. 287.

2. Hafrsfjord

NORWEGEN IST VEREINT

Während die meisten Wikingerhäuptlinge durch fremde Eroberungen bekannt wurden, erreichte Harald Hårfagre (Harald Schönhaar) etwas, was keinem Häuptling vor ihm gelang – er vereinte die ungleichen kriegerischen Stämme. Hårfagre kontrollierte Vestfold und das Hochland. Er wurde von Håkon Grjotgardsson, Häuptling aus Trønder, unterstützt. In der Schlacht von Hafrsfjord, nahe Haugesund, besiegte Harald 872 (die Zahl schwankt zwischen 870 und 900) die mit dem dänischen König verbündete feindliche Flotte von Kjøtve den Rike (Kjøtve der Reiche), sorgte für sichere Handelswege zwischen Südnorwegen und Kaupang und kontrollierte das Land. Er blieb weitere 60 Jahre König.

Mehr über Hafrsfjord auf S. 166.

3. Stiklestad

EIN KÖNIG STIRBT DEN MÄRTYRERTOD

König Olaf II. Haraldsson gründete 1024 die norwegische Kirche und begründete die Staatsreligion in seinem Reich – und das gilt noch heute. Aber nach der Invasion von König Canute (Knut) von Dänemark 1028 musste Olav fliehen. Er kehrte 1030 zurück und versuchte, die Macht wieder zu erlangen, wurde aber in der entscheidenden Schlacht von Stiklestad gegen eine Bauernarmee, die den dänischen König unterstützte, getötet. Für Christen zählt sein Tod als Märtyrertod und er wurde heiliggesprochen. Sein größtes Vermächtnis war, dass er eine dauerhafte Identität Norwegens als unabhängiges Königreich schuf.

Mehr über Stiklestad auf S. 231.

Oslos Kathedrale

FRANCESCO BONINO/SHUTTERSTOCK ©

4. Bergen

HANSEATISCHER HOT SPOT

Mehr als 400 Jahre lang wurde Bryggen, der Speicherkomplex in Bergens geschütztem Hafen, von einer eng verwobenen Gemeinschaft deutscher Kaufleute beherrscht, die zur Hanse gehörten. Das Bündnis errichtete hier um 1360 ein erstes Kontor, importierte Getreide und exportierte u. a. getrockneten Fisch. Im 15. Jh. führte die Konkurrenz niederländischer und englischer Händler (und der Schwarze Tod, durch den 70 % der Bevölkerung Bergens starben) zum Niedergang der Hanse.

Aber schon Anfang des 17. Jhs. war Bergen wieder ein wichtiger Handelsplatz in Skandinavien und mit 15.000 Einwohnern Norwegens bevölkerungsreichste Stadt. Bryggen blieb ein wichtiges Handelszentrum, bis die Niederlassungen der Hanse 1899 geschlossen wurden.

Mehr über Bryggen auf S. 142.

5. Christiania

DAS NEUE OSLO

1536 ging Norwegen eine Union mit Dänemark ein und alle Fragen bezüglich Politik und Verteidigung wurden in Kopenhagen geklärt. 1624 vernichtete ein großer Brand die Stadt Oslo, die damals nahe am heutigen Grønland lag. Der dänische König Christian IV. entschied sich, die Stadt unterhalb der Festung Akershus im damals angesagten Renaissance-Schachbrettmuster neu aufzubauen. Einige der eleganten Straßenansichten aus dem 17. Jh. gibt es noch in Kvadraturen (Viereck), dem Gebiet zwischen der Festung Akershus und der Domkirche, Øvre Vollgate und Skippergata. In einer frühen Art von Marketing nannte der König die Stadt Christiania; 1925 wurde aus Christiania wieder Oslo.

Mehr über Oslos Geschichte auf Seite 71.

6. Røros

FLORIERENDE KUPFERMINE

Røros Kobberverk (Røros Kupfermine) entstand 1644, nachdem Anfang der 1640er-Jahre in der Region Kupfererz entdeckt worden war. Die Wälder der Umgebung versorgten die Stadt mit Brennmaterial, die Stromschnellen im Fluss Hyttelva sorgten für Wasserkraft. Das Kupferwerk war im 18. Jh. besonders ergiebig und brachte der Region Wohlstand. Die Direktoren investierten in den Ort, errichteten eine große Kirche und sorgten für Ärzte und Schulen. Aber dann ließ die Produktivität ständig nach bis 1977, nach 333 Betriebsjahren, das Werk in Konkurs ging. 1980 wurde Røros in die Liste des Unesco-Weltkulturerbes aufgenommen.

Mehr über Røros auf S. 234.

7. Eidsvoll

DIE GEBURT DER VERFASSUNG

Nach den Napoleonischen Kriegen sollte Dänemark im Kieler Frieden Norwegen an Schweden abtreten. Ein Aufgebot an Bauern, Händlern und Politikern, die nicht länger zwischen fremden Königen hin- und hergereicht werden wollten, versammelte sich im April 1814 in Eidsvoll Verk, um eine neue Verfassung zu verabschieden und einen norwegischen König zu wählen (Dokumentunterzeichnung am 17. Mai). Schweden wehrte sich gegen dieses Zeichen von Unabhängigkeit und zwang den neuen König Christian Frederik abzutreten und den von Schweden ernannten Karl Johan anzuerkennen. Krieg wurde durch einen Kompromiss abgewendet, aber für die Union hatte die Stunde geschlagen. 1905 erlangte Norwegen die Unabhängigkeit.

Mehr über die Verfassung auf S. 344.

8. Svalbard

ERFORSCHUNG DES NORDPOLS

Ende des 19. und Anfang des 20. Jhs. wurde Svalbard zum Ausgangsort für bahnbrechende Polarexpeditionen. 1893 setzten Fridtjof Nansen und seine Crew hier die Segel auf der *Fram* mit dem Ziel, das Schiff im Eis festzusetzen und durch die Nordwestpassage treiben zu lassen.

Im Jahr 1926 verließ Roald Amundsen Svalbard mit dem Luftschiff Norge und führte die erste Luftexpedition zum Nordpol durch. 1928 stürzte das Luftschiff *Italia* mit Pilot Umberto Nobile bei der Ankunft in Svalbard ab. Die anschließende Rettungsaktion führte tragischerweise zum Tod von zahlreichen Hilfkräften auf dem Wasserflugzeug *Latham 47*, darunter auch Amundsen.

Mehr über Svalbard auf S. 302.

9. Ålesund

NEUBAU IM JUGENDSTIL

In der Nacht des 22. Januars 1904 wütete ein Feuer in der Küstenstadt Ålesund und zerstörte viele der Holzhäuser, über 10.000 Einwohner verloren ihr Zuhause. Erstaunlicherweise gab es nur einen Toten. Die Stadt nutzte das Feuer als Gelegenheit, Ålesund im damals beliebten Jugendstil wieder aufzubauen. Der Aufbau ging schnell und 1907 war Ålesund zu einer Stadt geworden, die für ihren harmonischen Jugendstil berühmt ist.

Mehr über Ålesund auf S. 211.

10. Narvik

BESETZUNG IM ZWEITEN WELTKRIEG

Am 9. April 1940 gelang deutschen Truppen ein überraschender Einmarsch in Norwegen, mehrere größere Städte, darunter Oslo, Bergen, Trondheim und Narvik, gerieten ins Zielfeuer. Narvik war wegen der Nähe zu Schweden und als wichtiger Hafen im Norden von strategischer Bedeutung. Es war auch wegen des Eisenerztransports unentbehrlich für die deutsche Kriegsmaschinerie. In der Schlacht von Narvik konnten die Briten die Stadt Ende Mai 1940 zurückerobern, die Situation auf dem Festland zwang sie aber zum Rückzug, so dass die Deutschen am 9. Juni wieder die Kontrolle über Narvik hatten.

11. Rjukan

SABOTAGE AN KRIEGSANLAGEN

Der norwegische Widerstand verübte während des Krieges viele Sabotageakte gegen die deutschen Besetzer. Eine der Aktionen richtete sich gegen das Norsk Hydro Werk in Rjukan, in dem schweres Wasser (Deuteriumoxid) produziert wurde, unverzichtbar für die Kernforschung. Aus Furcht vor der Produktion von Kernwaffen verübten Saboteure, von den Briten unterstützt, eine Reihe von Anschlägen auf das Werk. Die „Operation Gunnerside" im Februar 1943 war sehr erfolgreich: Eindringlinge zündeten Sprengladungen und zerstörten wichtige Anlagen. Der Versuch der Deutschen, das restliche schwere Wasser mit der *SF Hydro* nach Deutschland zu bringen, misslang; im Februar 1944 wurde das Schiff auf dem Tinner See versenkt.

Mehr über Rjukan auf S. 94.

Norsk Oljemuseum (S. 175), Stavanger

12. Stavanger

DIE ENTDECKUNG VON ÖL

1969 wurde in der Nordsee im Ekofisk Ölfeld das schwarze Gold entdeckt. Durch Stavangers Nähe zu dem Ölfeld wurde die Stadt die Basis für den Betrieb auf dem Festland und Anfang der 1970er-Jahre begann Norwegens größte Ölfirma Statoil (heute Equinor) mit dem Betrieb. Die Wirtschafte boomte und aus einem der ärmsten Länder Europas wurde eines der reichsten. 1990 gründete die norwegische Regierung den Oljefondet (heute: Statens pensjonsfond utland, Staatlicher Pensionsfond), der den Wohlstand des Landes für zukünftige Generationen sichern soll. Im Jahr 2022 lag der Wert bei etwa 12,43 Billionen Kroner (1,2 Billionen US$).

Mehr über Stavanger auf S. 171.

13. Karasjok/Kárášjohka

DAS PARLAMENT DER SAMEN

Im 19. und frühen 20. Jh. wurde das indigene Volk der Samen in Norwegen zur Anpassung gezwungen, ihre Identität, Kultur und Sprachen wurden unterdrückt. In den 1960er-Jahren änderte sich die Politik, aber die Samen kämpften weiter für ihre Rechte und politische Vertretung. Erbitterte Proteste 1979 und 1981 gegen einen geplanten hydroelektrischen Damm auf traditionellem Samen-Land am Fluss Alta führten schließlich zu Reformen: Heute werden die Samen in der norwegischen Verfassung als ein eigenes indigenes Volk anerkannt, das Parlament der Samen wurde 1989 gegründet. 2000 wurde das neue Gebäude des Samen-Parlaments in Karasjok (Kárášjohka auf Samisch) eröffnet.

Mehr über Karasjok auf S. 291.

14. Trondheim

DIE KRÖNUNGSKIRCHE NORWEGENS

Trondheim, 997 von König Olav I. gegründet, hat königliche Wurzeln und der Nidarosdomen (Nidarosdom), der auf der Grabstätte Olav II. steht, war im Mittelalter Krönungsstätte für drei Könige. In der Verfassung von 1814 wird der Nidarosdomen als offizielle Krönungskirche genannt und zwischen 1818 und 1905 wurden hier vier Könige – Karl III. Johan, Karl IV., Oscar II. und Haakon VII. – gekrönt. Obwohl der Dom seine verfassungsmäßige Rolle verlor als 1908 die Krönungsklausel aufgehoben wurde, wurden hier sowohl Olav V. (1957–91) als auch Harald V. (1991) gekrönt.

Mehr über Trondheim auf S. 222.

15. Oslo & Utøya

TERRORANSCHLAG AUF NORWEGISCHEM BODEN

Am 22. Juli 2011 zündete der norwegische Terrorist Anders Behring Breivik in Oslos Regierungsbezirk eine Autobombe und tötete acht Menschen. Dann verkleidete er sich als Polizist und erschoss auf der Insel Utøya, etwa 30 km nordwestlich von Oslo, 69 junge politische Aktivisten. Als er verhaftet wurde, behauptete Breivik, er hätte so handeln müssen, um Norwegen und Europa vor der Machtübernahme durch Moslems zu bewahren. Die wohlüberlegte Reaktion des Landes auf das Massaker mit den meisten Toten der Neuzeit wurde weltweit gelobt.

Mehr über Oslo auf S. 42.

TRIFF DIE NORWEGER

Über Wandern und Braunkäse bis zum Abstellen der Babys in der frischen Luft, ANITA LILLEFOSSE stellt ihre Landsleute vor und erklärt, wie sich die Seele der Nation ändert.

Als ich Kind war, waren unsere Türen nie abgeschlossen. Obwohl sich das leider inzwischen geändert hat, ist Norwegen immer noch ein sicherer Ort und das nicht nur, was die Kriminalität angeht. Von Geburt an besteht Sicherheit; es ist egal, ob die Eltern reich sind oder nicht, man wird immer sein Auskommen haben.

Wir werden nicht, wie viele Leute denken, mit Skiern an den Füßen geboren – die meisten Norweger können nicht Ski fahren. Aber wir bringen unsere Kinder im Winter an die frische Luft: Wer an einem Kindergarten vorbeigeht, sieht die Buggys mit den schlafenden Kindern draußen stehen.

Wir lieben unser Zuhause und egal, wie beschäftigt man ist, das Zuhause ist der ganze Stolz, es muss glänzen. Aber wie in anderen skandinavischen Ländern auch, gibt es das Konzept *Janteloven* (das Gesetz von Jante): Man sollte nie glauben, dass man besser als seine Mitmenschen ist. Wer Geld hat, sollte nicht damit prahlen. Man hat ein tolles Auto und ein schönes Haus, aber nichts Protziges. Es ist nicht mehr so strikt, wie es mal war; wie überall sind auch Norweger vielen Einflüssen ausgesetzt. Heute dürfen wir zeigen, was wir erreicht haben und dürfen stolz darauf sein, aber es ist ein Balanceakt.

Zwischen den Städten Norwegens besteht keine Rivalität – nur wenn es um Fußball geht – aber es gibt Vorurteile. Zum Beispiel denken Leute aus Bergen, dass *østlandinger* (Leute aus dem Osten) Vatersöhnchen wären; Leute aus Oslo glauben, *bergensere* (Bewohner von Bergen) wären *brautende* (dreist und laut).

Das Leben läuft hier nicht mit High-Speed. Unsere Einstellung ist: „OK, wir haben es heute nicht geschafft, wir machen es morgen." Niemand hat es wirklich eilig, außer zwischen 16 und 18 Uhr: Dann haben es alle eilig, weil sie wissen, dass sie im Stau stehen. In Norwegen sind schon fünf Autos hintereinander ein *kø* (Verkehrsstau).

Es mag schwierig sein, Norweger kennenzulernen. Aber wer uns kennt, der merkt, dass wir uns selbst nicht sehr ernst nehmen – wir machen uns über uns lustig – aber man muss erst akzeptiert werden. Wir geben nicht schnell unsere Gedanken preis. Das gilt auch für Religion und Politik: Norweger reden nicht gerne über diese Themen. Wir sind politisch interessiert, aber wir behalten es für uns. Wir teilen mit, was man sehen kann, aber nicht was wir denken.

Wenn jemand Probleme hat, sagen wir „hör auf" und schlagen vor, dass die Person in den Bergen eine Auszeit nimmt. Eine Wanderung kann viele Probleme lösen. Und Essen ist wichtig: Ich empfehle Waffeln und Braunkäse.

Wer & wie viele?

Norwegen hat knapp über 5,5 Mill. Einwohner, davon stammen 16 % aus anderen Ländern. Den größten Anteil haben Immigranten aus anderen europäischen Ländern (7,2 %) und aus Asien (4,8 %), während 1,3 % aus anderen nordischen Ländern stammen.

VON LINKS OBEN IM UHRZEITERSINN: JONATHAN GREGSON/LONELY PLANET ©, HANHALO YEHOR/SHUTTERSTOCK ©, UPIXA/SHUTTERSTOCK ©, TYLER OLSON/SHUTTERSTOCK ©

ICH SUCHTE ETWAS NEUES … DOCH DANN VERMISSTE ICH DIE STILLE

Ich wuchs in Arna auf und zog im letzten Schuljahr nach Bergen. Aber das wurde mir zu klein, deswegen zog ich nach Oslo. Dann wurde auch das zu klein. Ich wollte etwas anderes. „Normal" in Norwegen heißt, die Schule beenden, eine Ausbildung machen, einen Partner finden, Kinder haben, einen Volvo kaufen. Davor hatte ich Angst. Ich wollte reisen und zog nach London. Mein Plan war, dort für ein oder zwei Jahre zu bleiben – es wurden 16.

Aber ich vermisste die Natur und die frische Luft. Man spürt den Unterschied sobald man das Flugzeug verlässt, selbst wenn man in Oslo ankommt. Und ich vermisste die Stille, was ich aber erst nach einem Jahr bemerkte. Ein Teil von mir liebte das Tempo in London, aber jetzt bin ich zurück in Bergen und schätze die Heimat.

Norwegens Nationaltracht – *bunad* (S. 346)
NATASHA B/SHUTTERSTOCK ©

FOLKLORE & FESTE

Norwegens Folk-Tradition gedeiht auch im 21. Jahrhundert.
Von Gemma Graham

NACH DREI JAHRHUNDERTEN unter dänischer Herrschaft war Norwegens Identität lange Zeit mit der der südskandinavischen Nachbarn verflochten. Im Nationalmuseum in Oslo gibt es den Ausstellungsraum „Alles Norwegische ist Dänisch", daran erkennt man den Einfluss der Verbindung. Wenn es um die antiken Gläser und die Intarsienschränke in der Ausstellung geht, mag das wahr sein, aber seitdem hat Norwegen eine eigene Identität entwickelt.

Norwegen wurde nach den Napoleonischen Kriegen 1814 an Schweden abgetreten und die führenden Personen im neuen dezentralen Staat beschäftigten sich mit Nationenbildung, diskutierten, was „norwegisch" bedeutet und entwarfen eine Verfassung, die am 17. Mai 1814 unterzeichnet wurde. Gleichzeitig mit einer Nationalromantik wuchs das Interesse an Norwegens Folk-Tradition. Bräuche wurden wiederbelebt, einige wurden nach der Unabhängigkeit 1905 neu eingeführt.

Mythen & Märchen

Nordische Mythologie und norwegische Volkssagen haben einen dauerhaften Reiz weit über das Land hinaus, die Geschichten wurden viele Jahrhunderte, nachdem sie zum ersten Mal erzählt wurden, aufgeschrieben. Vieles von unserem Wissen über nordische Mythologie stammt von isländischen Dichtern des 13. Jhs. Der Geschichtsschreiber Snorre Sturlason verfasste um 1220 die *Snorrea-Edda* (Die jüngere Edda); sie bezog sich auf sagenumwobene Figuren aus Geschichten, darunter Thor, die bis aus dem 8. Jh. stammten. Die ältere Edda ist ein aus dem 13. Jh. stammendes Manuskript mit Gedichten, deren unbekannter Autor von nordischen Göttern und Helden erzählt.

Anfang des 19. Jhs. begannen die Sagenliebhaber Peter Christen Asbjørnsen und Jørgen Engebretsen Moe, von den Gebrüdern Grimm angeregt, regionale Märchen zu sammeln, um ihren Fortbestand zu sichern. Ihr Buch *Norske folkeeventyr* (Norwegische Märchen, 1841) griff die düster-drolligen, belehrenden Geschichten ganz unterschiedlicher Charaktere auf und ist immer noch beliebt. Normalerweise enden die Geschichten mit dem Satz „Snipp. Snapp. Snute. Så er eventyret ute" (Schnipp, schnapp, Schnauze. Nun ist das Abenteuer vorbei).

Dugnad, um Gutes zu tun

Während Märchen oft vor den grausigen Konsequenzen warnen, wenn man sich für den falschen Weg entscheidet, baut eine andere norwegische Tradition auf Zucker-

brot und Peitsche. *Dugnad* (vom Altnordischen *dugnaðr*, das heißt „Hilfe" oder „gute Tat") ist eine Freiwilligenarbeit, bei der sich eine Gruppe findet, um zum Wohl der Gemeinschaft eine Aufgabe zu erledigen, meistens eine handwerkliche Arbeit. In früheren Zeiten sicherte *dugnad* das Überleben und den Wohlstand ländlicher Gemeinden. Auch wenn *dugnad* heute in den großen Städten kaum vorhanden ist, lebt die Tradition in kleinen Orten und auf dem Land weiter. Die Bewohner werden ganzjährig zur Teilnahme an verschiedenen *dugnad* eingeladen, sei es Zäune streichen, Arbeit im Gemeinschaftsgarten oder das Dorf vor dem Nationalfeiertag hübsch machen. Auch Arbeitsstätten organisieren *dugnad* und niemand ist zu fein – von jedem wird erwartet, dass er mitmacht.Auch wenn die Teilnahme freiwillig ist, fühlen sich die meisten Norweger verpflichtet mitzuhelfen – wer zu oft fehlt, erntet schiefe Blicke – und die Aussicht auf Essen, Getränke und Gespräche nach getaner Arbeit ist verlockend. Tatsächlich sind viele Norweger immer noch gemeinschaftsorientiert: Nach der Statistikbehörde Norwegens von 2022 haben 51,6 % der Norweger an irgendeiner Art von Freiwilligenarbeit in den letzten 12 Monaten teilgenommen.

Bunad: Die neu belebte Tracht

Wenn es darum geht, sich für besondere Anlässe wie Hochzeiten, Taufen und natürlich den Nationalfeiertag hübsch zu machen, wählen viele Norweger *bunad*, Norwegens Tracht. Als Wiederbelebung der traditionellen Kleidung der ländlichen Bevölkerung wurde *bunad* Mitte des 19. Jhs. entwickelt und die Hersteller orientierten sich bezüglich der Farben und der komplexen Stickerei an lokalen Handarbeiten. Deswegen ist *bunad* in jeder Region einzigartig und spiegelt die Traditionen der Gegend.

Das Norwegische Institut für Bunad und Tracht schätzt, dass etwa 70 % der norwegischen Frauen eine *bunad* besitzen und etwa 20 % der Männer und die Zahlen steigen. Bei Frauen besteht *bunad* aus einer weißen Bluse, einem Unterkleid, dem Hauptkleid, einer Schürze und einem Gürtel. Abhängig von der Region gibt es auch Accessoires wie eine Tasche, Haube, Schal oder Cape und jede *bunad* ist auch mit *sølje* (Schmuck) – meistens Silber – verziert. Die traditionelle Tracht der Samen, *kofte*, ist ähnlich, denn es gibt auch regionale Unterschiede, sie wurde aber jeden Tag getragen und ist daher eine überlieferte, nicht eine wiederbelebte Tradition.

Bunader werden manchmal von einem geschickten Familienmitglied selbst genäht und sind häufig ein Geschenk zur Konfirmation. Gekaufte Trachten, die maßgeschneidert sind, können viele Tausend Kroner kosten, aber sie werden ein Leben lang getragen, falls nötig geändert und oft von einer Generation zur nächsten vererbt. Die Wertschätzung der Nationaltracht ist so groß, dass sie für die Unesco-Liste des Immateriellen Kulturerbes vorgeschlagen wurde.

Nasjonaldag, hipp, hipp, hurra!

Nur wenige Feste im jährlichen Kalender bringen die Norweger so zusammen wie der *syttende mai* (17. Mai), auch als *nasjonaldag* (Nationaltag) bekannt, der Geburtstag der norwegischen Verfassung 1814. Unter König Carl Johan (damals König von Schweden und Norwegen) waren Feierlichkeiten wegen anti-schwedischer Stimmung verboten. Aber 1836 entschied sich das *storting* (Norwegisches Parlament) für den 17. Mai und seitdem ist dieser Tag der Nationaltag.

Jeder Ort hat eigene Feierlichkeiten, überall wehen norwegische Fahnen, es gibt den ganzen Tag Umzüge und Musik. Anders als bei Nationaltagen in anderen Ländern liegt hier der Fokus nicht auf dem Militär, sondern auf den Bürgern, besonders den Kindern. Der Kinderzug (*barnetog*) gehört zu jeder Feier und die Kleinen laufen im Umzug mit, tragen handgemalte Schilder mit dem Namen ihres Kindergartens oder Schule und schwenken Fahnen zur Musik der Kapellen. Später gibt es dann einen Umzug für die Erwachsenen mit Teilnehmern von verschiedenen Organisationen wie Sportvereinen, Majorettengruppen und Notfallorganisationen. Hunderte – in großen Städten Tausende – strömen zu den Umzügen, winken und essen Waffeln, Hot dogs und Eis. Das Vergnügen am Tag wandelt sich in eine laute Nacht, wenn die Einheimischen, immer noch in Tracht, in Bars und Clubs strömen, um dort die Nacht durchzufeiern.

NOIR AUS NORWEGEN

In den dunklen Gefilden der skandinavischen Spannungsliteratur spielen norwegische Autoren eine wichtige Rolle. Von Gemma Graham

WAS IN DEN 1960er-Jahren als „Nordic Noir" in Skandinavien entstand, ist inzwischen zu einer international bekannten Marke herangereift. Vor dem Hintergrund der kargen, unwirtlichen nordischen Landschaft gibt sich der Protagonist, oft ein älterer Ermittler mit allerlei privaten Problemen, größte Mühe, den Opfern brutaler Verbrechen Gerechtigkeit widerfahren zu lassen.

Düstere, deprimierende Themen wie Gewalt, Mord, Frauenhass und Fremdenfeindlichkeit passen dabei so gar nicht zum Selbstbild der skandinavischen Länder als fast schon utopischen Gesellschaften. Der Wahrheitsgehalt des „skandinavischen Modells" – glückliche, wohlhabende Gemeinschaften, in denen alle Menschen gleich sind, frei von Korruption und in sozialer Sicherheit leben – steht darin auf dem Prüfstand: in fesselnden Erzählungen mit gesellschaftskritischer Tendenz.

Die beiden schwedische Autoren Maj Sjöwall und Per Wahlöö gelten als Pioniere des Genres. Ihre gemeinsam verfasste, aus zehn Kriminalromanen beste-

Bestsellerautor Jo Nesbø (S. 348)

hende Reihe (zwischen 1965 und 1975) mit dem mürrischen Ermittler Martin Beck war Ausgangspunkt mehrerer Film- und Fernseh-Adaptionen. Henning Mankell, der schwedische Erfinder von Kurt Wallander, gilt als weiterer wichtiger Autor, was die Entwicklung dieses Genres angeht.

Diese spezielle Erscheinungsform des Noir wurde in den 1990er-Jahren in den skandinavischen Ländern populär; international wahrgenommen wurde das neue Genre aber erst Mitte der 2000er-Jahre. Ein Auslöser war die Buchveröffentlichung und die anschließende Verfilmung von Stieg Larssons Millenium-Reihe; deren erster Band, *Verblendung,* handelt von Gewalt gegenüber Frauen in der schwedischen Gesellschaft. Im Fernsehen trugen Serien ebenfalls zum immer klareren Profil des „Nordic Noir“ außerhalb Skandinaviens bei.

In einem Genre, das sich erfolgreich in ganz Skandinavien etablieren konnte, spielen norwegische Autoren eine wichtige Rolle. Gunnar Staalesen gilt als einer der prominentesten Vertreter des Nordic Noir; seine neuen Romane mit dem Privatdetektiv Verg Veum aus Bergen werden stets sehnsüchtig erwartet. Karin Fossum hat ursprünglich im Gesundheitswesen gearbeitet; vielleicht liegt es daran, dass ihr Protagonist, Inspektor Sejer, eher mitfühlend auftritt und nicht leidend und gequält. Norwegens erfolgreichste Autorin im Bereich der Krimis, Anne Holt, ist eigentlich Rechtsanwältin und war bereits norwegische Justizministerin. Viele ihrer beliebten Romane handeln von der fiktiven Osloer Kommissarin Hanne Wilhelmsen.

DER WAHRHEITSGEHALT DES „SKANDINAVISCHEN MODELLS“ – GLÜCKLICHE, WOHLHABENDE GEMEINSCHAFTEN, IN DENEN ALLE MENSCHEN GLEICH SIND, FREI VON KORRUPTION UND IN SOZIALER SICHERHEIT LEBEN – STEHT DARIN AUF DEM PRÜFSTAND: IN FESSELNDEN ERZÄHLUNGEN MIT KRITISCHER TENDENZ.

Karin Fossum beim Signieren

MARKUS WISSMANN/SHUTTERSTOCK ©

Der mit Abstand internatinal erfolgreichste norwegische Noir-Autor ist jedoch Jo Nesbø, dessen Bestseller-Reihe (2023 umfasste sie 13 Titel) um die Ermittlungen des Osloer Kommissars Harry Hole kreist; weltweit hat Nesbø bislang 55 Millionen Exemplare verkauft. Am Anfang der Reihe stand 1997 *Der Fledermausmann,* einer der Folgetitel, *Schneemann* (2010), wurde 2017 mit Michael Fassbender verfilmt.

Zwar reichen norwegische Noir-Filme und -Fernsehserien, was internationale Erfolge angeht, nicht ganz an dänische und schwedische Produktionen heran; trotzdem hat das Land einige viel beachtete Serien produziert.

Die erste Staffel von *Kommissar Wisting,* basierend auf den Romanen des ehemaligen Polizisten Jorn Lier Horst, wurde 2019 ausgestrahlt. Darin heftet sich der Ermittler William Wisting an die Fersen eines Serienkillers, der sich von Norwegen in die USA abgesetzt hat. Die Serie *Occupied – Die Besatzung* (2015) gehört zwar im strengen Sinne nicht zum Genre, stellt aber ebenfalls die dunklen Seiten in den Mittelpunkt. Die von Jo Nesbø produzierte Serie handelt von einer Zeit, in der Norwegen die Öl- und Gasförderung einstellt und deshalb von Russland überfallen wird. Der Plot spielt auf die Besetzung Norwegens durch Nazi-Deutschland an, was den tatsächlichen Botschafter Russlands veranlasste, sein Missfallen zum Ausdruck zu bringen: Ein Zeichen dafür, dass der „Nordic Noir“ sich immer noch ganz nah entlang jener feinen Linie bewegt, die Wahrheit und Fiktion voneinander trennt.

VIEL FISCH IM MEER

Eine kurze Geschichte des *skrei:* Das ist der Fisch, der Norwegen groß machte. Von Hugh Francis Anderson

AN DER WEISS gepuderten Küste von Svolvær, einem Fischerort in den südlichen Lofoten im arktischen Norwegen, türmen sich riesige hölzerne Gestelle zwischen den Hütten und Häusern. Auf jedem Balken liegen Tausende von Kabeljaus, die im kalten Wind, der vom Atlantik kommt, trocknen. Das Bild hat sich seit Jahrhunderten nicht verändert, die Tradition entstand vor über 1000 Jahren unter den Wikingern und war Norwegens erster Exportartikel. Auf Altnordisch wurde der Kabeljau *skrei* genannt, das heißt Wanderer, der Name blieb bis heute. Groß, muskulös und mager, *skrei* gilt als der beste Kabeljau der Welt. Jedes Jahr wandern zwischen Januar und April die ausgewachsenen *skrei* 1000 km von der Barentssee in der Arktis zu ihren Laichgründen rund um die Lofoten. Dieser Fisch ist auch heute noch ein wesentlicher Bestandteil des kulturellen Erbes Norwegens und einer der wichtigsten Exporte.

Bescheidene Anfänge

„So lange wie es schon *skrei* gibt, leben auch schon Menschen auf den Lofoten", sagt Marion Fjelde Larsen, Expertin für die Geschichte des Fischfangs auf den Lofoten im Lofoten Viking Museum. „Wir haben Angelausrüstungen aus der frühen Eisenzeit um 500 v. Chr. über die Wikinger bis zum Mittelalter gefunden."

Tørrfisk oder Stockfisch ist ein einfacher Prozess, bei dem der Kabeljau im Freien getrocknet und so konserviert wird. Historisch gesehen wurde dieses proteinhaltige Nahrungsmittel im kargen Winter und auf langen Reisen gegessen. Den Wikingern diente der Stockfisch nicht nur als Proviant auf ihren Reisen, sondern auch als wertvolles Tauschmittel – es war eines der ersten Handelsgüter aus Norwegen.

Der erste dokumentierte Handel war 1432 als der venezianische Händler Pietro Querini in einen Sturm geriet und von Fischern aus Røst, einer kleinen Inselgemeinde der westlichen Lofoten, gerettet wurde. Als er nach Venedig zurückkam, brachte er Stockfisch mit und der Handel zwischen beiden Ländern begann. In Venedig steht heute noch der *baccalà mantecato* auf der Speisekarte, ein Klassiker mit Stockfischcreme und Polenta.

Skrei weltweit

In Italien gibt es Güteklassen: *prima* ist beste Qualität, *seconda* die nächste, schlechter ist *africa*. „Eine der ersten Handelsstrecken von Norwegen ging über British Columbia nach Westafrika, der Stockfisch wurde im Sklavenhandel verwendet", sagt Jim Eide, ein Guide auf den Lofoten und Angelexperte. „Heute gehen die dritte Klasse und die Köpfe direkt nach Nigeria." Während der Stockfisch ursprünglich als Nahrungsquelle für Sklaven diente, ist er im Laufe der Zeit zu einem festen Bestandteil der nigerianischen Küche und

Grundnahrungsmittel geworden. Als die Franzosen im 17. Jh. die Portugiesen und Basken aus ihren Fischgründen in Kanada vertrieben, fuhren sie nach Island und Norwegen, um dort Kabeljau zu fangen. Ihre Art den Fisch zu salzen und zu trocknen, der in Rezepten mit *bacalhau* verwendet wird, wurde in Norwegen *klippfisk* genannt und wurde zu einem wichtigen norwegischen Export im 19. und 20. Jh. Heute werden fast 80 % des *klippfisk* nach Portugal exportiert.

Das Lebenselexir einer Nation

Als die Nachfrage im 20. Jh. wuchs und der Export von frischem *skrei* rentabel wurde, gewannen Fragen rund um nachhaltigen Fischfang an Bedeutung. *Skrei* ist der lukrativste Export nach dem Öl, deswegen sind gesunde, florierende Fischbestände von größter Wichtigkeit. Nach Jahren der Überfischung wurden 1990 Quoten eingeführt, um den Fischfang so zu regulieren, dass er sowohl biologisch als auch wirtschaftlich praktikabel blieb. „Vor 1990 wurde der Fischfang nicht gut kontrolliert. Es gab weniger Fisch und er war kleiner", sagt Svein Egil Hansen, der zum ersten Mal 1974 hier fischte.

GROSS, MUSKULÖS UND MAGER, SKREI GILT ALS DER BESTE KABELJAU DER WELT. JEDES JAHR WANDERN ZWISCHEN JANUAR UND APRIL DIE AUSGEWACHSENEN SKREI 1000 KM VON DER BARENTSSEE IN DER ARKTIS ZU IHREN LAICHGRÜNDEN RUND UM DIE LOFOTEN

Heute arbeiten Forscher und Institute zusammen, um für jeden Fischbestand die erlaubte Fangquote zu berechnen, die dann der Fischindustrie mitgeteilt und streng überwacht wird. So bleibt der Bestand jedes Jahr lebensfähig. „Wir lieben Fisch", sagt Jonas Walsøe, ehemaliger Geschäftsführer von Berg Seafood, einer Fischfangfirma aus Svolvær. „Er ist erstaunlich. Er ist ein wichtiger Teil unseres Landes und wir realisieren, dass wir die Kabeljaubestände schützen müssen." Die Strafen bei Überfischung sind hoch und Fänge, die über die Quoten hinausgehen, werden von den Behörden konfisziert. Da die Bestände jedes Jahr schwanken, prognostiziert das System nachhaltige Quoten für den *skrei*-Fang, es gibt keinen Anreiz für Überfischung und die Aufklärung rund um rentablen Fischfang ist gut.

Kulturelle Verbundenheit

Skrei bleibt ein wichtiger Bestandteil der norwegischen Küche und Kultur. Fast jeder Teil des Fisches wird verarbeitet. *Mølje*, zum Beispiel, ist ein Gericht aus *skrei*-Fleisch, Leber und Rogen, in Salzwasser gedünstet und mit Fladenbrot oder Kartoffeln serviert. Die Zungen und Bäckchen werden herausgetrennt und frittiert – eine Delikatesse. Noch immer gibt es die Tradition, dass die *tungeskjaererne* (Zungenschneider) Kinder sind. Die Arbeit wurde, und wird immer noch, als Einstieg in die Fischindustrie genutzt, zusätzlich verdient man Taschengeld. Es ist die einzige erlaubte Kinderarbeit in Norwegen und man kann über 10.000 € in einer einzigen Saison verdienen. „Man braucht Geschick und Schnelligkeit um die Zungen herauszutrennen und viele haben erkannt, dass Fischfang eine gute Arbeit nach der Schule ist", sagt die 19-jährige Maria Rasmussen. „Wenn man mit etwas aufgewachsen ist, gehört es auch zur eigenen Identität."

Im Holmen Lofoten Hotel und Restaurant, das von Rasmussens Mutter geführt wird, bekommt Ingunn, der klassische *skrei* einen modernen Touch durch das kulinarische Abenteuer Kitchen on the Edge of the World, bei dem berühmte Köche aus der ganzen Welt kochen. „Wir müssen nicht länger traditionell kochen", sagt sie. „Es ist toll dieses wunderbare Produkt auf neue Art zu verarbeiten." Holmen Lofoten, wie viele Orte auf den Lofoten, nutzt die Tradition des *skrei* um den Tourismus zu stärken, man kann für den eigenen Bedarf fischen. Als Lob auf diesen bemerkenswerten Fisch unterstützt die Regierung den Bau des SKREI – Nationalmuseum des Kabeljaus, das 2026 in Kabelvåg öffnen soll.

Vielleicht werden Einfluss und Vermächtnis des skrei mit dem bekannten norwegischen Ausdruck „In Cod we Trust" am besten zusammengefasst.

Gestelle mit *skrei* (S. 349), Svolvær

REGISTER

A

Karten **000**

N

Karten **000**

Karten **000**

„Aus der Ferne glitzert der Gletscher Folgefonna (S. 164) im Licht der Sonne. Kommt man näher, erkennt man eine Eislandschaft aus faszinierenden Farbtönen und tiefen Spalten."

ANTHONY HAM

„Unter Norwegens großen Fjorden ist der Hardangerfjord (S. 158) das eigentliche Herzstück der Fjord-Welten."

ANTHONY HAM

ÜBER DIESES BUCH

Lonely Planet Global Limited

Digital Depot, Roe Lane (off Thomas Street)

Digital Hub

Dublin 8

D08 TCV4

Ireland

Verlag der deutschen Ausgabe:

MAIRDUMONT

Marco-Polo-Str. 1
73760 Ostfildern

www.lonelyplanet.de, www.mairdumont.com, lonelyplanet-online@mairdumont.com

Norwegen

7. deutsche Auflage September 2024 übersetzt von *Norway 9th edition*, April 2024, Lonely Planet Global Limited

Printed in China

Redaktion und technischer Support: CLP Carlo Lauer & Partner, Valley

Übersetzer: Matthias Eickhoff, Beatrix Gehlhoff, Eva Hochrath, Waltraud Horbas, Dr. Thomas Pago, Christiane Radünz, Manuela Schomann, Beatrix Thunich, Linde Wiesner

MIX
Paper from responsible sources
FSC® C124385
www.fsc.org

Dieses Buch wurde auf FSC® zertifiziertem Papier gedruckt. FSC® ist ein internationales Zertifizierungssystem für nachhaltigere Waldwirtschaft. Das Holz für diese Papier kommt aus Wäldern, die verantwortungsvoller bewirtschaftet werden.